シリーズ三都
京都巻

杉森哲也――［編］

東京大学出版会

Series: The Three Great Cities of Early Modern Japan
Volume: Kyoto

Tetsuya SUGIMORI, editor

University of Tokyo Press, 2019
ISBN 978-4-13-025182-2

刊行にあたって

日本近世は、人口数十万〜百万人規模の巨大都市・三都（江戸・大坂・京都）を産み出した「都市の時代」であった。日本近世の都市史研究は、戦前以来の長い歴史を有しているが、一九七〇年代に都市住民生活の基礎単位である「町」とそれを構成する町屋敷（家屋敷）への着目によって、それまでの都市の全般的・階層的把握から、都市の社会構造に踏み込んだ研究へと大きな飛躍を遂げたことは周知の事実である。都市社会史への展開である。その後の近世都市社会史研究は、第一段階（一九七〇—八〇年代）、第二段階（一九九〇—二〇〇〇年代）を経て、現在、第三段階を迎えている。

第一段階は、京都と江戸を主たるフィールドに展開した。そこでは、京都における「町」や町組の研究が大きな進展を見せるとともに、江戸においては、「町」と大店をめぐる社会関係、市場社会の構造、分厚く展開する日用層の存立構造などが次々と解明されていった。それに続いて、大坂においても、引き続き「町」や（株）仲間、非人などの周縁的な社会集団について、「法と社会」の視点からの研究が進展した。第一段階の研究は、即自的に巨大都市研究としての性格を持っていたため、この段階では、都市の巨大化によってもたらされる通有性が着目された。

一九九〇年代に入ると、二つの側面から研究状況が大きく展開していく（第二段階）。一つは、地方の小城下町→人口数万人程度の中大規模の城下町→巨大城下町という城下町の発展段階の中に巨大都市・三都を位置づけることで、三都の巨大性を相対化して捉える視野が拓けたことである。二つ目は、一九九〇年代以降、三都それぞれの都市社会史研究の進展によって、巨大都市としての通有性とともにそれぞれの社会構造の固有性が浮かび上がってきたことである。これにより、それぞれの都市（特に江戸と大坂）に即して、藩邸（蔵屋敷）社会、寺院社会、大店と表店の位相、市場社会、遊廓社会、芝居地、かわた町村と非人仲間などの様々な都市内社会の複合構造（分節構造）が明らかにされていった。

こうしたなかで、三都それぞれにおける固有の社会構造を前提にしながら、地方都市（城下町）とは質を異にする三都の巨大都市としての特質も顕著であることが自覚され、改めてその意味を問うことが課題として浮上してきている（第三段階）。本シリーズは、こうした第三段階の都市社会史研究の達成を示すとともに、今後の発展の契機とするために企画した。

なお、その準備のために科研費（基盤研究（B）「三都の巨大都市化と社会構造の複合化に関する基盤的研究」二〇一六―一九年度）の助成を得て、三都研究会を組織し、そこでの共同の討論を踏まえた成果であることを申し添えておきたい。

＊　＊　＊

本シリーズでは、三都の固有性と通有性を念頭に、次の三つの課題を設定し都市社会構造の分析を進める。第一に、三都に共通する分析レベル（「権力と社会」「町方の社会」「民衆世界の諸相」）に即して、それぞれの都市の特質を表現する対象を取り上げる。第二に、三都を往来する人とモノ、すなわち三都を結ぶ要素に着目して、その共通する局面と固有性を浮かび上がらせる。第三に、都市の巨大化は、中心部での高密度化と外延部への拡大の両面から進行するが、現在の研究状況をふまえ、三都それぞれの特質を浮き彫りにすべく、とりわけ後者（外延部への拡張）に焦点を当てる。

なお、いずれの巻においても、中世からの展開を踏まえること、さらに近代都市への展開を具体的に展望することを意図した。特に都市の巨大化、外延部への拡大は、近代都市への歴史的前提をなすものであり、そうした視角から三都の近代化のあり方を見通したい。本シリーズが、今後の都市史研究の発展につながることを願っている。

二〇一九年四月

杉森哲也
塚田孝
吉田伸之

序

杉森哲也

中世の「都」から近世の「三都」へ

中世後期において、京都は孤高の都市であった。中世前期には武家政権の拠点である鎌倉が存在したものの、中世後期には武家政権の拠点も京都に移り、政治・経済・文化など全ての分野において突出した存在であったからである。古代以来、地名としての京都を示す名称が「都《みやこ》」であったことは、京都の置かれた地位を象徴的に示しているといえよう。普通名詞としての「都」が、京都の地名を表す固有名詞として用いられていたからである。これは一六世紀後半以降に日本を訪れるようになるイエズス会宣教師たちが記した史料によって、確認することができる。例えばルイス・フロイス著『日本史』（原文はポルトガル語）では、地名としての京都は'Miaco'と表記されており、これは当時の日本人が京都を「みやこ」と呼んでいたことを反映していると考えられる。

近世という新しい時代を迎えると、豊臣政権による大坂、徳川政権による江戸という新しい都市が出現する。これは武家政権の拠点が再び京都を離れた結果であるとともに、京都の突出した地位が相対化されたことを意味する。すなわち近世における「三都」の成立である。近世史において江戸・京都・大坂を三都として捉えることは一般的であり、高等学校の日本史教科書にも三都の用語を見出すことができる。江戸・京都・大坂の三都市は、いずれも幕府の直轄都市であり、幕藩制国家の中枢的機能を担うとともに、成熟した都市社会を形成する巨大都市であるという理解が、広く共有されているといえよう。なお、近世における京都の表記は、幕府の公的史料では「京都」、それ以外の史料では「京」が用いられる傾向があるが、本書では基本的に京都で統一することにする。

それでは本シリーズの名称ともなっている三都は、いつから用いられるようになった用語であり概念なのだろうか。三都は、御三家や三筆などと同様に、秀でた物や人のまとまりを表現する用語法である。用例としては、一八世紀後期以降の随筆や歌舞伎など芸能関係の史料に多く見られる。一例を挙げると、京都の風俗を記した天保八(一八三七)年刊の因果道士著『都繁昌記』序文には、「京都や、江戸や、大坂や、俚俗これを三都あるいは三箇の津と謂ふ」とある。この史料では三都とともに三箇津が挙げられているが、三箇津は三都に先行する用語であり、一七世紀後期以降の俳諧書や浮世草子での用例が見られる。さらに三都や三箇津は、「俚俗」で言うとされていることが注目される。

三都の用語は、幕府の職制や制度上の枠組み、さらに法令などの公的な史料では、基本的に見出すことができない。将軍が居住し幕府が所在する江戸は別格であり、京都・大坂とともに三都として同格に捉えることはなかったからであると考えられる。その一方で、幕府は京都と大坂を直轄都市とし、京都には京都町奉行とともに京都所司代、大坂には大坂町奉行とともに大坂城代という重職を置いており、職制や制度上も特別な位置づけをしていたことがわかる。政治的・経済的機能の重要性、規模の大きさ、成熟した都市社会の存在などから、実態に即して江戸とともに京都・大坂も重視していたと捉えるべきであろう。

こうした実態を制度的に確定したのは、明治政府である。明治四(一八七一)年に実施した廃藩置県により、東京・京都・大阪を府として三府、他は県として三〇二県が置かれた。近世の三都が近代の三府として、初めて制度的に位置づけられたのである。その後二次にわたる府県統合を経て、一八八八(明治二一)年に三府四二県となり、これが基本的に現代の都道府県へと継承されることになる。ただし幕藩制国家の直接の支配下にはなかった北海道と沖縄県は、ここには含まれていない。また東京府は、戦時体制下の一九四三(昭和一八)年に東京市と統合し、東京都となって現在に至っている。

このように近世の三都とは、幕府によって職制や制度上の枠組みとして設定された公的な名称や概念ではないことが確認できる。その一方で、江戸・京都・大坂の三都市は、政治・経済・文化など多くの点で幕藩制国家の中枢的機能を担うとともに、成熟した都市社会を形成する巨大都市として存在していた。三都とは、こうした実態に着目し、一つのまとまりとして捉えた用語であり概念であるといえよう。本シリーズは、この三都という概念を基に、江戸・京都・大坂の三都市それぞれについて、社会=空間構造や分節構造の具体相を検討し、相互に比較しながら共通点と相違点を解明することを基本的な課題としている。

近世の京都

京都は、八世紀末に律令国家の首都である都城・平安京として建設されて以来、現代に至るまで一二〇〇年以上の歴史を有する都市である。そして特筆すべきは、古代から近世までの前近代において、天皇と朝廷が間断なく所在するとともに、武家や有力な寺社も所在するなど、一貫して国家の中枢的機能を担い続けたことにある。すなわち連続性と首都性という点において、日本の都市の中で卓越した存在であると評することができる。

京都を三都という枠組みで捉えようとする場合、この長い歴史の中で近世をどのように位置づけるのかが重要な課題となる。近世は城下町という新たな都市類型が登場した時代であり、江戸と大坂は城下町として建設された。城下町は、一六世紀末から一七世紀初頭までの短期間に日本全国に展開した、近世を代表する都市である。これは近世の国家と社会の基盤をなす編成原理である兵農分離・商農分離がもたらした結果であり、城下町は近世という時代が生み出した新しい都市類型なのである。

それでは、京都は城下町の時代である近世をどのように迎え、近世は京都にどのような影響を及ぼしたのだろうか。両者の関係は、次の二つの視角から捉えることができると考えられる。

① 都城・平安京に始まり一二〇〇年以上にも及ぶ京都の歴史のなかにおける近世

② 城下町を代表とする近世の都市のなかにおける京都

①は京都の歴史という縦軸、②は近世の都市という横軸である。そしてこの両軸が交差するところに、近世の京都が位置づけられよう。

京都の歴史は、周知のように延暦一三(七九四)年の平安京遷都に始まる。その後、古代には律令国家の衰退に伴う都城の変質、中世には武家政権の登場と商工業の発展による新たな展開、そして戦国期には戦乱による破壊と復興という、およそ八〇〇年の長い歴史を経て、近世へと至るのである。

近世の京都は、戦国期の京都を直接の起点としている。戦国期の京都は、中世の京都が応仁元(一四六七)年に始まる応仁・文明の乱よって徹底的に破壊された後、さらに続く戦乱による破壊と復興を繰り返す中で形成された。そして一六世紀末に天下人となった豊臣秀吉は、戦国期の京都に大規模な都市改造を行ったのである。これは京都を豊臣政権の拠点とするための政策で、聚楽第を中心にして城下町化しようとするものであり、京都改造と呼ばれている。その後一七世紀前期にかけて、徳川政権の下で平和が到来し社会が安定したことにより、新たな市街地の拡大と整備が進み、近世の京都が成立するのである。

近世の京都の構造

近世の京都は、秀吉による大規模な都市改造すなわち京都改造によって、基本的な骨格が形成された。秀吉は天正一二(一五八四)年から同一九(一五九一)年までの時期に、京都に対してさまざま政策を実施している。その多くは大規模な普請を伴う都市改造の政策であるが、これらは単に空間の改造だけでなく、身分社会の改編も伴うものであることに注意する必要がある。京都改造とは、戦国期の京都を近世の都市として再編すること、すなわち城下町化しようとするものであった。この結果、近世の京都は、城下町として建設された江戸・大坂と、共通する構造を有することとなったのである。

そこで本項では、近世の京都の構造について、城下町の都市的要素という視点から概観することとする。ただし京都は、城下町の都市的要素ではない、独自の都市的要素も有している。それは天皇と朝廷の存在であり、都市空間としては内裏と公家町として具体化している。そこでまず京都独自の都市的要素として、A内裏、B公家町の二つを取り上げる。次に城下町の都市的要素として、a城郭（聚楽第・二条城）、b武家地、c寺社地、d町人地、e賤民居住地、f遊廓の六つを取り上げることとする。

A　内裏　内裏は、都城以来の歴史を有する都市的要素である。天皇が居住する平安京の中心であったが、都城の衰退とともにやがてその機能を平安宮外の里内裏に移すことになる。一四世紀前期に里内裏であった土御門東洞院殿が内裏となり、以後は場所も方一町という規模も固定化する。

秀吉は、天正一七（一五八九）年三月に内裏造営を開始し、翌年一二月には後陽成天皇が新造内裏に遷幸、そして天正一九年三月に清涼殿が完成して内裏造営は完了した。なお、内裏造営に先立ち、天正一二（一五八四）年一〇月から正親町天皇譲位のため仙洞御所の造営を開始しており、同一四（一五八六）年一一月に譲位が実現している。

さらに徳川家康は、慶長一〇（一六〇五）年から同一八（一六一三）年までの間に、二度にわたる内裏の拡張と造営、また後陽成天皇譲位のため仙洞御所の造営も行っている。これは秀吉が造営した内裏を取り壊して全面的に建て替えるとともに、規模を従来の方一町から方二町に拡張するという大規模なものであった。この家康の造営以後、内裏の規模は近世を通して確定することになる。

B　公家町　公家町は、内裏と不可分の都市的要素である。戦国期には、内裏は上京の市街地の南端近くに位置しており、公家屋敷の多くはその近くに位置していたが、明確な都市計画に基づいて配置されたものではなかった。

京都改造では、内裏周辺に公家屋敷を移転し、公家町が形成された。ただし具体的な屋敷の配置など、詳細は不明である。その後、家康が実施した内裏の拡張と造営、仙洞御所の造営に伴い、公家町の移転や整備が行われた。現在の京都御所や大宮御所を含む京都御苑は、近世の内裏と仙洞御所、公家町の位置した範囲とほぼ重なっている。

a　城郭（聚楽第・二条城）　天正一三（一五八五）年七月に関白となった秀吉は、平安京大内裏の故地で当時は空閑地であった内野に、京都の居城である聚楽第を建設した。秀吉の一連の都市改造は、この聚楽第を中心にして城下町化しようとするものであった。しかし聚楽第は、秀吉と後継者で甥の秀次が対立した結果、文禄四（一五九五）年に秀吉によって破却されてしまうのである。

秀吉の死去後、関ヶ原の戦いに勝利した家康は、聚楽第跡地の南側に二条城の造営を開始し、慶長八（一六〇三）年三月に完成させている。近世の京都は、破却された聚楽第に代わって、新たに徳川氏の城郭である二条城がその中心に設けられたのである。二条城は、建設当初は徳川氏が上洛した際の居館としての役割を果たしていたが、将軍の上洛は寛永一一（一六三四）年の家光を最後に、文久三（一八六三）年の家茂まで途絶えてしまう。このため二条城は、ほぼ近世を通して城主である将軍不在の城郭であったが、将軍権力を象徴する施設として存在し、京都の中心として位置づけられる。

b　武家地　聚楽第の周囲には、諸大名の屋敷と秀吉直属の家臣団の屋敷が配置され、武家地を形成していた。秀吉は諸大名に京都居住を命じており、後年の江戸の大名屋敷と同様の役割を果たしていたと考えられる。しかしこの武家地は、聚楽第の破却に伴って秀吉の居城がある伏見に移転し、消滅することになる。

武家地が再び姿を現すのは、二条城の建設後である。二条城の周囲には、幕府の関連施設が集中して配置された。京都所司代、京都町奉行、京都代官などの諸役所、与力・同心の屋敷などである。さらに二条城近辺には、各藩の京都屋敷が所在した。ただし、これらは集中して大名屋敷街を形成するのではなく、京都市中に散在していた。京都屋敷は幕府からの拝領地ではなく、各藩が個別に町人地を買得したものであり、各藩と密接な関係を持つ呉服所などの商人が土地の名義人となっていたのである。京都屋敷の機能は、贈答や儀礼で重要な役割を果たす呉服や奢侈品の購入、大名貸による商人からの資金調達、朝廷との交際や京都の情報収集などであった。こうした武家地に居住する武士身分の人口は限られていたが、朝廷や有力寺社との関係、京都の都市行政では、重要な役割を担っていた。

c　寺社地　京都改造では、寺社地のうち寺院空間に関する政策として、寺町と寺之内の建設、本願寺および寺内町の大坂天満からの移転が実施された。こうして形成された寺院空間は、その後の近世の京都にも基本的に引き継がれている。

寺町は、洛中の市街地の東側に位置し、鴨川に沿って鞍馬口から六条に至る南北約五キロメートルにおよそ一〇〇ヵ寺が並び立つ寺院街である。それまで洛中に散在していた寺院を移転集中させて完成した。その目的は、寺院と町人地との分離、さらに寺院街によって御土居とあわせて洛中の市街地を鴨川の洪水から守る防水壁とすることであったと推定される。また寺之内は、洛中の市街地の北側ほぼ中央部に、およそ二〇ヵ寺を移転集中させて形成した寺院街である。その西北には大徳寺、東南には相国寺という巨大寺院が中世から所在しており、これらをあわせると、洛中の市街地の北側もほぼ寺院によって囲われることとなった。

本願寺および寺内町の大坂天満からの移転は、秀吉が強く希望して実現した政策である。天正一九(一五九一)年正月、秀吉は顕如に対し、本願寺の京都への移転を求めた。これに対し顕如は、移転場所として洛中の市街地の南側で当時は空閑地が広がっていた六条堀川を希望した。秀吉はそれを受け入れ、翌閏正月五日には、南北二八〇間、東西三六〇間にも及ぶ広大な土地の大部分が本願寺に寄進され、移転が実現したのである。その後、慶長七(一六〇二)年に家康は、教如に本願寺東側の六条烏丸に土地を寄進する。これによって本願寺は分立することになり、その位置関係から西本願寺と東本願寺と呼ばれるようになる。

京都には、洛中の寺社地以外にも、洛外に数多くの寺社が存在する。これらの寺社は、空間的には市街地の外部であっても、社会的には市街地の内部と密接な関係を有していることに留意する必要がある。こうした洛外の寺社を含めて、都市的要素としての寺社地を捉える必要があることを指摘しておきたい。

d　町人地　京都改造では、町人地に関する政策として、戦国期から存在する市街地の再開発と、空閑地での新たな市街地の開発が行われた。具体的には、下京の旧来の市街地に南北の通りを開通することによる新たな街区の創出、聚楽第の建設に伴いその周辺に聚楽町という新たな町人地の建設などが挙げられる。さらに注目すべき政策は、天正一九(一五九一)年に実施された洛中地子免許である。これによって中世以来の複雑な土地支配関係は一掃され、秀吉政権直轄の町人地が創出されたのである。この地子免許は、最も基本的な政策として徳川政権にも引き継がれた。

一六世紀末から一七世紀前期にかけて、京都の市街地は急激に拡大し、上京には一二組の町組とその下に約八〇〇町、下京には八組の町組とその下に約六〇〇町が存在した。この他に小規模であるが禁裏六丁町組・東本願寺寺内・西本願寺寺内という三つの惣町とその下に約二〇〇町、さらに洛外町続き町という町々も約二〇〇町存在していた。洛中では一七世紀後期から一八世紀前期にかけて、さらに新地開発という形で、新たな市街地の形成が続けられた。

e　賤民居住地　賤民居住地は、規模は小さいものの、近世の京都を構成する重要な都市的要素である。京都の賤民は、中世以来の多様な存在形態と複雑な社会関係を継承しており、近世の新たな身分編成についても不明な点が多い。京都改造では、声聞師村などの賤民居住地が拡大した市街地から排除されたことは確認できるが、賤民に対する具体的な政策は不明である。

幕府の賤民支配政策が確立した近世中後期には、えた身分は洛中の市街地を取り囲むように位置する五ヵ村のえた村に居住していた。えた村は天部村と六条村を頭村とし、行刑役などの公儀御用を務めつつ、農業と皮革生産などを生業としていたのである。また非人身分は、洛中の市街地の外部に散在する数ヵ所の非人小屋に居住していた。非人は悲田院村の頭の支配を受けており、町の番人などを務めていたのである。

f　遊廓　　遊廓もまた、規模は小さいものの、近世の京都を構成する重要な都市的要素である。すでに戦国期には、遊廓は畠山辻子など洛中数ヵ所に存在していた。京都改造では、遊廓に対する具体的な政策は不明であるが、天正一七(一五八九)年に二条柳町の開発許可が出されたとされている。

徳川政権は、慶長七(一六〇二)年に二条柳町を移転し、六条三筋町が成立する。さらに寛永一七(一六四〇)年には、六条三筋町は洛中西郊の中堂寺村の畠地に移転し、島原が成立する。この二度の移転は、市街地の拡大に伴って、遊廓が市街地の外側へと移転させられたことを示している。島原は京都における幕府公認の唯一の遊廓であり、江戸・吉原をはじめ全国の遊廓の原型となったとされる。

一七世紀後期以降、京都の数ヵ所で新地開発が進められ、茶屋街が形成された。新地の茶屋では遊女商売が行われており、幕府は禁令を繰り返したものの、取締は徹底できなかった。そして幕府は、寛政二(一七九〇)年に、四ヵ所の新地での遊女商売を許可する方針に転じる。以後、天保改革で一時的に禁止されるものの、新地では遊女商売が広く行われることになる。

以上、近世の京都を構成する都市的要素に着目し、概観してきた。京都独自の都市的要素である内裏と公家町、城下町の都市的要素である城郭と武家地が二つの中心地として並立していることが、最も大きな特徴であるといえよう。そしてこうした近世の京都の社会＝空間構造、分節構造の特質などを検討することが、本書の基本的な課題である。

「京都巻」の構成と収録論考の位置づけ

本巻では、シリーズ全体の主題に即して、まず〈近世へ〉で中世からの展開を辿り、ついで「権力と社会」「町方の社会」「民衆世界の諸相」の三つの分析レベルから、京都の特質を表現する対象を取り上げる。また、〈三都を結ぶ〉では、京都と江戸・大坂とを結ぶ要素に着目し共通性と固有性を浮かび上がらせ、最後に〈周縁へ〉において、巨大化を遂げた京都と外延部との関係を見る。

〈近世へ〉は、本シリーズのなかでも、とりわけ京都巻において重要な位置を占める。京都は八世紀末の平安京遷都以来の歴史を有するとともに、近世の京都は戦国期の京都を直接の起点としているからである。第1章三枝暁子「近世都市京都の成立」は、こうした重要ではあるが難解な課題に、中世史研究の立場から果敢に取り組んでいる。中世京都の支配構造を確認し、「町人」と「町」の成立と展開について検討する。特に「町人」の評価は、今後の問題提起となるだろう。

第I部「権力と社会」は、権力と京都の都市社会の関係について考える。これまで繰り返し述べて来たように、京都の最大の特徴である天皇と朝廷の存在は、幕府における京都という都市の位置づけ、さらに京都の都市社会のあり方にさまざまな影響を及ぼしているといえよう。第I部ではそうした観点から、具体的な対象を取り上げる。

第2章三宅正浩「近世前期の武家社会と都市京都」は、近世前期の武家社会にとって、都市京都がどのような位置にあるのかを考える。将軍上洛に見られる政治都市としての側面はもちろんのこと、西国大名の立ち寄り、牢人の滞在、隠棲などの検討を通して、京都が持つ多様な側面を明らかにする。さらにこうした武家社会にとっての京都の位置づけが、一七世紀半ばを境として転換することを見通している。

第3章小倉宗「幕府役人と享保期の改革」は、享保期における幕府の京都および上方支配のあり方について、江戸との関係に注目しながら具体的に明らかにする。京都および上方の幕府役人・機構において、享保期は寛永期・寛文期とならぶ画期であり、一八世紀以降の京都の都市支配のあり方を規定することになる。このことは京都の都市社会を考える上で、基礎的かつ重要な問題であるといえよう。

第4章村和明「豪商三井の内紛と朝廷」は、一八世紀の三井の内紛の事例を通して、朝廷との関わりについて考える。三井は、朝廷にさまざまな御用を務めており、地下官人の地位も得ていた。近世を代表する豪商であり、京都の都市社会における社会的権力である三井が、朝廷とどのような関係を有していたのかは、権力と社会について考える上で、重要なテーマとなろう。

特論1岸泰子「**女御入内の行粧と拝見**」は、女御入内の行粧（行列）と拝見について、その政治的な意味だけでなく、具体的に行粧が行われる場、拝見する町人という視点から考える。女御入内の行粧と拝見は、京都独自の都市的要素である内裏と公家町からなる「築地之内」と町方社会との接点や交流を考える上で、格好の素材であるといえよう。

第Ⅱ部「町方の社会」では、近世京都の都市社会を構成する都市的要素のうち、最も多くの人口と空間を占めている町人地、すなわち町方社会について論じる。

第5章牧知宏「**町役人としての茶屋四郎次郎家**」は、「京都町人頭」とされる近世京都における茶屋四郎次郎家の位置と役割を再検討する。徳川将軍家や京都所司代に対する儀礼を通して、茶屋家が京都町人を支配するというあり方を論ずることにより、京都の町人社会の特質の一端が明らかとなる。

第6章西坂靖「**町方社会と三井**」は、「江戸店持ち京商人」の代表的存在である三井と京都の町方社会との関わりについて論じる。有力町人との婚姻関係、町との関係、出入商職人との関係、奉公人の供給という諸点について、具体的かつ詳細なデータを基に論じる。これにより三井が京都の町方社会とさまざまな側面で密接な関わりを有している様相が浮かび上がる。

特論2渡辺祥子「**薬種流通と薬種屋仲間**」は、近世京都における薬種の流通と仲間について論じる。大坂を中心とする薬種取引の構造のなかで、京都ではどのような取引が行われていたのか。取引のあり方を通して、大坂とは異なる京都の特質を明らかにする。

第7章岩本葉子「明治初期の町と家持」は、下京区四条通り河原町東入ル真町という個別町を素材として、明治初期の町運営の実態を検討する。近代の都市行政による制度整備が進められていくなかで、個別町ではどのように対応したのか。町役員による町運営のあり方、すなわち町役員体制を具体的に明らかにするとともに、明治初期における町と町組との関係について論じる。

第Ⅲ部「民衆世界の諸相」では、近世京都の都市社会を構成する都市的要素のうち、町方社会に続いて、主として寺社地や賤民居住地などについて論じる。

第8章吉田ゆり子「近世京都の寺社と非人」は、「地域」としての寺社と非人との関係から、近世京都における非人の社会的存在意義について論じる。具体的には、方広寺大仏殿境内と下鴨神社境内の非人を取り上げ、寺社との関係のあり方、さらに悲田院支配との複層的な関係について検討する。

第9章西山剛「近世における洛中洛外図屛風の展開と受容」は、近世における洛中洛外図屛風がいかなる環境で受容され、どのような社会的機能を持ったのかを論じる。上杉本をはじめとする初期洛中洛外図屛風に研究が集中するなかで、近世の洛中洛外図屛風の研究を切り拓くものとして位置づけられよう。なお本章は、洛中洛外図屛風が民衆世界の諸相も描く絵画史料であること、また洛中洛外図屛風の受容層が近世には権力者から町人へと広がることから、第Ⅲ部に配置した。

特論3杉森哲也「六条村の戎立過程」は、京都に隣接して所在するえた村の一つである六条村の成立過程について論じる。えた村は都市社会を構成する不可欠の都市的要素であるが、その成立過程や身分編成の実態は不明な点が多い。こうした問題の解明は、部落史研究のみならず都市史研究においても、重要な課題である。

特論4芹口真結子「本山寺内町と真宗教団」は、近世京都を構成する五つの惣町の一つである東本願寺寺内町を取り上げ、寺院社会論の視点から論じる。具体的には、寺内町の構造と行政、住民の生活、所化と寺内町の分析を通して、真宗の寺院社会論を提示することを試みている。

特論5高木博志「明治維新と豊国神社の再興」は、明治維新後の豊国神社再興の過程とその意義について論じる。特に豊国神社が再興された場所への注目は、近世の妙法院領のあり方とも密接に関連しており、重要な論点の提示であるといえよう。

〈三都を結ぶ〉では、医師と医療について取り上げる。第10章海原亮「三都の医師と医療環境」は、医学研究における京都から大坂・江戸への広がり、医療の「商品化」、医書と都市の医療環境などについて検討する。人的ネットワークの存在、医療を受容する都市社会のあり方などに注目し、これらを通して三都を結ぶという課題に応えている。

巻末の〈周縁へ〉では、第11章杉森哲也「東山・妙法院周辺の地域社会構造」を収録する。東山・妙法院周辺は、洛外としては比較的早い時期から開発が進んだ地域である。この地域は、古代以来の交通の要衝と送葬地という二つの要素に加えて、一七世紀初頭に妙法院が領主として登場する。そして妙法院の支配下となった方広寺大仏殿の境内には、次第に町々が形成されていくことになるのである。領主である妙法院と方広寺大仏殿境内の町々との関係を中心に、地域社会構造の解明を試みる。

目次

〈第1章〉

近世都市京都の成立

三枝暁子

はじめに

京都の近世都市化は、「聚楽第を組織中枢とする城下町的形態」を現出させた豊臣秀吉の京都改造によって達成された〔小野 一九四〇〕。京都改造は、具体的には関白秀吉の政権確立期である天正一四(一五八六)年二月下旬から同一九年九月にかけて進められ、城郭と領主の館、武家地、足軽町、寺社地、町人地、内裏、公家町の明瞭な空間的区分と「身分的な編成」をともなうものであった〔杉森 二〇〇一〕。すなわち京都の近世都市化とは、空間と身分の一体的編成による新たな都市支配秩序の形成——「城下町化」——を意味したのである。

京都改造以前の京都の状況についてみるならば、確かに一五世紀後半に起こる応仁の乱後においてもなお、諸身分の混住する地であり、公家・寺社など諸権門の知行権・土地支配関係が交錯する地であった。したがって京都改造は、こうした諸身分の混住と土地支配の交錯を払拭するかたちで実施されていったことになる。その一方、従来の中世都市史研究・京都研究において、応仁の乱後から豊臣政権期までの時期は、地縁による都市民衆の結合——「町」共同体——が京都に成立した時期として注目されてきた。このような都市民衆の動向と政治権力の支配とは、どのように切り結び、近世京都を成立させるに至ったのであろうか。秀吉が、京都に限らず安土や坂本・大坂などの各所を「城下町化」していることをふまえるならば〔牧原 二〇一六〕、京都改造もまた、豊臣政権の行った都市支配政策の一環としての性格を帯びていたといえる。そのようななかで、政権の所在する都市としての歴史を長く有してきた京都の城下町化にあたり、京都固有の条件・課題が存したこともまた確かであり、その課題にこそ中世都市京都の特質が色濃く現れているといえよう。

以上の点から、本章では、秀吉による京都改造および京都の城下町化にあたり、どのような課題があったのか改めて検証し、京都の近世都市化の意義について明らかにしていくことをめざしたい。

一　中世京都の支配構造

1　空間構造と居住形態

先述したように、秀吉による京都改造以前の京都は、諸身分の混住する地であるとともに、諸権門による人（集団）と土地の支配とが複雑に交錯する地であった。本節ではまず、この点を確認することからはじめたい。

古代律令国家の都城として成立した平安京は、一〇世紀以降、律令制の規定した集団の解体や条坊制の無実化などにともなって「解体」していき〔北村 一九九五〕、やがて荘園領主の集住地として、「荘園体制下の首都」中世都市京都が成立する〔脇田 一九八一〕。その空間は、「上下京」を中心とし、その周縁に寺社門前をおく「複合都市」としての性格を帯びていた。そして鎌倉末期には、朝廷・幕府・本所権力の経済的基盤として一体的に把握される空間を意味する「洛中洛外」という言葉が現れるようになる〔瀬田 一九九三〕。

このような特色をもつ京都の都市空間は、地子取得権や検断権から成る「領主権」をもつ公家・寺社の諸権門によって分割支配されていた。その一方、京都住人に対する刑事裁判権を含む警察機能・治安維持機能・民事裁判権・商業課税権――いわゆる「京都市政権」――を、一四世紀前半までは朝廷管轄下の検非違使庁が、これ以降は室町幕府侍所が掌握していた〔佐藤 一九六三・一九六五〕。すなわち中世の京都は、朝廷ついで室町幕府が、「京都市政権」を有して京都の統治にあたりつつも、公家・寺社が領主として土地支配にあたっていたのである。

その一方、領主である公家・寺社は、京都の商工業者集団の「本所」として、商工業者支配にあたっていた。具体的には商工業者から営業税を徴収しつつ、朝廷・幕府の賦課する税の免除を申請することにより彼らの商工業を保護したのである。その際、本所は必ずしも商工業者集団の居住地の「領主」であったわけではなく、土地支配を媒介せず、「役」賦課に基づいて彼らを把握した。すなわち、土地の支配と人の支配とは分離・錯綜していたのであり[1]、中世の京都において、都市空間を一元的に支配し得る権力、住人を一元的に支配し得る権力は存在しなかったのである。

以上のような大まかな支配構造をふまえたうえで、次に中世京都の空間的特徴と都市住人の居住形態について少し詳しくみていきたい。中世京都における諸身分の混住状況は、平安京成立後、すでに一〇世紀には進行していた。すなわち戸田芳実によれば、天元五(九八二)年に執筆された慶滋保胤の「池亭記」から、特に平安京東北部において、「高家」と「小屋」の混在・集住状態が進行していたという。その前提には、九世紀後半以降の院宮王臣家・諸司諸家による初期荘園領有の展開があり、「官衙権門をめぐる住居の配置が、家産制的・荘園制的構造に規定されて変動し発展した」可能性があるという〔戸田 一九七四、一〇頁〕。あわせて、退転した邸宅のあとに、小路が開かれ人家が建ち始めたり、所有権者の居住しない荒廃地を雑人らが事実上占有・用益し始めたりするなど、下層住人らの動きも目立ち始めるようになっていく。

こうした「貴賤混住」形態は、その後も変わることなく中世京都の特色を成した。例えば一五世紀半ば、宝徳四(一四五二)年の土御門四丁町には、畠山氏の家臣斉藤氏をはじめとする武家・公家・寺社関係者のほか、土倉・油屋・米屋・畳屋・番匠などの商工業者が混住していた〔高橋 一九七九〕。一六世紀前半に土御門内裏そばの一条烏丸付近に成立した「禁裏六町」においても、公家やその家産機構を支える人々、室町幕府の開闔・奉行人・奉公衆、さらには米屋・畳屋・餅屋・大工・紙屋・薬屋などの商工業者が、混住していたことが指摘されている〔高橋 一九七八〕。

このような諸身分の混住・「貴賤混住」は、いうまでもなく先述した諸権門の領主権を前提に成り立っていた。したがって居住空間の確保・維持という点においては、領主層をなす公家・寺社およびその関係者が有利であったことは容易に想像される。その一方、たえず京都に流入していたはずの商工業者をはじめとする都市民衆、あるいは室町幕府のように公家・寺社に遅れて京都に拠点を構えた組織に属する人々が、どのように居住空間を確保・維持し得たのかという点については、不明な点が多い。

ただし、室町幕府関係者の居住をめぐっては、近年、松井直人が詳細に分析している〔松井 二〇一五〕。松井によれば、南北朝期以降に展開する「守護在京」のもとで、京都における武家関係者の人口は数万人にも及んだが、これら「在京武士」たちの居住地確保にあたっては、①「近辺小屋」を取り壊し、武士の集住地を確保する、②武士同士で居所を融通・取引する（留守を置き「借住」させる、寄宿させる、屋地を買得する、など）、③公家関係者の敷地や寺社境内に「借住」させる、④幕府・将軍を経由して居所を確保する（闕所地を拝領する、「点定」＝さしおさえ、など）の四つの方法がとられたという。すなわち「在京武士」は、実力行使をともなう事実上の占有や、上位権力・既存の領主権力との縁、あるいは武士間のネットワークを通じ、かろうじて居住地を確保し得たのである。

松井はまた、このような方法で確保されていった在京武士の居所について、幕府が直接把握するしくみを有していなかったこと、将軍足利義満期―義持期になると、方一町規模の「大名邸宅」の定着とその一族・被官の集住がみられるようになるが、それらの邸宅も公家領内に位置するなど、あくまで既存の権門の領主権を前提に形成されていたことを指摘している。したがって守護大名含む在京武士の多くは、「領主」たり得ず、「借住」「寄宿」という居住形態のもとで在京していたことになる。

以上のような「在京武士」の居住地確保の状況・居住形態をふまえるならば、商工業者の居住地確保も同様あるいはそれ以上に困難であったことが想像される。彼らの多くは、先述したように公家や寺社を「本所」とし、「供御人」「神人」という身分を帯びながら「座」を結成して活動していたが、必ずしも本所が領主権をもつ地に居住していたわけではない。そのようななか、どのように居住地を確保し、維持していったのか。この疑問を解決する史料をもち合わせていないが、以前にもふれたことのある粟津供御人の場合、一一世紀に近江国で成立したのち一二世紀末に京都に進出しており、御厨子所預の紀宗季の「建立」により、六角町で生魚売買をしている。文永一一(一二七四)年の蔵人所牒案には、「屋四宇を借り請け」て「寄宿」していたとあり、当初は「借住」の形態で商業活動を行っていたことが知られている〔赤松 一九五四、三枝 二〇一四a〕。ただし元亨三(一三二三)年には、検非違使庁によって「在地人」として把握されていることなどから、当該期には「借住」という状況を脱していた可能性が高く、その前提には「公役」の勤仕があったと考えられる。(2)

一方、これも以前に示した事例であるが〔三枝 二〇一四a〕、康永二(一三四三)年の祇園社綿本座・新座神人の相論関係史料をみると、本座神人が居売の七条町・三条町・錦小路町の「町人」であるのに対し、新座神人は振売の「散在商人」・「里商人」であった。すなわち両者の間には、成立年代や売りの形態はもとより、居住地の相違がみられたことがわかる。さらに綿本座神人は「下人」を組織しており、「下人」は本座神人の店舗の前で「床子」を設けて営業していたといい〔『八坂神社記録』上・祇園社「社家記録」康永二年一一月八日条、豊田 一九三七に拠る〕、商人の居住・営業空間の占有のありように商人間の階層差を読み取ることができる。綿本座神人がどのように居住地を獲得したのか不明であるが、御厨子所供御人の例をふまえるならば、「神供米」をはじめとする「社役」の負担によりその維持がなされた可能性が考えられる。(3)応永四(一四三二)年に祇園社の作成した「綿売本神人々数事」と題する注文から〔『八坂神社記録』下・「祇園社記　続録第一」八九三—八九四頁〕、祇園社が社役徴収のため、神人の在所の把握につとめていた様子がうかがえる一方、当該期には綿本座神人が「一条油小路」や「白川知《（渋）》谷」を含む広範囲に散在する状況にあったことがわかる。綿本座・新座神人の存在は、永享二（一四三〇）年まで確認されるが〔『増補八坂神社文書』上、八五二—八五五頁、一一三五号、永享二年六月二一日付池田仍秀申状〕、康永二年段階で六四名の座衆がいた新座神人はわずか一名となっているなど、商工業者が長期にわたって「座」を維持し定住していくことはけっして容易なことではなかった。

これに対し、「土倉」「酒屋」とよばれる金融業者の居住・営業はより安定的なものだったと考えられる。彼らの多くは比叡山延暦寺〔山門〕の僧〔「山徒」〕と日吉社神人であり、土倉・酒屋役を納めることによって、室町幕府の経済を支えた。彼らは、質流れ等による土地取得や地子請負を通じ、「地主」〔領主〕に相当する位置を占めており〔瀬田一九六七〕、「寄宿」「借住」する人々と土地所有の構造上明らかに一線を画す存在であった。応永三二—三三（一四二五—一四二六）年に作成された酒屋交名により〔『北野天満宮史料　古文書』三四—四六頁、六二号、酒屋交名〕、その在所は洛中洛外の各所に散在していたことが知られる。

しかし、山徒・日吉神人を中心に構成されていた土倉・酒屋は、応仁の乱後断絶・退転し、乱後は新たな金融業者が台頭して土倉・酒屋役を負担するようになる。政権所在地の京都にあってひとたび戦乱が起こると、土倉・酒屋といえども居住の継続はままならなかったのである。南北朝期において「在京武士」が「借住」という「臨時的性格の強い居住形態」をとった理由を、松井は「慢性的な内乱の影響」に求めている。そして内乱状態の解消後、邸宅の相伝がみられるなど居住形態は長期化・安定化する一方で、一四世紀後半に形成されていった「大名邸宅」の多くは、応仁の乱を経て廃絶したという〔松井　二〇一五〕。戦乱の発生が、様々な人々の居住形態に影響を与えたことがうかがえ、注目される。さらに、応仁の乱以前の一五世紀半ばから土一揆の京都来襲が恒常化していたことをもふまえると〔神田 二〇〇四〕、中世後期の京都において内乱状態が解消されていた時期はわずかであったともいえ、貴賤を問わず、安定的定住を維持するのは難しかった。

2 「役」の賦課

前項で述べたように、中世京都においては、複数の領主・本所が土地と住人を支配し、人と土地とを一元的に支配し得る権力としくみが存在しなかった。ただし、京都が政権による統治の拠点であるという性格をふまえるならば、朝廷そして室町幕府が一元的支配の実現を全く目論んでいなかったと考えることもまた難しく、検非違使庁や室町幕府による行政・裁判権の行使は、その一つのあらわれとみることができよう。とりわけ近年、松井直人が室町幕府侍所による禁制の発給や刑事訴訟の受理と裁決、要人警固や儀礼・祭礼の差配、「散所」や「町人」の動員等について分析し、「横断的に展開される幕府支配の様相」の一端を明らかにされている点は注目される〔松井 二〇一八〕。ここでは松井の視角に学びつつ、たえず流入しながら京都に居住し京都の流通経済を支える商工業者・金融業者に対する統治権力の「横断的」把握・支配について、「役」の賦課のありようから確認してみることにしたい。

統治権力による京都住民への「横断的」支配の事例としてまず取り上げたいのは、祭礼役である。瀬田勝哉の研究によれば、一二世紀半ばの王朝国家により、六条以南が「稲荷社敷地」に、また五条以北が「祇園社敷地」に公認され、各「敷地」の住人に「敷地役（社役）」・「馬上役」が賦課されることにより稲荷祭や祇園御霊会が執り行われたという〔瀬田 一九七九〕。これらの「敷地」は、神社の領有地とは異なる「宗教的な空間」であり、七条と四条の商業地域をそれぞれ含む空間であった。鎌倉末期以降、稲荷祭の馬上役は公家政権が賦課・免除する地口《じぐち》銭に変わり、やがて室町幕府が地口銭の賦課・免除を行うようになる〔馬田 一九八一ａ〕。同じ頃、祇園会の馬上役も変質し、室町期には室町幕府によって山門の土倉・酒屋を中心とする日吉小五月会馬上方一衆制度が新たに導入されるようになる

〔瀬田 一九七九、下坂 二〇〇一〕。すなわち稲荷祭も祇園会も、朝廷のちには幕府が一定の空間や集団に祭礼役を賦課・免除することによって執行されていた。

次に注目したいのは、地口銭である。地口銭の賦課は、室町幕府成立以後に本格化することがよく知られているが、稲荷祭の祭礼役の変遷からもうかがわれるように、幕府成立以前の元亨二(一三二二)年にはすでに始まっていた。すなわち馬田綾子の研究によれば、地口銭は、「座的結合」を媒介としない臨時の「都市課税」であり、その賦課対象は「洛中に居住し主として商工業を営んでいた一般住民」=「百姓」であった〔馬田 一九七七〕。さらに近年の長崎健吾の研究によれば〔長崎 二〇一六〕、室町幕府は、康暦二(一三八〇)年に山城国段銭の一部として初めて洛中に地口銭を賦課したといい、文安(一四四四―四九)・康正年間(一四五五―五七)には、洛中を旧条坊により区分して棟別銭を徴収する体制をととのえていたという。

こうした経緯をふまえるならば、室町幕府による地口銭賦課は、「神人」や「供御人」などあらゆる身分を帯びて諸権門に編成されていた人々を「百姓」として一元的に把握する意義をもっていたといえる。あわせて、一五世紀後半の棟別銭が、洛中の空間区分をもとに賦課されていた点は、幕府が個別の領主支配を止揚しながら空間把握を目論んでいたことを示している点で注目される(4)。すなわち地口銭や棟別銭の賦課のありようから、室町幕府が洛中の住人や土地支配の直接把握・一元的支配への志向性を持っていたことを読み取ることができるのである。

室町幕府の直接的・一元的な住人把握という点で、土倉・酒屋役の賦課も重要な意義を持った。すなわち幕府は、明徳四(一三九三)年に「洛中辺土散在土倉幷酒屋役条々」〔『中世法制史料集2 室町幕府法』室町幕府追加法一四六―一五〇条〕を発令し、「洛中辺土」に「散在」する「諸寺諸社神人幷諸権門扶持奉公人」である金融業者に対し役を賦課し、これをもって幕府財政を賄った。土倉・酒屋役の徴収を担ったのは、「土倉方一衆」とよばれる山徒の土倉・酒屋集団であり、山門の祭礼役徴収機関である「日吉小五月会馬上方一衆」と同一の構成員であった〔下坂 二〇〇一〕。

彼らは、室町幕府―山徒（土倉方一衆）―日吉神人・他社神人・権門扶持奉公人というルートのもとで酒屋役を徴収し、幕府に納めた。すなわち室町幕府は、個別権門による金融業者支配を前提に山門による金融業者支配のしくみを作ったうえで、より高次の権力として土倉・酒屋役を賦課したのである〔三枝 二〇一四a〕。そして役賦課に際しては、土倉方一衆＝日吉小月会馬上方一衆と幕府とは、共に「諸寺諸社神人幷諸権門扶持奉公人」である金融業者の在所を把握することとなった〔『八瀬童子会文書 増補』二八七―二九五頁、二五七号、（文正元年三月―応仁元年五月）「左方馬上合力年行事記録」、三枝 二〇一四a〕。

以上をまとめると、前節で確認したように、一三世紀以降、京都の地は諸権門の領有する地であり、なおかつ散在する商工業者や金融業者などが供御人や神人として編成・支配される地であった。このようななか、朝廷ついで室町幕府は、祭礼役や地口銭等の役賦課を通じ、人と土地をより高次の権力として把握・支配していた。これらの役が、あくまで諸権門が神人や供御人に賦課する役と並立していた点や、諸権門による商工業者・金融業者の在所把握をふまえ賦課されていた点は、豊臣秀吉の達成した土地と人の一体的・一元的支配と異なっている。しかしながら、その前史ともいえる一体的・一元的支配への志向性を、中世の統治権力は確かに有していたのである。

二 「町人」と「町」の成立と展開

1 中世の「町」と「町人」

前節でみたように、中世京都は、近世京都のように身分編成に応じた空間区分のない「貴賤混住」状況にあり、京都を拠点に活動する商工業者や金融業者は、散在しながら「役」賦課を通じ諸権門と結びつき、「神人」「供御人」などの職縁集団を形成していた。こうした商工業者・金融業者たちの多くは、京都改造後、近世京都においては「町」

という空間に居住する「町人」身分として存在することになる。こうした変化は、どのような経緯のもとで生じたのであろうか。

これまでにも、中世都市史研究・京都研究において、「町」や「町人」の成立、とりわけ都市共同体としての「町」共同体の成立をめぐる議論は半世紀以上にわたり積み重ねられてきた。その研究史をまとめた前稿においては〔三枝二〇一四b〕、一五世紀末―一六世紀に地縁組織としての「町」共同体が成立するとの見通しのもと、先行研究の注目する都市民衆の家屋所有権の成立、さらには一五世紀末―一六世紀前半に顕著となる都市民衆の「家」の成立・存続から「地縁」組織の形成について説明することを試みた。これら家屋所有権や「家」の成立への着目は、中世後期と近世期の連続性・共通点を重視する分析視角であり、近世の「町」共同体にみられる特徴の萌芽を、中世後期の京都の都市共同体のありようにみるという志向性をもっている。しかし一方、一五世紀末―一六世紀前半の「町」や「町人」のありようと、近世京都の「町」や「町人」のありようとに相違があることもまた確かであり、改めて、京都の近世都市化にあたり、何が課題であったのかを検討する必要がある。

そこでまず、近世「町人」と「町」の性格について確認しておくと、近世「町人」とは、豊臣秀吉が天正年間に洛中で行った検地を通じ析出された身分であり、「町」による共同体的土地所有に裏付けられた「家持」であるとともに、人夫役を負担し、地子役を免除される存在であった〔吉田 一九八〇〕。また、これら「町人」を構成員とする「町」とは、「向かい合った道路に向けて、見世や棚をだし、商売をすることによって成立」し、「信用を相互に保証し」、商業を結合の核とする「地縁的・職業的身分共同体」であった〔朝尾 一九八一〕。すなわち近世「町人」とは、特定の「役」を負担する、「家持」の商工業者をさし、それらの商工業者が生業を核としつつ地縁的に結合したものが「町」であった。

このような近世「町人」「町」の性格と、前節で述べた中世京都の支配構造とをふまえるならば、近世「町人」

「町」の成立にあたり、さしあたって次のような課題の存在したことが想定される。①諸権門による領主支配の払拭、②諸権門による「役」賦課を通じた商工業者支配の払拭、③「町人役」の確定、④「地縁」に基づく共同体としての「町」の確立。このうち①・②は、直接には織豊期における座の撤廃や、豊臣政権による検地および洛中地子免許を通じ達成されたと考えられる。しかし、それらの政策の前提・背景にどのような問題があったのか、またそれらと③・④の課題とはどのように関係しているのか、という点については必ずしも自明のことではない。①—④の課題が、相互に関連しながらいかなる過程を経て解決・達成されたのか、ただちに詳細にする力をもたないが、従来の中世史研究において必ずしも十分には議論されてこなかった問題について取り上げ、見通しを述べてみたい。

まず③・④の課題にかかわって、③の「町人役」の問題からみていくと、一五世紀以降の史料に「町人」の語が散見されるようになることは多くの研究が注目しているが、近世「町人」のように中世「町人」にも明確な「町人役」が存在したかどうかという点については必ずしも明らかではない。すでに中世「町人」が、室町幕府侍所によって警固や掃除人夫に動員されていることが指摘されており〔五島 二〇〇四、松井 二〇一八〕、こうした状況が近世の「町人役」（公儀の賦課する人夫役）の前提を成した可能性は高い。しかしながら、中世「町人」の動員が、必ずしも史料上「警固役」「人夫役」の賦課というかたちで現れるわけではない点に、留意する必要があろう。「町人」とされる人々の中には、「神人」もおり、[5]彼らは祭礼役や「神役」の負担を通じ、明確に「神人」としての身分を獲得していた。「役」の賦課と賦課対象者の把握・組織化とが連動することによって、社会集団＝身分が形成されるとみてよいならば、中世「町人」が身分として確立していたかどうかについては検討の余地がある。少なくとも「神人」身分を帯びている場合もあった中世「町人」の場合、生業に基づく結合の基盤は、必ずしも近世「町人」のように「地縁的・職縁的身分共同体」としての「町」に一元化されるものではなかった〔三枝 二〇一四a〕。[6]

次に④について。「町人」の場合と同様に、中世史料に現れる「町」もまた、近世の「町」の性格と乖離する側面をもっている。このことを、前節でふれた祭礼役と「町」との関係からみてみると、稲荷祭礼役は、先述したように、鎌倉末期に敷地役から地口銭へと変遷を遂げている。その際、「弘安以来度々町別之時」、「文保二年本社初而町別奉行之時」とあるように〔東京大学史料編纂所架蔵写真帳『阿刀文書』五　年未詳四月一六日付厳伊書状〕、いずれの場合も「町別」に賦課されていた。この「町別」の語をもって、当該期の稲荷敷地が「町」単位に構成された可能性を指摘し、そこに自治組織としての「町」共同体の萌芽をみる研究がある〔五島 二〇〇四〕。その一方、「祭礼と関連して見出される「町」の語がストレートに都市住民の自治意識の高揚による地縁的結合＝「町」の形成を意味するものでない」とする研究もある。すなわち馬田綾子は、一五世紀、幕府による地口銭・棟別銭の徴収が「町」単位でなされていたことをもふまえ、あくまで「町」を「支配の単位」とみている。[7] そして稲荷祭礼役としての地口銭が、祭礼のための役という性質上、恒常的な性格を帯び、稲荷社によって徴収されるものであったこと、また、一五世紀後半には地子銭と一体化し、「土地に結びついた恒常的な課税として定着していた」ことを指摘している〔馬田 一九八一ａ〕。

前節でみた、統治権力による「横断的な支配」を示すものとしての祭礼役の性格、一五世紀末期においてもなお稲荷祭礼役を徴収するのが「町」ではなくあくまで稲荷社である点、またその祭礼役に恒常的かつ課税的な性格を認め得る点を重視するならば、祭礼役負担のありようから都市民衆の自治や地縁的結合の存在を読み取ることは難しいといえよう。[8] むしろ「支配の単位として存在する『町』を、どのように自らのものへと転化させてゆくのか」が都市民衆の課題であったとする馬田の指摘を今一度ふまえ〔馬田 一九八一ａ、八〇頁〕、「転化」の契機と時期について検討していく必要がある。

さらに、③・④の課題とかかわって、「町」・「町人」という言葉の出現が、即座に個別町の成立や自治的な地縁組織の成立を意味するわけではない点も注意される。すでに高橋康夫は、洛中の町々が固有の町名を広汎にもつに至った時期を一六世紀初期のことであると指摘している〔高橋 一九八三〕。中世において「洛外」に位置した北野社境内地「北野」では、一五世紀末に「町」の治安維持の責任を担う「町々老」が存在するとともに〔仁木 一九九七、五九頁〕、「町」・「町人」は、北野の地で犯罪が発生した場合には、領主北野社に注進することを義務付けられていた〔『北野天満宮史料 目代日記』紙背、六五五―六五九頁、延徳三(一四九一)年六月二七日条〕。しかし、『北野社家日記』や『目代日記』などの当該期の北野社関係史料をみると、「かい川(紙屋川)」や「今少路」「南少路」などの地名は現れるものの、「―町」という町名はみられない。むしろ「今小路町」といった個別町名が明確に史料上に見え始めるのは、秀吉による検地の実施された天正一九(一五九一)年以降のことであり、「町」が地縁組織として顕在化するまでに段階差のみられることに留意する必要がある。[9]

以上のように、中世と近世の「町」・「町人」の性格の相違あるいは段階差について注目するならば、③・④の課題が達成された時期を、少なくとも一五世紀以前に遡らせることは難しいといえよう。その一方、③・④の課題のみならず①・②の課題含むいずれの課題にも関連し検討すべき問題として、一五世紀以降に展開する「町人」の武家被官化・軍勢参加の問題がある。[10] このことについて、節を改め考察してみたい。

2 武装する「町人」

一五世紀半ば以降、「町人」の語が史料上に散見されるようになることは前節で述べたが、その「町人」が、土倉とともに武装して土一揆と戦っていたことは林屋辰三郎が早くに指摘している〔林屋 一九五〇〕。氏によれば、すでに嘉吉年間から、土一揆の蜂起を契機とする土倉・酒屋と「町人」との一体化がみられ、応仁の乱後さらにその一体化が強まり、明応年間までに、土倉衆を包括した「町衆」が成長するという〔林屋 一九六四〕。実際に、『後法興院記』明応四(一四九五)年一〇月二〇日条には、「戌の刻許西方時の声揚ぐ、土一揆と云々、今朝諸土蔵衆土一揆を払うの處、高屋誅せらると云々」とみえ、また廿二日条には「高辻室町に於いて土一揆数十人打ち取ると云々、町人幷びに土蔵方衆相戦うと云々」とみえ、土一揆に対抗して「土蔵（方）衆」と「町人」が戦っていることがわかる。

ここでまず注意したいのは、応仁の乱を境に、土倉・酒屋の担い手の性格が異なっている点である。すなわち、「応仁一乱ニ、土倉・三百余个所断絶」（天文一四年八月日付上下京酒屋土倉申状、『室町幕府引付史料集成』上巻「別本賦引付」二）、「応仁一乱酒屋以下断絶」（『八瀬童子会文書　増補』二九一号、〈永正六年閏八月日付〉左方諸色掌中重申状案）とあるように、応仁の乱前まで京都の土倉・酒屋の大半を占めていた山門配下の土倉・酒屋の多くは断絶し、かわって沢村氏や中村氏など、法華門徒でなおかつ武家被官となっている土倉・酒屋が史料上散見されるようになっていく。沢村氏や中村氏は、細川被官であり（小谷 一九八六）、右の『後法興院記』にみえる「土蔵衆」の一人「高屋」もまた、幕府政所伊勢氏の被官であった（吉永 二〇一六）。すなわち一五世紀末の土倉は金融業者であるばかりでなく武家被官でもあり、こうした土倉と町人とが土一揆と「相戦」っていたのである。

一四五〇年代から頻発するとされる土一揆が土倉・町人を襲撃する状況は（神田 二〇〇四）、すでに応仁の乱前からみられる。例えば文正元（一四六六）年に起きた文正の政変の際には、「土民等酒屋・土倉数个所打ち破り了」、「一、京都之儀、山名方勢幷びに朝倉披官勢等、所々土倉・酒屋以下方々乱入せしめ、雑物を運び取り剰さえ放火す、希代至極の沙汰也、殊更伊勢守披官町人一向生涯に及ぶと云々」という状況となっている（『大乗院寺社雑事記』文正元年九月八日条・九日条）。すなわち土倉ばかりでなく町人もまた、武家被官化していたのである。そしてこののちも、斯波義敏の被官を寄宿させていたとの理由で朝倉被官による「小家」への乱入がみられ、さらに山名氏・朝倉氏による伊勢貞親・季瓊真蘂の被官人の「在々所々」への「破却・放火」という事態も生じている（『後法興院記』文正元年九月七日条、『大乗院寺社雑事記』同年九月一〇日条、神田 二〇〇四）。このような事例と、土一揆の側にも、細川氏や畠山氏・伊勢氏をはじめとする武家の被官が多く参加していたとの指摘をふまえるならば（神田 二〇〇四）、武家と被官関係をもつという点において、土一揆と土倉・町人とは共通する性格を有していたといえよう。

少しのちの永正一七(一五二〇)年、細川澄元の被官三好之長が入京した際、之長の従えていた軍勢二万人の過半は「京衆・辺土衆」であった(『二水記』永正一七年三月二七日条)。その後大永七(一五二七)年、細川晴元の被官となっていた三好元長・柳本賢治が京都をおさえたが、その際、細川高国に与したとみなされた者やその関係者の「預物」を預かっていた者の家が掠奪されたことが『言継卿記』に見えており(『言継卿記』大永七年一一月二六日条)、このとき言継ら公卿衆と「町」とが結束して治安維持にあたったことが今谷明によって指摘されている(今谷 一九八九)。今谷の論の趣旨はあくまで「町衆の自衛活動」の評価におかれているが、武家に与し軍勢に加わる住人が「町」内部にいること、政治状況に応じて、一方の武家に与した敵とみなされれば即座に彼らの家が掠奪・攻撃の対象となっている点は注意される。

このような武家と「町人」の結びつきは、一六世紀、「半済」や「地子免許」とひきかえの軍勢動員によっていっそう強まっていく。例えば永正元(一五〇四)年九月、細川政元被官の薬師寺与一が政元に背いて挙兵し、徳政一揆が蜂起した際には、政元側は徳政令を発布しつつ、半済を条件に京都近郷の土民を動員しており、『宣胤卿記』に「京方香西又六、半済を近郷之土民に契約し悉く狩り出し、下京の輩地子を免じ皆出陣す」とみえている(『宣胤卿記』永正元年九月二日条)[11]。本来守護に半済宛行権があるにもかかわらず、細川被官がこれを実施し得たのは、細川氏の強い意志のもと、幕府が妥協せざるを得なかった可能性によるもので、この永正元年の事例が重要な根拠となって、以後近郷土民の半済要求が繰り返されるという(田中 一九九三)。注意されるのは、右の『宣胤卿記』に、政元被官の香西又六が「近郷土民」のみならず「下京輩」にも「地子免許」を条件として出陣させていたとある点である。すなわち、洛外のみならず洛中においても、地子免除を条件に軍事動員がなされたことがわかる。

こうした動きは、享禄五(一五三二)年に一向一揆の洛中乱入を阻止するため、細川晴元と法華宗が結んだことを契機に起こる「法華一揆」においてもみられ、天文元(一五三二)年の山科本願寺焼討の際には、「洛中洛外半済免除と号し、諸百姓等年貢以下難渋す」という状況が起きている（「経厚法印日記」〈『改定史籍集覧』第二五冊〉天文元年一一月二四日条）。このとき「半済」を主張した「洛中洛外」の「諸百姓等」の基盤のうち「東山十郷」については、吉田社・祇園社・青蓮院・山科本願寺・聖護院をはじめとする諸領主の領有地が錯綜する地であったことが田中克行によって指摘されている（田中 一九九三）。この半済運動は、山科本願寺への攻撃に際し、京都近郊の「五十余郷衆」を幕府が動員したことを受けて起こったものであった（「経厚法印日記」天文元年八月二三日条、田中 一九九三）。この運動自体は実らずに終わるものの、複数領主の支配が錯綜する近隣諸郷において、郷民たちがいわば地縁に基づいて結束し、半済要求を行っている点は注目される。

一方、本願寺焼討直前には、「京中町人等」（『二水記』天文元年八月七日条）「下京・上京ノ日蓮宗町人」（『祇園執行日記』天文元年八月一一日条）を巻き込んだ「打廻」がくり返され、焼討ちの際には「上下京衆日蓮門徒」・「京衆」が山科に向かっている（「経厚法印日記」天文元年八月二三日・二四日条）。洛中もまた、前章で述べたように諸領主の地子取得地が錯綜する地であったが、洛中の人々の「半済」要求が具体的にどのようなかたちをとって行われたのかは明確でない。こののち天文三（一五三四）年から五年にかけ、「公方様桑実 御座以来、日蓮宗《宗時》《と》洛中地子銭沙汰致さずに依り、有名無実」という事態が生じたことはよく知られ（『鹿王院文書』五八三号「鹿王院雑掌二答状案」）、今谷は、このような地子未進を「十六世紀初頭以来、細川政権の軍勢催促手段として権力側から提示されてきた」ものであることに留意しつつ、「法華一揆」による「地子不払運動」によるものであるとしている（今谷 一九八九）。その一方馬田は、洛中における半済が、すでに応仁の乱時の文明三（一四七一）年に畠山義就によって実施されていること、これ以降「京都住民の軍事的動員と、その代償として行われる半済＝「地子免」」が定着していくこと、よって「法華一揆」による地子無沙汰も半済の系譜を引くものであることを指摘している（馬田 一九八一b）。こうした指摘と、「法華一揆」による軍勢催促に「町」が積極的に関与している形跡のみられない点をもふまえると[12]、地子未進および「地子不払運動」

から即座に「町」の自治を読み取り、当該期に④の課題が達成されていたことを読み取ることは難しいといえるだろう。

さらに注意されるのは、当該期の武家による軍勢動員が、「地子銭不払」・「半済」という事態ばかりでなく、ときに「甲乙人」「諸郷人」による「取物」「財宝」「黄金」の取得という状況をも生み出していた点である〔『二水記』天文元年八月二四―二六日条〕。すなわち戦乱への参加は、洛中洛外の民衆に、生業に基づくものとは異なる経済権益を与えるとともに、領主支配からの逸脱をももたらした。したがって、一五世紀半ば以降に頻発する一揆や戦乱、およびこれにともなう軍勢動員は、諸権門による領主支配・商工業者支配を不安定化させざるを得なかったと考えられる。すなわち①・②の課題は、一五世紀後半以降、武家の軍勢動員によっていわばなし崩しに達成されていった可能性がある。

法華宗と結びついた京衆・町衆の軍事活動が活発化した天文期は「町―町組―惣町」という、近世に続く地縁組織の重層構造が「ごく短期間に形成された」時期であった〔杉森 一九九〇〕。一見すると、ここで④の課題が達成されたかにみえるものの、天文三年に上京に現れる町組「禁裏六町」が、諸身分の混住する地であったことは前節でふれたとおりであり、六町はまた、禁裏警備体制強化のための「禁裏役」賦課の単位として、あるいは地子銭・諸公事免除の単位として成立している〔高橋 一九七八〕。その一方、天文一五年には細川国慶が「洛中洛外屋地子幷野畠地子銭」の徴収を目論み、礼銭の確保へと至っており〔馬部 二〇一四〕、さらに三好政権期に入ると、政権が惣町を通じ、地子銭や禁裏修理費用・段米を徴収するようになる〔仁木 二〇一〇〕。すなわち当該期の武家は、諸権門の領主支配を凌駕しながら地子銭その他の徴収にのぞむようになっていた。

従来の研究の多くは、一揆や戦乱に対する治安維持や防衛という現象に、「町」や「町人」の自治を読み取り、それがやがて「地子免許」「地子無沙汰」の達成へとつながることを指摘している。戦乱下の自衛・防衛を通じ、都市住人の間に自治が育まれた可能性は否定できない。しかし一方で、武家支配のもとで横断的に展開する都市民衆の軍勢動員も、既存の本所・領主支配の否定につながる性格を帯びていた点に注意する必要がある。一五世紀後半―一六世紀の京都が、洛中洛外の民衆をも巻き込んで展開する戦乱状況下にあったこと、よって戦乱状況に規定されて①・②の課題の解決がはかられた可能性もあること、このことを前提に④の課題について検討していく必要のあることを確認し、節を終えることにしたい。

おわりに

永禄五(一五五八)年に入京した六角氏が発給した「条々」は、「一、敵方之者、洛中に或は入り交じり或は隠居する輩之在らば、早速に追い出すべし、万一隠し置くの族露見においては、其宿幷びに許容輩、罪科に処せらるべき事」という条文で始まり、以下、「敵方へ内通之輩」、「敵方に対し奉公人に非ずして時節に随い出入りの輩」、「敵方跡に財物預け置く輩」に対する規制が続き、最後に「町々家々」に対し安全保障のための「礼銭」を不当にせびる者を「承引」しないよう命じて結ばれている(『中世法制史料集』二、二六七―二六八頁)。当該期においても、洛中において特定の武家に与同する者がおり、一方から「敵方」とみなされれば、当人はもとよりかかわりのある人々が規制の対象となり、なおかつ「町々」も礼銭の負担で乗り切らねばならない状況にあったことがわかる。

その後天正一一(一五八三)年、には「諸奉公人」による「町人」への「非分狼藉」や「洛中洛外諸牢人」の居住を禁止する「洛中洛外」宛の秀吉の掟書が発給され(『豊臣秀吉文書集』一、七三一号、「今井具雄氏所蔵文書」)、天正一三年には禁裏六町に対し「諸奉公人」の居住を禁止する禁制が発給されている(『豊臣秀吉文書集』二、一三七六号、「川端道喜文書」)。豊臣政権期の史料に現れる「奉公人」について、藤井讓治は、「身分としての『奉公人』が豊臣期に創出され、江戸初期には消滅する」こと、当該期の「奉公人」は、「百姓」「町人」「職人」と同様の被支配身分であると同時に「兵」であることを指摘している。また、京都においては「奉公人」が「町」に居住する一方、検地にともなう替地によって「聚楽廻奉公人屋敷」すなわち奉公人の集住する「町」が形成されたという〔藤井 二〇一七〕。豊臣政権期に、「町」に居住する被支配身分である「町人」とは別に「奉公人」身分が創出されることの前提に、一五世紀後半以降、武家被官化した「町人」や軍勢催促に応じる「町人」の活動があったと考えられる。本章では十分に検討することはできなかったが、京都の近世都市化を論じるにあたり、検地とこれにともなう空間・身分の編成過程を詳細にすることは不可欠である。今後の課題とし、稿をむすぶことにしたい。

（1）〔脇田 一九八一〕は、こうした現象を「土地支配の零細錯綜と、人間支配のちりがかり関係」「土地・人間の領有の錯雑性」という言葉で説明している。
（2）〔赤松 一九七二〕所載の宮内庁書陵部所蔵「六角町供御人関係文書」に拠る。
（3）本座神人は祇園御霊会の際に「神供米」を負担したほか、三年に一度「札根銭」を納め、新座神人は毎年人別「二百文」の「御節供料」を負担したことが「社家記録」康永二年七月二八日条に見える。
（4）以前に、「幕府は土地所有・領主権に基づく住人支配を選択せず、いわば既存権力の人員把握方式を利用しながら、つかめるところをつかむ都市支配を展開した」と述べたが〔三枝 二〇一一〕、瀬田勝哉が批判するとおり〔野地秀俊・佐々木創・瀬田による〔三枝 二〇一一〕の書評、『史学雑誌』第一二二編第七号、二〇一三年〕、「役」賦課および地口銭賦課は、幕府のもつ京都に対する統治権および土地支配政策と密接不可分の関係にある可能性が高く、再考する必要を感じている。
（5）寛正二年「禅盛記録抄」京都国立博物館編『特別展覧会―菅原道真公一一〇〇年祭記念　北野天満宮神宝展』二二九頁、『建内記』文安四年一一月七日条。
（6）すでに馬田綾子が、中世京都において、人々が生活空間を共有しているために、土地売買等の保証・祭礼等への参加・犯罪への対応などを通じ、時に行動を共にすることはあっても、「こうした行動はくり返し行なわれることによって相互の結びつきを強めることになると思われるが、それにもかかわらず、人びとの生業・身分が多様であり、また都市行政においてもこうした結びつきが明確な位置を与えられていないことから、一六世紀に入ってみられる町組のような強固な結びつきをうみだすには至らない」ことを指摘している〔馬田 一九九〇〕。

(7) この指摘は、〔小林 一九七六年〕における、康正二(一四五六)年の棟別銭が、洛中を八ブロックに分け、竪小路によって区分された「町別」に「町分奉行」(幕府奉行人)によって徴収されたとの指摘を受けて、なされたものである。小林によれば、寛正六(一四六五)年の洛中地口銭賦課においても、竪小路による町分がなされたという。

(8) 「慈済院納下帳」をもとに、下京の「町尻家役」として「山之綱引賃」をはじめとする祇園会山鉾巡行の「出銭」がなされていたことが指摘されていることをふまえるならば〔『中世都市研究12 中世のなかの「京都」』新人物往来社、二〇〇六年所載桜井英治全体討論コメント、および〔河内 二〇〇六〕補注(三)〕、祇園会の祭礼役もまた、屋地にかかる恒常的課税としての性格を帯びていた可能性が高いのではなかろうか。その徴収を誰が担ったのかという点を含め、検討していく必要がある。

(9) 〔三枝 二〇〇八〕では、「中世来の「町」共同体を基礎とした「町」組織の整備・把握が、豊臣政権及び北野社によってすすめられた」可能性を指摘したが(一一五頁上段)、「中世来の「町」共同体」が成立していたのかどうか改めて検討したい。

(10) すでに仁木宏が、「豊臣秀吉の京都改造によって、禁裏・公家・寺院などと都市民との結びつきが断ち切られたり、兵と商工の身分が分離されたりして、「純粋な」町人が析出され、そうした町人が構成する町共同体が支配の基礎単位として権力に直接把握されることで近世京都が成立してゆく」〔仁木 二〇一〇、七五頁〕と述べ、兵と商工の分離が近世京都の成立に不可欠であったことを指摘し、天正期の「町」における「奉公人」居住規制や誓約に着目されている点は非常に重要である。ただし、一六世紀半ばの惣町—町の重層構造の成立をふまえ、「町共同体は戦国期の都市社会の中で自生的に成長してきた」、「原理上、幕府権力も都市領主も必要としない都市共同体が生まれる」と述べ〔仁木 二〇一〇、一〇七頁〕、戦国期の「都市民」による「都市共同体」・「町共同体」の形成を高く評価していること、これら「都市共同体」を形成する「都市民」が「武士」と被官関係を結ぶことを「矛盾」としてとらえ、「都市共同体の全面的な展開を阻害していた」とすることにはやや躊躇をおぼえる。氏のいわれる「武士」という用語のさす対象が、将軍から「末端の武士」まで多様な階層を含んでいること、「都市民」もまた多様な階層から成っていたと考えられること、武家被官となったり軍勢催促に応じたりする「町人」と「末端の武士」との境界は、現実には曖昧であった可能性が高いことなどをふまえるならば、「都市民」を主体とする「都市共同体」「町共同体」の形成過程について、より厳密に検討していく必要があると考える。

(11) 実際に、「北白川同組拾郷」の「名主沙汰人」にあてて、半済を条件に幕府政所執事伊勢貞宗のもとで合戦に参加するよう、幕府から動員命令が下されている〔『増補八坂神社文書』下巻一、一四四六号、永正元年九月一四日付室町幕府奉行連署奉書案〕。

(12) 天文元年の山科本願寺焼討の状況を記した「経厚法印日記」八月二三日条から、各法華宗寺院に組織された「上下京衆」の門徒が細川晴元被官の山村と粟田口へ向かっていることが確認される〔「経厚法印日記」天文元年八月二三日条〕。同様に、天文二年、摂津池田城にいた細川晴元が石山本願寺を攻撃した際には、晴元から洛中の日蓮宗諸寺院に「檀那」を集めるよう軍勢催促状が届き、その後洛中「打廻」があり、大坂へと向かっている〔『本満寺文書』(天文二年)四月七日付細川晴元軍勢催促状、『後法成寺尚通公記』天文二年四月十四日条、『本福寺明宗跡書』〕。

参考文献

赤松俊秀「座について」『古代中世社会経済史研究』平楽寺書店、一九七二年、初出は一九五四年
朝尾直弘「近世の身分制と賤民」『朝尾直弘著作集』第七巻、岩波書店、二〇〇四年、初出は一九八一年
今谷明『天文法華一揆——武装する町衆』洋泉社、二〇〇九年、初出は一九八九年
今谷明『戦国時代の貴族——『言継卿記』が描く京都』講談社、二〇〇二年
馬田綾子「洛中の土地支配と地口銭」『史林』第六〇巻第四号、一九七七年
馬田綾子「稲荷祭礼役をめぐって」『朱』第二五号、一九八一年a
馬田綾子「中世都市と諸闘争」青木美智男ほか編『一揆3 一揆の構造』東京大学出版会、一九八一年b
馬田綾子「中世都市の民衆世界」高橋康夫・吉田伸之編『日本都市史入門Ⅲ 人』東京大学出版会、一九九〇年
小野晃嗣「京都の近世都市化」『近世城下町の研究・増補版』法政大学出版局、一九九三年、初出は一九四〇年
河内将芳『戦国期祇園会に関する基礎的考察』『中世京都の都市と宗教』思文閣出版、二〇〇六年、初出は二〇〇二年
神田千里『土一揆の時代』吉川弘文館、二〇〇四年
北村優季『平安京——その歴史と構造』吉川弘文館、一九九五年
五島邦治「町人の成立」『京都 町共同体成立史の研究』岩田書院、二〇〇四年
五島邦治「稲荷旅所の変遷」前掲書
小谷利明「土倉沢村について」『畿内戦国期守護と地域社会』清文堂、二〇〇三年、初出は一九八六年
小林保夫「室町幕府における段銭制度の確立」『日本史研究』一六七号、一九七六年
佐藤進一「室町幕府論」『岩波講座日本歴史7 中世3』岩波書店、一九六三年
佐藤進一『日本の歴史9 南北朝の動乱』中央公論社、一九六五年

下坂守「延暦寺大衆と日吉小五月会（その一）・（その二）」『中世寺院社会の研究』思文閣出版、二〇〇一年
杉森哲也「近世京都の成立──京都改造を中心に」『近世京都の都市と社会』東京大学出版会、二〇〇八年、初出は二〇〇一年
杉森哲也「町組と町」前掲書、初出は一九九〇年
瀬田勝哉「近世都市成立史序説──京都における土地所有をめぐって」寶月圭吾先生還暦記念会編『日本社会経済史研究（中世編）』吉川弘文館、一九六七年
瀬田勝哉「中世の祇園御霊会──大政所御旅所と馬上役制」『増補　洛中洛外の群像──失われた中世京都へ』平凡社、二〇〇九年、初出は一九七九年
瀬田勝哉「荘園解体期の京の流通」前掲書、初出は一九九三年
高橋康夫「「六町」の景観と構造」『京都中世都市史研究』思文閣出版、一九八三年、初出は一九七八年
高橋康夫「土御門四丁町の形態と構造」前掲書、初出は一九七九年
高橋康夫「戦国時代の京の都市構造──町組をめぐって」前掲書、初出は一九八三年
田中克行「村の「半済」と戦乱・徳政一揆」『中世の惣村と文書』山川出版社、一九九八年、初出一九九三年
戸田芳実「王朝都市論の問題点」『日本史研究』一三九・一四〇号、一九七四年
豊田武「祇園社をめぐる諸座の神人」『豊田武著作集第一巻　座の研究』吉川弘文館、一九八二年、初出は一九三七年
長崎健吾「室町期京都における地口銭・棟別銭賦課の展開」報告要旨、『日本史研究』六四八号・「部会ニュース」、二〇一六年
仁木宏『空間・公・共同体──中世都市から近世都市へ』青木書店、一九九七年
仁木宏『京都の都市共同体と権力』思文閣出版、二〇一〇年
馬部隆弘「細川国慶の上洛戦と京都支配」『戦国期細川権力の構造』吉川弘文館、二〇一八年、初出は二〇一四年
林屋辰三郎「町衆の成立」『中世文化の基調』東京大学出版会、一九五三年、初出は一九五〇年
林屋辰三郎『町衆──京都における「市民」形成史』中公新書、一九六四年
藤井譲治「身分としての奉公人──その創出と消滅」織豊期研究会編『織豊期研究の現在』岩田書院、二〇一七年
牧原成征「近世的社会秩序の形成」『日本史研究』六四四号、二〇一六年
松井直人「南北朝・室町期京都における武士の居住形態」『史林』九八巻四号、二〇一五年
松井直人「室町幕府侍所と京都」『ヒストリア』二六五号、二〇一八年
三枝暁子「秀吉の京都改造と北野社」『立命館文学』第六〇号、二〇〇八年
三枝暁子『比叡山と室町幕府──寺社と武家の京都支配』東京大学出版会、二〇一一年

三枝暁子「中世の身分と社会集団」『岩波講座日本歴史7　中世2』岩波書店、二〇一四年a
三枝暁子「「町」共同体をめぐって」『歴史科学』二一八号、二〇一四年b
吉田伸之「公儀と町人身分」『近世都市社会の身分構造』東京大学出版会、一九九八年、初出は一九八〇年
吉永隆記「戦国期の御料所経営にみる都鄙関係――桐野河内村公文高屋氏を素材に」『古文書研究』八一号、二〇一六年掲載
「日本古文書学会第四八回学術大会要旨」
脇田晴子「都市の成立と住民構成」『日本中世都市論』東京大学出版会、一九八一年

I　権力と社会

〈第2章〉

近世前期の武家社会と都市京都

三宅正浩

はじめに――一七世紀の武家社会と都市京都

まずは二つの事例を紹介するところから始めよう。

正保元(一六四四)年、出雲国松江の松平直政の家老で乙部九郎兵衛という人物が、自邸で敵討ちがあったことの責任をとらされて暇を出された。そして、「山城国梅津(※京都の西の近郊)に居住」し、同三(一六四六)年に松平直政からの帰参の命が「京都え奉書到来」というかたちで伝えられて帰参したという〔『松江藩列士録』島根県立図書館〕。明暦二(一六五六)年、阿波国徳島の蜂須賀光隆の家老で蜂須賀山城という人物が、知行を返上して隠居することを願い出て、同四(一六五八)年に京都に隠棲し、京都で死去した。また、その養子である蜂須賀采女も同様に、延宝六(一六七八)年に剃髪して京都に隠棲し、京都で死去した〔「阿淡藩翰譜巻第弐」四国大学凌霄文庫〕。

実は、一七世紀頃の史料を見ていると、他にも主家から暇を出されて京都に居住したり、隠居して京都に隠棲したという武士、特に高禄であった武士の存在が少なくないことに気づく。では、彼らはなぜ京都に赴いたのだろうか。彼らが京都に滞在したことを歴史的にどう捉えればよいのか。本章は、こうした問題を手がかりに近世前期の武家社会にとっての都市京都の位置について考察するものである。

ところで、近世を通して京都には大名家の京都屋敷が多く存在し、京都留守居が置かれていた。その役割は、呉服所という御用達商人等を通して進物用の物品を調達したり、京都商人から借銀をしたり、女性奉公人を雇用することなどであった〔三宅 二〇一四、七六―七九頁〕。これもまた武家社会にとっての都市京都の役割を示すものであろう。ただ、冒頭で示した事例から見えてくるのは、京都屋敷・京都留守居を通して見える世界とはまた異なる世界のようである。

一七世紀の京都に居住・滞在していた武士は、大きくわけて幕府役人・大名家臣・大名の子息や隠居・牢人・武家女性であったという〔藤井 二〇〇七、一九九頁〕。本章では、特に牢人や隠居といった存在、さらに京都に参勤交代途上に立ち寄った大名にも注目して、武家社会と都市京都の関係を示す事例を紹介しつつ、そこから見えてくる都市京都の姿を歴史的に考えていくことにする。そのために、まずは近世前期における京都の政治的位置について確認した上で、具体的な事例に入っていきたい。

一 政治都市京都

1 徳川家康と京都

近世成立期の首都として京都を論じた横田冬彦は、豊臣政権期から徳川政権期にかけて、大名屋敷群の所在地としての首都が京都―伏見―大坂―江戸と移動し、それを前提として近世の「三都」が成立したことを論じた〔横田 一九九六、五二一―五四一頁〕。近世初頭、京都は首都として政治の中心地だったのであり、やや乱暴かもしれないが伏見も京都の延長として捉えることが可能であろう。首都の変遷からいえば、大坂も含めて上方が政権所在地であった豊臣政権期から、江戸を政権所在地とする徳川政権期に移行していくわけであるが、ここで注意しておきたいのは、京都の政治的中心性が突然なくなったわけではなかったという歴史的過程である。
徳川家康は、関ヶ原合戦後、慶長一一（一六〇六）年までは伏見を拠点として政権を運営し、年に数ヵ月は江戸に滞在するものの、基本的に伏見にいた〔藤井編 二〇一六〕。この時期までは、徳川政権は上方に所在したといってもよい。

同一二（一六〇七）年以降、家康は駿府を拠点とし、江戸と往復するようになるが、政治的に重要な事柄は京都でなされた。例えば、同一六（一六一一）年三月から四月にかけて、家康は京都に滞在し、後陽成天皇の譲位、豊臣秀頼との会見、諸大名からの三ヶ条誓紙の徴収を行っている。

同一九年・二〇年の大坂の陣に際しては、冬の陣・夏の陣ともに、家康は京都の二条城を拠点とし、二条城から大坂へ出陣し、戦闘終結後に再び二条城に戻っている。一方、将軍秀忠は伏見城を拠点とし、伏見城から大坂へ出陣し、戦闘終結後には再び伏見城に入っている。豊臣氏滅亡後の同二〇（元和元）年七月、武家諸法度が伏見城で公布され、禁中幷公家諸法度が二条城で公布された。これらの政治的動きを経た後、家康は駿府へ、秀忠は江戸へと帰っていったのである。

表1　秀忠・家光の上洛日程

		到着日	発足日	備　考
元和 3(1617)	秀忠	6.29 伏見着	9.13 伏見発	
元和 5(1619)	秀忠	5.27 伏見着	9.7 伏見発	9.7-9.11 大坂・尼崎・郡山・奈良
元和 9(1623)	秀忠	6.8 京都着	閏 8.21 京都発	7.6-7.13 大坂
	家光	7.13 京都着	閏 8.8 京都発	8.19-8.23 大坂
寛永 3(1626)	秀忠	6.20 京都着	10.6 京都発	7.25-7.30 大坂
	家光	8.2 京都着	9.25 京都発	9.16-9.17 大坂
寛永 11(1634)	家光	7.11 京都着	8.5 京都発	閏 7.25-閏 7.28 大坂

2　秀忠・家光の上洛

家康死去後、秀忠政権期（元和二（一六一六）年―寛永九（一六三二）年）、続く家光政権期（寛永九（一六三二）年―慶安四（一六五一）年）において、天下人たる秀忠・家光が上洛した旅程を示したのが表1である。元和三（一六一七）年、同五年は秀忠が単独で上洛、同九年、寛永三(一六二六)年には秀忠・家光両者が揃って上洛、秀忠死去後の同一一年に家光が上洛した〔藤井編 一九九四〕。

それぞれの上洛について順に見ていこう。まず、元和三年の秀忠の上洛は、秀忠政権の始まりを知らしめるための御代始めの上洛といってよいだろう。上洛中、前年に父利隆を亡くしていた播磨姫路の池田光政を幼少であることを理由に因幡鳥取に移し、それに連動して多くの大名の国替を実施した。さらに、この上洛前と上洛中、武家・公家・寺社に対する領知朱印状を一斉発給したことが重要である。上洛前、秀忠は上洛法度を発布した五月二六日付で万石未満を主たる対象として七六通もの領知朱印状を発給し、上洛中には、万石以上を中心に四八通の領知朱印状を発給している。このときの領知朱印状の一斉発給の重点は駿河以西の大名にあった〔藤井 二〇〇八、一〇六―一一二頁〕。

元和五年の上洛は、上洛中に安芸広島の福島正則が改易されたことが特筆される。そして福島正則改易に連動し、紀伊和歌山の浅野長晟を安芸広島へ、駿府の徳川頼宣を紀伊和歌山へ移すなどの大規模な国替が行われた。同時に大坂城の松平忠明が大和郡山に移され、大坂城が直轄化された。また、実際には延期となったものの、この上洛は和子入内を期して行われたことにも注意しておくべきだろう。

このように見てくると、元和期の秀忠の上洛というのは、対西国・対朝廷を主眼とした重要政策を実施するためのものであったといえる。世の人々から見れば、天下人の上洛というものは、何か政治的に大きな動きがあることを予感させるものであったろう。

元和九年の秀忠・家光の上洛については、家光の将軍宣下のためのものであることはいうまでもあるまい。将軍宣下は京都でなされるものとされていた。そして、寛永三(一六二六)年の秀忠・家光の上洛は、後水尾天皇の二条城行幸が最大の目的であった〔藤井 一九九七、五二頁〕。

寛永一一年の家光の上洛は、家光政権の御代始めの上洛であり、結果的に幕末に至るまでの徳川将軍最後の上洛となった。大軍勢を率いて上洛した家光は、全国の軍事指揮権が自らにあることを示し、上洛中の領知朱印改めによって全国の大名との主従関係を再確認した。そして、上洛の翌年には、武家諸法度を改訂して発布した。

以上のように、秀忠政権期から家光政権期にかけては、上洛中あるいは上洛を節目として大きく政治が動いていた。重要な政治的事柄を実施するために京都という場に移動することがなされていたのであり、日常的には政治的中心地は江戸であったが、本来的には未だ京都が政治的中心地であったともいえるだろう。さらにここで注意しておきたいのは、政治的に大きな動きがある場合は天下人が京都に移動するということが、当時の人々の頭の中に強く意識されていただろうということである。この当時の認識を前提として、近世前期の京都という都市の政治性を捉えていかねばなるまい。

二　大名の立ち寄り

1　細川忠興（三斎）・忠利の場合

近世初頭、西国大名たちは、江戸への参勤交代途中に京都に立ち寄っていた〔三宅 二〇一四、七四―七五頁〕。

細川幽斎（藤孝）は、慶長五（一六〇〇）年の関ヶ原合戦後に隠居し、京都の吉田邸に居住した。これは、幽斎の女が吉田社の神職吉田兼治の室であった縁が関係している。その後、三条車屋町にも居宅を構え、吉田邸と併用していたようで、慶長一五年に三条車屋町邸で死去した〔藤井編 二〇一六、二〇二頁〕。幽斎が居住していた吉田邸は、子の忠興に継承され利用されることになり、忠興は参勤交代の途上、しばしば京都に途中滞在した。

例えば、元和四（一六一八）年、国元小倉にいた忠興は、江戸に向かおうと考えていたが、眼病が悪化したので京都で養生することにした。その理由として忠興が述べたのは、「国にて養性申し候えば、ずいなるように候間、京へ上り養性仕りたく候、第一公儀又は京にて大勢の医者にも見せ申したく」(『大日本近世史料　細川家史料』〈以下『細川』とする〉一、一六三号)ということであった。つまり、国元で養生するのは気ままな様に見えてしまうことへの懸念と、京都の医療への期待があったわけである。この年、七月二九日に京都吉田に到着した忠興は、光寿院(忠興母)死去に伴い一時帰国するものの一〇月上旬に再び上洛し、京都で眼の治療を行った後、一一月三日にようやく江戸に到着した。この間、京都へ大坂の医師真嶋慶円を呼び寄せて診察を受けている。

忠興は元和六年に隠居して家督を忠利に譲り、三斎と号して後も、江戸への往復の途次に京都吉田に滞在することが常であった。

寛永四(一六二七)年には、江戸に参府する途中、二〇日ほど京都吉田に滞在し、通仙院(半井成信)や大坂の真嶋の診察を受けて病気療養した。あらためて、京都の医療というものが、人を呼び寄せていたという側面を押さえておく必要があるだろう。

寛永八年八月、大御所秀忠が病に倒れた。幕府は秀忠の病気見舞いに諸大名が出府することを禁じたが、三斎は江戸にいた忠利と示し合わせ、京都まで上って様子見をした。京都まで上ることを幕閣の土井利勝らに内々に連絡した上での行動であった。つまり、参府を禁じられながらも、江戸の情報を迅速に入手して状況変化に対応するため、三斎は京都に滞在していたわけである。

寛永一三年末から翌年初めにかけては、三斎は病気療養のために京都に長期滞在した。この間、忠利は国元から江戸へ参府する途次に、大坂へ予定より早く着船したため、三斎を見舞いがてら京都に五・六日ほど滞在した。このとき、忠利が京都滞在について幕府に事前に許可を求めた形跡はない。事後報告だったと思われ、比較的自由に京都滞在を決めていたようである。興味深いのは、京都滞在中に忠利が阿波徳島の蜂須賀忠英に送った書状である。一部を引用しよう。

三斎気分も次第に能く御座候に付き、我等儀京都逗留入らざる儀と存じ、今日罷り立ち申し候、然れば三月十九日の日付にて板周防殿へ江戸より申し来たり候は、上様御機嫌弥能く御座成され、御二ノ丸堀にて御鷹など御遣い成され候由、又諸大名衆も近日御目見え御座有るべき由に御座候（『細川』二一、三七三〇号）

注目すべきは後半部分である。江戸から所司代板倉重宗に届けられた将軍家光の近況などの情報を、忠利が入手して蜂須賀忠英に伝達しているのである。京都滞在中の忠利が所司代板倉重宗と会合していたことが想定でき、所司代宛の情報が京都を結節点として西国の諸大名に広がっていたという現象を確認することができるだろう。

2　池田光政の場合

続いて、少し時代を下り、池田光政の京都立ち寄りについて、『池田光政日記』（山陽図書出版、一九六七年）から見ていこう。

池田光政は、細川父子と同じく江戸への参勤途上でしばしば京都に立ち寄ったことが確認できる。特に、次女輝子が慶安二（一六四九）年に公家の一条教輔に嫁してからは、頻繁に京都の一条家に滞在することとなった。

まず、一条家との縁戚関係が生じる以前の寛永一九（一六四二）年一二月の京都立ち寄りについて見ておこう。同年一二月一九日、光政は京都で所司代の板倉重宗と会談し、板倉から「江戸・さかい・大坂・京・大津など」に改易した家臣を置くことをしないようにと内々の指示を受けた。ただし、「御かまいこれ無き者」は別である（どこに置いてもよい）とのことであったという。問題のある牢人が上方に滞在することを防止しようとする所司代の意図が見て取れる記事であるが、ここでは、光政が参勤途中に京都に立ち寄り、所司代と面会していることを確認しておく。

慶安五（一六五二）年五月、光政は江戸発足前に幕閣の酒井忠勝と会談し、国元への帰路に京都に立ち寄ることについて事前に相談した。その上で、同月、光政は京都の一条邸に立ち寄ったわけであるが、その際、一条邸に「板防州も御出」とあり、所司代板倉重宗がやってきて光政と会談している。光政が所司代板倉に相談したのは、池田家の家老二名の処置についてであり、病気がちであることを理由に家老を罷免することについて、板倉が同意した。

承応三(一六五四)年八月、これまた帰国途上に京都の一条邸に立ち寄った際、「防州へ讃州より状、新太郎上京候はば、新学の事きっといけん然るべく候、主はやめられず候共、家中ひろまり申さず候様に然るべく候と状、御みせ候」という出来事があった。つまり、所司代板倉が、板倉宛に届いた酒井忠勝からの書状を持参して光政に見せ、その書状の内容は、光政が上京したならば学問のことについて板倉から光政に意見するようにというものであったということである。

翌明暦元(一六五五)年の参府途中にも光政は一条邸で所司代板倉と会談している。これらの事例からは、光政が京都の一条邸に立ち寄ることが常態化しており、それを幕閣の酒井忠勝も所司代板倉も知っており、なおかつ彼らは、光政の一条邸立ち寄りを、所司代が光政と会談する機会と捉えていたことが判明する。当然、京都立ち寄りが規制されていた形跡など見られない。

こうしたあり方は、所司代が牧野親成にかわっても変化しない。

万治二(一六五九)年三月一三日、江戸参府の途次にあった光政は、大坂から淀川を溯る川船の中で一条家で孫が誕生した知らせを受けたため、予定していた伏見屋敷への立ち寄りをやめ、京都の一条邸に直行した。翌日、光政は所司代牧野のところへ出向き、「内々十五日に発足せしむべくと存じ候処に、一条殿産にて候、苦しからず候はば今一日逗留仕りたく候」と願い出、江戸の老中への連絡を頼んだ。京都に立ち寄ることの許可を求めたというよりは、通常一泊程度であった京都一条邸滞在を延長するという旅程の変更許可を求めたといえ、当然のように許可されている。

翌万治三年の江戸からの帰国途中にも、光政は一条邸に立ち寄り、翌日、所司代牧野を訪ねている。このとき、女院付の野々村丹後が同席し、江戸の天樹院（千姫）からの伝言が光政に伝えられた。内容は一条家の家内問題の処置についてであり、天樹院が光政の祖母にあたることから天樹院—光政—所司代間で相談がなされたものであろう。また、同じ場で参勤交代による道中混雑について光政が所司代に状況を伝えたり、キリシタン穿鑿について話し合ったりしたようである。

光政にとって、京都立ち寄りは、次女の嫁いだ一条家を見舞うことと共に、所司代らと会談して種々の情報交換や相談を行う機会だったのである。

さて、以上のような大名の京都立ち寄り事例からいくつかのことが確認できるだろう。まず、京都の医療への期待や、公家（吉田家・一条家）との繋がりがある。そして特に注目しておきたいのは、京都が政治的な情報交換の場として機能していたということである。大名側も京都で政治情報を入手することを意図していたし、それを幕府も認知しており、所司代は大名たちに種々の情報を流していた。いわば、近世前期の京都は、特に西日本の大名にとって、一種の政治情報のターミナルとでもいうべき側面を有していたようなのである。なお、細川父子よりも池田光政の方が京都に滞在する日数が短いのは、時期的段階差であろうか。

三　牢人の滞在

1　近世初期の牢人

京都に滞在した牢人の事例については冒頭でも紹介したが、ここでは少し時期を溯りながら、あらためていくつかの事例を紹介する。

有名な人物の事例から始めよう。筑後柳川城主であった立花宗茂は、関ヶ原合戦で西軍に属したことにより領知を没収された後、まずは加藤清正を頼って肥後に滞在したが、関ヶ原翌年の慶長六年七月頃、京都あるいは伏見に上った。その目的は、徳川家康に対する地位回復嘆願運動のためであり、家康が拠点としていた京都・伏見に赴いたのは自然な動きであったといえる。何名かの家臣も在京して政治情報の収集や各方面への折衝にあたったようである。在京が長期化し、京都では富士谷紹務宅に逗留した〔中野 二〇〇一、一二九―一四〇頁〕。富士谷紹務父子は、後に立花家の京都留守居・銀主・呉服所となった商人である。近世初頭の関係性がその後も一定程度保持され続けたことにも注意しておく必要があろう〔穴井 二〇〇八〕。

土佐国主であった長宗我部盛親は、同じく関ヶ原合戦後に領知を没収された後、慶長六年―同一〇年頃にかけて伏見に在住し、仕官活動とそれに伴う情報収集を行っていた。やはり、家康が伏見を拠点としていたからであろう。その後、同年頃に仕官活動を断念し、洛中に移住、出家して「幽夢」と名乗ったという〔平井 二〇一六、二三六―二四二頁〕。

次に、改易となった大名家の家臣が京都に集住した事例を紹介する。時期は下るが、寛永一〇(一六三三)年、出雲国松江の堀尾忠晴が跡継ぎなく死去したことにより改易となった。その後の堀尾家の重臣たちの動向について、以下に示すのは、堀尾家の重臣であった堀尾但馬が記したと思われる「堀尾古記」〔佐々木・小山 二〇一七〕の抜粋である。

①(寛永一一年)正月廿六日に京都罷り立ち、江戸へ下り申し候、六月廿四日に京まで、六月廿八日に大坂より高野へ参り、采女・猪兵衛・但馬・修理・隼人・大隅参り、上り申し候、……十二月十一日に采女京を罷り立ち、江戸へ下り申し候

②(寛永一二年)正月二日に猪兵衛京を罷り立ち候、同廿七日に左兵衛京を罷り立ち候、二月十日に但馬京を罷り立ち江戸へ下り申し候

③(寛永一五年)六月廿三日に但馬京を立ち、七月二日に松江参着、……九月廿七日に子共京都より引越し

①より、堀尾采女(旧禄四〇〇〇石)・猪兵衛(未詳)・堀尾但馬(旧禄三〇〇〇石)・堀尾修理(旧禄六五〇〇石)・小島

隼人（旧禄二〇〇〇石）・堀尾大隅（旧禄二二二〇石）が京都―江戸間を移動していることが確認できる。この年二月に彼らを含む堀尾旧臣一〇名が連署で家名存続の嘆願を幕府年寄に対して行っているので〔佐々木 二〇〇八、六七頁〕、それに関連した動きであろう。同年七月には、将軍家光が上洛し、上洛中に出雲国を京極忠高に与える決定がなされた。将軍上洛を前にした動きでもあろうか。

②は、同じく家名存続運動のためであろうか、京都から江戸に移動しており、彼らが京都を拠点としていたことがわかる。

③は、堀尾但馬が出雲国の新国主となった松平直政に召し抱えられ、松江に移動した記事である。松江到着後に京都から家族を呼び寄せており、堀尾但馬が家族とともに京都に滞在していたことが判明する。以上より、堀尾旧臣の一定数、なおかつ重臣クラスの面々が、京都に滞在して江戸への移動を繰り返しながら活動していたことがうかがえる。後の寛永二〇年の牢人改めの際、「堀尾山城養子」という「一学」なる人物が書き上げられており〔朝尾 二〇〇四、二三五頁〕、何らかの関係があるのかもしれない。

このように、京都に滞在して活動していた上級武士たちを種々の史料から検出できるわけであるが、彼らはなぜ京都に滞在していたのだろうか。当然、立花宗茂や長宗我部盛親が京都・伏見で仕官運動をしたのは天下人家康が京都にいたからであろう。堀尾重臣の活動も、将軍上洛時の西日本での国替えなどの動きを想定したものと考えられる。ただ、それに加えて「一学」なる人物の存在も気になるところである。旧主家の関係者が京都に滞在していたから、旧臣たちも同じく京都に集住したともいえるかもしれない。このあたり、もう少し事例を広く見つつ考えていきたい。

2　近世前期京都の牢人統制

近世前期京都における牢人統制を論じた朝尾直弘は、都市京都において、政権（所司代）が牢人の人数改め・切手発給により「牢人」「奉公人」を把握しようとしていたことを示した。元和九(一六二三)年の牢人追放令から、寛永一一(一六三四)年の追放停止・人数改めへと方針転換し、近世前期から中後期にかけて、上級武士の把握という段階から下級の牢人を含む帯刀人改めへと変化していくという〔朝尾 一九九二〕。

一方、東谷智は、近世前期の史料用語「奉公人」が上層武士を指すという理解を前提に、政権が上層の「牢人」「奉公人」を一括把握する指向性があったと指摘した〔東谷 二〇一〇〕。まず、これらの研究を参考にしつつ、京都における牢人統制の変遷を見ていこう。

最初に指摘しておきたいのは、近世前期の京都の牢人統制は、将軍・大御所の上洛と連動して実施されていることである。

元和五年七月、将軍秀忠の上洛中に、牢人改めが実施された〔『京都町触集成』別巻二、岩波書店、二九九号・三〇〇号〕。すなわち、各町に一〇年以前から居住している「武士の奉公人」について報告することが命じられた。

次に、元和九年九月の牢人追放令〔『京都町触集成』別巻二、三一三号・三一四号〕は、上洛していた秀忠・家光が同年閏八月に京都を発足した翌月に出されている。追放の対象となったのは、①仕官の意志のある牢人、②出家同前となって寺に居住しているにもかかわらず出家の学問をしていない牢人、であった。逆に③「公儀御存じの牢人」、④長く商売をして妻子を持ち居住している牢人、は追放の対象外であった。「公儀御存じの牢人」とは、当時の他の史料の表現と照らし合わせ、公儀が認知しているクラスの武士すなわち上級武士ということであろう。では、ここで対象とされている牢人はどういった人々だったのだろうか。

注目したい史料がある。同年閏八月に秀忠・家光が京都を発った後、九月に牢人追放令が出される以前の閏八月二八日付で所司代板倉重宗から発給された文書である。

已上

一筆申し入れ候、大坂新参牢人、拾年以前の義に付き御赦免成され候、御手前に召し置かれたき者をば、苦しからず候間御抱え成さるべく候、勿論御領分の内、其の身覚悟に任せ、何方に有り付き候共、相違無く差し置かるべく候、恐惶謹言

元和九年

壬八月廿八日

板倉周防守

重宗（花押）

松平右衛門佐様

人々御中

〔『黒田家文書』第二巻、福岡市博物館、八一号〕

この文書の宛先は筑前福岡の黒田忠之であるが、同文のものが安芸広島の浅野長晟宛で発給されたことも確認でき〔『大日本古文書　浅野家文書』一一三号〕、肥後熊本の細川忠利にも伝達されているので〔『細川』九、一一三号〕、少なくとも西日本の諸大名宛に広く発給されたと想定できる。内容は、大名たちに対して「大坂新参牢人」の登用や領内への居住を許可するというものである。「大坂新参牢人」とは、大坂の陣に際して大坂城へ入城して戦った牢人を指し、その以前（慶長一八〈一六一三〉年以前）から豊臣秀頼に仕えていた武士（古参牢人）と区別されていた。所司代の板倉重宗が発給したものであり、時期的に見て、翌月の京都からの牢人追放と関連して理解すべきではなかろうか。つまり、「大坂新参牢人」たちの仕官の道を開いた上で、京都から仕官の意志のある牢人を追放しようとしたわけである。そう考えると、前提としてこの時期の京都には仕官を望む牢人がいたことがわかる。それに加え、「公儀御存じの牢人」たる上級武士が京都におり、こちらは追放対象外だったわけである。

寛永一一（一六三四）年閏七月、これまた将軍家光の上洛中に、牢人改めの指示が所司代から出された〔『京都町触集成』別巻二、三三五号〕。これは、牢人を書き上げるように命じたもので、「京都へ出入り仕る牢人の人数」を把握することが目的とされ、牢人の追放から滞在許可への政策転換であった。この転換の背景は、当時の政治情勢とも関連さ

せながら検討しなければならない課題であろうが、本章では、この政策転換の前提として、追放令以後も京都に滞在する牢人が一定数存在したであろうことを指摘しておきたい。さらに注目すべきは、牢人の京都滞在の理由として、「煩い養生ならびに縁者親類好みを以って」と記されていることである。牢人の主な滞在理由が、病気療養と親類や知り合いを頼っての滞在であったことがうかがえる。

3　江戸の牢人、大坂の牢人

ここで、京都を離れ、江戸と大坂における近世前期の牢人の滞在について見ておこう。

近世前期における盛岡藩の牢人召し抱えについて考察した兼平賢治によれば、盛岡藩の新参家臣たちの六割が江戸で召し抱えられており、仕官を希望する牢人たちが江戸に集まっていた〔兼平 二〇〇九、六頁〕。牢人が再仕官を果たすには、学問や技能を身につける必要があり、その環境が整っていて仕官の機会も多い江戸に牢人は集住することになったという〔兼平 二〇一七、二六頁〕。

弘前藩の史料から近世前期の江戸の牢人の存在形態を分析した中野達哉は、牢人の多様性に触れつつ、牢人が縁者を頼り藩邸に身を寄せていた事例などを紹介し、こうした牢人を藩や家臣らは自らと関わりのある者として受け入れていたとする。そして、牢人が、武家社会において何らかの欠員が生じたときにそれを補充するものとして存在しており、武家社会を構成するために必要な存在であったと評価している〔中野 二〇一四、一七七―一七八頁〕。

こうした江戸の牢人と、本章で扱う京都の牢人に相違点はあるのだろうか。兼平・中野の分析対象が一七世紀後半で本章よりも後の時期を扱っているということもあるかもしれないが、京都で検出できる牢人は、ほとんどが西国大名と関係を持っているという点はひとまず指摘できるだろう。加えて、あらためて後述するが、京都の牢人は、近世のごく初頭を除けば、必ずしも仕官を目的として滞在していないという特徴も指摘しておこう。

一方、近世前期の大坂の牢人については、河野未央が牢人統制について京都の事例と比較しながら考察している。大坂では、市中への牢人の借宅は原則として禁止されていたが、惣年寄が請人として立つという条件で許可されており、また蔵元の手形によっても滞在が許可されていたという〔河野 二〇〇七、四四一―四四二頁〕。その典拠として掲げられたのが慶安元（一六四八）年九月一四日に町奉行から出された次の規定である。

一、諸大名衆合力を請けこれ有る牢人の事、当分合力を請けこれ有りて落ち着き、其の所へ参り候牢人は、蔵元よりの手形にて宿借し申すべき事

一、大名衆へ日比出入り致し、牢人の間合力を請け、身体の落ち着き其の身心次第のものを、蔵元より手形を出し、其の家中の扶持人に致し置かれ候は、其の蔵元の仁越度たるべし、幷びに宿主曲事たるべき事〔『大阪市史』第三巻、二八頁〕

この史料について、塚田孝は、一条目を「諸大名衆の合力を請けている牢人については、さしあたり合力を請けて（いるものの）、（将来の）身の振り方（「落着」）が、その大名の国元（「其所」）へ行くことになっている（――すなわち、抱えられる）牢人は、蔵元からの手形によって宿を貸しなさい。」、二条目を「大名衆へ日頃出入し、牢人の間は合力を請けて（はいるが）、身の振り方は本人の気持ち次第とされている（――すなわち、将来抱える約束のない）者を蔵元から手形を出し、その家中の扶持人であるかのようにしたならば（すなわち、それによって宿を借りられるようにしたならば）、その蔵元の落度である。また、宿主も曲事である」と解釈している〔塚田 二〇〇六、一九〇頁〕。

塚田も述べるように解釈が難解な史料ではあるが、塚田の一条目の解釈については、そもそも仕官が決まって大名の国元に行くはずの牢人が、なぜ大坂での滞在許可を求めるのかという根本的な疑問が生じる。ではどう解釈すべきなのか。

同じく塚田が紹介した寛永年間の旗本である蒔田定正の書状によれば、定正の弟である弥一右衛門なる人物が大坂

に居住しており、牢人ではあるが定正が「扶持」していることで惣年寄に請人を依頼している（『史料から読む近世大坂《試行版Ⅱ》』大阪市立大学都市問題研究「近世都市大坂の歴史構想と史料テキストの開発」、二〇一二年）。つまり、武家から合力を請けつつ大坂に居住し続けている「牢人」が存在するわけである。したがって一条目は仕官を目的としない牢人についての規定と見なすべきだろう。文意からしても「諸大名の合力を請けている牢人について、さしあたり合力を請けて生計が立ち、その町（其の所）に住み着いた牢人は……」と解釈するのが自然である。二条目の牢人との違いは「落着」の有無であり、仕官の意志があるかどうかとなる。

どうやら、大坂には、武家から合力をうけつつ居住し続けている牢人、それも上級武士であるものが一定数存在し、公認されていたようである。大坂に滞在する牢人たちは、仕官を求める牢人という像からのみでは把握しきれないように思われる。

4　京都に滞在する牢人たち

大坂と同様、京都の場合も、仕官を目的としない上級武士の牢人の滞在が確認できる。

例えば、宮部継潤の家老であった友田左近右衛門入道継林吉家という人物を紹介しよう。『元和先鋒録』（三重県郷土資料刊行会）に、子である友田左近右衛門吉直が大坂陣で戦死した記録があり、そこに「父継林吉家は宮部善祥坊継潤に仕へ、度々手柄これ有りて弐万石を領し……関ヶ原以後牢人仕り京都に罷り在る」とある。その後、藤堂高虎がその武功を惜しんで呼び寄せ一万石を与えた（『公室年譜略』六、清文堂出版、一六三頁）。そして慶長九年に隣国の家中との争いごとに付随する責任を取って再び牢人となり、京都に住んだという（『公室年譜略』七、一七九頁）。注目したいのはその後の動向である。慶長一二年、高虎は再び継林を召し抱えようと、京都から領国伊予へ呼び戻そうとしたが、継林は老年であることを理由に嫡子を代わりに仕官させた。千石を与えられたこの嫡子が、大坂陣で戦死した吉直である。さて、継林はその後も京都に住み続けたが、藤堂高虎は「望みに任せて京都に遊居すべしとあって」三九〇〇石を与えたという〔『公室年譜略』七、一八八頁〕。京都に「遊居」する上級武士に対し、大名が大身家臣なみの高禄を扶助していたのである。

なお、詳細は不明であるが、継林の旧主で関ヶ原合戦後に改易となった宮部長念の子である宮部作左衛門なる人物は、寛永五(一六二八)年まで京都にいたようである〔『早稲田大学所蔵荻野研究室収集文書』下巻、吉川弘文館、九二六号〕。関ヶ原合戦後に改易された大名の子息と家老が京都にいたことになる。

また、東谷智は、もと京都在住の牢人であった山下宗勺が、三河国刈谷の大名稲垣重富の家臣という立場となった後に、病気療養を理由に京都において借屋を願い出た事例を紹介している〔東谷 二〇一〇、一〇〇―一〇二頁〕。

さて、近世前期の京都の牢人統制の方向性をあらためて考え合わせると、仕官を求める牢人を排除しつつ、そうではない牢人の滞在を認める方針があったわけで、仕官を目的としない牢人の滞在状況が前提としてあったことが浮かび上がる。具体的には大名・旗本の一族や、隠居した上級武士などであり、その多くは隠棲先として京都を選んで滞在していたわけである。その動向は大坂でも同様であったと思われ、上方の牢人の特徴といえるかもしれない。ただ、そのほとんどが西日本の武家であったということにも注意が必要であろうことを付言しておく。

四　都市京都の磁力――政治情報・医療・文化・人脈

1　隠棲する人々

藤川昌樹は、近世前期に京都に隠棲する多くの武家女性の存在を指摘し、その理由として、医療の発達を含む居住性の高さ、慣行としての定着、隠棲の場としての京都の磁力〔軍事・政治・経済・宗教など〕を推測した〔藤川 二〇一六〕。また、近世初期の京都には、北政所や岡崎殿といった、武家社会に影響力のある女性が隠棲していた〔三宅 二〇一四、七三頁〕。本章でも、近世前期に京都に隠棲した人々の事例を見ていこう。

長岡休無（細川忠隆）は、忠興の嫡男であったが、廃嫡されて京都に居住した。当初は同じく京都に住んでいた祖父幽斎の庇護下にあったようで、その後は細川家から扶助を受けながら生活していた。同じく、忠興の弟である細川休斎（孝之）もまた京都に隠棲した。休斎は、寛永四（一六二七）年に「心易く京へ上下仕る」ため、無断で法体となったようであり、細川忠利は、父三斎に宛てた書状の中で、「賄いもつづき申すまじく」「京へ御越し候ても心ままには有るまじく」と説得したが失敗した旨を述べて相談している〔『細川』九、二二二四号〕。事情はかなり複雑であるが、休斎の強い京都志向が読み取れるだろう。細川家の場合、幽斎以来の縁が京都にあり、それが京都での隠棲を選択する動機となっていたのだろうか。

次に、本章の冒頭で紹介した蜂須賀山城（不白）の京都隠棲について、あらためて紹介しておこう。蜂須賀山城は初名を池田山城といい、岡山池田家の家老池田出羽由成の実弟で、蜂須賀家の家老であった。明暦二（一六五六）年に知行を返上して隠居を願い、明暦四年、「上京して建仁寺中大仲庵に寄住し、斎藤源五と改む」という。その後、堺、大津に居を移し、法体となって不白と号したが、「病にふし、養生のため京都に登」り、延宝二（一六七四）年に京都で死去した〔「阿淡藩翰譜巻第弐」〕。

不白は、公家の一条昭良と交流があった。昭良は寛文四（一六六四）年五月、一条家に立ち寄った池田光政に対し、兄の出羽（光政の家老）と不仲になっていたらしい不白について、出羽と仲直りするように取りなしたことを語っている〔『池田光政日記』、五五一頁〕。また、寛文六（一六六六）年五月には、これまた一条家に立ち寄った池田光政に対し、不白の子の仕官について相談していることが確認できる〔『池田光政日記』、五六二頁〕。つまり、不白は、池田家出身という その出自もあって、一条家や池田家との関係性が継続しており、京都で隠棲しながらも、公家や大名たちの世界と繋がっていたわけである。

さて、蜂須賀山城の養子となった蜂須賀采女（蜂須賀忠英の三男）もまた、延宝元（一六七三）年に知行を返上し、同六年に剃髪して唯月と号し、「京都柳馬場へ御退隠」し、元禄七（一六九四）年に京都で死去した（「阿淡藩翰譜巻第弐」）。延宝六（一六七八）年に徳島藩主となった蜂須賀綱矩は、唯月の子である。京都に隠棲していた唯月は、藩主の実父という存在であり、死去時には服忌の確認のためもあり「唯月続の覚」が幕府に提出されている（三宅 二〇一三、三九頁）。唯月もまた、幕府・大名社会に知られた存在であったといえる。

さらに、隠棲後に近江国大津で誕生した不白の実子である三尾官兵衛なる人物がいる。彼は、幼少時は父から認定されていなかったが、寛文四（一六六四）年、一条昭良の手引きによって父との対面をはたした。その後、徳島藩蜂須賀家から扶助を受けて生活していたようで、その子が蜂須賀家に出仕して千石を与えられ、後に孫が家老となっている。山科に居住していた赤穂浪士で親類の大石内蔵助に資金援助しており、やはり様々な側面で武家社会と繋がっていた（「阿淡藩翰譜巻第弐」）。

大名であったものが京都に隠棲した事例として、京極高広をあげておこう。『寛政重修諸家譜』によれば、丹後宮津藩主であった京極高広は、跡を継いだ高国と対立して京極家が改易となった後、「浪客となり、のち京師東山に閑居し、延宝五年四月二十二日卒す。彼地南禅寺の天授庵に葬る」という。

2 人脈と情報の都市京都

京都で隠棲する武士たちも、広く見れば前節で見た仕官を目的としない牢人といえる。そして、隠棲というと世間との繋がりを絶った人々のように聞こえてしまうかもしれないが、ここまで見てきたように彼らは公家や武家の社会と様々な繋がりを有していた。

では、牢人を含め、京都に隠棲する人々を引きつけたものは何であったのか。

一つには、細川三斎の事例でも見たように、京都を中心とした上方の医療の先進性であったことは間違いなかろう。引退して老後を過ごす都市として、医療環境の充実した京都が選ばれたのだろう。また、本章では具体的に触れることはできなかったが、京都の文化というものにも注目しておく必要があるだろう。京都という都市の文化的環境が隠棲する人々を引きつけたと考えられる。関連して、近世初頭の京都における文化交流の世界を篠屋宗礀なる儒者・文化人に注目して分析した長坂成行の研究によれば、元和年間の京都において、公家たちと連歌・茶会などを通して交流していた浅井左馬助なる牢人がいたという。浅井左馬助は、加賀前田家で一万石の知行を得ていた人物で、一時牢人して京都に住んでいたようである〔長坂 二〇一七、七九―八三頁〕。

ただ本章では、ここであらためて都市京都のもう一つの特性に注目したい。大名の立ち寄り事例を通して見た、西日本の政治情報のターミナルとしての都市京都の側面である。

木村直樹は、幕府勘定頭伊丹康勝の実弟である豊永賢斎という人物を紹介し、彼が刃傷事件をおこして九州から大坂へ移動した後に京都に居住し、その子息が諸大名家に仕官していたこともあり、島原の乱に際して幕府関係の政治情報を佐賀鍋島家や熊本細川家に提供していたことを指摘している。木村はこの事例を、上方における独自の政治情報ネットワークの一端を示すもので、武家社会の流動性を示してもいると評価している〔木村 二〇一三〕。

歴史的経緯からすれば、寛永年間頃まで、京都は特に西日本の政治の中心地として位置づけられており、それが将軍の上洛という政治的動きによって実際に機能していた。さらに、寛永一一(一六三四)年の家光の上洛が結果的に最後の上洛となったものの、武家社会においては、将軍の上洛に伴って政治が大きく動くという認識がその後もしばらくの間は共有され、そういった場として京都が意識されていたと思われる。

加えて、池田光政の事例から見たように、所司代などの幕府役人を経由して西国大名に情報が流れていた。京都は政治情報を入手できる場だったのである。

このように考えてくると、京都が政治情報のターミナルであったから、武家社会との繋がりを保持したい人々が隠棲する場として選ばれたのではないかとも思えてくる。さらに、医療や文化といった要素がそれを促進し、多くの有力な武家女性や牢人、上級武士が京都に隠棲するようになった結果として都市京都に多様かつ重要な政治的人脈が形成され、それが再生産を繰り返したといえるのではなかろうか。なお具体的な実証作業が必要ではあろうが、本章で紹介した様々な事例からは、人脈を媒介として様々な場で情報が交換される、政治情報都市としての京都の姿が浮かび上がってくるように思われる。

おわりに——近世都市京都と武家社会、その転換

ここまで本章で見てきたように、中世以来政治の中心地であった京都は、近世初頭、徳川家康の時代あたりまでは紛れもなく政治都市であった。その後、寛永一一(一六三四)年の徳川家光の上洛頃までは、特に西日本の統治に関わって、京都は政治的中心性を保持していた。こうした時代に生きた、特に西日本の武家にとっては、都市京都は政治都市として認識されており、政治的なものを含む様々な情報を入手できる場でもあった。

このように、①京都が政治的中心性を保持していると認識されており、②京都は政治情報のターミナルとして機能していた。そして、③京都の医療や文化が上級武士や武家女性といった人々を京都に引きつけ、それによって④政治的に有用な人脈が京都に形成された。これら①—④の要素が相互作用を繰り返し、近世前期の京都は武家社会にとって政治情報都市となっていたのである。

一七世紀後半以降、将軍上洛途絶から時が過ぎ、江戸生まれ・江戸育ちの大名・旗本が多数派となっていくと、か

っての武家が有していた京都への親近感は薄れていったろう。さらに、江戸留守居組織の形成に伴い、政治情報のターミナルとしての京都の役割も縮小したと考えられる。また、本章では触れられなかった面であるが、借銀・物品調達という経済的な面においても、京都は次第にその役割を縮小させていった。

一方で、医療・文化の中心地としての側面は近世を通して持続した。例えば、文化一一(一八一四)年二月、津藩藤堂家の重臣で伊賀城代であった藤堂釆女元孝は、病気療養を目的として、途中の大坂滞在を含め一ヵ月ほど京都に滞在した。その間、京都の医師の診察をうけつつ、寺社参詣を行い、島原・祇園で遊興するなどしていたようである〔伊賀市 二〇一六、一九四—一九六頁〕。

武家社会にとっての都市京都の転換は、一七世紀半ばを大まかな境として生じたと思われるが、その具体的解明は、江戸・大坂とのさらなる比較も含めここではなしえなかった。さらに、政治的側面からの叙述に終始してしまった感があり、医療・文化、さらに経済面からの近世前期の実態分析といった積み残しも多々ある。ただ、近世都市京都を考える上でおそらく重要であるにもかかわらずあまり知られていなかった世界の扉を開くことはできたのではないだろうか。今後の研究の進展に期待したい。

参考文献

朝尾直弘「近世京都の牢人」『朝尾直弘著作集　第7巻』岩波書店、二〇〇四年、初出一九九二年
穴井綾香「史料紹介　富士谷文書「立花家歴代藩主書状」について」『九州文化史研究所紀要』五一号、二〇〇八年
兼平賢治「近世前期における牢人(新参家臣)の一生と武家社会の転換」上・下、『岩手史学研究』九〇号・九一号、二〇〇九・二〇一〇年
兼平賢治「近世前期の牢人召抱えと大名家中」『歴史評論』八〇三号、二〇一七年
木村直樹「近世初期上方の政治情報と豊永賢斎」『近世社会史論叢』東京大学日本史学研究室紀要別冊、二〇一三年
河野未央「牢人統制について」塚田孝編『近世大坂の法と社会』清文堂出版、二〇〇七年

佐々木倫朗「堀尾氏の家名存続運動」乾隆明編著『松江藩の時代』山陰中央新報社、二〇〇八年
佐々木倫朗・小山祥子「「堀尾古記」の翻刻と検討」『松江市史研究』八号、二〇一七年
塚田孝「巨大都市大坂と蔵屋敷」『近世大坂の都市社会』吉川弘文館、二〇〇六年、初出二〇〇五年
長坂成行『篠屋宗礀とその周縁――近世初頭・京洛の儒生』汲古書院、二〇一七年
中野達哉「近世前期における江戸の牢人」『江戸の武家社会と百姓・町人』岩田書院、二〇一四年、初出二〇一二年
中野等『立花宗茂』吉川弘文館、二〇〇一年
平井上総『長宗我部元親・盛親』ミネルヴァ書房、二〇一六年
藤井譲治編『近世前期政治的主要人物の居所と行動』京都大学人文科学研究所、一九九四年
藤井譲治『徳川家光』吉川弘文館、一九九七年
藤井譲治「一七世紀京都の都市構造と武士の位置」金田章裕編『平安京―京都』京都大学学術出版会、二〇〇七年
藤井譲治『徳川将軍家領知宛行制の研究』思文閣出版、二〇〇八年
藤井譲治編『織豊期主要人物居所集成　第二版』思文閣出版、二〇一六年
藤川昌樹「隠棲都市――大名京都屋敷の一側面」第三二回平安京・京都研究集会報告、二〇一六年七月三一日
三宅正浩「「御家」の継承」『歴史評論』七五四号、二〇一三年
三宅正浩「近世前期の京都と西国大名」『日本歴史』七九五号、二〇一四年
横田冬彦「近世社会の成立と京都」『日本史研究』四〇四号、一九九六年
『伊賀市史』第二巻通史編近世、伊賀市、二〇一六年、参照部分の執筆は寺嶋一根

〈第3章〉

幕府役人と享保期の改革

小倉　宗

はじめに

江戸時代の京都は、朝廷の所在地や手工業・宗教の中心地であるとともに、上方における幕府の支配の拠点であった。そこでは、江戸の老中に次ぐ重職の京都所司代（以下、所司代）を長官として、①都市京都やその周辺村落のような地域の支配、②天皇（禁裏）や上皇・法皇（仙洞）の御所、宮・門跡や堂上といった朝廷（・公家）の統制、③将軍の直轄城（番城）である二条城の守衛、の三つの分野にわたる役人が居住・勤務していた〔小倉 二〇一一〕。また、京都や大坂を中心とする上方（五畿内と近江・丹波・播磨の八ヵ国）は、江戸を中心とする関東とならんで、政治・経済・軍事上、幕府の基盤をなす地域であった。京都や上方における幕府の役人と、彼らによって組織・運営される機構は、近世史研究の重要なテーマの一つであるが、江戸時代の前期については、次の点が明らかにされている〔朝尾 一九六七、鎌田 一九七六、藤井讓治 二〇一二〕。

(1)　慶長五（一六〇〇）年九月、関ヶ原の戦いに勝利した徳川家康が京都に所司代を置き、翌慶長六年八月以降は、板倉勝重が所司代として京都の町方や山城の村々などを支配した。また、元和五（一六一九）年九月に勝重の子板倉重宗、承応三（一六五四）年一一月に牧野親成がそれぞれ後任の所司代となった。

(2)　寛永一一(一六三四)年七月に徳川家光が上洛した際、伏見奉行の小堀政一と(朝廷関係の業務をつとめる)京都の代官五味豊直に対し、(所司代のもとで)上方八ヵ国の紛争を処理するよう(おそらく同時に、上方八ヵ国の幕領も管理するよう)命じた(上方郡代の成立)。さらに、万治三(一六六〇)年八月に五味豊直が死去すると、(朝廷関係の業務を兼ねる)京都の代官職は上方郡代より切り離され、豊直の子五味豊旨に継承された(京都代官の成立)。なお、延宝八(一六八〇)年一〇月に豊旨が死去して以降は、政一の子孫である小堀家が京都代官を世襲した。

(3)　寛文八(一六六八)年五月に牧野が所司代を辞任すると、老中の板倉重矩が所司代の仮役となり、一二月、京都(や山城)の支配が所司代から上方郡代の雨宮正種・宮崎重成へ暫定的に移管された(京都町奉行の実質的成立)。寛文一〇年二月、若年寄の永井尚庸が所司代に任じられるが、三月、京都の支配は雨宮と宮崎に引き続き命じられた。

これによると、都市京都やその周辺地域について、寛文八年以前は所司代が支配したが、同年以降は京都町奉行に移管されたことがわかる。それでは、地域の支配を直接担当しなくなる寛文八年以降、所司代はどのように活動し、町奉行や代官をはじめとする京都の幕府役人とどのような関係を取り結んだのだろうか。

つづいて、江戸時代の中後期では、鎌田道隆と村田路人が次の点を指摘している(鎌田 一九七六・一九七七・一九八一、村田 二〇一九)。

(1)　上方八ヵ国の土地や境界に関する紛争(地方出入、論所)は、(上方郡代を前身とする)京都町奉行が裁判したが、享保七(一七二二)年九―一〇月以降、摂津・河内・和泉・播磨の西部四ヵ国については大坂町奉行に移管された(享保の国分け)。

(2)　京都町奉行が上方の幕領を管理する責任者であったことから、八ヵ国内の幕領を支配する上方の代官も、同町奉行の指揮を受けた。しかし、江戸の勘定所機構が再編されるのにともない、享保七年以降、上方代官は勘定奉行の指揮下へ編入された。

(3) 鎌田は、①大津町の支配を兼務する大津代官の古郡年明が享保七年に免じられ、京都町奉行が大津町を直轄支配したこと、②古郡の退任時期について、後世に編纂された史料には同年の七月や一〇月とあること、を指摘する。

(4) 村田は、①「京都町奉行支配御代官」の京都代官と大津代官は、裁判などに関することがらと年貢などに関することがらの両方を京都町奉行に上申してきたが、享保一九年八月以降、年貢などについては勘定奉行へ直接上申するようになったこと、②元来は、他の上方代官も京都町奉行の支配を受けたが、(享保七年ごろと想定される)ある時点で、年貢などについて勘定奉行の指揮を受けるようになったと考えられること、を指摘する。

これらからは、享保期が、京都や上方の幕府役人・機構において寛永期や寛文期とならぶ画期であったことが読み取れる。しかしながら、町奉行や代官などの役人と彼らによる機構が改編された過程や内容については、いまだ不明確な部分が残されている。また、従来の研究は、京都町奉行と上方代官の関係を主な対象とするが、京都には幕領支配以外を職務とする役人も多数存在したことから、幕府の機構を全体として把握する必要がある。さらに、主君である将軍(の所在地)への向き合い方には幕府の役人・機構の特徴がよくあらわれるが、従来は、江戸との関係について必ずしも十分に検討されてこなかった。

以上より、本章では、享保期の京都や上方において、①長官である所司代を中心に、地域支配・朝廷統制・二条城守衛の三つの分野にわたる幕府役人がどのように活動し、どのような機構を作り上げたのか、②幕府の役人・機構をめぐる改革がどのような過程と内容を有したのかについて、江戸との関係に注目しつつ具体的に明らかにする。

なお、本章では、『京都御役所向大概覚書』(以下『大概覚書』)と「歓喜公実録」の二つを主な史料として用いる。『大概覚書』は、享保三年ごろに京都町奉行所が各種の文書や先例を引用・編集した管内要覧・業務マニュアルである。一方、「歓喜公実録」は、享保二―九年に所司代をつとめた信濃上田藩主松平忠周の日々の活動について、同藩が御用日記の記事を時系列にまとめた全一七巻の記録である。『大概覚書』と「歓喜公実録」は、ともに編纂物であるが、京都町奉行（所）や所司代（・上田藩主）の職務に関する公的な性格をもつ良質の史料であり、内容も比較的正確・詳細であることから、京都における幕府役人の活動や機構のあり方を探るうえで格好の素材となる。(1)

一　京都の幕府役人と江戸

1　享保期の幕府役人と役屋敷

享保元（一七一六）年八月一三日、紀州藩主であった徳川吉宗は八代将軍に就任するが、将軍宣下が済んだことに対する挨拶のため、讃岐高松藩主の松平頼豊を自らの名代として京都へ派遣した。九月二一日、松平頼豊が京都に到着すると、京都西町奉行の諏訪頼篤より頼豊の家来へ「居住之役人書付」が渡されたが、そこには幕府役人三〇名の役職と名前（・官職）が書き上げられていた。この「書付」は、京都とその周辺に勤務する幕府役人のうち、任期の定めなく居住する者を対象としたものであるが、彼らをたばねる長官の所司代や、一定の任期をもって江戸から派遣される役人は記載していない。そこで、『大概覚書』に収録された史料のうち、名代松平頼豊の上京に関する「将軍宣下相済候ニ付、為御名代松平讃岐守殿御登之節勤方之事」を中心に、本人が居住・勤務する役屋敷や部下の与力・同心が居住する組屋敷を与えられた幕府役人とその屋敷の位置・間数などを記した「京都諸役人御役屋鋪幷組屋敷間数之事」「京奉行屋鋪幷組屋敷間数之事」の内容を加え、享保元年ごろの京都やその周辺における主な役人について、役職、名前、位階・官職、禄高、与力・同心、役屋敷や組屋敷（役屋敷のない者は居住地）、役屋敷・組屋敷の位置、世襲（特定の役職を世襲する場合に○を付す）を整理すると、表1のようになる。以下、表1をもとに、京都とその周辺に勤務する幕府役人について確認したい（［ ］内の算用数字は表1の通し番号を表す）。

まず、任期の定めなく京都に勤務する役人をみると、①京都の役人・機構をとりまとめる所司代の水野忠之［31］

がいる。三河岡崎藩主の水野は、松平忠周の前任の所司代で、のちに老中へ転出して享保改革の前半期に活躍した〔辻 一九六三〕。所司代には、役屋敷（上屋敷）・堀川屋敷（中屋敷）・千本屋敷（下屋敷）・組屋敷の四つが与えられるが、このうち役屋敷は、所司代本人が居住・勤務し、大書院を中心に政務や儀礼の場となった。②所在する都市やその周辺地域を支配する役人には、京都東町奉行の山口直重［2］と同西町奉行の諏訪頼篤［3］、京都より南へ三里の伏見に居住した伏見奉行の石川総乗［1］がいる。また、表1には記載されていないが、奈良奉行もしばしば上京し、広い意味で京都の幕府機構の一部をなした。③幕領を支配する代官には、小堀克敬［8］・鈴木正当［14］・石原正利［16］・竹田政為［17］・増井弥五左衛門（諱は不明）［18］・角倉玄懐［19］と、京都南東郊の宇治に居住した上林久豊［20］がいる。さらに、④幕府の米や大豆を出納する役人として、二条蔵奉行の能勢頼寛［21］・多賀政常［22］・伏谷胤重［23］・奈佐説房［24］がいた。

なお、一部の代官は、幕領の支配にとどまらず、京都やその周辺地域に固有の役職を兼ねていた。京都の千本二条に居住する小堀克敬［8］は、禁裏・仙洞をはじめとする御所方の領地（御料）の支配や施設の修理（御所方修理）といった朝廷関係の業務（御所方御用）を担当するとともに、木津川・宇治川・桂川など山城国内にある大河川の堤防を管理した（山城川筋堤奉行）。京都の河原町二条に居住ずる角倉玄懐［19］は、京都—伏見間の高瀬川や伏見—大坂間の淀川を通る船を統制し（賀茂川高瀬船支配、過書船支配）、都市京都を取り囲む御土居の藪を管理した（土居藪支配）。上林久豊［20］は、宇治町を支配する一方、同じく宇治に居住する上林政武［15］とともに、将軍家（や禁裏・仙洞）へ毎年献上される茶壺の御用をつとめる茶師であった。また、代官以外でも、角倉玄懐［19］の分家筋で京都西郊の嵯峨に居住する角倉玄紹［30］は、桂川（嵯峨川）を通る船を統制し（嵯峨川高瀬船支配）、鴨川（賀茂川）の堤防も管理した（賀茂川堤奉行）[2]。京都の大仏前鞘屋町（妙法院門跡の境内）に居住し、角倉玄懐［19］とともに過書船支配をつとめる木村芳経［25］は、京都東・北郊にある御用山林を管理した（入木山支配）。さらに、享保元年以外の時期には、

与力・同心	役屋敷，組屋敷（または居住地）	役屋敷・組屋敷の位置	世襲
与力 10 人・同心 50 人	（伏見）	—	
与力 20 人・同心 50 人	東役屋敷，東組屋敷	［城］南側西，西側南	
与力 20 人・同心 50 人	西役屋敷，西組屋敷	［城］西側南，西側南の南	
与力 10 人・同心 40 人	役屋敷，組屋敷	［所］東側中央	
与力 10 人・同心 40 人	役屋敷，組屋敷	［所］北側中央，東側中央	
与力 4 人・同心 20 人	役屋敷，組屋敷	［所］東側南	
与力 4 人・同心 20 人	役屋敷，組屋敷	［所］東側南	
（手代）	役屋敷，手代屋敷	［城］西側中央，西側中央の西	○
与力 10 人・同心 20 人	役屋敷（与力・同心の屋敷を含む）	［城］西側中央	
与力 10 人・同心 20 人	役屋敷（同心の屋敷を含む）	［城］西側中央	
坊主 17 人	役屋敷，組屋敷	［城］西側南	○
同心 5 人	役屋敷，組屋敷	［城］西側北	
同心 5 人	役屋敷，組屋敷	［城］西側北	
	役屋敷	［城］北側西の西より 7 町北西	
	（宇治）	—	○
	役屋敷	［城］南側西より 2 町南	
	役屋敷	［城］西側北	
	（京都）	—	
	（京都）	—	○
	（宇治）	—	○
手代 8 人・蔵番 3 人・小揚 38 人	役屋敷，手代屋敷	［城］西側北	
	役屋敷，手代屋敷	［城］西側南	
	役屋敷，手代屋敷	［城］西側南	
	役屋敷，手代屋敷	［城］西側北	
	（京都・妙法院門跡境内）	—	○
	（京都）	—	○
	（京都）	—	○
	（鷹峯）	—	○
	役屋敷	［所］東側南	○
	（嵯峨）	—	○
与力 50 人・同心 100 人	上屋敷（役屋敷），堀川屋敷，下屋敷（千本屋敷），組屋敷	［城］北側東〜西の西	
与力 10 人・同心 20 人	東番頭・与力・同心小屋構，東組番衆小屋構，西番頭小屋構，西組番衆小屋構，西与力・同心小屋構	［城］城内	
与力 10 人・同心 20 人			
—	上使屋敷	［城］南側東	
	火消屋敷	［所］東側南より 2 町東	
	目付屋敷（東側・西側）	［城］南側中央	

と 1-35 の役屋敷・組屋敷は「京都諸役人御役屋舗幷組屋敷間数之事」・「京奉行屋鋪幷組屋敷間数之事」による
示す．［城］は二条城．［所］は御所を表す．名前（の諱），位階，禄高，与力・同心，役屋敷・組屋敷の位置，世襲，
地図散歩』・「京都便覧」『京都の歴史 10 年表・事典』による．

表 1　享保元年の京都役人

	役　職	名　前	位階，官職	禄　高
1	伏見奉行	石川総乗	従五位下，備中守	高 7000 石
2	京都東町奉行	山口直重	従五位下，安房守	高 2000 石
3	京都西町奉行	諏訪頼篤	従五位下，肥後守	高 1000 石
4	禁裏付	久留正清	従五位下，伊勢守	高 1700 石
5	禁裏付	小宮山昌方	従五位下，丹後守	高 1600 石
6	法皇御所付（仙洞付）	山田真周	従五位下，伊豆守	高 1200 石
7	法皇御所付（仙洞付）	長崎元仲	従五位下，伊予守	高 1800 石
8	代官（・御所方御料支配・御所方修理・山城川筋堤奉行）	小堀克敬	（布衣）	高 600 石
9	二条城門番頭	小宮山昌豊		高 835 石
10	二条城門番頭	曲淵景政		高 400 石
11	二条御殿預	三輪城久		高 400 石
12	二条鉄炮奉行	富田久輝		切米 70 石
13	二条鉄炮奉行	梶正忠		切米 70 石
14	代官	鈴木正当		高 450 石
15	（茶師）	上林政武		高 300 石
16	代官	石原正利		切米 200 俵
17	代官	竹田政為		切米 100 俵
18	代官	増井弥五左衛門		切米 150 俵
19	代官（・過書船支配・土居藪支配・賀茂川高瀬船支配）	角倉玄懐		切米 200 俵
20	代官（・茶師・宇治町支配）	上林久豊		高 490 石
21	二条蔵奉行	能勢頼寛		切米 150 俵
22	二条蔵奉行	多賀政常		切米 150 俵
23	二条蔵奉行	伏谷胤重		切米 150 俵
24	二条蔵奉行	奈佐説房		切米 150 俵
25	過書船支配（・入木山支配）	木村芳経		高 200 石
26	医師	施薬院宗寅		高 500 石
27	医師	山脇玄脩		30 人扶持
28	医師・京都薬園預	藤林玄栄		切米 35 石
29	京都大工頭	中井正豊		高 500 石 40 人扶持
30	賀茂川堤奉行（・嵯峨川高瀬船支配）	角倉玄紹		20 人扶持
31	所司代	（岡崎藩主）水野忠之	従四位下，和泉守（・侍従）	高 50000 石
32	大番頭	土屋朝直	従五位下，丹後守	高 3000 石
		酒井忠英	従五位下，下総守	高 4500 石
33	上使	—	—	—
34	京都定火消	（柏原藩主）織田信休	従五位下，近江守	高 20000 石
35	大坂目付	（使番）宮崎成久	（布衣）	高 2000 石
		（書院番）赤井忠固		高 1400 石

注）1-30 の役職と 1-35 の官職は「将軍宣下相済候ニ付，為御名代松平讃岐守殿御登之節勤方之事」，31-35 の役職（『京都御役所向大概覚書』）．役職，名前，役屋敷・組屋敷の順序は原文に従った．（　）内は筆者が補った内容をおよび（　）内は『京都御役所向大概覚書』・「歓喜公実録」・『新訂寛政重修諸家譜』・「京都明細大絵図」『京都古

上林政武［15］や木村芳経［25］、角倉玄紹［30］の家筋も代官職をつとめることがあった。ただし、角倉玄懐［19］や上林久豊［20］の家筋を含めて代官職を免ぜられることが多く、彼らにとっては、過書船支配や茶師、賀茂川堤奉行の方がむしろ本職であった。

⑤御所や宮・門跡・堂上などを統制し、朝廷・公家に対する幕府側の連絡窓口となる役人には、禁裏付の久留正清［4］・小宮山昌方［5］、法皇御所付（仙洞付）の山田真周［6］・長崎元仲［7］がいる。⑥本丸（内郭）と二丸（外郭）で構成される二条城を守衛した役人には、二丸の東（大手）門や西門を守る二条城門番頭の小宮山昌豊［9］・曲淵景政［10］（二丸の北門は所司代が担当）、城内の殿舎を管理する二条御殿預（または二条御殿番）の三輪城久［11］、武器・弾薬を管理する二条鉄炮奉行の富田久輝［12］・梶正忠［13］がいた。⑦その他の京都役人として、医師の施薬院宗寅［26］・山脇玄脩［27］、京都北郊の鷹峯に居住する医師で、同地にある幕府の薬園を管理した京都薬園預の藤林玄栄［28］、上方の大工を編成・動員し、二条城や御所、主要な寺社などの工事を担当した京都大工頭の中井正豊［29］がいる。そして、医師・薬園預［26―28］や大工頭の中井家［29］に加え、京都代官の小堀家［8］や二条御殿預の三輪家［11］、茶師の両上林家［15・20］、過書船支配や賀茂川堤奉行の両角倉家と木村家［19・25・30］は、京都やその周辺に代々居住して特定の役職を世襲した。こうした世襲の幕府役人が多く存在する点は、大坂などと異なる京都の特徴であった。

他方、一定の任期をもって江戸から派遣された役人をみると、⑧二条城を守衛する役人として、将軍の直轄軍であり、五〇名を一組とする一二組の大番が、一年交代で二組ずつ、長である大番頭［32］のもと、城内の屋敷（「小屋」）に勤務（在番）した〔小池 二〇〇二〕。⑨大坂目付［35］は、使番と両番（書院番・小姓組）からなる二名が任命され、大坂や上方における幕府役人と地域社会の状況を監察・把握するため、毎年三月と九月に半年の任期で派遣された〔上田 二〇一一、藤井明広 二〇一八〕。彼らは、大坂を本拠としつつも京都へ定期的に来往し、目付屋敷に滞在した。

⑩一般の幕府役人とはやや性格が異なるものとして、京都定（常）火消［34］は、上方の小規模大名が半年交代で都市京都の消防に従事し、火消屋敷に勤務した（ただし、京都定火消は享保七年二月に廃止される）（藤本 二〇一八）。⑪上使［33］は、年頭や朝廷の吉凶事の際に将軍の使者として京都へ派遣され、上使屋敷に滞在した。上使は、江戸に勤務する役人が京都へ一時的に出張したと理解すべきであり、本章では京都役人に含めない。

つぎに、禄高の面では、所司代［31］と京都定火消［34］が万石以上の大名であるのに対し、他の幕府役人は、万石以下で御目見以上の旗本である。また、京都役人の多くには、御目見以下の御家人である与力や同心が付属した。表1によると、伏見奉行［1］・京都町奉行［2・3］・禁裏付［4・5］・仙洞付［6・7］・二条城門番頭［9・10］・所司代［31］・大番頭［32］には与力と同心、二条鉄炮奉行［12・13］には同心、二条御殿預［11］には（同心クラスの）坊主がそれぞれ付属し、彼らの居宅として組屋敷（や小屋）が設定された（役屋敷に与力・同心の居宅がある二条城門番頭［9・10］は除く）。さらに、（御所方御用をつとめる）京都代官［8］と二条蔵奉行［21―24］には、召し抱えた手代の居宅として手代屋敷が設定されている。

位階・官職の面では、国守を名乗る役人のうち、所司代［31］が老中と同格の侍従（従四位下・侍従）であるのに対し、伏見奉行［1］・京都町奉行［2・3］・禁裏付［4・5］・仙洞付［6・7］・大番頭［32］と京都定火消［34］は諸大夫（従五位下・諸大夫）であり、その他の役人は無位・無官であった。ただし、京都代官の小堀家［8］は、特別の由緒と職務を有することから、六位に相当する布衣の格式をしばしば許された（小堀克敬［8］も、正徳二（一七一二）年六月一六日に布衣を許されている）。

そして、表1の役屋敷・組屋敷の位置（および、正徳四―享保六（一七一四―二一）年ごろに大工頭の中井家［29］が作成した「京都明細大絵図」）をみると、京都役人の役屋敷や組屋敷は基本的に、都市京都の中西部にある二条城、または北東部にある御所・公家町（禁裏・法皇（仙洞）・女院の各御所とそれを取り囲むように公家屋敷が建ち並ぶ地域、現在の京都御苑の原型となるような範囲）の周辺に設定されている。とりわけ二条城とその周辺は京都における幕府機構の中枢であり、二条城から通り（馬場）をはさんで北側には、（東から順に）所司代［31］の堀川屋敷（中屋敷）・役屋敷（上屋敷）・千本屋敷（下屋敷）、さらにその西に組屋敷がある。二条城から通りをはさんで西側には、（北から順に）二条鉄炮奉行［12・13］・二条蔵奉行［21・24］・代官［17］の役屋敷や組屋敷・手代屋敷、二条城門番頭［9・10］・京都代官［8］の役屋敷や手代屋敷、二条御殿預［11］・二条蔵奉行［22・23］・京都西町奉行［3］の役屋敷や組屋敷（と京都東町奉行［2］の組屋敷）が建ち並んでいた。二条城から通りをはさんで南側には、（西から順に）京都東町奉行［2］の役屋敷、大坂目付二名［35］の目付屋敷（西側・東側）、上使屋敷［33］があった。また、城内には、（二丸の）東西を二分する形で、大番頭二名［32］とそれぞれの組の大番や与力・同心の屋敷（小屋）が存在した。加えて、所司代［31］の組屋敷より七町ほど北西に代官［14］の役屋敷、京都東町奉行［2］の役屋敷より二町ほど南に代官［16］の役屋敷があった。他方、御所・公家町の周辺では、今出川通をはさんで北側に禁裏付［5］の役屋敷や組屋敷、寺町通をはさんで東側に（北から順に）禁裏付［4］の役屋敷や組屋敷（と禁裏付［5］の組屋敷）、仙洞付［6・7］の役屋敷や組屋敷と京都大工頭［29］の役屋敷があり、さらに、大工頭［29］の役屋敷より二町ほど東には京都定火消［34］の火消屋敷があった。

これらによると、①二条城とその周辺には、京都で役屋敷や組屋敷を与えられた幕府役人の大半が集まっており、とくに長官である所司代、地域支配や財政を担当する役人（京都町奉行、代官、二条蔵奉行）、二条城を守衛する役人（大番頭・大番、二条城門番頭、二条御殿預、二条鉄炮奉行）が中心をなしたこと、②御所・公家町の周辺には、朝廷の統制や御所の工事など、朝廷に関わる任務を有する役人（禁裏付、仙洞付、京都大工頭）の役屋敷や組屋敷が配置されたこと、がわかる。

2 宿次による文書や情報・命令の伝達

享保二(一七一七)年九月二七日、上田藩主の松平忠周は、水野忠之の後任として所司代に任命された。一一月朔日、将軍吉宗から暇を与えられると、一五日に江戸を出発し、二八日京都に到着して役屋敷(上屋敷)へ入った。また、任期の定めなく京都や上方に勤務する幕府役人は、在任中でも数年ごとに参府することが通例であったが、松平忠周も、享保六年二月二二日に京都を出発し、四ヵ月あまり江戸に滞在したのち、七月二八日京都へ戻っている。そして、享保九年一一月二五日、江戸からの宿次で参府を命じる老中奉書が届くと、忠周は一二月二日に京都を出発し、一二日江戸に到着した。一五日、吉宗より老中に任じられ、七年余にわたる所司代のつとめを終えた。以下では、忠周に関する御用日記の記事をまとめた「歓喜公実録」を主に用い、江戸との関係に注目しつつ、京都における幕府役人の動きや彼らによって作り上げられる機構のあり方に検討を加える。

江戸への出発を翌日にひかえる享保九年一二月朔日、忠周は、京都に残しておくべきものとして、人馬朱印状一〇六枚とその案紙三枚、宿次証文の用紙三〇枚と船川渡証文の用紙二〇枚、所司代の留守中に記録する帳面一冊、二条蔵奉行あての証文一通、各種の文書や目録三通、訴状箱(目安箱)の鍵二本を京都西町奉行の本多忠英に渡した。また、禁裏御料の年貢に関する帳面一冊を禁裏付の松平忠一へ、仙洞御料の年貢に関する帳面一冊を仙洞付の大久保忠義へそれぞれ渡した。さらに、明日江戸へ出発する旨を知らせるため、大坂城代・大坂定番・大坂町奉行の連名にあてた書状を宿次で送った。

この事例からは、①道中において宿駅の人足・伝馬や海川の船・渡しを特権的に利用するための人馬朱印状や宿次証文・船川渡証文を発給する権限を所司代が有したこと(=通常、所司代以外の京都役人が自らの判断でこれらの文書を発給しえなかったこと)、②所司代が二条蔵奉行に米などの支出を命じる一定の権限を有したこと、③所司代が(京都町奉行所前に毎月設置される)訴状箱の鍵を管理し(箱を開封して訴状を披見し)たこと、④同じく京都代官が支配するといっても、京都町奉行や勘定奉行の指揮下にある一般の幕領とは異なり、禁裏や仙洞など御所方の領地は、所司代の監督のもとにあったこと、⑤所司代が参府のため京都を不在にする際、業務に関する書類を京都町奉行や禁裏付・仙洞付に預けた（＝それらの業務を代行させた）が、禁裏付や仙洞付が御所方の領地の支配など朝廷に関する業務を代行するのに対し、京都町奉行は、訴状箱の管理のような地域支配に関する業務だけでなく、道中人馬の利用や蔵米の支出に関する朱印状・証文の発給といった所司代に固有のものを含め、幅広い業務を代行したこと、がうかがえる。

なお、享保八年七月一二日、道中奉行の大目付彦坂重敬と勘定奉行筧重賢は御側御用取次の加納久通に対し、幕府の御用として旅行したり、文書や荷物を送る際、賃銭を支払うことなく宿駅の人足・伝馬や海川の船・渡しを利用するためには、将軍の人馬朱印状、老中・所司代・大坂城代・駿府城代・勘定奉行の宿次証文や船川渡証文などが必要である旨を報告しており、幕府公用の交通・輸送・通信制度に関する権限を京都においては所司代が独占したことが知られる。また、所司代の松平忠周は、享保三年六月九日、茶壺を江戸へ運ぶ際の人馬朱印状を徒頭と数寄屋頭に渡し、翌享保四年二月六日にはオランダ人が参府する際の宿次（人馬）証文と船川渡証文を同行する通詞へ渡していた。さらに、後述のように、文書の入った状箱や各種の荷物を宿駅の人馬で継ぎ送る宿次（宿継、継飛脚）も、忠周が管理し、京都と江戸（や大坂などの外部）とのやりとりを仲介・把握した。

つづいて、享保七年五月一七日、老中の井上正岑が病死したが、それ（と鳴物を三日間停止すること）を知らせる（文書の入った）宿次は、一九日に江戸を出発し、二四日京都に到着した。そこで、所司代の忠周が、宿次で届けられた文書の内容を武家伝奏へ書面で知らせたところ、天皇に早速上申した旨を伝奏が使者で伝えてきた。また、忠周は、大番頭、京都町奉行、禁裏付と仙洞付、二条城門番頭、京都代官の玉虫茂嘉を手紙で呼び寄せ、文書の内容を申し渡している。[3] 奈良奉行の中坊秀広へは宿次で（書面を送って）知らせたが、伏見奉行は（五月一三日に参府のため伏見を出発して）不在であった。さらに、二条鉄炮奉行、二条御殿預の三輪城久、二条蔵奉行、代官、過書船支配の木村芳経、賀茂川堤奉行の角倉玄紹、茶師の上林久豊、医師、京都大工頭の中井正豊へは（文書の内容を）京都町奉行より申し渡すよう指示した。その後、（返書として）老中あての書状と高家あての書状を伝奏の使者が持参したので、忠周は、翌二五日に京都を出発する宿次で江戸へ向けて送った。なお、五月二四日には京都町奉行が京都の町方や山城の村々へ触書を出し、老中の井上が死去したので鳴物を三日間停止するよう命じている。

これによると、①所司代は、江戸（の老中）から届いた宿次の（状箱に入れられた）文書を受け取るとともに、文書（が入った状箱）を江戸（や奈良など）へ宿次で発送しており、京都において宿次を管理・運用したこと、②江戸から届いた文書（やその内容）は、京都の役人のみならず、（伏見奉行と）奈良奉行へも伝達されており、所司代を中心とする京都の幕府機構は、伏見や奈良（および嵯峨・宇治）といった周辺地域に所在する役人を含んだこと、③京都の幕府役人は、江戸の情報や命令が所司代より直接伝達される上層のグループと、京都町奉行を通じて間接的に伝達される中層のグループとに分かれたこと、④京都町奉行は、所司代のもとで中層グループの役人をとりまとめる位置にあったこと、⑤江戸の情報・命令は、所司代から京都町奉行を通じて都市京都や周辺村落の住民へ伝達されたこと、がわかる。所司代は、宿次に関する権限をもとに、江戸と京都の役人（や朝廷、地域住民）とをつなぐ結節点の役割を果たしていた。

さらに、③京都の幕府役人を詳しくみると、上層のグループには、地域支配を担当する京都町奉行や朝廷統制を担当する禁裏付、二条城守衛を担当する大番頭といった三つの分野の役人がすべて含まれ、中層のグループにも、地域（幕領）支配を担当する代官や二条城守衛を担当する二条鉄炮奉行などが含まれていた。また、上層グループの役人は、二条城門番頭と京都代官を除き、布衣か、それより上の格式（布衣以上）である（しかも京都代官は、布衣の格式を許されることが多かった）のに対し、中層グループの役人は、いずれも布衣を許されない格式（布衣以下）であった。このように、京都における幕府役人のグループ編成や、江戸からの情報・命令が京都役人に伝達されるルートは、担当する業務の分野よりもむしろ官位（布衣）などの格式によって区別されていた。

3　上京役人による将軍上意・機嫌や老中伝言の伝達

享保九（一七二四）年九月五日、江戸から上京した大坂目付の使番丹羽長道と書院番松下状綱は、所司代の役屋敷に到着すると、大書院において京都の幕府役人に対し、将軍の「上意」を申し渡したり、「御機嫌伺」を受け（て将軍の「御機嫌」がよい旨を答え）た。また、江戸を出発する前に大坂目付の丹羽・松平が老中より渡された文書には、①「上意」を伝えるべき役人として、所司代、大番頭と大番、京都町奉行、禁裏付と仙洞付、京都代官の玉虫茂嘉、居合わせる場合には奈良奉行も、②「御機嫌」がよい旨を伝えるべき役人として、二条城門番頭の小宮山昌豊と秋山亮正、③伏見を通行する際に「上意」を伝えるべき役人として、伏見奉行、と記載されていた。今回、京都代官の玉虫に「上意」が伝えられたのは、参府して（同年四月一八日に）布衣を命じられたためである。京都役人が退出すると、所司代は小書院で大坂目付に料理を出したが、その際、京都町奉行が相伴するとともに、京都大工頭の中井正豊が例の通り「御勝手」へ参っ（て料理の取り持ちをし）た。その後、大坂目付は二条城へ入り、（城内に在番する）大番に「上意」を申し渡した。④

これによると、①江戸の将軍や老中の命令・情報が京都役人へ伝えられる方法としては、宿次で（所司代へ）送られる書面によるものと、大坂目付のような幕府役人が上京した際に（所司代の役屋敷において）口頭で伝達されるものとの二つがあったこと、②将軍の上意や機嫌を伝達する対象・内容・方法について、老中は上京する役人にあらかじめ指示したこと、③長官である所司代、地域支配を担当する京都町奉行、朝廷統制を担当する禁裏付、二条城守衛を担当する大番頭など、上意や機嫌を伝達される役人は、老中井上正岑の死去や鳴物の停止が宿次で伝達された場合と同様、京都の機構における主要メンバーとして上層のグループを構成したこと、④布衣以上となった京都代官は、

「上意」（＝将軍自らが発した意思）を直接受けるのに対し、布衣以下の二条城門番頭は、「御機嫌」（＝他者からみた将軍の状況）を間接的に伝えられるのみであり、布衣以上と以下の間には、幕府役人としての地位や処遇に大きな差があったこと、⑤大番頭がしばしば二条城を出て所司代の役屋敷へ赴くのに対し、部下である大番は、守衛の任務を優先し、原則として城外に出なかったこと、⑥京都大工頭は、所司代のもとで饗応が行われる際に取り持ちをするという固有の任務を有したこと、がわかる。

一方、享保四年九月五日には大坂目付の使番石丸定賢と書院番大森時長が、大書院において所司代・大番頭・京都定火消・京都町奉行・禁裏付・仙洞付に（大番へは二条城内で、伏見奉行へは伏見を通行した際に）「上意」を、二条城門番頭の小宮山昌豊と曲淵景政に「御機嫌」よき旨をそれぞれ伝えるとともに、これらの役人へ老中の「御伝言」を伝えており、①江戸から上京する幕府役人は、将軍の上意や機嫌だけでなく老中の伝言も口頭で伝えたこと、②享保四年の段階では、（廃止前の）京都定火消も上層のグループに加えられていたこと、が知られる。

なお、『大概覚書』は、将軍の上意を京都役人に伝える者として、大坂目付が毎年二回交代する場合のほか、老中や若年寄が上京する場合、所司代が（就任後初めて）上京したり、（在任中に）参府して帰京する場合、将軍の代替わりに上使が上京する場合の四つをあげている。たとえば、所司代の松平忠周は、在任中の一時的な参府から帰った享保六年七月二八日、伏見奉行と奈良奉行、大番頭をはじめとする京都の幕府役人へ将軍の上意や機嫌を伝えている。また、「歓喜公実録」を通覧すると、江戸より上京した幕府役人が将軍の上意・機嫌や老中の伝言を京都役人へ伝える事例は四八件あり、そのうち上意を含む事例は三三件、上意を含まない（機嫌や伝言のみの）事例は一五件である。上意を伝えた三三件には、①所司代の事例が（先述の）一件、②大坂目付の事例が（先述の二件を含む）一二件みられる。しかし、上意や機嫌・伝言を伝えた四八件のなかには、『大概覚書』があげた四つの場合以外にも、③高家の事例が九件（このうち上意を伝える事例は七件）、④徒頭や西丸徒頭の事例が三件（上意は一件）、⑤大目付の事例が一件（上意は一件）ある。高家は、年頭や朝廷の吉凶事の際に将軍の上使として派遣され、徒頭や西丸徒頭は、将軍家に献上される茶壺を江戸へ運ぶため、（宇治で新茶を詰めて）五月に上京した。さらに、⑥京都町奉行が四件（上意は二件）、伏見奉行が三件（上意は二件）、禁裏付が四件（上意は一件）、仙洞付が四件（上意は二件）、大坂城代が二件（上意は一件）、大坂町奉行が四件（上意は三件）、長崎奉行が一件（上意はなし）など、江戸以外の遠国に勤務する幕府役人が京都に到着、あるいは京都を通行した際の事例も多数みられる。彼らは、就任後初めて役所へ赴く場合はもちろん、在任中に参府（したのち上京）する場合にも、所司代の役屋敷において将軍の上意・機嫌や老中の伝言を京都役人へ口頭で伝えた。

このように、江戸の命令や情報は、書面と口頭の両方で京都の幕府役人へもたらされたが、それらを自らのもとで集約・仲介することにより、所司代は、江戸などの外部に対して京都の機構を代表するとともに、京都の内部において各種の役人を統合していた。

二　京都・上方の幕府機構と享保期の改革

1　松平乗邑の大坂城代仮役就任

将軍の上意・機嫌や老中の伝言を伝える上京役人としては、江戸から定期的に派遣される大坂目付や高家・徒頭と、京都・大坂などに勤務する遠国役人の二つが主なものであるが、「歓喜公実録」には、江戸に常勤するはずの大目付が享保七（一七二二）年に上京した事例が一件あった。①六月七日、山城淀藩主の松平乗邑は所司代の松平忠周に使者を送り、大坂城代を「当分」つとめて（大坂城代の仮役となって）来春まで（大坂に）赴任すべき旨を六月朔日付けの老中奉書で（国許の淀において）命じられたことを報告した。②同月二九日、大目付の彦坂重敬が「大坂御用」のため上京し、所司代の役屋敷（上屋敷）において、大番頭をはじめ、京都の幕府役人へ将軍の上意を申し渡すとともに、京都東町奉行の河野通重、禁裏付と仙洞付、二条城門番頭、京都代官の玉虫茂嘉へは老中の伝言も申し渡した（京都西町奉行と伏見奉行は、五月より参府のため不在）。その後、彦坂は二条城に入って大番へ上意を伝えた。大目付が所司代へ上意を伝えるのは、先例のない入念なことであり、二条城門番頭に上意と伝言が伝えられるのは、初めてのことであった。③七月朔日、松平乗邑は、所司代の忠周のもとに参上し、大目付の彦坂が立ち会うなか（大坂城代仮役に就任するための）「御誓詞」を済ませ、一一日に大坂城へ入った。④翌享保八年四月朔日、乗邑は参勤のため大坂を出発し、同月二九日には、このたび（二一日）老中に任じられた旨を使者で忠周に報告した。

この事例では次の二点が注目される。第一は、松平乗邑がきわめて異例の昇進コースをたどった点である。過去数代にわたる大坂城代は、寺社奉行や奏者番、若年寄より就任したのに対し、乗邑は無役から大坂城代（の仮役）に任命され、しかも一年に満たない期間で老中へ転出した〔辻 一九六三、鎌田 一九七七〕。また、大坂城代を「当分」の間つとめた事例には、慶安元（一六四八）年の山城勝竜寺藩主永井直清と貞享元（一六八四）年の寺社奉行水野忠春の二例があるが、いずれも前任の大坂城代が在職のまま死去した際の緊急措置であり、仮役でない正式の後任が決まると、もとの地位（勝竜寺藩主、寺社奉行）に戻った。これに対して、乗邑の場合は、前任の大坂城代である安藤信友が普通に参府し、享保七年五月二一日、将軍吉宗から井上正岑の後任の老中に任命されており、緊急の事態が発生したわけではない。

第二は、誓詞の作成や上意の伝達に関する手続きが異例であった点である。大坂城代は通常、江戸において将軍より任命されると、老中のもとで大目付が立ち会うなか、役職に精勤する旨の誓詞（起請文）を作成・提出する。しかし、乗邑の場合は、国許の淀において老中奉書で任命のことを伝えられ、かつ、大目付の側が江戸から上京し、所司代のもとで誓詞を作成・提出する手続きをとった。さらに、吉宗は、これまで上意を伝える対象でなかった二条城門番頭や、大目付より上意を伝えられた先例のない所司代を含め、それぞれの京都役人へ自らの意思を丁寧に伝えさせることで、異例の人事に万全を期している。

なお、享保七年は、将軍吉宗が政権の基盤を確実にして改革政治を本格的に開始する画期となった年である〔辻一九九六〕。吉宗は、自らを将軍に擁立した老中に対しては慎重な態度をとったが、五月一七日に井上正岑が死去して遠慮すべき者がいなくなると、幕閣の再編成に速やかに着手する。井上が死去する二日前の五月一五日に勝手掛老中の制度を復活し、水野忠之をそれに任じたことを手始めに、同月二一日には大坂城代の安藤を老中へ昇進させ、六月朔日、（老中への昇進を予定して）無役の松平乗邑を安藤の後任にすえた。また、吉宗は、乗邑を大坂城代（の仮役）に任命した六月以降、上方代官の改編や八ヵ国の国分けなど、京都や上方の幕府機構を改革する政策を矢継ぎ早に打ち出し、それらが一通り完了すると、乗邑を老中へ転出させた。その後、乗邑は、水野とともに享保改革で主導的な役割を果たす〔辻 一九六三〕が、このような人物を老中・所司代に次ぐ重職である大坂城代（の仮役）に異例の手続きで就任させたことは、紀州藩主であった吉宗が、京都や大坂を中心とする上方の状況と重要性を認識し、それに対応した形で幕府の機構を改革・整備する明確な意図をもったことを示している。

2 上方代官と京都役人・機構の改革

享保七（一七二二）年六月一一日、所司代の松平忠周は、京都東町奉行の河野通重を通じて京都の代官鈴木正当と大坂の代官石原正勝・間宮次信の三名を役屋敷に呼び出し、東町奉行の河野と大坂目付の使番酒井忠居が立ち会うなか、代官職を免じられた旨を申し渡した。なお、免職後の鈴木・石原・間宮は、いずれも勘定奉行の支配となっている。

ここからは、①大坂のような京都（やその周辺）以外の役所に勤務する者も含めて、上方（八ヵ国）の代官を指揮する直接の上司が京都町奉行であったこと、②上方代官が京都町奉行の指揮を受けるあり方が廃止され（て勘定奉行の指揮下に編入され）るのは、京都において六月一一日であったこと（ただし、宿次に要する日数を考慮すると、江戸で人事が決定された日はもう少し早い可能性が想定される）、③江戸では、役人の任免に大目付や目付が立ち会うのに対し、京都などの上方では、その役割を大坂目付が担ったこと、が知られる。ただし、上方代官のすべてが勘定奉行のもとへ移管されるのでなく、これ以降も、一部の代官は京都町奉行の指揮下に残った。

つづいて、七月一五日、忠周は京都町奉行に三ヵ条の文書を渡し、①前大津代官の古郡年明がこれまで支配した大津の町方は、今後、京都町奉行が支配し、古郡がこれまで担当した幕領は、後任の大津代官桜井政能に命じられたこと、②京都代官の玉虫茂嘉と大津代官の桜井は、今後、京都町奉行が支配し、年貢（「御取ヶ」）などについても勘定奉行へ上申することなく京都町奉行が指示すべきこと、③宇治代官（・茶師）の上林正武と京都（河原町二条）代官（・過書船支配）の角倉玄懐は、自分（「一分」）のことについては京都町奉行へ上申し、（年貢などの）「地方御用向」については、今後、勘定奉行へ上申して指示を受けるよう、京都町奉行より申し渡すべきこと、を伝えた。

これによると、①大津町の支配が大津代官から切り離され、京都町奉行に命じられたのは、京都において七月一五日であったこと、②同日、京都代官の玉虫と大津代官の桜井が京都町奉行の支配となり、年貢などの業務も含めて勘定奉行の指揮を受けない関係が明確にされたこと、③宇治代官の上林と京都（河原町二条）代官の角倉は、身分については京都町奉行、年貢などに関する業務については勘定奉行の指揮を受けるようになったこと、が読み取れる。享保七年七月の段階では、京都とその周辺の代官や役人をめぐって、（武士個人としての）身分に関することがらと（年貢などの）職務に関することがらを区別し、宇治代官と京都（河原町二条）代官については、身分上の管理を京都町奉行、職務上の指揮を勘定奉行に分担させる一方、京都代官や大津代官については、身分上の管理と職務上の指揮をともに京都町奉行の担当としている。

なお、村田が用いたものとほぼ同様の史料であるが、享保一九年八月一九日、老中は所司代の土岐頼稔に対し、京都町奉行が支配する京都代官の小堀惟貞と大津代官の鈴木正興について、①幕領の裁判や行政（「御代官所公事・訴訟」）と自分に関わることは、京都町奉行へ上申し、これまでの通り（京都町奉行が）処理する、②年貢や工事などの「地方」に関する業務は、今後、京都町奉行へ上申することなく直接勘定奉行へ上申し、勘定奉行が処理することになるので、小堀と鈴木へ伝えるよう京都町奉行に申し渡すべき旨を文書で命じた。そして、同月二四日、所司代の土岐は京都町奉行に老中からの文書の写を渡し、その旨を指示している。

すなわち、①京都代官と大津代官について、享保七年七月の段階では、京都町奉行が身分上の管理と職務上の指揮の双方を単独で行う関係としたが、一九年八月の段階では、宇治代官や京都（河原町二条）代官と同様、京都町奉行と勘定奉行の両者が内容に応じて分担する関係へ転換したこと、②享保一九年の段階では、幕領支配に関わる職務のうち、裁判など（公事方）の業務を京都町奉行に、年貢など（勝手方）の業務を勘定奉行に指揮させる形へ区別・整理されたこと、がうかがえる。

さらに、享保七年一〇月二日、所司代の忠周は、役屋敷において京都東町奉行の河野が立ち会うなか、①京都代官の玉虫に対し、御所方の工事や山城大川筋の堤防管理などは、今後、所司代の支配となるので、京都代官より直接所司代へ伺い、「地方」に関することは、（従来通り）京都町奉行の支配である旨、②大津代官の桜井に対し、大津蔵は今後、大津代官に支配を命じられる旨をそれぞれ申し渡した。また、③京都（河原町二条）代官（・過書船支配）の角倉に対し、土居藪支配は、以前の通り所司代の支配になるので、所司代の与力と相談して引き渡すよう、河野を通じて指示した。

これによると、①京都町奉行が指揮するとされた京都代官の職務から、御所方の工事と山城大川筋の堤防管理を分離し、それらについては所司代が指揮する関係に変更されたこと、②大津代官に大津蔵の支配を兼務させたこと、③京都（河原町二条）代官の角倉がつとめてきた土居藪支配を所司代へ移管したこと、がわかる。[5] ただし、②大津蔵の支配は、桜井の前任である古郡も兼務しており、享保七年一〇月の指示は、それをあらためて確認・整備したものと評価しうる。

そして、この一〇月二日の前後には著名な国分けも実施された。九月二四日、老中が所司代の松平忠周と大坂町奉行に対し、これまで京都町奉行が担当してきた上方八ヵ国における地方出入の裁判を、今後、京都・大坂両町奉行で四ヵ国ずつ分担するよう指示した。また、一〇月二一日には忠周が京都・大坂両町奉行に対し、今後、地方出入の裁判について、京都町奉行が（所司代のもとで）山城・大和・近江・丹波の東部四ヵ国、大坂町奉行が（大坂城代のもとで）摂津・河内・和泉・播磨の西部四ヵ国を担当すべき旨を伝えた。

以上のように、将軍吉宗は、享保七年六月朔日に松平乗邑を大坂城代仮役に任じて以降、わずか五ヵ月ほどの間に、京都や上方の役人・機構を改革する政策を相次いで実施した。これら一連の改革は、勘定所の業務や機構を地域別（上方・関東方）から機能別（公事方・勝手方）に再編する江戸側の動向（大石慎三郎 一九六八、大石学 一九九六）と深く関連する一方、京都やその周辺に代々居住して固有の役職を世襲する役人について、身分や職務ごとの関係を整理・確立するプロセスでもあった[6]。享保期（とりわけ享保七年）は、所司代や京都町奉行のもとに独自の役人集団が存在するという、その後の京都の幕府機構の枠組みを決定づける、文字通りの画期となった。

（1）とくに断らない限り、本章の記述は次の史料・文献による。岩生成一監修『京都御役所向大概覚書 上巻・下巻』清文堂出版、一九七三年。「歓喜公実録」上田市立博物館・京都大学大学院文学研究科図書館所蔵。「覚書」篠山市教育委員会所蔵。「柳営日次記」国立公文書館所蔵。高柳光寿ほか編集顧問『新訂寛政重修諸家譜 第一—第二十二』続群書類従完成会、一九六四—六六年。「京都明細大絵図」（京都市歴史資料館所蔵）伊藤宗裕構成『京都古地図散歩』（別冊太陽八六号）平凡社、一九九四年。「道中方秘書」児玉幸多校訂『近世交通史料集 十 道中方秘書・五駅弁覧・御触御書付留・他』吉川弘文館、一九八〇年。京都町触研究会編『京都町触集成 第一巻』岩波書店、一九八三年。大阪市史編纂所編『大坂町奉行所旧記

（上）』大阪市史料調査会、一九九四年。「京都便覧」京都市編『京都の歴史10 年表・事典』学芸書林、一九七六年。村上直ほか編『徳川幕府全代官人名辞典』東京堂出版、二〇一五年。なお、「歓喜公実録」の内容や所司代の職務、松平忠周の活動などについては、別稿を予定している。

（2） 角倉玄紹［30］は、享保元（一七一六）年七月二九日に本人の希望で京都から「下嵯峨川端屋敷」へ引っ越している。

（3） 玉虫茂嘉は、実兄の小堀克敬［8］が享保四年七月七日に死去し、その子小堀惟貞が幼少であるため、成長するまでの後見として京都代官をつとめた。

（4） 藤井明広は、使番仁賀保誠朏の史料をもとに、京都へ到着した大坂目付が寛政一一（一七九九）年九月七日、所司代の屋敷において「京都所司代・大御番頭・町奉行・禁裏附・仙洞附・御代官・「御門番之頭」の役職ごとに「上意」を伝え」、「二条城勤番の諸士に対しては「厳命」を達し」、「即日伏見奉行役宅へ赴き「上意」を伝え、伏見経由で大坂入り」し、翌八日、「大坂城代・大坂定番・大坂大番頭・大坂加番・町奉行・堺奉行・御船手に対して「台命」を伝達し」たことを指摘している（「寛政期における大坂目付の畿内巡見」）。

（5） 寛保期（一七四一―四四）ごろに京都町奉行所が作成した史料には「享保十四酉年、藪方支配、先年之通角倉与一江被仰付之」とあり（前掲「覚書」）、土居藪支配だけは享保一四年に角倉玄懐［19］へ戻されている。また、岩崎奈緒子と高井多佳子は、北野社の記録から、御土居の支配が享保八年に所司代へ移り、同一四年に角倉へ復帰したと指摘する（「近世京都の「御土居」――京都町奉行支配と角倉家」『日本史研究』六七四号、二〇一八年）。

（6） 大津代官は、享保七年の改革を契機として、京都の幕府機構のなかに明確に位置付けられた。また、京都に役屋敷を与えられた代官石原正利［16］の子石原正顕が、寛保三年七月一五日に鈴木正興の後任を命じられて以降、石原家は、大津に代々居住して代官職を世襲するようになる。のちには布衣を許され、大津町を支配し、所司代の指揮を受けた（鎌田「代官支配の変貌」。小倉『江戸幕府上方支配機構の研究』）。

参考文献

朝尾直弘『近世封建社会の基礎構造』御茶の水書房、一九六七年
上田長生「元禄期の大坂目付（上）」『大阪の歴史』七六号、二〇一一年
大石慎三郎『享保改革の経済政策　増補版』御茶の水書房、一九六八年
大石学『享保改革の地域政策』吉川弘文館、一九九六年
小倉宗『江戸幕府上方支配機構の研究』塙書房、二〇一一年

鎌田道隆『近世都市・京都』角川書店、一九七六年
鎌田道隆『京　花の田舎』柳原書店、一九七七年
鎌田道隆「代官支配の変貌」林屋辰三郎ほか編『新修大津市史4　近世後期』大津市役所、一九八一年
小池進『江戸幕府直轄軍団の形成』吉川弘文館、二〇〇一年
辻達也『享保改革の研究』創文社、一九六三年
辻達也『江戸幕府政治史研究』続群書類従完成会、一九九六年
藤井明広「寛政期における大坂目付の畿内巡見」『立正史学』一二三号、二〇一八年
藤井譲治『近世史小論集——古文書と共に』思文閣出版、二〇一二年
藤本仁文『将軍権力と近世国家』塙書房、二〇一八年
村田路人『近世畿内近国支配論』塙書房、二〇一九年

〈第4章〉

豪商三井の内紛と朝廷

村　和明

はじめに

1　朝廷と都市商人

本章は、近世を代表する豪商・三井の一八世紀の事例から、朝廷と都市社会のかかわりについて検討するものである。京都の商人・職人が朝廷とかかわりをもつ事例の指摘は、文化活動やさまざまな御用などについて枚挙にいとまがないが、本章ともっともかかわるのは、まず身分論の観点からなされた西村慎太郎の仕事である。下級の地下官人（「下官人」）が、実際の身分・生業としては町人・百姓であり、地下官人の地位が株として売買されている実態を示し、一八世紀後期の下官人の増加傾向を、儀式の再興・下官人をしたがえる「並官人」間の競合から説明した〔西村 二〇〇八〕。これにより、朝廷というひとつの集団・組織の外縁部が、都市（近郊含む）社会にとけこみ、朝儀の運営・再興の人的基盤となっているさまが明らかになった。西村の仕事は主として並官人の史料に拠っていたが、近年尾脇秀和が、地下官人となる都市・農村住民側の史料から、特に西村も指摘した事実上二つの身分をもつことになる点を追求した一連の研究を発表している〔尾脇 二〇一三・二〇一六aなど〕。

三井は、経営や組織の規模において突出しており、典型的な例とは言いがたい面もあるが、関連史料が多く、当該期の事情もよくわかり、検討するに足る事例であろう。やや結論を先取りすれば、本章では巨大組織である三井内部の対立・抗争〔三井文庫 一九八〇、三一〇頁、賀川 二〇一二〕とのかかわりで考える。当該期の三井は一一の家〔北、伊皿子、新町、室町、南、小石川、松坂、永坂町、小野田、家原、長井〕で全資産・事業組織を共有していた。この各家の連合・対抗のさまをみることは、同様の体制をとった巨大商家群はもとより、都市社会における単一の家同士の関係にも敷衍できる面があるであろう。

また本章では、朝廷とのかかわりが放棄された事例に注目し、いわゆる「朝廷権威」を、種々の事情で求められた一つの選択肢とみる視座をとる。大坂など各地における神社・神職の動向を検討した井上智勝は、民間宗教者の叢生・活発化が神社神職を突き上げ、経営のため「朝廷権威」が求められてゆくが、ある種の朝廷権威が飽和すると別の権威が希求・選択されていくさまを明らかにした〔井上 二〇〇七〕。本章は朝廷との関係に着目するので、他の権威の希求は論じないが、幕府・将軍か、朝廷・天皇か、という二項対立・択一的なものではなく、なんらかの競争の中で合目的的に利用されていく選択肢の一つとみる立場から、事例を提供・分析してみたい。

具体的な素材となる三井と朝廷のかかわりであるが、あまり詳しく検討されたことはない。幕府勘定所の御用両替商であることから、幕府の朝廷関係の支出に請払御用によって関与し〔賀川 一九八五、三四頁〕、籠輿丁・御所両替御用などをつとめ〔村 二〇一二・二〇一三〕、また将軍正室の縁戚である近衛家・伏見宮家・今出川家に接近した〔村 二〇一五、七一・七八頁〕。本章で着目する朝廷との関係による権威化についての指摘は、御所造営の請払御用をふまえ、当主が新造御殿を参観した事例〔岸 二〇一四〕くらいであろう。

史料としては、公益財団法人三井文庫が所蔵する、諸店および一族諸家の規則・日誌・帳簿・文書などを用いる。特に依拠するのは京両替店「永代帳」である。金融部門の本店格である同店で書き継がれた記録で、近世から文書管理制度上は永久保存に指定され〔「永除諸帳面控」〕、その後、京両替店の奥にあった新町家の文書として三井文庫に収蔵された。主として土地の権利関係の記録であるが、本章でみる朝廷関係のかかわりからは諸役免除が生じるため、記載がなされたのである。

一　一八世紀の三井

1　体制固め（―享保期）

本節では、本章の主な検討対象である一八世紀半ばの三井を理解するうえで前提としたい諸問題を、とくに世代交代と権力構造に留意して、みておきたい（適宜図1の系図を参照されたい）。

著名な三井高利が元禄七（一六九四）年に没すると、三井はその主な息子四名の結合を基盤とする組織となり、高利の直系子孫（九家、のち一一家）による財産共有制に移行してゆく。元禄末―宝永期に指揮をとった三井高富（高利次男、伊皿子家初代）が宝永六（一七〇九）年に急死したことを契機に、重役たちへの委任がなされ、統括機関「大元方」が設置される〔村 二〇一六b〕。老いた生き残りの高利の息子世代、また諸部門を発展させてきた重役たちは相互に抗争し、大元方は一族・重役からなる組織として整備されてゆく〔村 二〇一七〕。享保期には、高利の息子世代や重役たちが老いて没してゆく一方、多くの規則が制定され、とくに多数ある家法の中核といえる「宗竺遺書」や、まとまった家史である「商売史」が作成された。そこでは、外部においては先のみえない不景気と武家の緊縮財政、内部においては重役を含めた世代交代、子孫の内紛・事業離れが強く懸念され、堅実な事業体制が定められるとともに、全体が共通祖先である高利の名で権威づけられた〔村 二〇一六a〕。

続いて家法の中核である享保七（一七二二）年「宗竺遺書」から、当時の課題意識と制度設計をみておこう（以下、三井文庫 一九七三、一一―一六頁）。「本家六軒・連家三軒、合せて九軒、身上一致の家法なり」と、財産共有を恒久的な体制と定める（第一二条）。冒頭近くに「我々は兄弟にしてむつまじく、此末はまた左にあらす、しかればいよいよ心ひとつにし」（第四条）とするのは、高利の息子たちの結束を基盤として発展してきた三井が、その子孫たちの内紛という問題を構造的に抱え込むとの認識が示されている。指導体制としては、一族の最上位に「親分」、その下に「大元方頭領役」（「元方役」とも）を置く。親分については（第八条）、「一家惣親分と相心得、それ以下のものども実の親のごとくよく仕へ、其志にたがわず、申し付ける品きっと相守り申すべく候」と、全一族が親と仰ぐ存在とする。その選定については、高利の息子世代のあとは、高利の嫡孫高房（北家＝総領家の三代）に継承し、高房没後はその息子が幼ければ本家六家の年かさの者二名が就任する。しかし高房の家は「いつ迄も惣領家に相立て申すべき」との高利の遺言（実在は疑わしい）により、高房の子が若いうちにも、その器量を見届けたうえで親分とするべき、とする。器量を重視しつつ、高利―高平（宗竺遺書の発令者）―高房、と続く嫡系（北家）の権威をも強調していることがわかる。

これに次ぐ「大元方頭領役」（元方役）については、「同苗のうち年かさ・器量あるものを三人ずつ頭領役として、大元方諸事、店々の儀引き請け、世話致すべく候」とあり（第三六条）、集団指導体制を基本とすることがよくわかる。続けて「もっとも月並内寄会致し、元〆ならびに見習の名代立会い、商の評義致すべく候」とある。「元〆」は、一族の委任をうけた最高幹部の地位に始まる〔村 二〇一六b〕、「家の守り第一の役人」（第四八条）である。彼らをまじえた会合による最高意思決定が規定されている。

「店々名前勤め方の儀、年かさ、またはその人の器量次第、親分ならびに頭役のもの見立て、差図申し付くべき事」（第三九条）とあるのは、三井の諸店の名義である八郎右衛門・三郎助・次郎右衛門・元之助などの名乗りについて、一族から年功・器量で選ぶことを定めており、店と特定の家を結びつけない意であろう。「子孫家業入見習の事」として、一二、三歳ごろから元方役にいたる家業の修行過程も記され（第四一条）、ここでも各地の諸店を経験するものとされている。幕府御用にかんする規定（第四二条）では、「世上多く公儀勤め候もの、あるいは呉服所・銀座など、そのほか御用聞のものども、内証よきもの一人もこれ無く候」と、幕府草創期からの門閥的な御用商人などは反面教師とすべきことを述べる。その理由として「これは公儀を専らに致し、我が家業を存じ申さず候ゆえ、かくの如くに候」「家職を外になし、かみしも勤を心とし、店々の事を脇に致し候ては、大きなる相違候」と、幕府の御用を重んじるあまり事業から離れてはならないことが戒められる。

2 内紛の時代（寛保―文政）

高利の孫世代以降になると、冒頭で述べたように各家間の内紛、事業離れ（奢侈・借財）が大きな課題となってゆく。「宗竺遺書」で懸念されていたとおりの事態が現出したのである。

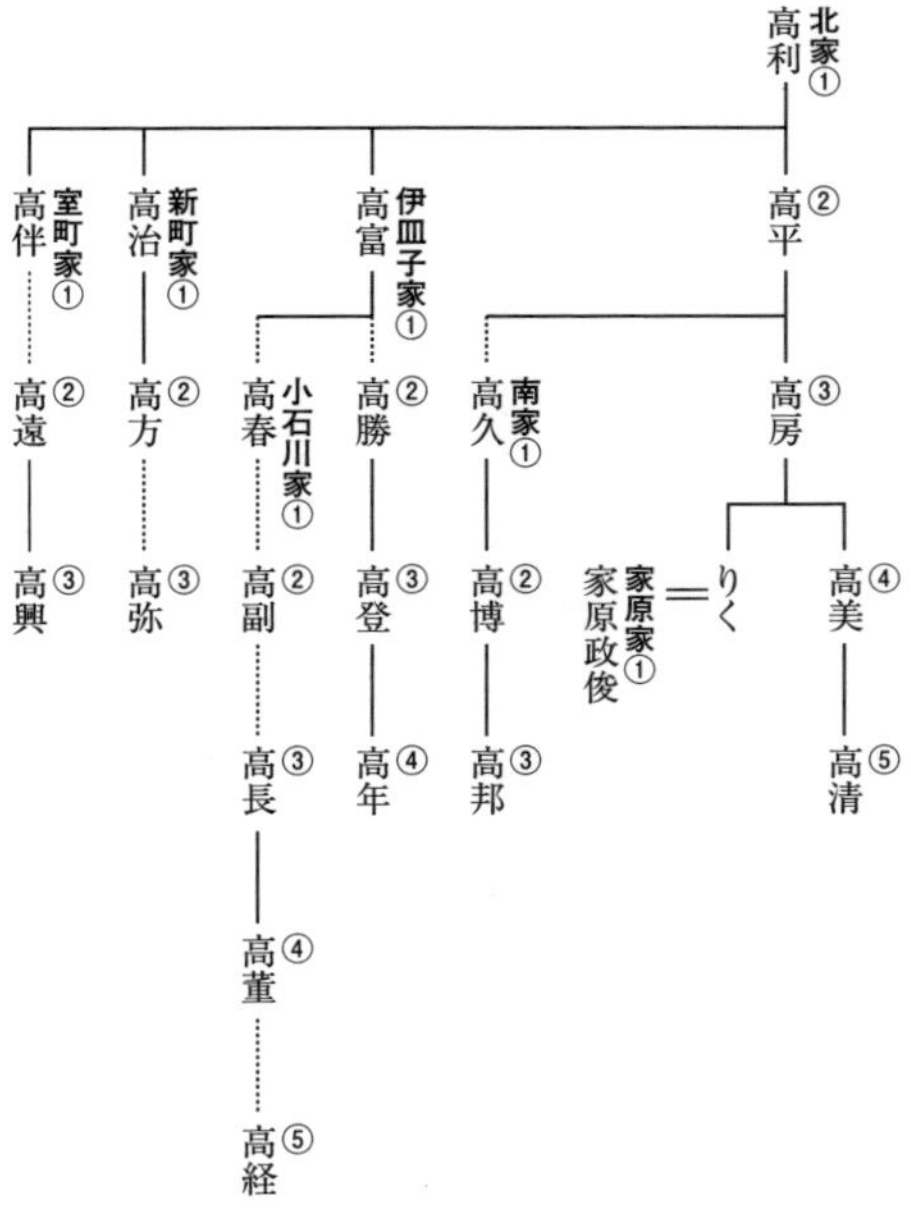

図1　三井六本家略系図

具体的な史料でみると〔村 二〇一六a〕、まず享保一九（一七三四）年の、京都町奉行所与力・木村助右衛門による叱責が興味深い。木村は、衣服の華美や遊女の身請けなど、三井一族・子女、重役の奢侈が眼にあまり、役に立つ一族は高房（北家三代）高方（新町家二代）のみ、という。九年後の寛保三（一七四三）年九月、この年二月に大元方に列したばかりの新進の最高幹部中井茂兵衛が、他の最高幹部たちにあてた弾劾書で、高勝（伊皿子家二代）・高博（南家二代）・高副（小石川家二代）を名指しして、「病身」を言い立てて「諸事」「店々商」に関与して

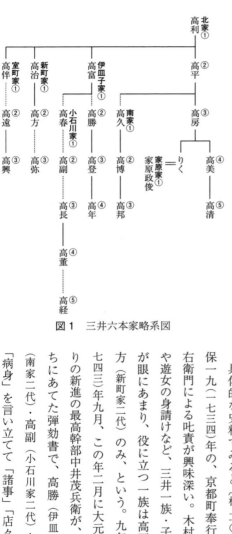

いない、「もとより若旦那様方にはなおさら」と糾弾し、いっぽうで「隠居」高房のみが事業に熱心と評価する。木村与力が評価した二名のうち高方は寛保元（一七四一）年に没しており、この時期の一族に対する内外の評価は一致している。

内外から評価されている高房は、子も多く、一族九家のうち北家・新町家・小石川家・長井家・家原家を高房の子が継いだ。これに対する序列二位の伊皿子家の強い反発を伝える史料が、高登（伊皿子家三代）が天明二（一七八二）年に子の高年（同四代）にあてた「宗巴居士書懐」で、とくに家の初代高富も名乗り、八郎右衛門という名前へのこだわりを強く示し、「八郎右衛門名前は惣同苗・店々の差図もいたし候へば、内証の収納もよほど違い候」と評する。高房が大元方に宛てた遺書は、高登が聞くところでは「宗山（新町家三代高弥、高房実子）八郎右衛門名前長く持ち、直に丑松（北家五代高清）へ譲り、宗山は親分になり候様にとの遺書」であり、「全く親子兄弟の愛に溺れ、惣同苗の建方を背き、我儘なる認め方」であったが、それに元方役の一族たちは異を唱えず、高房の意向のもとその直系が八郎右衛門という名前をほぼ独占したと憤懣を述べている。八郎右衛門名前は、はじめ高利長男高平（北家二代）、ついでその弟高富（伊皿子家初代）、弟高治（新町家初代）、高平長男高房（北家三代）、と受け継がれた、呉服商としての名であった。「親分」が実際に置かれなくなるなか、しだいに擬制的な物領として一族の首座を示す名になっていくが、「宗竺遺書」の段階では特記されることもなかった（村 二〇一六b、一〇四頁）。内紛・事業離れという点で「宗竺遺書」の懸念は的中し、それが想定・規制しなかった点が焦点となっていったのである。このように、享保期に懸念された一族の内紛、事業離れが顕著となっていた時期に、朝廷とのかかわりが、様々な形でみられるようになってゆく。節を改め、検討してゆこう。

二　三井各家と朝廷のかかわり

1　家原家——御剣拭御用

本節では、三井の構成単位と朝廷とのかかわりをみていく。

最も古くから関係があったのは、連家の家原家（序列十位）である。御所の刀剣を手入れする「御剣拭御用」をつとめるが、同家は婚姻により三井の一族に加わった家で、元来は本阿弥家にしたがう家であり、商人というより職人としての御用といえよう。享保元（一七一六）年に京都町奉行所が改めた諸役免除者の一覧が残っており、「御道具目利」家原自元の六軒役免除がみえている（『京都御役所向大概覚書』上、一二〇頁）。

三井一族としての初代は自元の子政俊で、高房（北家三代）の娘りくをめとった後、享保一五（一七三〇）年に三井の連家となった（三井文庫 二〇〇二、二一三頁）。寛保二（一七四二）年、政俊が喜兵衛と改名したのに伴い、六軒役諸役免除札の書替を奉行所に願っている（以下「永代帳」）。政俊が没した宝暦四（一七五四）年、二代政煕が奉行所へ、名跡・御用を相続し、諸役免除札は書替がない旨を届けている。手続に誤りがあり、改めて禁裏御所執次（財政をあつかう口向の重職）に願っている。政煕が没した翌安永六（一七七七）年には、三代政尚が、家督相続にともない諸役免除札を書き替えるべきか、禁裏御所の勘使所（口向の一部局）に尋ね、書替不要との回答をえてその旨を奉行所に届けている。天明五（一七八五）年、政尚が南家を相続することになり、四代政昭が名跡と諸役免除札を継承している（享和元年の調査への回答による）。家原家のもともとの家業の一部と思われ、代替わりにともない大きな問題なく継承されていっている。文政九（一八二六）年の京都町奉行所からの調査には、菊紋付の提灯・非常札を保持していると回答している。

2 京両替店——幕府請払御用・御所両替御用

右にみた剣拭御用は、家原家が三井一族に加わるさいにいわば持ち込んできたものであるが、三井として朝廷御用にかかわった最古の例は、宝永四(一七〇七)年の東宮御殿造営にさいして、請払御用を請負ったことである〔賀川 一九八五、三三頁〕。これは京両替店が請け負ったものであろう。この作事における勘定方は荻原重秀で〔平井 一九八〇、六頁〕、三井は昵懇にしていたから〔村 二〇一五、六八頁〕、ここから生じた御用であろう。呉服部門でも禁裏御所の聖賢障子、仙洞御所・女院御所の小襖縁などにかかわった〔「禁裏仙洞院御所呉服方書類」〕。

禁裏御所が完成し幕府から朝廷に引き渡される前の九月二〇日には拝観を許されており、これは町人としての名誉を求めたものといわれる〔岸 二〇一四、二三四頁〕。さらに内部の事情をみると、この時期は五月五日に総帥八郎右衛門高富が急死した後、運営を最高幹部たちに委任し集団指導体制に移行してゆく過渡期であった〔村 二〇一六b、七七頁〕。典拠となる寛政二(一七九〇)年一一月一日の記事では三郎助の拝見の先例として引かれており〔「御造営御用一巻」〕、宝永六年六月に新造御所を拝観したのは、三郎助名前を継承したばかりの高房(北家三代、当時二六歳)と思われる。嫡流であり将来の総帥と目された高房の権威を、三井内外において高める狙いがあったと推測できる。御所の造営は幕府がおこなうもので、三井の御用も直接には幕府から請け負ったものとみられるが、幕府との関係をつうじて朝廷の権威を利用しようとした事例といえる。

京両替店は六角町にあり、禁裏御所・仙洞御所の両替御用をつとめ、勘使所の貨幣両替などをおこない、正徳元(一七一一)年付・「新町通六角下ル町西側　三井三郎助」名義の一軒役諸役免除札を保有していた。この札は禁裏御所執次の連名で発行されており、朝廷の御用商人としてのものであるが、実質的には先にみたような幕府勘定所の御用の延長と思われる〔村 二〇一三〕。

京両替店は、元禄後期から指揮をとり発展させた高治以来、その名乗り「三井三郎助」を称し、また店の奥には高治の子孫が代々居住し、新町家と称された。しかし冒頭に述べたように、諸店の名乗りと各家は固定的な関係にはなく、三郎助の名も、新町家に限られてはいなかった。「永代帳」をみると、延享四(一七四七)年には高興〔室町家三代〕、明和元(一七六四)年には高清〔北家五代〕、安永六(一七七七)年には高年〔伊皿子家四代〕が、三郎助名前を相続し、御所両替御用による諸役免除札を継承したことを、町奉行所に届け出ている。しかし彼らの実際の居所はそれぞれ異なり、新町に居住はしなかった。諸役免除札の名義人と、実際に免除される家・店がずれている点に留意したい。三井内部の論理からいえば、これは京両替店がになう業務であるが、公権力の論理でいうと、これは〝京都六角町に居住し営業する三井三郎助なる両替商〟に代々うけおわせる御用ということになり、諸役免除は、京両替店およびその奥に位置した新町家に対して有効であった。三井は表向き、こうした公権力の枠組みに合わせた対応をとっていた。

なおこの御用は、規模は小さかったものの、維新期に新政府の御用を請負ってゆくさい、直接の前提として言及され、御用拝命の正統性が説明された〔村 二〇一八、七四頁〕。

3 北家ほか――左近衛府猪熊座駕輿丁

以上は職人・商人としての御用であったが、以下にみてゆく事例は、三井各家の当主が地下官人の地位を得るというものである。地下官人とは、本来は朝廷の官位をもつ官人のうち昇殿できないものの称であるが、近世では最上層の「催官人」三家、官司請負制の伝統をひきついだ世襲の「並官人」の下に、称号を取得した商人・職人・百姓を主とする「下官人」が存在した。下官人の地位は株化し、売買され、朝儀の再興の進展、並官人の自家荘厳化志向のもと、人数が増加していった〔西村 二〇〇八〕。

規模や業種が三井に近い豪商では、呉服・小間物問屋の白木屋大村彦太郎が、先述の享保元(一七一六)年の諸役免除者の一覧に、兵庫寮下司としてみえる〔『京都御役所向大概覚書』上、一二九頁〕。同じ史料で、三井京糸店の首席手代深井幸右衛門が駕輿丁として一軒役を免除されている〔同頁、西村 二〇〇八、二〇九頁〕のが、三井における最古の事例である。

三井各家の当主では享保六(一七二一)年、高房(北家三代)が、「源高房」名で左近衛府猪熊座の駕輿丁に任じられた二月付の補任状〔「駕輿丁補任」〕が残るのが最も古い例である。駕輿丁は御用商人ではなく、天皇の輿をかつぐ役を建前とする地下官人である。文政八(一八二五)年、禁裏御所勘使所から菊紋・免除札などについて改正があり、三井は御所両替御用・剣清御用について奉行所へ届けたが、駕輿丁(北家)については御所より沙汰がなかったため届けなかったとしており〔「永代帳」〕、商人や職人の御用とは異質であった。しかし内実は、駕輿丁たちは中世後期には木材などを扱う京都の商人であり〔西山 二〇〇七〕、近世においても多様な商人・職人であった〔西村 二〇〇八、二〇八頁〕。

高房は先にふれたように宝永六(一七〇九)年に新造御所を参観した人物であるが、享保六年には彼のみでなく、一〇月に高房と高勝(伊皿子家二代)、寺井瀬兵衛(京両替店の最高幹部)が、駕輿丁補任による諸役免除札の申請について奉行所に確認している〔「永代帳」〕。一二月には一軒諸役免除札が交付された(天明四年の調査による)。北家に伝わった写し〔「油小路通二条下ル町西側壱軒役諸役御免除札写」〕では、名義は「駕輿丁左近府猪熊座々人三井八郎右衛門」で、高房の当時の名乗、対象となっている土地は高房の邸宅(北家邸)である。北家に残る補任状をみてゆくと、享保一九(一七三四)年には高美(北家四代)、寛延三(一七五〇)年には高清(同五代)、安永八(一七七九)年には高祐(同六代)と、駕輿丁の地位を北家が世襲したことがわかる。

駕輿丁の身分は、上層の兄部・沙汰人をのぞき町人で、朝廷は身分的に把握してはおらず、無位無官で、幕末に一律に従八位下・諸国の目に任ぜられた〔下橋 一九七九、二八六頁〕。三井の本貫地である松坂の人別をみると、彼らの名が一貫して載っており〔「三井一統松坂人別帳」〕、松坂町人の身分を保持したままであった。幕末に高福(北家八代)が越後目となる。明治に、おそらくは一族の東京移住にともない、この地位は外部に譲渡された〔「駕輿丁一条控書」〕。

実際の活動についてはよくわからない。延享四(一七四七)年五月には、高美(北家四代)が、桜町天皇の譲位・院御所移徙に「御出勤」したことが京本店で記録されているが〔「名代要聴書　二」〕、寛延三(一七五〇)年には高清(北家五代)がわずか九歳で継承していることから、ほとんど実質的な役務は想定されていなかったとみるべきだろう。この継承は、高美が「宗竺遺書」の趣旨にそむいて仏教に没入し義絶される過程で、北家の家督と八郎右衛門名前を手放した時点にあたり〔賀川　二〇一二、三五〇頁〕、駕輿丁の地位が北家の家督に付随するものになっていると評価できよう。伊皿子家でも、この翌寛延四年一月、三代高登が、家督相続にともない駕輿丁の地位をも継承したこと、免除札の書き換えはないことを奉行所に届けており〔「永代帳」〕、家督に付くものとして動かされている。

さて、重役の例では、先述したように深井幸右衛門が、享保元(一七一六)年時点で駕輿丁であった。諸役を免除された住所は糸絹問屋を営む京糸店に一致し、深井は同店の最高位者だが〔村　二〇一七、一六五頁〕、同店および地所の名義人ではないようである〔小川　一九八〇、二六三頁〕。詳細は不明だが、あるいは糸絹問屋としての活動にかかわって、三井本体の判断で深井を駕輿丁としたのかもしれない。さらに享保六(一七二一)年には、北家・伊皿子家に加え、京両替店の寺井瀬兵衛も駕輿丁となっていた。寺井の地位は、統括機関大元方の担当も兼ねた最高幹部ではあったが、在京する上席の幹部に同じ京両替店の松野治兵衛ほか数名がおり〔村　二〇一七、一四二頁〕、なぜここで序列一位・二位の当主家とならび寺井が駕輿丁となったのかはわからない。寺井は暖簾分けをうけて越後屋を称し、享保二〇(一七三五)年時点の自分の商売は上下帷子の仕入れで〔林　二〇〇一、一七〇頁〕、子孫は借財問題で三井本体の介入を受けたが、駕輿丁・諸役免除札は触れられず〔「寺井瀬兵衛一件宝暦より寛政迄書付」〕、継承されたか不明である。

4　名前と継承

この件をふくめ、「永代帳」に載る奉行所への届をみると、駕輿丁たる北家当主らの名前の変更や家督相続のさいには原則届けているが（安永八年の相続のさいは届けず、天明四年に発覚した）、諸役免除札は書き替えないと通例記されており、御用商人である両替御用の場合とは異なっている。

名前の切り替えにともない、京両替店の両替御用と、北家の駕輿丁の性格の違いが端的にあらわれた事例をみよう。明和元（一七六四）年八月、京両替店の名義である三郎助の名前が、高興（室町家三代）から高清（北家五代）に切り替えられ、これにともない三井三郎助の名で町奉行所の証文方に出された二通の届である（「永代帳」）。

一通目は、「新町六角下ル六角町　真八義　三井三郎助」の署名で、次のように記す。

新町六角下ル町三井三郎助店において御所御両替御用相勤め奉り候につき、御免除御札前々より頂戴仕りまかりあり候、これまでの三郎助儀、このたび九右衛門と変名仕り候につき、私儀右御用筋相勤め奉り候、もっとも御札名前は三井三郎助とござ候につき、そのまま私頂戴仕り候、これにより恐れながら御届申し上げたてまつり候、以上

二通目は、「油小路二条下ル町　三井三郎助」の署名で、次のように記す。

油小路二条下ル町三井三郎助居宅に、前々より駕輿丁御免除御札頂戴仕りまかりあり候、右御札は三井八郎右衛門と申名前にて、御書替はござ無く、そのまま頂戴仕り、私相勤め奉り候につき、恐れながら口上書を以て御届け申し上げ奉り候、以上

同じ三井三郎助の名で提出した書類であっても、前者は〝六角町の両替商の主人〟としての届であり、後者は〝油小路二条下る町の町人〟としての届である。前者では、三郎助の名を継承したのにともない、京両替店の両替御用と免除札を継承したと述べる。後者では三郎助と変名したが、居宅に与えられた八郎右衛門名義の駕輿丁による免除札は書き替えずそのまま保持すると述べる。両替御用は京両替店に付き、名義上の店主である三井三郎助の名前とともに動くのに対して、他方の駕輿丁は、公的な免除札上は三井八郎右衛門の名前であるが、実態としては名前とは無関

係に、北家の家督に付いていたことがよく見て取れるであろう。

近世の都市行政が本来想定している町人像は、土地を所有し、そこに居住しながら経営をおこなうというものであろう。この場合、一つの名前が、個人（家長）・地主・住人・店舗名いずれとしても機能する。累代襲名すれば家名としても定着するだろう。ところが経営が広域化・大規模化してゆくと、これらにズレが生じてくる、と理解できる。右の二つの願書における三郎助という名前は、異なる意味で用いられており、同じ名・異なる住所の文書二通を、証文方へ同時に提出しているわけだが、町奉行所は特に咎めた様子はない。商人の名が実態においては多様な意味を持つことは町奉行所も理解しており、文書手続きの形式が整ってさえいれば、特に注文を付けることはなかったのであろう。なお高清はこのとき、一族が輪番で江戸に駐在する三井内部の制度（「江戸勤番」といった）により、在京すらしておらず、いずれも名代として最高幹部の松野次郎兵衛が副署している。また、北家当主が駕輿丁として活動するさいには代々「三井左衛門」を称しており（「駕輿丁一条控書」）、専用の名前も保持していたのであった。

具体的な継承の経緯を考えてみると、初め両替御用は、六角町に実際に居住し、両替店を指揮していた三郎助高治が請け負い、両替商としての実質的な業務をともなうため店とは不可分で、その名義としての三郎助名前に付随して継承されていったと、素直に理解できる。これに対し、駕輿丁は少し複雑である。高房が駕輿丁となったさい、諸役免除札は先述したようにその名乗「三井八郎右衛門」とその油小路の居宅に対して与えられた。享保一九（一七三四）年、高房は北家の家督・邸宅を嫡子の勘右衛門高美に譲り、八郎右衛門名前は高方（新町家二代）が継いだ。このさい、駕輿丁の地位は、北家の家督・邸宅に付くものとして高美に譲られたのだが、この地位にともなう諸役免除札は、八郎右衛門名前のまま書き替えられなかった、ということであろう。

このことは、一見ささいで、書類事務上の手間を惜しんだだけのようであるが、三井内部の権力闘争においては大きな意味をもつことになったと思われる。第一節で述べたように、享保七（一七二二）年成立の家法「宗竺遺書」は、三井の基盤を家々の結束におき、店名前は能力により名乗る者を定めるとする一方、高利の嫡系北家の権威を強調する面もあり、そこで特記されなかった八郎右衛門という名前が、その後の実際の歴史ではしだいに争点となっていた。こうした状況下で、朝廷の権威をおびた駕輿丁の地位をしめす公式な器物で、八郎右衛門の名を明記したものが、北家の家督の一部のごとく相続されることは、大きな意味をもつようになったのではないか。

その後八郎右衛門という名前は、高方が寛保元(一七四一)年に急死したさい弱冠二七歳の高美が年長の一族をさしおいて襲い、ついで寛延元(一七四八)年には高美の不行跡により実弟高弥(新町家三代)が二九歳で継ぎ、同年高房が遺書において嫡孫高清(北家五代)が二〇歳になったら八郎右衛門を名乗ると定め(賀川 二〇一二、三五〇頁)、高房の直系子孫により独占される傾向が顕著になってくる。この後一八世紀をつうじて、高登(伊皿子家三代)が五年間名乗ったほかは、八郎右衛門は高房の直系により独占されたのであった。実際に不満を書き残した高登にかぎらず、他家は高房・北家への反発を強めたことであろう。おそらくこれにかかわって、高房が没したころから、他の家の当主が地下官人化してゆく。節を改めて詳しく検討しよう。

三　地下官人化と辞職の連続

1　南家――木工寮官人

三井では、先述したように序列一・二位の北家・伊皿子家当主が駕輿丁となったのに続き、他の家の当主たちも、一八世紀半ばにつぎつぎに地下官人の地位を得た。

以下、時系列によってみていこう。まず南家(序列五位)である。寛延元(一七四八)年一〇月二日、二代高博が町奉行所へ、「木工寮官人」就任にともない諸役免除札を書き替えるよう願い、翌月一二日に居宅に対する一軒役分の免除札が下付されている（「永代帳」）。南家に伝来した関係文書によれば、高博が太田次郎兵衛なる人物（先述の享保元年の諸役免除者一覧〔一二〇頁〕では業種は組屋とある）から銀六〇〇目で売得し、太田は禁裏御所へ高博は「縁類」であると届け、町奉行所へは実態としては親戚ではないが、御所への届はそのようにしなければならないと報告した（「南三井家々史料　十九」）。こうした地位の売買は、他の地下官人でもよくみられる現象である（西村 二〇〇八）。統括機関大元方は、諸役免除札交付にともなう礼銀一貫五〇〇目は一族全体の必要経費として支出している一方、株の代金は支出していない（「大元方勘定目録」）。地下官人となったことじたいは南家限りの問題で、その会計から支出されるべきだが、おそらく諸役免除にともなう費用は、一族全体で維持すべき各家の本宅にかかわる経費であるとして、大元方が負担したのだろう。

宝暦三（一七五三）年二月には高博が名乗りを八郎兵衛と改め、免除札に変更がないことを奉行所に届けている（「永代帳」）。これは駕輿丁の場合と同様の手続きである。

木工寮官人という官職については、詳しくわからない。寛永期に木工寮を称する官人は存在している（西村 二〇〇八、四七頁）。この下に位置する職であろうが、元禄期に原型が成立した、出納平田家（地下官人を統率した一家）による地下官人の解説書（西山 二〇一七）には該当するものがない。天明六（一七八六）年以降だが、正七位下から正六位下までの官位に叙された例が複数ある（『地下家伝』三一〇、三一一頁）。幕末には一名・正七位で、明治三（一八七〇）年に設定された等級では、四等の駕輿丁に対し二等に位置づけられている（尾脇 二〇一六b、二七頁）。幕末段階についての回顧談では、催官人のうち壬生官務の支配下、木工寮・大蔵省を兼ねる並官人堀川家の下で、安見家一家であり、正七位下・正六位下と累進する例であったという（平井 二〇〇二、三二一頁）。高博が叙位されたかは明らかでないが、可能性はあろう。

なお三井の本貫地である松坂の人別には、高博の名がこの前後も載っており（「三井一統松坂人別帳」）、木工寮官人については、松坂町人の身分は保持していた。

明和八(一七七一)年一二月、堀川家から南家の高博(二代)・高邦(三代)が父子いずれかの出頭が命じられ、従来は堀川家当主が木工寮として朝廷の儀式に参役する際も、大蔵省としての配下である史生に随行させてきたが、史生たちから苦情が出たので、今後は随行を命じるとの申し渡しがあった。高博らはこれを拒否し、かわりに堀川家へ計金三〇〇〇疋ほかを献上した(「南三井家々史料　十九」)。ここから、この段階で木工寮官人は南家ただ一家であった可能性が高く、また南家の高博らは、地下官人としての活発な活動を望んでいたわけではないこともわかる。一軒役分の支出は三井の総資産規模(このころ銀五万五千貫目ほど)からすればそれほど大きな負担ではなく、その免除を追求したとも考えづらい。自家を荘厳するねらいであったとみるのが妥当であろう。

寛延元(一七四八)年一〇月に木工寮官人となった時点で、八郎次郎高博は元方役であり、八郎兵衛高副(小石川家二代)に次ぐ席次であった(「寄会帳　二番」「大元方勘定目録」)。この月一七日に親分高房(北家三代)が没し、伊皿子家の高勝(二代)がほとんど事業にかかわらなかったため、一族全体でも事実上の第二位であった。席次が下の元方役には、北家四代高美(三四歳)とその実弟高弥(新町家三代、三〇歳)がおり、一族を代表する八郎右衛門の名前は、前年の延享四(一七四七)年一一月に、高美から高弥へ継承されていた。かれらが若年であることは、北家直系の権威化がすすんだことをうかがわせ、高博はこうしたなかで、家格を荘厳して対抗しようとしたものではないか。

右の明和八年の一件以降、木工寮官人関係の史料は管見に入らず、天明四(一七八四)年一二月の町奉行所の悉皆調査に対しては、南家当主が地下官人とは申告されておらず(「永代帳」)、これ以前に辞任したものであろう。事実上、高博一代のことであったと考えられる。

2　伊皿子家——主殿寮佐伯方門部

ついで、伊皿子家（序列二位）である。前述した享保六（一七二一）年に二代高勝が就任した駕輿丁の地位と、それにともなう居宅一軒役の免除札は、宝暦元（一七五一）年一月に三代高登が一三歳で家督を相続したさい、あわせて継承された（「永代帳」）。翌宝暦二年二月、高登は京都町奉行所へ、駕輿丁を辞退し、「主殿寮佐伯方門部役」を勤めるので、諸役免除札を書き換えるよう申請した（「永代帳」）。この役を勤めてきた薄頼母なる人物が老齢となり、かわりを高登に勤めるよう、壬生官務・主殿権助が伝えてきたという。主殿権助は、主殿寮佐伯方を世襲した並官人小野家（平井 二〇〇二、三二一頁）の当主職秀（『地下家伝』、三三一頁）であろう。壬生官務はその上位にある催官人で、伊皿子家が勤めてきた駕輿丁もその支配下にあり、右の「永代帳」の前後には駕輿丁役を壬生官務に「戻す」との表現が再三みえる。高登の請願書をそのまま読めば、壬生官務が調整したうえで高登に命じてきたことになり、豪商の資力を求めて小野家が三井に接近してきたことになる。ほかの地下官人の例（西村 二〇〇八）からすれば高登が薄頼母から株を買得したとも類推される。奉行所証文方の内諾はすぐ得られているが、実際に新たな一軒役免除札が交付されたのは翌三年一月のことで、手続きに時間を要しており、駕輿丁猪熊座は三井の一家に辞職されることを渋ったのかもしれない。

主殿寮佐伯方門部は、古代では、大化改新以前の遺制として、伴・佐伯氏が率いて宮城の門を守衛したものというが、むろん近世にはそうした実態はない。先述した元禄期の出納平田家による地下官人の解説書では、門部は伴方・佐伯方に各二名おり、「御即位の時、伴・佐伯に従い南門の開闔これを勤む」と言っている（西山 二〇一七、一〇頁）。幕末には六名・無位で、明治三（一八七〇）年に設定された等級では、駕輿丁と同じく四等に位置づけられている（尾脇 二〇一六b、一八頁）。高登が就任したさいの三井の京両替店は、即位式や大嘗祭など禁裏御所の南門を明ける際に参仕する職と認識している（「永代帳」）。主殿寮の下官人「官人」「生火官人」「史生」などは、安永・天明期に従六位下・正七位下に叙されていて（『地下家伝』三三六―三四四頁）、門部にも一時期官位があったのかもしれないが、不詳である。右の高登の願書の付記では、町奉行所証文方に対し、町年寄や五人組を同道したくないと内願したところ「能くお呑込み」いただいたとあって、居宅周辺の都市社会に対してはむしろ秘匿したかったものらしい。

このころ、伊皿子家は序列二位の家格ながら、元方役を出していない。二代高勝は大元方から距離を取っており、三代高登は高勝が没した後、明和三(一七六六)年に三八歳でようやく元方役見習となった(「大元方勘定目録」)。他の元方役をみると、高副(小石川家二代)が宝暦二(一七五二)年一一月に没した二月後から高長(同家三代)が見習となっていて、事実上各本家で世襲する地位となりつつあったらしいので、実力により一族内部で上位にたつことは当時難しく見えたと思われ、序列二位の家格とはいえ若年の高登は、やはり北家に対して自家の荘厳化を図ったのではなかろうか。高登が北家に激しく反発したことは前述したとおりである。駕輿丁と門部の上下関係は不詳だが、すくなくとも同じ駕輿丁を勤めているのでは、北家との関係では意味をなさなかったであろう。

なお松坂の人別には、高登の名がこの前後も載っており(「三井一統松坂人別帳」)、門部についても、松坂町人の身分は保持したままであったようである。

安永九(一七八〇)年七月、高登は病身を理由に主殿寮佐伯方門部を辞すのにともない、諸役免除札を返上することを奉行所に届けた(「永代帳」)。この時期高登は、病気療養と称して旅行したり公用を休んだりしているが(『第一稿本三井家史料』)、すでに一九歳になった嗣子高年へ継承していないことから、自家から積極的に切り離したものと思われる。

3　小石川家——主殿寮火炬師

最後に小石川家(序列六位)である。宝暦六(一七五六)年八月、三代高長は町奉行所に、「主殿寮小野主殿権助殿下司のうち火炬師」への就任にともない、諸役免除札の発行を願っている(「永代帳」)。近年一名であったのを往古の二名に復し、伊皿子家の高登が同じ主殿寮佐伯方小野家の下で門部を勤めていることから、「この由緒をもって」高長に火炬師となるよう小野が申渡したという。この場合株の買得ではなく、増員にともなうもので、四年前に地下官人となった伊皿子家の高登の周旋によったのだろう。二月後、居宅一軒役分の諸役免除札が交付された。

先述の出納平田家による元禄期の解説では、火炬師というのは最近の呼称とし、一名で、「諸公事・陣儀など庭燎の火炬、主殿寮の下知を受けこれを勤む」といい（西山 二〇一七、一〇頁）、先述の享保元年の諸役免除者一覧には「主殿寮下司火焳《ママ》師　和田平九郎」なる者がみえる（『京都御役所向大概覚書』上、一二〇頁）。寛政三（一七九一）年刊「京之水」（尾脇秀和氏蔵）には、元日節会にさいし右近の橘の奥でうずくまって焚火をまもる「火炬師」が描かれている。幕末の元日節会で篝火を焚いたと回顧談にみえる「火炬手《カコシュ》」（下橋 一九七九、四一頁）も同じであろう。一九世紀の事例で、儒医が兼ね、他の地下官人に転じた例がある（西村 二〇〇八、一五八頁）。幕末には一三名・無位で、明治三（一八七〇）年に設定された等級では、駕輿丁・門部と同じく四等に位置づけられている（尾脇 二〇一六b、二八頁）。一二名で計金百両を新政府に献金しており（「金穀出納所献金留」）、そこそこの資産をもつ者がなっていたとみられる（駕輿丁の献金は一人あたり一五両）。松坂の人別にはやはり高長の名がこの前後も載っており（「三井一統松坂人別帳」）、主殿寮火炬師についても、松坂町人の身分は保持し続けたらしい。

高長は高房（北家三代）の四男で、一〇歳で小石川家の養子となり、当時勘右衛門を称し、前年元方役の見習から本役に上ったところで、元方役の序列では、八郎兵衛高博（南家二代、木工寮官人）・八郎右衛門高弥（新町家三代）に次ぐ第三位であった（「寄会帳　三番」）。高登（伊皿子家三代、主殿寮佐伯方門部）が高長の地下官人成を仲介したのは、第一節でふれたように高房の子が北家・新町家・小石川家・長井家・家原家を相続し、序列二位の自家は元方役にすらなれない状況のなかで、少しでも影響力を確保しようとしたものではなかろうか。

高長は安永元（一七七二）年八月に没し、二一歳の嗣子高董が家督を継承、あわせて火炬師の地位と諸役免除札も継承した。このさいには奉行所に届け出ておらず、天明四（一七八四）年の悉皆調査に対して経緯を申告している（「永代帳」)。

天明五年八月、高董は幕府御用名前の元之助を高民(室町家五代)に譲り、翌九月には一族から義絶される。同じ九月、三井は名代を立て、高董の病気引退を理由に、火炬師の辞退を奉行所に届け出た。このさい主殿寮小野家との間でかなり紛糾したようで、「永代帳」は「御所表、容易に相済み申さず」と付記する。決着したのは翌年正月であり、小野家に対し高董と嗣子高経の連署で提出した請書には、病身を理由に辞退した場合他方から御所に「再勤」することは「御法度」であるむねを承知したと記されており、小野家が相当に粘って引き留めようとし、これに対し三井側は断固として辞職した様子がうかがえる。この役を勤めている間の小石川家と小野家の関係は未詳であるが、豪商三井との関係は並官人(あるいはその上位の壬生官務)にとり魅力的だったのであろう。

この辞退の直接の契機は、高董が不行跡により三井内部で引退を余儀なくされたことであろうが、嗣子高経への継承(九歳だが、籠輿丁では前述のように例がある)がなされなかったのは、伊皿子家と同じく積極的に辞職したもので、この場合三井全体の意向が働いたものであろう。

4 地下官人就任・辞任の意義

このように、南家・小石川家があいついで地下官人となり、伊皿子家はこの間に駕輿丁から別の官職に切り換え、宝暦末には、六本家中の四家が地下官人となるにいたった。一転して天明末までには、北家以外の三家があいついで辞職した。これは偶然ではなく、一連の動向であり、三井全体の問題と関わっているとみるのが自然であろう。

当該期の事業上の課題を確認しておくと〔三井文庫 一九八〇〕、呉服部門(越後屋呉服店)では、江戸での呉服の販売において競争が激化し、売上・利益が低下していた。金融部門(三井両替店)では、紀州家の御用金賦課がかさみ、大坂などの商人への貸付の原資が不足し、事業に支障をきたしていた。こうした事態と、各本家当主が朝廷の肩書を得たことには、あまり関連がなさそうである。

地下官人となった高博（南家二代）・高長（小石川家三代）は、いずれも上位の元方役であった。高勝（伊皿子家二代）は元文四（一七三九）年に元方役を退いたが、その子高登（同家三代）は先述のように高勝没後はじめて元方役見習となっており、潜在的には高勝が元方役であるべき者であった。この高勝・高博は、高長の父高副とともに、第一節でふれた寛保三（一七四三）年の中井茂兵衛の弾劾書で名指しで事業への不関与を批判されていた。また伊皿子家・南家・小石川家は、室町家とともに、一族の分裂傾向の極点である安永三（一七七四）年の分裂（「安永の持ち分け」）では、北家と、高房（北家三代）の実子が入った新町家・長井家・家原家に対峙し、袂を分かった家々であった（三井文庫 一九八〇、三三八頁）。ここからは、総領家北家の権威（親分高平・高房の遺書に基づく。おそらく高弥に継承）に対し、他の諸家が反発、抵抗している状況がみてとれる。先述したように、八郎右衛門という一族の最上席を示す名は、高房の直系によって独占されることが次第に明らかになりつつあった。

これに代わり、他家の当主たちが自身の権威を強化するために採られた一つの手段が、朝廷の官職を得ることだったのではないか。彼らが得た主殿寮門部・木工寮官人・主殿寮火炬師と、北家がもつ駕輿丁の上下関係がどう理解されていたのかは確定しがたいが、右に触れてきた幕末・明治初期の序列では、木工寮官人が高く、他の三者は等しく低い。一八世紀にも同様であったとすると、北家に対抗して格上の地位を取得しようとしたが、成功したのは最初の南家のみで、それに続こうとした伊皿子家・小石川家は同等のものしか取得できなかったのかもしれない。なお駕輿丁は出仕した儀式での「徘徊」「窺見」を戒められていて、祭や娯楽に近い意識であったとの指摘があり（西村 二〇〇八、二二二頁）、三井各家当主の地下官人成にもこうした欲求があったかもしれないが、この場合でも、北家への対抗意識は想定できよう。

かれらが相次いで辞職した事情は、なお不詳である。仮説的な見通しとしては、高房・北家と他家の対立は、「安永の持ち分け」で極点に達しており、むしろその後は再統合が課題となっていたという可能性を指摘しておきたい。

この見通しとの関係で考えるべき事例を、詳しくは別稿に譲るが、いくつか挙げておきたい。一つは、吉田神道による祖先祭祀である。三井は正徳期に式内社木嶋社を太秦広隆寺内に再興した。神職神服氏はもと三井の奉公人といい、神道の本所吉田家の門人で、両者の間を媒介し、冷泉町における妖怪調伏の祈禱の取次〔吉田 一九八二〕などで活発に活動していた。本章の時期には、三井の祖先祭祀にかかわる動きが出てくる。まず宝暦元(一七五一)年九月、高利まで三代の夫妻六名に神号が付与されて「顕名霊社」と称され、後に木嶋社へ勧請される。高利の息子世代の合祀をみると、高富(高利次男、伊皿子家初代)は高利らに遅れること三ヵ月後、高治(高利三男、新町家初代)は遅れること二年の宝暦三年、ほかの息子たち(北家二代高平、室町家初代高伴、南家初代高久、小石川家初代高春ら)は、三〇年余りも遅い、天明元(一七八一)年である。伊皿子家は合祀がいちじるしく早く、また社の施設整備や吉田家当主への神号執筆依頼など、活発に関与している。これもまた、伊皿子家が北家に対抗する動きの一つであったのが、安永の持ち分けをへた天明元(一七八一)年には、再統合にむかう流れの中、一族全体の祖霊社として再整備されたのではなかろうか。

次に、陰陽道の本所土御門家による祈禱である。安永五(一七七六)年から天明元(一七八一)年にかけて確認でき、半年に一回ほどの頻度で、「三井御一統」「三井同苗中」としての祈禱料が、大元方から土御門家に支払われている。媒介として名がみえる元方役の高興(室町家三代)が、宝暦～天明期に地下官人化しなかった家の当主であること、祈禱が安永の持ち分けの直後から始められていることから、各家の地下官人化とは逆に、一族の再統合にむけた動きと考えられる(以上の吉田家・土御門家との関係の詳細については〔村 二〇一九〕を参照されたい)。

おわりに——三井にとっての朝廷

以上の具体的な内容をくりかえすことはせず、論点と課題を整理して、むすびとしたい。

まず一点目は、三井と朝廷との関係の評価である。本章では主に、三井一族内の抗争・統合の手段として把握できる要素を並べ、一連の動きととらえて分析した。ほかに朝廷との同時代のかかわりとして、宝暦期に高興（室町家三代）が飛鳥井家に入門して蹴鞠を習っている事例〔三井文庫 二〇〇二、一一〇頁〕などもある。これと両替御用をふくめると、本家六軒がすべて何らかの形で朝廷と関係をもっていたことになるが、全体として三井が「朝廷権威」に傾斜したとは評価できないだろう。地下官人を積極的に辞職した例は、本章で示したやや目新しい事象と思われ、三井が朝廷にかかわる「権威」を絶対視していないことは明らかである。商人・職人としての御用、地下官人化、神道による祖先祭祀、陰陽道による祭祀、芸能などでは、具体的な関係やその影響において相当に異なった様相を示したはずである。京都の都市社会には、朝廷とつながる契機がさまざまに存在しており、三井はこれらを目的や状況に応じて、適宜取捨選択して利用していた。これは他の都市京都のさまざまな住人にも当てはまるであろう。

二点目として、朝廷とかかわらない、三井一族内の抗争・統合の手段である。たとえば帯刀の問題である。天明五（一七八五）年三月、幕府から御為替御用達としての三井（三郎助、次郎右衛門）に旅行・火事における帯刀が仰せ渡されたが〔「例繰鑑　四」〕、三井では「家法」にもとづき帯刀を禁ずる内規を作成・周知している〔「帯刀方条目」〕。駕輿丁はじめ地下官人も場面によっては帯刀を許されたと思われ、こうした身分表象を御用名前をもたない三井一族が求め、天明期にこうした姿勢が反省された可能性があろう。ほかの点として、「宗竺遺書」では親分の地位や店名前が想定され、実際の歴史過程では八郎右衛門名前が大きな焦点となった。また詳述はできないが、顕名霊社の整備と連動して、家史への関心が高まり、家譜作成や祖先探しがおこなわれた。安永持ち分け以降の分裂期には、紀州徳川家の治宝と文化的にきわめて近しい当主や、同家のお声掛りで連家ながら大元方に列席した当主もいた〔三井文庫 二〇〇二〕。各家の抗争・統合の動きには、朝廷関係以外にも多様な内外の権威が利用されたといえる。

第三に、三井内部の規範と統制の問題である。三井の「宗竺遺書」は、分裂を回避するため、近世都市の秩序では本来一体である家・店・主人の名前を意図的に分離して運用することを定め、また幕府権力との過度の密着を戒めた。本章でみた北家・各家の動きは、「宗竺遺書」を精神としては無視するが、規定の細部においては制約をうけている。朝廷との接近が、享保期には内紛や権威化にかかわる問題として想定されていなかったのは興味深い。

その他、地下官人化することが町人社会・文化活動上でもった具体的な効果や、官位などとの対価として流れ込む富を、朝廷や都市京都の問題として考えることなど、課題は多い。今後も検討を深めたい。

参考文献

井上智勝『近世の神社と朝廷権威』吉川弘文館、二〇〇七年
小川保「京都における三井家の屋敷――集積過程からみた特質」『三井文庫論叢』一四、一九八〇年
尾脇秀和「近世禁裏御香水役人の実態――地下官人の職務・相続・身分格式」『古文書研究』七五、二〇一三年
尾脇秀和「近世地下官人「賛者」の実態と「町家兼帯」」『古文書研究』八二、二〇一六年a
尾脇秀和「幕末期朝廷献納金穀と地下官人」『明治維新史研究』一三、二〇一六年b
賀川隆行『近世三井経営史の研究』吉川弘文館、一九八五年
賀川隆行「三井家の同族組織」『近世江戸商業史の研究』大阪大学出版会、二〇一二年（初出一九八八年）
岸泰子『近世の禁裏と都市空間』思文閣出版、二〇一四年
西村慎太郎『近世朝廷社会と地下官人』吉川弘文館、二〇〇八年
西山剛「中世後期における四府駕輿丁の展開」『文化科学研究』三、二〇〇七年
林玲子『江戸・上方の大店と町家女性』吉川弘文館、二〇〇一年

三井文庫編・刊『三井事業史』本篇一、一九八〇年
三井文庫編・刊『三井家文化人名録』、二〇〇二年
村和明「近世朝廷と三井」朝幕研究会編『近世の天皇・朝廷研究』四、科学研究費補助金基盤研究（C）「近世天皇・朝廷研究の基盤形成」、二〇一二年
村和明「三井の御所両替御用について」東京大学日本史学研究室紀要別冊『吉田伸之先生退職記念　近世社会史論叢』、二〇一三年
村和明「三井の武家貸と幕府権力――享保期の上方高官貸の成立を中心に」牧原成征編『史学会シンポジウム叢書　近世の権力と商人』山川出版社、二〇一五年
村和明「享保期の三井における家法・家史と祖先顕彰――三井高利の事績をめぐって」藤田覚編『幕藩制国家の政治構造』吉川弘文館、二〇一六年a
村和明「三井初期の集団指導体制の変容――宝永期の三井高富と大元方成立」『三井文庫論叢』五〇号、二〇一六年b
村和明「一八世紀前期における三井大元方の権力構造――帳簿の様式と正徳期の内部対立を中心に」『三井文庫論叢』五一号、二〇一七年
村和明「戊辰戦争の戦費と三井」奈倉哲三・保谷徹・箱石大編『戊辰戦争の新視点　下　軍事・民衆』吉川弘文館、二〇一八年
村和明「三井の祭祀と神職・本所――一八世紀の吉田家・土御門家とのかかわりを中心に」朝幕研究会編『論集　近世の天皇と朝廷』岩田書院、二〇一九年
吉田伸之「史料紹介　三井文庫所蔵の京都冷泉町関係史料」『三井文庫論叢』一六、一九八二年
岩生成一監修『京都御役所向大概覚書』上巻、再版、清文堂出版、一九八八年
下橋敬長述・羽倉敬尚注『幕末の宮廷』平凡社、一九七九年
西山剛「京都府蔵『当時勤仕諸役人職掌』の翻刻と紹介（1）」『朱雀』二九、二〇一七年
平井聖『中井家文書の研究　内匠寮本図面篇　五巻』中央公論社、一九八〇年
平井誠二「下橋敬長談話筆記――翻刻と解題（三）」『大倉山論集』四八、二〇〇二年
正宗敦夫編・校訂『地下家伝』上、自治日報社、一九六八年
三井家編纂室編『第一稿本三井家史料』全八四冊、非刊行、一九〇九年印刷
三井文庫編・刊『三井事業史』資料篇一、一九七三年

〈特論1〉

女御入内の行粧と拝見

岸　泰子

はじめに

京都にしかないもののひとつに、禁裏（天皇）の存在がある。

本論で取り上げるのは、禁裏の儀礼（朝儀）のひとつである天皇と女御の婚姻の儀礼〈女御入内〉[1]、そのなかの権力・権威の表象の装置として機能するとされる行粧（行列）とその拝見である[2]。主に元禄一〇（一六九七）年の幸子入内、享保元（一七一六）年の尚子入内、元文元（一七三六）年の舎子入内から、入内行粧の場の特性、入内拝見の意味や背景について明らかにしてみたい[3]。

一　元禄度・享保度の入内行粧とその拝見

1　入内の行粧

徳川幕府成立から明治維新まで、入内は計一〇回行われたそのうちの近世前・中期の概要を表1に整理した。

入内儀礼は豊臣秀吉によって再興され、入内定の儀、御書使差遣、輦車宣旨、饗饌の儀、三箇夜餅供進の儀、披露

表1　近世前・中期の女御入内

天　皇	即位年月日	女御名・院号	入内年月日
後陽成	天正 14(1586)年 11 月 25 日	前子（近衛前久息女，豊臣秀吉猶子）・中和門院	天正 14(1586)年 12 月 16 日
後水尾	慶長 16(1611)年 4 月 12 日	徳川和子（徳川秀忠息女）・東福門院	元和 6(1620)年 6 月 18 日
明正	寛永 7(1630)年 9 月 12 日	—	—
後光明	寛永 20(1643)年 10 月 21 日	(入内なし)	(入内なし)
後西	明暦 2(1656)年 1 月 23 日	(入内なし)	(入内なし)
霊元	寛文 3(1663)年 4 月 27 日	房子（鷹司教平息女）・新上西門院	寛文 9(1669)年 11 月 21 日
東山	貞享 4(1687)年 4 月 28 日	幸子（(有栖川）幸仁親王息女）・承秋門院	元禄 10(1697)年 2 月 25 日
中御門	宝永 7(1710)年 11 月 11 日	尚子（近衛家熙息女，徳川家宣猶子）・新中和門院	享保元(1721)年 11 月 13 日
桜町	享保 20(1735)年 11 月 3 日	舎子（二条吉忠息女）・青綺門院	元文元(1736)年 11 月 15 日
桃園	延享 4(1747)年 9 月 21 日	富子（一条兼香息女）・恭礼門院	宝暦 5(1755)年 11 月 26 日
後桜町	宝暦 13(1763)年 11 月 27 日	—	—

の儀などからなる。④このなかの輦車宣旨の後に、女御が実家（出身の家）から禁裏御所に参内する行粧（入内行列）が行われる。

入内の行粧には、女御が乗った車の前後に前駆や扈従（車公卿）などを任じられた公卿や童士らが付き添った。元文度の場合は総勢二四人程度の行列である。⑤

具体的にその道筋をみてみたい。元禄度の女御・幸子の実家は有栖川宮である。女御となる幸子が乗る御車を含む行粧は巳刻（一〇時）に禁裏御所の北東側に位置する有栖川宮家屋敷（図1）を出て、禁裏御所の東北の門へ入る（「季連宿禰記」（宮内庁書陵部所蔵）元禄一〇年二月二五日条）。享保度の場合、女御・尚子は実家の近衛家屋敷（禁裏御所の北側、図2）を巳刻に出て同じく禁裏御所の東北の門へ入った（「基長卿記」（『中御門天皇実録』所収）享保元年一一月一三日条）。

この元禄度と享保度の入内の行粧はいずれも禁裏御所の北側にある門から御所に入る。禁裏御所では南側もしくは東側の門を表向の儀礼時に用いる。ここから入内は禁裏の奥向の性格が強い儀礼であったことがわかる。

また、行粧の距離が二〇もしくは三〇間程度と極めて短い

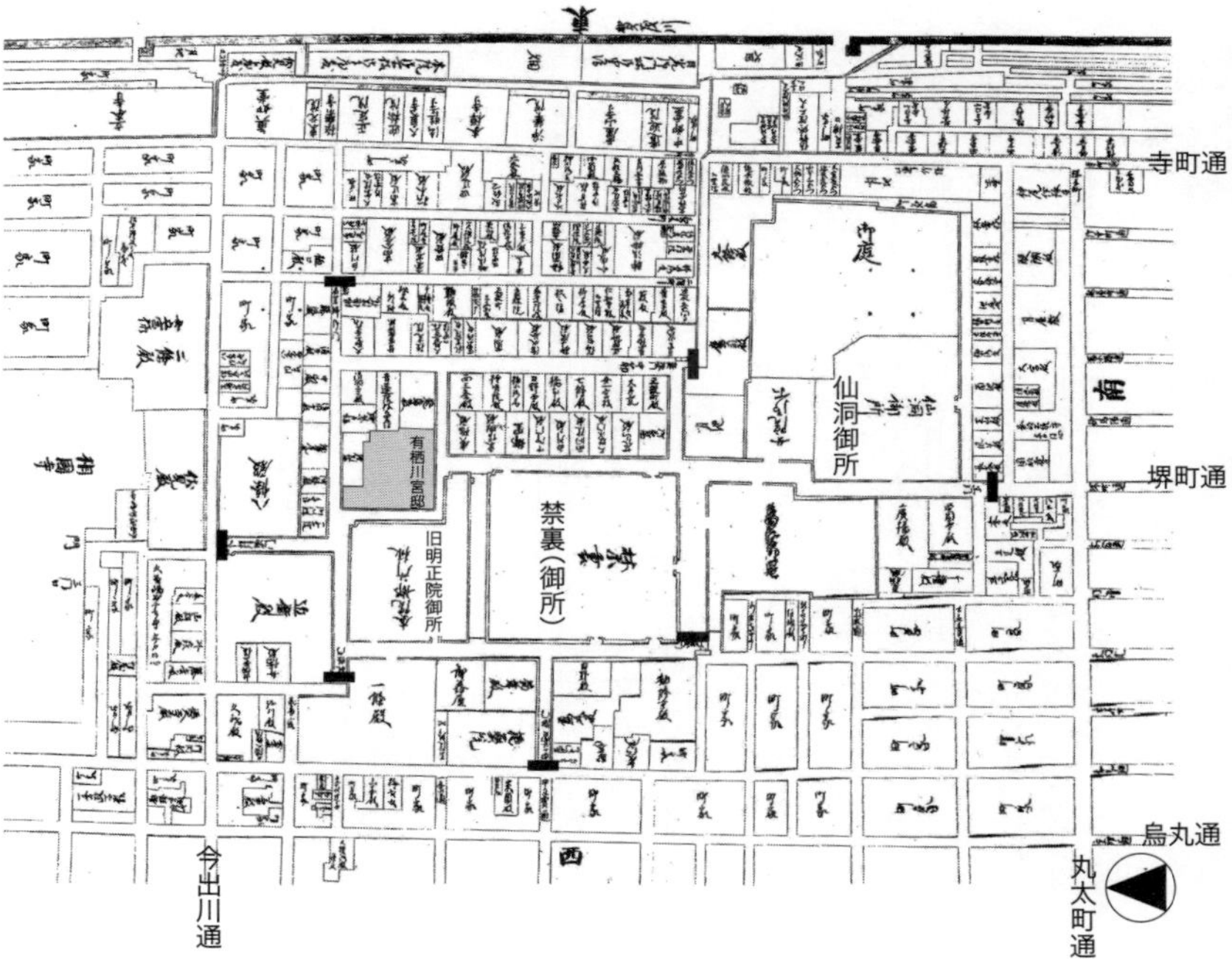

図１　元禄度入内のころの禁裏・築地之内

出典）「御所近傍之図・昔之図也」〔谷 2003〕所収，一部筆者加筆．

点も注目される。女御の実家と禁裏御所が近接していたからである。しかも、このふたつの行粧は築地之内という場の中で完結した。

築地之内は禁裏御所とその周囲に形成された公家の集住地区からなる。[6] この築地之内の出入り口には六門（後に七門、宝永度内裏造営後は九門に増加、図１・２の四角部分）が設けられており、この門を閉鎖することで築地之内を外部から遮ることができた。

入内時には築地之内の行粧の道筋に白砂が敷かれ〔「御入内記」（内閣文庫所蔵）元文元年一一月一五日条〕、朝儀を行うにふさわしい演出が施された。そして、ほかの朝儀実施時と同様に築地之内に出入りするための門は閉鎖された。元禄度には、築地之内を囲む門の警備をする山科郷士が追加され、門の中に入る人すべてを確認し「見届けさる者」が入ることは許されなかった。「見届けさる者」の該当基準は不明であるが、他の朝儀での六門の警

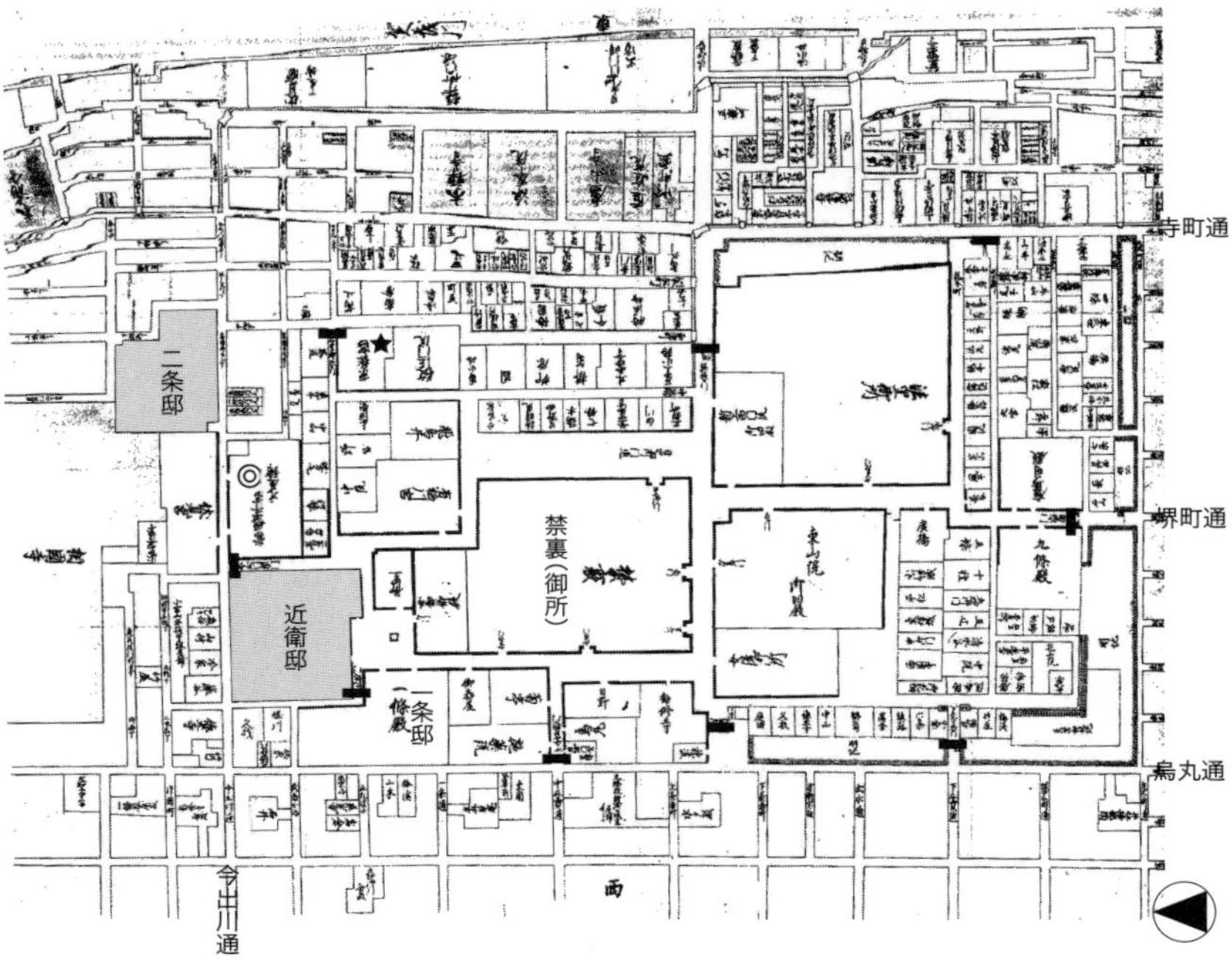

図2　享保・元文度入内のころの禁裏・築地之内

出典）「御所廻り絵図」〔谷 2003〕所収，一部筆者加筆．

備の様相からみて通行の届けがある公家たちや通行を許可された切手などを所持した町人以外の通行が止められていた可能性が高い。ほかにも、行粧が通る区域には人々の通行を完全に止めるための竹結いが設置された（「女御幸子女王御入内記」（宮内省書陵部所蔵）元禄一〇年二月二一日条）。つづく享保度に関しては、築地之内を止めた記録はない。しかし、後述するように民衆の拝見を禁止する町触がある。拝見に訪れる人々をどこかで留めおく必要があるので、享保度にも築地之内の門は閉鎖されていたとみてよいだろう。

2　入内行粧の拝見の場

一方、築地之内で入内の行粧を拝見できる人々もいた。

元禄度の場合、男の行粧拝見は一切禁じられたが、女性の「御内」[7]・「女房」・「子供」（一〇歳以下の男子は可）の拝見は許されている〔「基長卿記」元禄一〇年二月二五日条、「女御幸子女王御入内記」同年二月二一日条〕。しかしそこに自由はなく、「御内」は旧明正院御所の東側、女房と子供は有栖川宮家の屋敷地の南側に設置された「拝見場」でのみ拝見を許された〔「女御幸子女王御入内記」同年二月二一日条、図1〕。また、准后や京極宮などの天皇家の親戚にあたる人々は女御の御里御所の門の前の「見物所」で見物した。

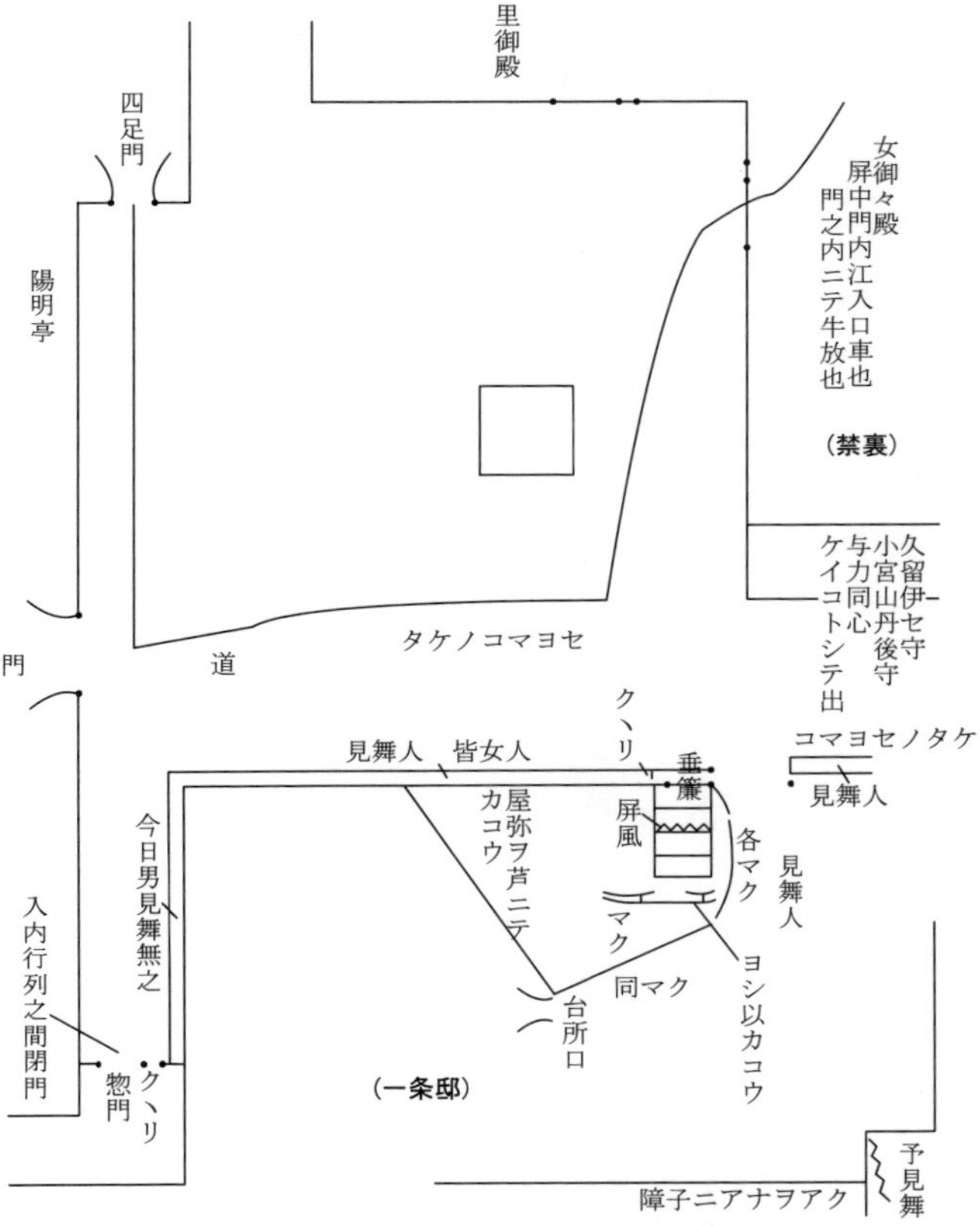

図３　「兼香卿記」享保元年 11 月 13 日条　享保度入内拝見の場の図

出典）屋敷地配置は前掲「御所廻り絵図」をもとにした．図中の文字は読みやすいように配置などを一部改変した．

享保度には、元禄度と同じく公家の男衆の拝見は禁止、天皇家の関係者と女房と子供のみが拝見を許され、同じように拝見場が設置された。その具体的な配置は「兼香卿記」〔東京大学史料編纂所所蔵謄写本〕享保元年一一月一三日条の図（図３）に詳しい。これをみると、一条家の屋敷地を囲む築地沿いに女性ばかりの「見舞人」の拝見所が設けられていたこと、一条家屋敷の北側にある築地之内を囲む九門のひとつである乾門

（惣門）が入内の間は閉じられていたこと、一条家屋敷の中に「見舞人」がいたこと、などがわかる。

さらに、享保度には拝見の禁止が町触によって洛中洛外の町々に広く伝えられた〔『京都町触集成』享保元年一一月一一日条〕。町に住む人々に対して、入内の行粧は拝見できない行事であることが周知されるのである。

このような拝見の規制については、入内は奥向の性格の強い儀礼であり、公に見せる対象ではなかったことをその要因のひとつとしてあげることも可能であろう。しかし、武家伝奏であった庭田重条は、享保度の拝見場の設定の背景・理由について次のように説明している。

一、御入内拝見之義に就き、御道筋場所、これなく候間、御家来の男女共、罷かり出でず候様、仰せ付けらるべく候〔「桂宮日記」（宮内庁書陵部所蔵）享保元年一一月九日条〕

京極宮家（桂宮家）へ届けられた口上覚であるが、ここでは入内行粧の道筋に拝見の場所がないことが禁止の理由とされる。これは言い換えれば、規制以前は拝見する人々が大勢いたということでもある。実際、天正一四年一二月の入内では男（公家）も行粧を見物し、ほかにも見物する人々が大勢いた〔『兼見卿記』（史料纂集）天正一四年一二月一六日条〕。行粧の道筋は前述したようにとても距離が短い。そこに大勢の見物人が集まり、拝見する人々で行粧の道筋を塞いでしまうような事態になれば、入内の儀礼の進行が滞ってしまう。このようにみていくと、奥向だからという理由よりも、むしろ入内という儀礼を迅速かつ安全に進めるために拝見の人々を規制したと考えるのが妥当であろう。

二　元文度の入内行粧とその拝見

元文度の入内の行粧は、先の二事例とは異なっていた。女御の実家である二条家の屋敷地が寺町通を西側に入った今出川通に面する位置（図2）にあったため、極めて短距離ではあるが築地之外にある今出川通を通行することになった。

この事例ではこれまでにはない対応が確認できる。そのひとつが町家からの拝見である。行粧が築地之内で完結しないということは、築地之内の外、特に今出川通沿いに立つ町家からの拝見が可能となる。これに対し、入内の経緯をまとめた記録は次のように記している。

一、町方拝見人堅く停止、但し御道筋に門口有る衆中は、門内にて男女共人少きにて、穏便に拝見御免、町家は町奉行より之を触る（「御入内記」元文元年一一月一五日条）

幕府や朝廷はその道筋に門を開く町家の人々らに対しては、少人数かつ穏便という条件を付けることで見物を禁止しなかった。

一方、これまでの二事例と同じ対応もみてとれる。

築地之内の外側にある今出川通は、入内当日の三日前（一一月一二日）から入内翌日（一一月一六日）まで寺町通から烏丸通の区間の牛馬の通行が禁止された。このことは公家だけでなく町、そして今出川通を通る可能性のある車主や「在々百姓」にも知らされた（『京都町触集成』元文元年一一月一二日条）。また、前の史料にもあるように道筋での見物は基本禁止されていたため（『京都町触集成』元文元年一一月九日条）、記録にはないものの行粧の当日には今出川通の通行も規制されていた可能性は高い。

築地之内では、九門の閉門、竹矢来の設置など、元禄度と同じく規制のための措置がとられた（「御入内記」元文元年一一月一二日条）。行粧の道筋にあった近衛家では、享保度と同じように幕府から家来などは穏便に門内にて見物するようにという指示が届いている（「近衛家雑事日記」（東京大学史料編纂所所蔵写真帳）元文元年一一月一一日条）。京極宮家（桂宮家）では「今出川御所」（図2の二重丸部分の「常磐井宮元屋敷」[8]）にあった「四足門」[9]に拝見のための桟敷を設け、表門内では家来と「出入男女堂上地下」の人々が見物した〔「桂宮日記」元文元年一一月一五日条〕。この際、幕府からはその門内での拝見は穏便に行うようにとの指示があり、その翌日には出入りの者にもその旨を周知するようにとの念押しまでされていた〔「桂宮日記」元文元年一一月一二日・一三日条〕。

すなわち、行粧に関しては町人らの見物は禁止、築地之内での見物は拝見場にて許された者のみに限定、行粧の道筋にある屋敷からの見物は穏便のうちに実施、という入内行粧の場の方針は、築地之内の外側に女御の実家があった場合も例外なく、元禄度以降は徹底されていたことになる。

三　入内行粧を見る人々

こうしてみると、近世京都にいた多くの人々、特に町人らは入内の行粧を見る機会が極めて限られていたことがわかる。一方、このような状況下でも拝見が叶った人々がいた。摂家である近衛家の雑事が記した日記「近衛家雑事日記」享保元年一一月一三日条には、禁裏女中と宮家の拝見場の設置、町中自身番の実施や四条芝居の停止などが記され、さらに以下の一条がある。

一、町中触れられ候覚、今度入内場所など之なく候故一切見物成り申さざる由、堂上方へ残らず触れられ候、御所の御門の警固有り〈二人〉、尤も中門うら一切出申さず、しかしながら稀事ゆえ、町の者とも早天より御殿へ参り、御門の内にて拝見出す

これまでと同様に見物は禁止されているが、行粧の道筋に面していた近衛家に朝早くから「町の者」がやってきて、行粧を見ていたという。しかも、近衛家の雑事は入内のことを「稀事」として捉えていて、「町の者」が見たいと思うことに理解さえ示している。

では、その「町の者」とはだれなのだろうか。元文度の入内に際して、同じく近衛家の雑事は以下のように記している。

一、今日女御入内也、御内拝見之輩、御門内にて拝見、薩州留守居登り、使者下役両人同道にて参上拝見、其の外他所より拝見之輩、裏門において吟味を加え入る也、此義相知れ人数大概書付、裏門番へ遣わし置き候様、これを申し付く（「近衛家雑事日記」元文元年一一月一五日条）

近衛家では「御内」が門の中、すなわち屋敷内から行粧を見ていた。さらに同家では薩摩藩の留守居と使者・下役も拝見した。そして、そのほかからの拝見人は裏門で吟味させ、そのために必要な大概の書付を裏門番に渡している。薩摩藩（島津家）は近衛家と親戚関係にあったので、その関係で拝見できたのであろう。一方、そのほかの人々の具体的な構成は不明だが、門番が確認できる範囲とすれば、たとえば近衛家の御用などをつとめるなど日頃から付き合いのある町人などであった可能性が高いのではないだろうか。

ほかにも前述のとおり京極宮家（桂宮家）でも堂上公家や地下官人だけでなく出入りの男女が表門の内から拝見している（「桂宮日記」元文元年一一月一五日条）。出入りの男女の具体的な構成は分からないが、町人の可能性も十分に想定できよう。

おわりに——入内行粧拝見の背景と意味

入内は奥向の性格が強い儀礼であった。しかし、町にはそれを見たいと願う人々がいた。町人らがそう願うのは、珍しさに加えて、見る行為そのものの特権、すなわち優越感もあったのだろう。しかし、その行粧の拝見は元禄期ごろから規制されるようになっていた。それでもなお、人々は入内という儀礼を見たいと願い、それは一部であるが実現もした。

最後に、この入内行粧をはじめとした禁裏の儀礼の拝見をめぐる動向の背景とその意味について整理しておきたい。

入内拝見の規制がはじまった時期は正確にはわからない。拝見場の設置についても天正一四年や寛文九年の入内のときには確認できないため、ここでは入内拝見の規制が整備・定着するのは元禄度以降とみておきたい。

では、この規制は誰が主体となって行うものなのだろうか。朝儀の執行は朝廷が主体となるが、入内時の通行の規制や拝見場の設定は禁裏附や京都町奉行によって行われている。さらに事前に入念に交渉が重ねられており、禁裏側と幕府側との協同があったことは間違いない。

ここでこの時期の両者の関係に着目すれば、両者は「協調体制」にあったことが高埜利彦によって明らかにされている。高埜は、霊元天皇が意欲的に朝儀再興などを試みる一方で、元禄期ごろから禁裏側はいずれのことも幕府側に「内慮」をはかるようになっていたことを指摘する〔高埜 二〇一四〕。戦場の論理を否定し武から平和重視への政治体制の転換を図りつつあった幕府と、これまでの朝廷支配機構を守ろうとした禁裏は「協調体制」をとるようになったという。実際、この時期に行われた朝儀の実施においてもさほど混乱はみられないことから⑩、入内行粧の拝見の規制についても内慮を重ねて双方が粛々と対応した可能性は高いのではないだろうか。すなわち、入内の拝見の規制も幕府・禁裏の協調体制の一貫として位置づけることができると考える。

入内行粧にかかわる規制は、朝儀のスムーズかつ安定的な執行を優先したものである。平和重視の武家、そして朝廷機構の伝統的な役割としての儀礼執行を重視した禁裏側にとって、安定的な朝儀の執行はまさにお互いの意向が一致するものだったのであろう。

もっとも、この協調体制のもとでも幕府は拝見行為自体を禁止しておらず、拝見の内容にも介入していない点は十分に注意する必要がある。幕府側は限定した人々とはいえ朝儀を見せるということにはそれほど関心がなく、またそれを禁じる動きをみせることはないのである。

江戸時代の天皇は行政的な支配権がなく、その経済力も幕府に委ねざるをえなかった。天皇の行幸も長い間禁じられていた。この権力のありかたをみれば、天皇の存在は社会に広く浸透していなかったという指摘は妥当である〔高埜 二〇一四〕。しかし、実際には人々の禁裏への関心が失せることはない。そして、禁裏側では限定的ではあるものの町の願い・思いに応じる姿勢をみせていた。儀礼を見ること・見せることの意味がどの程度あったのかはいまだ明らかになっていないとはいえ、協調体制のなかでも垣間見えてくるこの三者の思惑のちがいこそが、近世中・後期の禁裏の権威の表象のありかた[11]を考えていく上で今後重要な論点となりうるのではないだろうか。

（1） 女御は後宮の一員。古代より宣旨をもって女御と定められた。女御宣下は中世以降長らく中断していたが、宝暦五（一七五五）年に再興した。

（2） 権力・権威者の行列を取り上げた研究は数多くあり、近年では久留島浩編『描かれた行列——武士・異国・祭礼』（東京大学出版会、二〇一五年）や渡辺浩「御威光と象徴」（『東アジアの王権と思想』東京大学出版会、二〇〇一年）などがある。なかでも渡辺は、公儀の行列を支配身分が演出した示威行為であると位置付け、支配秩序＝威光の秩序が儀礼と象徴によって維持されていたことを指摘する。また、青木保『儀礼の象徴性』（岩波現代文庫、二〇〇六年）など西洋史学や文化人類学の分野においても研究の蓄積がある。

（3） 近世の入内で特に有名なのは、元和六（一六二〇）年に行われた徳川和子の事例である。文献史料のほか、「東福門院入内図屏風」（徳川美術館所蔵）などからも華やかかつ盛大な儀礼であったことがわかる。しかし、これは徳川将軍家から天皇家に嫁ぐという政治的に特別な意味を持った婚礼であり、その後徳川家から天皇家に輿入れする事例もないため、本論では和子の入内は検討対象から除いた。

（4） 入内の儀礼および制度については『皇室制度史料　后妃四』（吉川弘文館、一九九〇年）に詳しい。

（5） 行粧の構成は記録によって異なる。例えば、元文度では「通兄日記」に扈従公卿五人・前駆殿上人九人・地下（諸大夫）前駆十名とあるが、「頼言卿記」には諸大夫六人とある〔『桜町天皇実録』〕。

（6） 公家が集住する地区のことを公家町と呼ぶ。築地之内は公家町の一部である。公家町の形成ならびに変容は〔登谷 二〇一五〕に詳しい。また、〔岸 二〇一四〕では、築地之内は、禁裏が朝儀の場を確保するために必要とした空間、禁裏に準じた空間として位置付けている。

(7) 御内の構成は史料に書かれていないが、女性の禁裏に仕える人々のうち、女房以外の内侍などが該当する可能性がある。

(8) 京極宮（桂宮）家は、ほかにも禁裏御所の北東側に屋敷地を所有していた（図2の星印の「京極宮」の位置）。

(9) 京極宮家の今出川御所の表門は築地之内に向かって門を開く位置（屋敷地の西側）にあったと考えられている〔登谷 二〇一五〕。「新改内裏之図」（京都市歴史資料館所蔵、延宝五（一六七七）年刊行）などでも屋敷地の西側にふたつの門が描かれている。一方、図2では門口は今出川通に向かって開いているように描かれており、これは誤記である可能性がある。

(10) この時期に民衆が禁裏内で拝見をできた朝儀、例えば即位礼や御八講の拝見でも、入内行粧の拝見の規制がはじまっている〔岸 二〇一四〕。ここでもその警備は幕府側が行っており、禁裏側と幕府側との協同があったとみてよい。

(11) 禁裏と町との関係については、筆者が祭礼や葬送・遷幸を事例に検討しているほか〔岸 二〇一四〕、深谷克己「近世の民衆と天皇・公家」（『近世の国家・社会と天皇』校倉書房、一九九一年）、藤田覚「御所千度参りと朝廷」（『近世政治史と天皇』吉川弘文館、一九九九年）などの研究がある。

（付記） 本稿は、稲盛財団研究助成（二〇一五年度）による成果の一部である。

参考文献

谷直樹編『大工頭中井家建築指図集　中井家所蔵本』思文閣出版、二〇〇三年
高埜利彦「江戸幕府の朝廷支配」『近世の朝廷と宗教』吉川弘文館、二〇一四年、初出一九八九年
岸泰子『近世の禁裏と都市空間』思文閣出版、二〇一四年
登谷伸宏『近世の公家社会と京都――集住のかたちと都市社会』思文閣出版、二〇一五年
京都町触研究会編『京都町触集成　一―別巻二』岩波書店、一九八三―一九八九年
藤井讓治監修『中御門天皇実録』ゆまに書房、二〇〇六年
藤井讓治監修『桜町天皇実録』ゆまに書房、二〇〇六年

Ⅱ　町方の社会

〈第5章〉
町役人としての茶屋四郎次郎家

牧 知宏

はじめに――京都の豪商・茶屋家

茶屋四郎次郎といえば、天正一〇(一五八二)年の本能寺の変に際して、堺見物をしていた徳川家康の岡崎帰城、いわゆる「神君伊賀越え」において重要な役割を果たしたことでよく知られている。こうした初代茶屋四郎次郎の家康側近としての活躍、さらに、三代目の朱印船貿易家としての江戸時代初期海外交易への関わりや、江戸幕府公儀呉服師としての茶屋家の職務、機能については、これまでもさまざまな研究が行われている〔中田 一九五七・一九六一、岩生 一九八五、小和田 二〇〇七〕。

茶屋家の出自は必ずしも明確ではないが、初代四郎次郎清延の父の代より三河の松平氏と関わりを持っていたようである。初代清延を嗣いだ長男清忠が早世したため、三代目を清延次男の清次(又四郎)が嗣ぎ、以後清次の家系が茶屋本家となり四郎次郎を継承した。また、初代清延三男は尾張藩に、四男宗清は紀伊藩につけられ呉服御用をつとめることとなり、それぞれの家系は尾州茶屋家〔林 一九九四〕、紀州茶屋家として継承された(以下、茶屋家と記す場合は、本家の四郎次郎家を指す。図1)。

いわゆる京の三長者(茶屋・角倉・後藤)の一家として紹介されるように、茶屋家は京都の初期豪商としての性格も

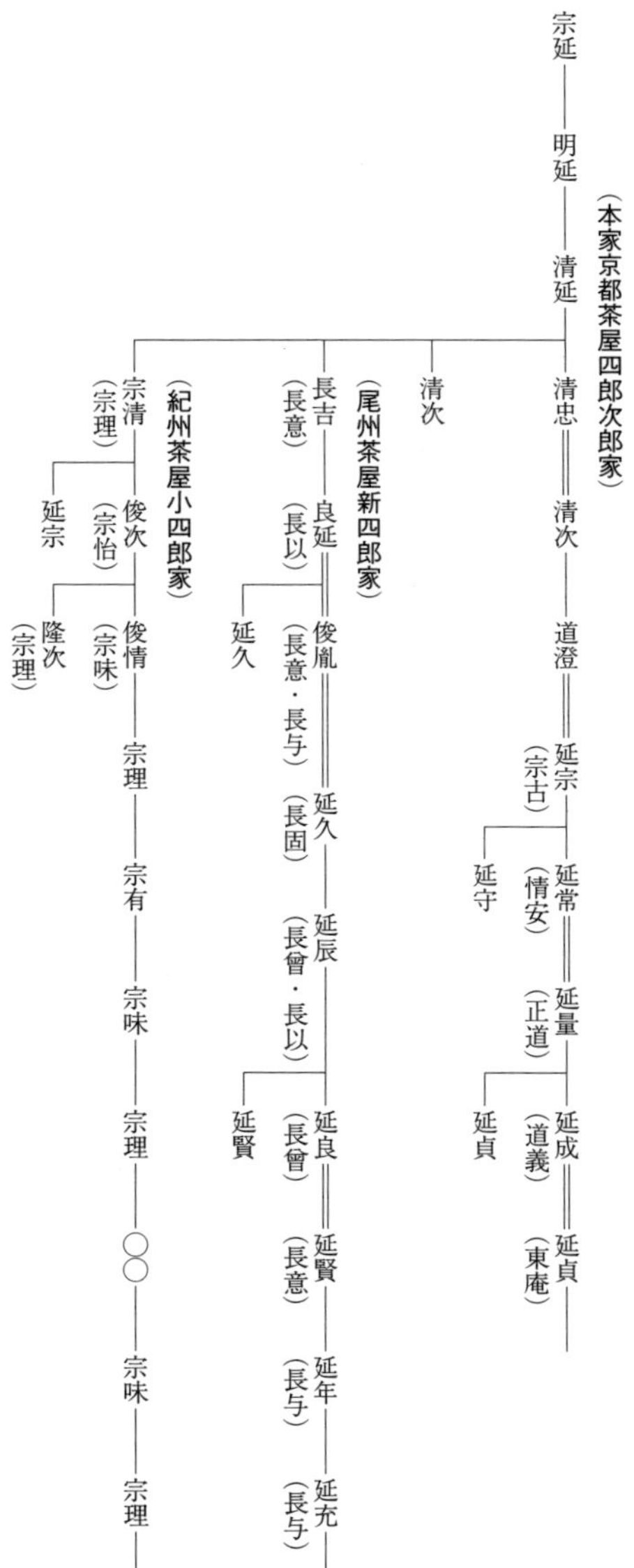

図1　茶屋家系図
出典）〔三河武士のやかた家康館 1996〕.

持っていた。さらに、八〇年代以降の近世都市史研究の分野で、茶屋家が江戸幕府による京都町人に対する支配、行政の上でも重要な役割を持っていたことが明らかにされている。すなわち、慶長五(一六〇〇)年以降の江戸幕府成立後の京都所司代による支配政策の一つとして、茶屋四郎次郎の「惣町頭役」就任が取り上げられた〔杉森 一九八九〕。「幕府は町年寄頭にあたる地位に呉服所商人の茶屋四郎次郎を置き、年寄を棚上げにして実質は町代をつうじた支配を強化しようとの意思を有していた」〔朝尾 一九九六〕とも評価され、豊臣秀吉により松原法春が任じられた京都のマチ全体の「申し分をまとめ政権に取次ぐ役職」である「町年寄頭」と同様に、京都における基礎的な地縁共同体である町（個別町）の年寄や、複数の個別町によって構成される町組ごとに設定された町代という、京都の都市支配、行政を基礎から支える町役人の上位に立ち、京都のマチ全体に関わる存在として、「惣町頭役」の茶屋四郎次郎が位置づけられた。

このように、近世初期における茶屋四郎次郎家と京都町人支配との関係についてはこれまでも検討がなされ、茶屋家が江戸時代の京都における町役人であったという理解もされてきたが、その後江戸時代を通じてどのような関係があったのかについては十分な検討がなされているとはいえない。もちろん、「惣町頭役」としての茶屋四郎次郎家の京都町人に対する支配はあくまで江戸時代初期に限られるものであった可能性はある。にもかかわらず、なぜ江戸時代を通じた茶屋四郎次郎家と京都町人支配との関わりを検討する必要があるかというと、京都近代史の研究において、明治三(一八七〇)年に茶屋四郎次郎が「京都町人頭」を罷免されたことが明らかにされているからである。「近世初頭以来の格式を誇っていた茶屋家が町人頭を罷免された」〔小林 二〇〇六〕とまとめられるように、江戸時代初期の茶屋家との連続性で捉えられているが、「惣町頭役」と「京都町人頭」という職名の違いも含めて、江戸時代初期の茶屋家と明治初年の茶屋家がどのようにつながるのかは十分に明らかになっていない。江戸の町年寄や京都の茶屋家など、江戸時代を通じて「町役人の家が存続した」ことに注目する必要性も指摘されているように〔望月 二〇一三〕、江戸時代を通じた茶屋家の役割について具体的に押さえておくことは、江戸時代の京都町人社会の特色を考える上でも必要な作業となるのではないかと考える。

一　茶屋家が果たした役割

1　「惣町頭役」の由緒

そこで、以下具体的に江戸時代初期以降の茶屋四郎次郎家と京都町人支配との関係について検討していきたいが、まず結論からいえば、江戸時代初期を別にして江戸時代を通じ、茶屋四郎次郎家が日常的な京都の行政の上で「惣町頭役」の名前に相当するような役割を果たしていたとはとてもいえないのである。町触の伝達や訴訟処理の事例、あるいは「京都御役所向大概覚書」などの行政マニュアル類をみても、茶屋家が京都所司代、寛文八（一六六八）年以降は京都町奉行所による京都支配、行政の中で何らかの機能を持っていた様子は確認できず、「惣町頭役」という名前も管見の限りではあるがみられない。(1)

そもそも「惣町頭役」なる名称は、茶屋家の由緒書に記されていたものである。寛政八（一七九六）年の家督相続に際して作成された由緒書〔三河武士のやかた家康館　一九九六〕では、二代清忠の箇所で次のように記されている。

慶長六年、板倉四郎左衛門・加藤喜左衛門へ禁裏の供給京職の役儀仰せ付けられ候処、加藤喜左衛門役替え仰せ付けられ、板倉四郎左衛門を伊賀守に任ぜられ、御所司役仰せ付けられ候節、四郎次郎清忠、惣じて上方町人共御礼の支配仕り候様にと上意に付き、①今において京・大坂・堺・奈良・伏見、淀川過書、毎年御年礼申し上げ候砌、御暇頂戴仕り候節も支配仕り候

御上洛の砌、惣じて町方御用達共残らず、幷びに雑式共御目見仕り候砌支配仕り候に付き、②御所司代御上京の節も町方残らず、幷びに雑色共御礼の儀支配仕り候、幷びに③京都町方取り締まりのため惣町頭役仰せ付けられ、暫く相勤め候処、四郎次郎清忠若死に仕り候に付、弟又四郎清次へ跡目仰せ付けられ相続仕り候

関ヶ原の陣後、江戸幕府による京都支配を担当する所司代に板倉勝重が任ぜられた際に、茶屋家二代清忠が、「京都町方取り締まり」のために「惣町頭役」を仰せつけられたと記されている（傍線部③）。ただし、この「惣町頭役」については、二代清忠のみ、あるいは江戸時代初期にのみ任じられたものと考えた方が良いように思われる。茶屋家の由緒書として分家の尾州茶屋家のものを含め数種類残されている〔中田　一九五七〕が、たとえば、「御上洛の御時節、上方町人御礼申し上げ奉り候取り扱い、私先祖清延・清次へ仰せ付けられ、あい勤め奉り候に付き、右吉例を以て、上方町人関東へ罷り下り、年頭御礼、臨時恐悦、御所司代御上京の節諸御礼、右御例を以て私あい勤め奉り来た

り候」〔「由緒抜書」東京大学史料編纂所蔵影写本「茶屋由緒書」所収〕とあるように、あくまで後の代まで継承しているのは、毎年頭の徳川将軍家に対する京都町人の儀礼の支配（傍線部①）や所司代初上京時の儀礼の支配（傍線部②）であり、傍線部③の「京都町方取り締まり」や「惣町頭役」に関して言及していない由緒書も存在するのである。

徳川創業史の一つ『大三川志』には、板倉勝重の前に所司代を務めた奥平信昌の時代に、茶屋家を亀屋・後藤とともに「仮宦」として「京都市中を制せしめ」たとの記述があり、茶屋家が江戸時代初期に徳川政権による京都支配に何らかの形で関わっていたことは推定できる。しかし、これが後の時代にも「京都町方取り締まり」を担う「惣町頭役」という固定された役職として継承されたと考えることは難しいように思われる。

2 儀礼の支配――年頭御礼・臨時恐悦・京都所司代との間の儀礼

それでは、江戸時代初期を除き、茶屋家と京都町人支配との関わりは絶えてしまったのかというとそうではなく、京都町人と徳川将軍家あるいは所司代との間の儀礼においては、由緒書にも記されているように、江戸時代を通じて茶屋家は一定の役割を果たし続けた。

由緒書に記される「上方町人共御礼の支配」については、毎年頭に江戸城で行われる、上方町人（畿内の幕府直轄五都市（京都・大坂・堺・奈良・伏見）と淀川過書船）の代表者（京都の場合、個別町の年寄から一名と町代二名が代表者となり、他の四都市と違い、上京と下京の二組の代表者が参加していた）と徳川将軍家との間の儀礼（年頭御礼）の「支配」として、江戸時代を通じて行われ続けた。毎年正月三日の江戸城における将軍に対する拝謁・献上（熨斗目など呉服）に際しては、畿内の幕府直轄五都市の代表者が江戸の茶屋家の屋敷②に揃った上で登城している。また、正月九日再度登城し、寺社奉行より暇と拝領銀を頂戴する際も同様に、茶屋四郎次郎の屋敷に揃って、茶屋家から饗応を受けた後に登城し、寺社奉行より暇・拝領銀を頂戴する場では茶屋四郎次郎が取り次ぎ役を務めている。このように、茶屋家は、京都や大坂など畿内の幕府直轄都市の町人と江戸の将軍をつなぐという形で「御礼の支配」を担ったのである〔牧 二〇〇八〕。

また、将軍家の吉事に際して京都の町人らが江戸城に出向き将軍家に対する献上儀礼を行う場合があり、「臨時恐悦」などと称した。年頭御礼と兼帯で献上物のみ別途用意する形もあるが、年頭御礼とは別の時期に江戸城に出向いて拝謁・献上儀礼を行う場合もある。

ここでは、元文二(一七三七)年五月の将軍若君誕生に際して行われた臨時恐悦献上を事例に、茶屋家の役割を見ていきたい〔「元文二年巳五月、関東に於いて若君様御誕生に付き御祝儀として恐悦罷り下り候諸書付扣」京都府立京都学・歴彩館蔵古久保家文書〕。将軍吉宗の若君が五月二二日に誕生したことを受けて、京都では町代(各所との交渉を主に担当していた)から、京都町奉行所に対して将軍家への献上儀礼をすべきか先例を添えて伺い出たところ許可が得られたため、七月六日には茶屋家の京都屋敷の手代と面談して、「御献上物先だって仰せ聞かされ候通り当月中出来候や」と尋ねたところ、八月上旬までには出来上がるので、江戸には八月中旬までには送ることができるとの返答があった。そこで、代表者の京都出発を七月下旬ごろと定めて京都町奉行に暇願いをした。ところが、茶屋家から連絡があり、京都を除く四都市は各地の町奉行から江戸の寺社奉行に対して連絡がまだないため、京都だけ早く江戸へ出向いても、「五ヶ所一統に御祝儀仰せ上げられ候事に候故」、すなわち五都市が揃った上でないと献上儀礼を行えないから、京都の代表者の出発を延期、あるいは年頭御礼と兼帯したらどうかとの提案を受ける。しかし、京都では代表者が既に京都町奉行に対する暇の目見を終えていたために、やむを得ず先に江戸へ出向き、他の四都市の到着を待つことになった。結果的に五都市が江戸に揃うのは九月末であり、大坂や堺の代表者の話によれば、献上物は一〇月にならないとできないと茶屋家に言われたという。献上物が江戸に到着したのは一〇月一六日、江戸城での儀礼(将軍への拝謁はなく、寺社奉行とのみ対面)は一一月四日になってやっと行われたのであった。

以上の経過から、畿内幕府直轄五都市から将軍家に対する献上品である呉服は、茶屋家で製作・調達されており、調達依頼などの交渉は茶屋家の京都屋敷の手代との間で行われていたことがわかる。おそらく、茶屋家が呉服師として幕府関係の呉服御用を担っていたことも、京都など五都市の町人が徳川将軍家に対して行う儀礼に茶屋家が関わる前提になっていたと思われる。一方で、献上品である呉服の調達を担う茶屋家として見た場合、右の臨時恐悦の事例で、献上物の代金が高いという京都町奉行所与力の指摘を受け、茶屋家の京都手代に理由を糺しているように、京都町人と茶屋家との関係が生産者と購買者というような儀礼の支配とは異なる関係として捉えられていくような兆しもみられる。

ここで、以上のような将軍家に対する儀礼の諸費用は京都においてはどのように負担されていたのかについて確認しておくと、享保八（一七二三）年を境に賦課の方法が変更されるが、儀礼に関わる諸負担（献上品の代金、江戸までの旅費など）をすべて併せた費用を京都町人が分担するのは変わらない。享保八年以前は、上京・下京それぞれ年一回「大割勘定寄合」という会合で負担する費用の全額を出し、これを上京・下京それぞれ町組単位に割り、さらに各町組では各町に割り掛けていたが、享保八年以降は、京都の支配、行政を担当する京都町奉行所が設定した新軒役を基準にして各町に直接その負担額を割り当てる形となり、軒役単位の負担額のみが町触によって一一月に示されるようになった。享保一〇年を例に取ると、「年頭御礼惣町中名代として江戸下り入用」「洛中洛外惣寺社門前境内并びに町中の分」として「壱軒役に付き四分七り七毛弐づつ」という形で軒役単位の負担額が示された（『京都町触集成　第一巻』一六六七番、以下『町触』一―一六六七のように記す）。臨時恐悦の場合にも、別途町触を出すか、あるいは年頭御礼などの費用負担を割り当てる一一月の町触の中で、軒役単位の負担額が示された（元文二年の恐悦献上の場合、『町触』二―一〇七二）。こうした将軍家に対する儀礼に関わる費用負担において、茶屋家が徴収などに関与することはなく、あくまでも献上品の代金を受け取るのみの存在であった。

また、茶屋家の由緒書に記されている「御所司代御上京の節も町方残らず、幷びに雑色共御礼の儀支配」については、徳川将軍が上洛した際には茶屋家が京都町人の御目見えを「支配」してきた前例により、将軍による上洛が行われなくなって以降は、京都所司代が上京した際の京都町人による儀礼を茶屋家が「支配」してきたという。

実際に、享保一九(一七三四)年に土岐頼稔が京都所司代に就任して初めて上京した際の所司代屋敷への出礼日限に関する町触(『町触』二―六五六)の中で、「但、町方の儀は茶屋四郎次郎へ承り合うべき」と記されている。毎年頭の所司代への出礼についても、寛政五(一七九三)年から日程が詳細に触れられるようになっているが、故障があって日程通りに出礼できない場合は、前日までに寺社は「月番御役所」(京都町奉行所)へ届け出るのに対し、「町人の分は同様茶屋四郎次郎方へ申し達すべく候」と、茶屋家に対して届け出ることになっていた(『町触』七―八二九)[3]。

このように、茶屋四郎次郎家は、江戸において徳川将軍家に対して行う京都町人の儀礼を支配するだけではなく、京都における所司代への儀礼の支配にも関わっていた。しかし、寛延三(一七五〇)年に出された町触(『町触』三―八五六)には、「所司代初入りの節、諸礼罷り出候町人ども茶屋四郎次郎方へあい届け候義に付き、その趣前々よりあい触れ候ところ、近来その儀をあい用いず、四郎次郎方へあい届け出ず候ものもこれあり、御礼の席に至り混雑致し候由に候間、先だってあい触れ候日割り日限前に、御礼罷り出候ものは四郎次郎方へあい届くべく候」とあり、同様の町触はこの後も出されている。つまり、茶屋家へ届け出ずに所司代への出礼を行う町人が現れているのであり、京都における所司代への儀礼の支配は江戸時代中期以降次第に形骸化していたといえる。

以上のように、京都町人については、京都において所司代に対して行う儀礼の支配にも茶屋四郎次郎家が関与することになった。例えば、大坂城代に対して大坂町人が行う儀礼に茶屋家が関与していたわけではないから、この点で茶屋家と京都とのつながりはより深いものがあったといえる。しかし、京都における茶屋家による儀礼の支配は、江戸時代中期以降次第に形骸化していった点も指摘できる。それでは、こうした茶屋家と京都町人との関係がどのように変化していくのかを次にみていきたい。

二　京都における茶屋家の立場の浮沈

1　町代改儀一件

江戸時代中期以降、京都所司代に対する儀礼の支配という点では形骸化の兆しもみられた京都における茶屋家の立場を浮上させる事件が発生する。それが、文化一五(一八一八)から翌文政二(一八一九)年にかけて行われた京都町人による住民運動、すなわち町代改儀一件であった。町代改儀一件とは、京都町奉行所による行政の中で次第にその役割を大きくしていった町代が「権威がましき」振る舞いをするようになったことに対して、これに反発する京都町人から京都町奉行所に対して町代の振る舞いを改めさせるよう訴願するに至ったものである。京都町奉行所による取り調べの上、最終的に文政元年一二月に内済となり、町代の「権威がましき」態度は制せられることになった。この一件における京都町人の住民運動は、京都町奉行所の権威を笠に着る町代への対抗として、徳川将軍家や京都所司代の権威を利用しようとする側面があった。徳川家康により出された禁制(「御朱印」)を町代から取り戻そうとしたことも、徳川将軍家の権威の帰属をめぐる確執といえる〔牧 二〇〇九〕。

そこで、右にみたような将軍家や所司代に対する儀礼も、町代改儀一件の過程で注目されるようになった。将軍家に対する儀礼については、町人たちは町代の参加を差し止めるよう願い出ている。結果的に町代の参加を差し止めることはできなかったが、これまで主に各所との交渉などを担っていた町代から主導権を取り戻そうとした町人たちは、一件中の文政元年一〇月に茶屋家の京都屋敷を訪れ、「関東表中の口迄は大体承知罷り在り候えども、奥向き不案内の事ゆえこの義に付きよろしく御頼み入り置」いている〔「五組寄会趣意書幷びに名前席順留　巻四」小結棚町文書・京都市歴史資料館架蔵写真版〕。町代の役割を低下させる代わりに、江戸城での儀礼を支配する茶屋家を頼りにしたのである。

また、同年一一月、町人（上京・下京の惣代）から茶屋四郎次郎に対して出された願書〔「御初入御礼に付き茶屋四郎次郎へ遣わし候上下古京一札」長刀鉾町文書・京都市歴史資料館架蔵写真版〕には、「御所司代様これまで年頭幷びに御初入り御礼罷り出候節々、町代ども罷り出、御門前その外とも近来世話致し来たり候えども、以来は御名代の内御出勤下され、御式台より上の儀御指図成し下され候様、偏に頼み奉り候」とある。つまり、所司代に対して毎年頭、あるいは初上京時に行う儀礼において、「御門前その外」についてはこれまで町代が差配してきたが、今後は茶屋四郎次郎家の手代たちに差配をお願いしたいというのである。「権威がましき」振る舞いをする町代を排除し、所司代に対する儀礼を支配する茶屋家の手代に代りを依頼した訳である。

実は、ちょうど一件の最中に所司代の交代があり、新任の所司代を出迎える儀礼が一〇月に行われることになった。茶屋家は、京都町奉行所の依頼を受け、町人たちを呼び出し、問題が起きないように神妙に出迎えるようわざわざ通達している〔「聞書」長刀鉾町文書・京都市歴史資料館架蔵写真版〕。このように、京都町奉行所行政をめぐる混乱の中で、これまでになく茶屋家と京都町人たちの関係が密接になっていった。茶屋家が徳川将軍家や所司代への儀礼を支配していたことが、この時期、京都町人にとっての茶屋家の立場を形骸化から浮上へと転じさせたといえる。

2　茶屋一件

ところが、町代改儀一件の余韻さめやらぬ文政三（一八二〇）年、京都町人にとっての茶屋家の立場は大きく動揺する。茶屋四郎次郎家と京都町人との間に生じた確執を契機に、再び京都町奉行所での取り調べが行われることになったのである。「茶屋一件」とも呼ばれる騒動のそもそもの原因は、臨時恐悦の献上物をめぐる確執にあった。すなわち、文政二年七月二三日に、将軍徳川家慶の次男として嘉千代が誕生したことを受けて、将軍家への献上儀礼が計画される。今回は翌文政三年の年頭御礼と兼帯で、献上品のみ別途用意することになり、京都町奉行所の許可も得られた。ところが、その年の一二月下旬、茶屋家より「御献上に及ばず」と通達される。理由は定かではないが、嘉千代は翌文政三年三月一九日に亡くなるので、寺社奉行の許可が得られなかったものと思われる。このため、せっかく茶屋家によって調達された献上品である呉服が不要になったわけだが、この献上物の代銀をどう負担するかが、茶屋家と京都町人との間で問題となったのである。

茶屋一件中の京都町奉行所での取り調べの様子を臨場感たっぷりに記した史料（「八組寄合趣意書幷びに席順名前留一」イエール大学所蔵京都古文書[4]）により、茶屋家とトラブルになった経緯を簡単にまとめると、次のようになる。

不要となった献上物代銀の弁済（「弁銀」）方法をめぐって最初に交渉が行われたのは、江戸においてであった。京都（下京）の代表者として年頭御礼に参加するため江戸に出向いていた巽組二帖半敷町の年寄鈴木左市に対し、文政三年正月七日に茶屋家江戸屋敷の手代から、不要となった献上物代の半額を負担してほしいとの提案があったが、鈴木左市は自分一人では判断できないと返答し、茶屋家の江戸手代が京都に来た際に相談することになった。ところが、三月になっても江戸手代は京都に来ず、茶屋家の京都手代から「横柄なる書面」により呼び出され、江戸手代の多忙を理由に京都手代と交渉することになり、鈴木左市が交渉にあたるが、茶屋家京都手代は、五割負担を承諾しないならば江戸で直接交渉してほしいという。そこで、鈴木左市は、五月に商用で江戸に出向いた際に茶屋家の江戸手代と交渉を始めるが話し合いはまとまらず、六月上旬に茶屋四郎次郎当人と面会し交渉した結果、茶屋四郎次郎より「一切弁銀に及ばず」茶屋家で全額負担するとの回答を得た。しかし、六月下旬になって「俄に談合異変仕り、それまで熟談致し置き候事までも皆々相違仕り候」と、茶屋四郎次郎家当主との間の取り決めが反故にされる。鈴木左市の見立てによれば、茶屋家の京都手代が江戸に出向き、当主に何か入れ知恵をしたことが影響したという。こうした事態を受けて、鈴木左市は、七月になって尾州茶屋家の当主茶屋長意のもとを訪れ、「四郎次郎不実の取り扱いいたし候に付き、已来御礼取り扱いの儀、幷びに献上物世話あい頼み申さざる旨」を相談するのである。[5]

茶屋四郎次郎家に「御礼の取り扱い」を頼まないということは、茶屋四郎次郎家による儀礼の支配を断るということであり、支配をされる町人の側から茶屋四郎次郎家の支配を拒否しようとしたことは大きな意味を持つと考える。さらに、京都町人たちは将軍家への献上品を「銀納」にしたいという意向も持っていたようであり、茶屋四郎次郎家との関係解消を狙っていたことがうかがえる。そこで、このような鈴木左市をはじめ京都町人の行動を問題視した茶屋四郎次郎家は、京都町奉行所に対して「御糺しの御理解を願う」ことになった。鈴木左市をはじめ下京の惣代が呼び出され、九月一五日から一〇月二九日まで京都町奉行所で取り調べが行われ、一一月に作成された「済状」では鈴木左市の不束ということになり、最終的に内済という形で決着に至るのである。

京都町奉行所による取り調べの中で、京都の町人たちが次のような要求をしている点が注目される。すなわち、「これまで御太切の献上物の御品、年寄ども拝見仕らず候に付き、か様の折柄拝見も仕りたき心得」と、将軍家への献上品を見てみたいというのである。これは、不要となった献上物がせっかくあるのなら見てみたいという考えからの要求であるが、これまでは献上品がどのような物であるのかを町人たちは把握していなかったわけである。取り調べにあたった京都町奉行所の与力は、こうした町人たちの要求に対しては「成る程年寄どもよりの献上物なれば、見請け申したき段これを申すももっともの事に候、コリャ茶屋、向後は見せ申すべきや」と茶屋家の京都手代に申し付け、京都手代も了承している。このように、京都の町人たちは、献上品である呉服を購入する消費者としての立場から、茶屋家による献上品の調達を問題視するようになったといえる。

京都町人が茶屋四郎次郎家に反発し、特に問題としたのが茶屋家の「家事不取り締まり」、具体的には「兎角江戸表とちがい京地名代衆は大いに権威振るい候」点であった。右に触れたように、交渉の経過における京都手代の「横柄の取り計らい」を問題にする京都町人たちの姿勢は、「権威がましき」振る舞いをする町代に対する反発に通じるものがあるが、「権威がましき」京都手代を放置する茶屋四郎次郎家に対しても、「家事不取り締まり」を糾弾するなど、献上品である呉服を購入する立場から商品の制作・調達にあたる茶屋家の姿勢を問題としているのである。この点は、「済状」の中で「献上物あい頼み候儀は畢竟相対次第のみの儀と存じ奉り、品々引き合い仕り候」と、茶屋家と京都町人との関係を、生産者と購買者の対等なものと認識していたと記していることからも明らかである。

しかし、このような立場から茶屋四郎次郎家との関係解消を狙った京都町人に対して、京都の行政を担う京都町奉行所は次のように裁定した。まず、前提として京都町奉行所は、町人たちが将軍家に対する献上品について勝手に茶屋四郎次郎家と交渉したことを問題とした。その上で、与力は茶屋家京都手代の権威がましき振る舞いについて、「その方兎角権柄成る致しかた仕るよし、決して左様の取り扱いならぬ」と叱責し、「御拝礼の場所、所司代の手引き等の節、権柄にも又は茶屋の格式も立て候ても、年寄ども彼是は申さず候えども、品物の義に付きては、その方よりも参り、又は引き合いに参り候とも、丁寧に取り扱い候様」と述べている。つまり、将軍家や所司代に対する儀礼の場においては、茶屋家の「格式」を立てるため権威がましき振る舞いも許容されるが、献上品の調達に際しては町人に対しても丁寧に応対することを求めたのである。

このように、一定程度は京都町人の主張にも配慮して、茶屋家の京都手代を咎めているのであるが、一方で、注意しなければならないのは、徳川将軍家や所司代に対する儀礼を支配する茶屋四郎次郎家の立場について、京都町人が異議を唱えることを京都町奉行所は認めていないということである。これは、取り調べの場で与力が、「茶屋名代の者高振り候にもこれあるまじく、商人などと違い少しは高くも見えるであろ、その儀もあい含み遣るべし」という理解を示していることにも表れている。結局、「済状」の中で、京都町人たちは「この度四郎次郎より申し立て候通り、御礼取り扱いの儀は、慶長年中御上意を蒙り奉り二百年来あい勤め、自己の相対をもってあい勤め候儀にござなく候、右に付き献上物の儀も従来取り扱い来たり候儀を組町年寄心ままに取りはからうべき筋もござなく候」と記さなければならなかったように、京都町人の将軍家や所司代に対する儀礼を単なる呉服商人ではない立場から茶屋四郎次郎家が支配することが改めて確認されたのであった。なお、この一件の原因である不要となった献上物の代銀弁済は、最終的に、総額五三貫八一二匁の内、二一貫五五二匁八分を京都町人が負担することになり、年頭御礼の費用負担と併せて一一月の町触によって軒役別負担額が示された〔『町触』一〇—一〇八〕。

以上のように、文政期、京都町人にとっての茶屋四郎次郎家の立場は、一旦浮上した後、大きく動揺し町人から反発されるに至るが、一方で、京都町人の儀礼を支配し、献上品を取り扱うという茶屋家の職務が京都町奉行所によって保証されたことは、茶屋家に自らの既得権益について気づかせることになり、茶屋家にとって少なからぬ意味を持ったと思われる。そこで、次に天保期以降の京都町人と茶屋家の関係の変化を追っていきたい。

三　茶屋家の経営逼迫

1　献上品代前借り依頼

天保八(一八三七)年四月の将軍家の代替わり〔家斉が大御所となり家慶が将軍職を譲られる〕に際し、下京中九町組の寄り合いの記録「「小寄会順番帳」原田康之助氏所蔵文書・京都市歴史資料館架蔵写真版〕によると、四月に茶屋四郎次郎家から代替わりの臨時恐悦を行うことが通達されたため、京都町人たちは相談の上で臨時恐悦をすることを決めたが、六月になって茶屋家から「時節柄に付き」献上品の代銀前借りを依頼されることになる。京都町人はこの依頼に応え、上京下京併せて三〇貫目を三井三郎助から借りて調達し、七月に茶屋四郎次郎へ引き渡している。一〇月になり臨時恐悦の許可が得られた際にも、茶屋家から献上物代残銀の前借りが依頼され、これにも応じている。

さらに、翌天保九年五月、茶屋家の手代から「江戸表居宅幷びに抱え屋敷三か所とも類焼致し候に付き」「上下京より都合金二千両借用致したく、尤も三か年は利払いのみにて、四か年目より跡十か年賦にて元利割り済まし返済致したく」との依頼があった。京都町人たちは相談の結果、九月になって「上下京より例年関東表へ献上呉服代銀前借り」として、総額銀一一五貫目余（金二〇〇〇両ほど）を十年賦返済という形でこの依頼に応じた。

茶屋家が二年連続で京都町人に対して借用金を依頼することになった背景には江戸時代中期から続く茶屋家の経営逼迫があった。茶屋四郎次郎家の経営は、糸割符収入の減少により享保期に赤字となるなど、事業面では停滞した。そこで、安永八（一七七九）年以降、幕府の御納戸御用金の不足を受けて、茶屋家はいったんこの御用金を預り、これを他に貸し出すなどして運用し、益金を御納戸に納めることを始めるが、大名貸しなどをしたために貸し金が焦げ付いてしまい、茶屋家は御用金返納に窮し、他借りをもって益金をまかなわなければならなくなる（中田 一九五七、一六頁）。このような茶屋家の経営逼迫がきわまった弘化三（一八四六）年、茶屋家は江戸町奉行所に対し、大名への貸し付け金の取り立てと、自身の借財の返済延期を歎願するに至る。「呉服師茶屋四郎次郎諸家へ貸附金の義調」（国立国会図書館蔵旧幕府引継書）の中に収録されている「両都借財返済仕法凡見込書写」には、嘉永元（一八四八）年の時点で茶屋家が負っている借財が集計されている（表1）。「両都借財」とは、江戸と京都での借財という意味で、元金のみで総額四万二〇〇〇両に対して京都での借財が三万両ほどと七〇％を占めている。京都での借財については内訳も示され、京都町奉行所の貸し付け金のほか、島田、小野、三井を始め、個々の京都商人からの借財もみられ、弘化三年には返済を求める訴訟を起こされるまでに至っていた。

注目すべきは、これら商人の借財とならんで、「京都市中借財」として六三五両が計上されていることで、これこそ天保九年に茶屋家が京都町人から例年の将軍家に対する献上品代を前借りした内返済が滞っていたものであった。総額二〇〇〇両程の借用で、返済は十年賦の約束であったが、三分の一程度が一〇年後も滞っていたようである。各

表 1　茶屋四郎次郎の京都・江戸での借財

	単位：両	単位：文	
49,137			江戸京拝借金・借財元利高
12,032			江戸表借財高（滞利金を除く元金〆高）
32,137			京都拝借金御名目金借用・借財高
29,828			御名目金以外滞利金を除き元金のみの借財高
内訳	2,785	824	東町御奉行所拝借金
	967	750	西町御奉行所拝借金
	3,816	367	桜井屋善兵衛
	27	500	大津屋宗五郎
	4,242	125	島田八郎左衛門
	2,187	500	小野善四郎
	982	875	三井組
	635		京都市中借財
	1,750		大坂市中借財
	125		伏見市中借財
	812	500	堺市中借財
	409	383	伊勢屋金助
	1,125		大文字屋利兵衛
	75		鱗形屋喜兵衛
	570	250	菱屋太郎兵衛
	4,610	625	平野屋孫兵衛
	515	625	上村宗巴
	590	625	奈良屋新左衛門
	490	625	奈良屋嘉左衛門
	300		升屋嘉兵衛
	300		三文字屋善兵衛
	145		西岡石塔寺
	78	125	粉屋吉兵衛
	88	625	平野屋弥三郎
	265	625	銭屋清兵衛
	70	250	菱屋この
	103	125	茶屋町中
	50		桜井屋善兵衛
	50		菱屋とき
	245	250	市右衛門
	46	875	肩屋三郎兵衛・甚兵衛
	433		銭屋又兵衛
	26	250	菱屋藤兵衛
	390	625	藤屋清兵衛
	359	375	桔梗屋清兵衛
	156	250	笹屋嘉兵衛

「呉服師茶屋四郎次郎諸家へ貸附金之義調」旧幕引継書
出典）「両都借財返済仕法凡見込書写」より．

商家からの借財とくらべ金額は多くはないが、茶屋家が借用先の一つとして「京都市中借財」を利用できたのは、将軍家や所司代に対する京都町人の儀礼を茶屋家が支配してきたことが前提としてあったからである。

さらに、この「両都借財返済仕法凡見込書写」には、嘉永元年に茶屋家が仕入れ手当て金として拝借した二〇〇〇両を、貸し付け金の取り立てによって一〇年間で返済していく計画が記されており、その下げ札に「これまで借財書き入れに仕り置き候御切米、幷びに五か所町人献上代その外、このたび御取り立て金を以て御切り替え返済あい成り候えば、当申五月拝借金上納の二百両は持ち出し金仕らず不足あい償い申し候」と記されている。すなわち、茶屋家が借財をするにあたって、「五か所町人献上代」を担保としていたというのである。茶屋家にとっては、畿内幕府直轄五都市の町人から将軍家への献上品を取り扱うことが、切米と同じように恒常的な収入として認識されていたことがわかる。

このように、畿内幕府直轄都市の町人が徳川将軍家に対して行う儀礼を支配することは、茶屋家の経営にとっても大きな意味を持っていたといえよう。また、茶屋家が献上品代の前借りというより突っ込んだ形で儀礼の支配を通じた関係を利用しようとしたのは、茶屋一件の結果、京都町人の儀礼を支配し献上品を取り扱う茶屋家の立場が、京都町奉行所によって保証されたことも何がしかの形で作用したと考える。茶屋一件では献上品が不要になったため減額されてしまったが、それでも京都町人の将軍家に対する献上品代は少なくない臨時収入として茶屋家に認識されたのではないか。さらに、天保八年の将軍代替わりの臨時恐悦に際して、京都町人に対し献上品代の前借りを依頼し、これが京都町人に受け入れられたことで、茶屋家はよりいっそう自らの既得権益を利用しようとして、恒常的な返済の見込める毎年の献上品代の前借りを依頼するまでに至ったのである。

しかし、茶屋家の経営は悪化の一途をたどり、先述のように弘化三年には借財の返済を延期してもらえるよう江戸の町奉行所に嘆願する。京都町人に対しても、翌弘化四年に京都町奉行所を通じて献上品代前借り金の返済猶予を依頼し〔「小寄会順番帳」〕、さらに五年後の嘉永三年には「無利足百か年賦」を求めるまでになる〔「茶屋四郎次郎百箇年賦手続書幷返済銀受取通控」北観音山町文書・京都市歴史資料館架蔵写真版〕。

2　京都町人の対応

以上のような茶屋家による献上品代前借りの依頼に、京都町人たちはどのように対応したのであろうか。先に述べたように、天保八年の臨時恐悦献上品代の前借り依頼に応じた京都町人たちは、惣代の印形によって三井三郎助から借り受ける形で前貸し金を調達した。そして、翌天保九年二月の町触〔『町触』一一—二四八〕によって臨時恐悦献上の諸費用が京都町人から徴収されたから、これにより前貸し金は返済されたものと思われる。

しかし、続く天保九年五月に二千両の借用が依頼された際は、京都町人の間でさまざまな議論がなされたようである。毎年の献上品代の前貸しという形で応じることにした一〇月に茶屋四郎次郎から出させた一札の中では、「当五月以来市中御一体へ前借りの儀御頼み申し入れ候処、御多人数の義にて御熟談出来難き趣、御断り御尤もに承知致し候えども、尚又押して御頼み申し入れ、御調達御渡しに付き、以来例格に致すまじき旨承知致し候」〔「前借金受取につき茶屋四郎次郎一札」北観音山町文書・京都市歴史資料館架蔵写真版〕とあり、京都町人たちの議論がまとまらず一度依頼を拒否していたことがわかる。さらに、下京中九町組の寄り合い記録〔「小寄会順番帳」〕によれば、「当春以来上下京とも集評数度に及び候所、京中一統一軒役に付き銀二匁五分宛取り集め、右を以て前借し致す段、上下京より御公儀へ御願い申し上げられ候処、則ち御吟味にあい成り、御触流し成し下され、惣銀高百十五貫目余、十か年賦返納の趣御治定に候」とあるように、京都町人たちは議論を重ねた後、前貸し金の調達について「御公儀」〔京都町奉行所〕に願い出て、町触を出してもらったという。実際に、天保九年九月に町触〔『町触』一一—二九六〕が出され、「取り集めの義は町方限りの申し談じにては行き届き難く候に付き、毎冬取り集め銀の振り合いを以て取り集めたき旨、上下京惣代ども願い出候間、この節右軒役銀堀川夷川上る町代惣会所へ差し出すべく候」とあるように、年頭御礼などの費用負担を割り当てる毎年一一月の町触と同様に、軒役別の負担額を示し、各町に割り掛けられた。

十年賦の前貸し金の調達を他所からの借り入れでまかなうのでは、金利負担もかさむから、年頭御礼の費用負担と同様の形で京都町人から徴収することにして、返済については、「四郎次郎より町々へ返済の義は、毎冬取り集め候年頭諸入用銀の内、来亥年より来たる申年まで十か年の間、一か年一軒役に付き銀二分五厘宛あい減らし取り集め」

ることになった。ここで注目されるのは、このような調達方法になった理由として、京都町人による相談だけでは話し合いがまとまらなかったため、京都町奉行所の出す町触で強制的に徴収することにしたという点である。茶屋家の前借り依頼に応じることについては、必ずしも京都町人の総意が得られているわけではなかったといえよう。

このため、京都町奉行所が町触で命じる徴収であってもこれに応じず、茶屋家に対する前貸し金の調達を負担しない町々が存在するようになっている。天保一〇年一一月に出された年頭御礼などの費用負担を割り当てる町触に添えて、「別紙年頭御礼惣町中惣代として江戸下り入用軒役掛り出銀の義、去る戌年茶や四郎次郎へ前貸し銀差し出さざる町分は、右触書の通りに出銀致すべく候、その余右前貸し銀差し出し置き候町分は、当亥年より一軒役に付き銀二分五厘づつこれを引き出銀致すべき旨申し通すべき事」〔『町触』一一―三五〇〕と触れられており、同様の町触は弘化三年まで確認することができる。つまり、茶屋家への前貸し金調達を負担した町々は、茶屋家からの返済分一軒役につき銀二分五厘を差し引いた額をその年の年頭御礼の費用として負担するが、前貸し金調達を負担していない町々については銀二分五厘は差し引かれないということである。年頭御礼の費用を拒否しているわけではなく、あくまで茶屋家への前貸金に同意しないということだが、「市中御一体へ前借りの儀御頼み」という茶屋家側の意向に対して、京都町人側では必ずしも「市中一体」での対応ができなくなっていたといえる。

このように、文政三年の茶屋一件の結果、京都町人の間で茶屋家に対する信頼が失われるという状況の中では、茶屋家による前借り依頼への対応として、京都町人の話し合いはまとまらず、前貸し金の調達も町人たちだけではできないので、京都町奉行所の町触を通じた強制的な徴収によらなければならなかったのである。弘化四年に京都町奉行所を通じて、茶屋家への前貸しの残銀返済猶予を求められた際も、京都町人たちは「御触流し成し下され候えば延引の儀承知奉るべき旨」を回答し〔「小寄会順番帳」〕、実際に町触〔『町触』一一―一一七二〕が出されている。

結局、この残銀の返済は滞り、嘉永三年には「無利足百年賦」とされてしまうのだが、さらに、安政四（一八五七）

年に、茶屋家は再び、「近来御用薄の上、天災打ち続き必至の難渋」を理由に、天保九年の二倍ほどになる銀二〇〇貫の前借りを京都町人に求めた。この依頼に対しても、「取り集めの義は町方限りの申し談じにては行き届き難きに付き、毎冬取り集め銀の振り合いを以て取り集めたき旨」を「上下京惣代」より願い出て、町触によって前貸金が調達されることになった（『町触』一二―八二七）。やはり天保九年の前貸金と同様に、茶屋家への前貸金について京都町人の総意が得られていなかったようで、上京聚楽組内の下立売組から聚楽組大行事に対して出された願書（「定式日要鑑」橋西二丁目文書・京都市歴史資料館架蔵写真版）の中で、「この度茶屋四郎次郎殿より献上物代二十か年の間先貸し銀差し出し申すべき様、廻章を以て委しく御達し下され候に付き、早速当組内寄り席の上、得と申し談じ仕り候処、当組内の義は去る寅年四月大火に付き、別して東三丁は類焼仕り、殊の外難渋迷惑仕り、西五丁は類焼これ無く候えども、至って困窮の町柄、殊に場処も宜しからず候に付き、この度の先貸し銀の義は、組内一同御断り申し上げたく存じ奉り候間、何方右出銀当組内御除き下されたく、この段宜しく御執り計らい下されたく頼み上げ奉り候」とあるように、嘉永七年の大火による類焼など、困窮を理由として茶屋家に対する前貸し金調達の負担を拒否している例もみられる（ただし、許可されなかった）[6]。

以上のように、天保期から幕末期にかけて、茶屋四郎次郎家は自家の経営逼迫を背景に、儀礼の支配という関係を最大限に利用する形で、京都町人に対し献上物代の前借りを要求した。しかし、京都町人の側では、茶屋家への前貸し金調達の負担について総意が得られないなど、京都における茶屋家の立場は失われつつあったといえよう。

おわりに――「京都町人頭」としての茶屋家

明治維新によって徳川政権が終焉したことは、茶屋四郎次郎家にとっても呉服師としての立場や糸割符収入の喪失など重大な意味を持った。はじめに触れたように、これまでの研究では明治二(一八六九)年六月に茶屋四郎次郎が「京都町人頭」を罷免されたと指摘されてきた〔京都市 一九七四〕が、正式には明治三年三月に京都府から茶屋四郎次郎に対して出された通達〔「町人頭罷免通達」茶屋家文書・京都市歴史資料館架蔵写真版〕に、「その方儀、一昨辰年正月弁官において、従前の如く京都町人頭願いの通り聞き済みにあい成り候処、職務もこれ無き次第に付き、右職称、苗字等差し止め候、町分戸籍へ加入すべき事」とあるように、この通達をもって正式に罷免されたと思われる。

まず、注目すべきは、明治元年正月、茶屋四郎次郎が明治新政府の弁官に対して、「従前の如く京都町人頭」に任命するよう願い出て、これが認められていたと記されていることである。つまり、茶屋四郎次郎の「京都町人頭」なる役職は、明治元年に新しく設定されたものである。ただし、「従前の如く」とあるのが気になるが、これまで明らかにしてきたことを踏まえるならば、江戸時代を通じて京都において茶屋家が「京都町人頭」なる職名で、支配、行政上の役割を果たしていたのではなかった。茶屋家はあくまでも畿内幕府直轄都市の町人が徳川将軍家に対して行う儀礼を支配していたのであり、特に京都については京都所司代に対して行う儀礼も支配していた。こうした茶屋家による儀礼の支配は、当然徳川政権の終焉とともに失われることになったから、茶屋家の生き残り戦略として、茶屋家が由緒書に記してきた「惣町頭役」を持ち出し、明治新政府のもとでも特定の地位を得ようとしたのではないか。「惣町頭役」、「京都町人頭」と役名が一定していないのも、固定した役職ではなかったことを示すようにも思われるが、明治になって「京都町人頭」と京都であることを明確にしたのは、大坂など他の畿内幕府直轄都市との関係が絶たれてしまったため、京都町人支配との関係に一縷の望みを託したのだろう。この意味で、茶屋家が主張した「京都町人頭」という役職は、江戸時代初期の茶屋家が果たしていた役割に由来するもので根拠がまったくないわけではなかったが、江戸時代初期から約二五〇年の時を隔てた明治時代には実態をまったく伴っていなかった。

当然、明治新政府のもとで茶屋家が「京都町人頭」として果たす役割はなかった。「京都府史 第一部政治編戸口類第四」（京都府立京都学・歴彩館蔵）掲載の史料には、明治二年六月一七日付で京都府が新政府の弁事に宛てた報告として、「右の者（茶屋四郎次郎――筆者注）昨辰年正月京都町人頭願いの通り御聞き済みにあい成り候旨、右に付きては充行米の義追々願い出候、然る処右町人頭の儀は既に大年寄役の者これ有り、別に職務もこれ無く候間、前職称の義免ぜられ候様取り計らい申したく候」とある。京都には既に「大年寄」という役職が存在し、「京都町人頭」が果たすべき職務は無いという理由で、「京都町人頭」なる役職は廃止されることになったのである。

「大年寄役」とは、慶応四年の町組改正を受けて成立した役職で、京都の地域住民組織の代表者ともいえる存在である。なかでも、下京の大年寄となった熊谷直孝は、自ら市長を自任し、「尊攘派商人として知られた熊谷直孝が大年寄になって新政府との交渉の前面に立ったことは、市民を慰撫する上においても大きな意味があった」〔小林 二〇〇六〕と評価される人物である。明治新政府に対応し、京都の行政を担う存在としては、まさに大年寄の熊谷のような人物がふさわしく、茶屋四郎次郎が入り込む余地はまったくなかった。

茶屋家の由緒書や徳川創業史の中で、関ヶ原の陣が東軍の勝利に終わり家康が上洛した際に、亀屋とともに呼び出された茶屋四郎次郎が、京都の治安悪化を訴えたことが所司代の設置のきっかけになったと記される（「呉服師由緒書」や「関原合戦誌記」『朝野旧聞裒藁』引用史料）ように、徳川家康の側近であった茶屋四郎次郎が徳川政権との交渉の前面に立ったことは、京都町人の治安維持においても大きな意味があったといえる。つまり、明治初期に熊谷直孝が大年寄となったのと同様に、江戸時代初期の茶屋四郎次郎家は京都町人支配に関わる「惣町頭役」にふさわしい存在であった。

そして、江戸時代初期以降も、徳川将軍家との密接な関係から、茶屋家は江戸時代を通じて、京都など畿内の幕府直轄五都市の町人が徳川将軍家に対して行う儀礼を支配し、京都町人については所司代に対して行う儀礼の支配としての関わりも持ち続ける。しかし、茶屋家が江戸時代を通じて「惣町頭役」として「京都町方取り締まり」を担い続けたわけではなかったし、儀礼の支配を通じた関係でも、江戸時代の後期になると茶屋家に対する京都町人の信頼は失われつつあったから、なおさら近代以降には茶屋家による京都町人支配を成りたたせる要素は一切存在せず、明治になって茶屋家が主張した「京都町人頭」も空虚なものでしかなかったといえる。

この点で、町役人としての茶屋四郎次郎家の立場は江戸時代固有のものであった。また、江戸や大坂など他都市の町役人とくらべると、江戸時代の茶屋四郎次郎家の京都町役人としてのあり方はかなり独特といわなければならないが、享保期に三井家に「商人にもあらず」〔「町人考見録」〕と評され、文政三年の茶屋一件で「商人などと違い少しは高くも見える」とされた立場から、茶屋家が京都町人支配との関わりを江戸時代を通じて維持していたことは確かである。

以上、本章でみてきたような江戸時代の京都町人に対する茶屋家の支配を成りたたせてきたさまざまな要素――徳川将軍家や京都所司代に対する儀礼などにみられる権威のあり様――も、江戸時代の京都の町人社会を特色づける一つの要素であったと考える。

(1) 「京都御役所向大概覚書」の中で茶屋四郎次郎家の名前がみられるのは、呉服御用、糸割符に関する箇所のみで、「小川出水上ル町」に屋敷を持ち、切米二〇〇俵を支給されていることがわかる。

(2) 江戸における茶屋四郎次郎家の屋敷は、由緒書によれば、白銀町一丁目、永富町三丁目、松下町一丁目の三ヵ所あるが、五都市の町人代表者が集まるのは、茶屋家当主の住居となっている白銀町一丁目の屋敷である。

(3) 京都所司代の初上京時には、京都に到着した所司代を京都町人が山科あるいは大仏門前で出迎える儀礼も行われていた。茶屋家はこの儀礼も支配していることを主張している〔「御所司代替りの節御差し出し諸御書付控」茶屋家文書・京都市歴史資料館架蔵写真版〕が、町触からは具体的にどのように取り扱っていたのかは不明である。

(4) 「八組寄合趣意書」は、小結棚町文書「五組寄会趣意書幷びに名前席順留」と同様に、下京における町組代表者の会合を記録したものだが、一冊目の「八組寄合趣意書幷びに席順名前留　一」には、茶屋一件の取り調べの様子のみが記されている。なお、イエール大学蔵京都古文書については、〔朝尾 一九八二、杉森 二〇一六〕を参照。

（5） 尾州茶屋家に依頼したのは、江戸城での将軍に対する拝謁・献上の場に、本家の茶屋四郎次郎家当主だけでなく、分家の尾州茶屋家の当主も同席していたことが関係していると思われる。例えば、尾州茶屋家の日記（蓬左文庫蔵）宝永四（一七〇七）年正月三日条に、「五ヶ町町人御目見、依って御城へ罷り出候、四郎次郎同道也」とある。

（6） 安政四年の追加前貸し金も、毎年一一月に示される年頭御礼費用から差し引いて返済されることになるが、天保九年の前貸金と異なり、町触の中で前貸し金調達を負担していない町々について記していない（例えば、安政四年の〔『町触』一二―一七九〇〕）ので、あるいは今回はすべての町々が負担させられた可能性もある。

参考文献

朝尾直弘「「洛中洛外町続」の成立――京都町触の前提としての」『朝尾直弘著作集　第六巻近世都市論』岩波書店、二〇〇四年、初出一九八二年
朝尾直弘「朝河貫一と下京文書」『日本史研究』二四一号、一九九六年
岩生成一『朱印船貿易史の研究』吉川弘文館、一九八五年
小和田泰経『家康と茶屋四郎次郎』静岡新聞社、二〇〇七年
京都市『京都の歴史　7維新の激動』学芸書林、一九七四年
小林丈広「幕末維新期京都の都市行政」伊藤之雄編『近代京都の改造』ミネルヴァ書房、二〇〇六年
杉森哲也「町代の成立」『近世京都の都市と社会』東京大学出版会、二〇〇八年、初出一九八九年
杉森哲也「「京都古文書」解題」東京大学史料編纂所編『イェール大学所蔵日本関連資料研究と目録』勉誠出版、二〇一六年
中田易直「茶屋四郎次郎由緒考」『歴史地理』八七―一・二、一九五七年
中田易直「江戸時代の呉服師」『歴史教育』九巻一〇号、一九六一年
林董一『近世名古屋商人の研究』名古屋大学出版会、一九九四年
牧知宏「近世京都における都市秩序の変容」『日本史研究』五五四号、二〇〇八年
牧知宏「近世都市京都における《惣町》の位置」『新しい歴史学のために』二七五号、二〇〇九年
牧知宏「近世前・中期京都における都市行政の展開」『史林』九三巻二号、二〇一〇年
三河武士のやかた家康館『特別展　豪商茶屋と徳川氏』岡崎市、一九九六年
望月良親「近世日本都市史研究の現在」『歴史評論』七六三号、二〇一三年

〈第6章〉

町方社会と三井

西坂　靖

はじめに

三井越後屋と言えば、江戸駿河町にあった大規模な呉服店舗が想起される。しかしながらその本拠は、一七世紀後半の創業以来、近世を通して京都にあった。三井はいわゆる「江戸店持ち京商人」の代表的存在である。

京都の町方社会と三井との関係というテーマに関しては、吉田伸之が基本的な構図を示している〔吉田 一九八一など〕。吉田は、三都に店舗を展開する三井を、都市の社会構造を統轄する社会的権力と位置づけ、三井と三都の都市下層民衆・町との間に生起する矛盾・対抗関係の展開の中に、近世の都市社会構造の特質を見出した。

吉田の示した構図は基本的に有効であると考えるが、京都の町方社会との具体的な関わりという観点からすれば、なお検討の余地がある。本章は、三井に関する従来の諸研究を踏まえ、京都町方の有力町人、店や居宅が所在する町、店出入の商職人、店に住み込んで働く奉公人に着目して、京都の町方社会と三井の関係のありかたを素描するものである。

表1　『仁風集覧』記載の金100両または銀10貫目以上拠出者（慶応2年7月4日）

通し番号	拠出額	拠出者	居所等
①	銀100貫目	三井一統	—
②	金650両	本両替仲間幷小両替屋中	—
③	銀30貫目	嶋田八郎右(ママ)衛門	—
④	銀30貫目	小野善助	—
⑤	銀30貫目	大文字屋正太郎	—
⑥	銀30貫目	教諭所世話方之内 越前屋弥右衛門・弥吉	堺町御池上ル町
⑦	金170両・銀60枚	紅屋仲間	—
⑧	銀20貫目	井筒屋善右衛門	烏丸押小路上ル町
⑨	銀15貫目	教諭所世話方之内近江屋理八	六角東洞院東へ入町
⑩	銀15貫目	明荷屋吉兵衛・小三郎	柳馬場三条上ル町
⑪	銀300枚	美濃屋忠右衛門	御池東洞院西へ入町
⑫	銀12貫目	椹木町魚問屋酢屋又兵衛	—
⑬	金100両	柏屋孫左衛門	問屋町五条下ル町
⑭	金100両	布屋彦太郎	室町三条上ル町
⑮	銀10貫目	糸屋長左衛門	御池東洞院西へ入町
⑯	銀10貫目	小橋屋利助	三条高倉東へ入町
⑰	銀10貫目	椹木町魚問屋石橋屋久三郎	—
⑱	銀10貫目	枡屋久之助	新町四条上ル町

注）　金での拠出者と銀での拠出者を配列するに際しては，便宜的に三井越後屋京本店の「相庭帳」（三井文庫所蔵史料 別164）の慶応2年7月4日の金相場記事に基づき，金1両＝銀107匁として計算した．
出典）〔小林 2016〕表1．

一　慶応二年『仁風集覧』にあらわれる三井

最初に、京都の町方社会において三井はどのような地位を占めていたかを確認しておきたい。これを端的に示すものが惣町規模での施行である。施行は、米価高騰など非常事態において困窮した人々に対し、大商人らが金穀を施し与えるもので、その拠出額の多寡は、平時の町方社会において施行主体が占めている社会的な地位を反映する。

幕末の慶応二(一八六六)年から翌三年にかけての米価高騰の際、京都町方において惣町施行が行われた。この施行での金穀の拠出者とその額については、『仁風集覧』という当時の刊行物に記載された。これを、小林丈広が一覧表の形にして公表しているので〔小林 二〇一六〕、それを利用して検討を進めることにする。

慶応二(一八六六)年七月四日から翌三年二月二八日まで、八次にわたって約二三〇〇件の拠出があったが、最初の七月四日に大口の拠出が集中している。表1は、この日に金一〇〇両以上または銀一〇貫目以上を拠出した者を、おおむね金額順に並べたものである。

この表においてトップに位置するのは、銀一〇〇貫目を拠出した「三井一統」（表1①）である。これに続く大商人としては、銀三〇貫目を出した嶋田八郎右衛門（ママ）（③）、小野善助（④）、大文字屋正太郎（⑤）が並ぶ。このうち嶋田、小野はいずれも両替商を営み、御為替十人組として、三井組とともに幕府公金の江戸移送の御用を請け負っていた。三井・嶋田・小野の三家は、明治維新後、新政府の会計局の為替方御用達となる。この三家が幕末の京都の町方社会において施行主体の最上層部にあり、中でも三井が突出した位置を占めていた。[1]

ちなみに、嶋田は恵比須屋の屋号で呉服商を営み、江戸の尾張町に大規模な呉服小売店を構えていた。京都では三井（越後屋八郎右衛門）とともに京都十仲間呉服二十軒組[2]という同業組織を形成した。このほかにも表1には大文字屋正太郎（⑤）、柏屋孫左衛門（⑬）、小橋屋利助（⑯）など京都十仲間の呉服問屋が目立つ。このうち、大文字屋（大丸屋）、柏屋が江戸に小売店を構えていた。幕末の京都の町方社会においても、十仲間の呉服問屋はそれなりの役割を期待される社会的な地位を保っていたことがうかがえるが、三井はその代表格でもあった。

二　三井家一族の居宅と営業店舗の展開

1　三井にとっての京都

それでは「三井一統」とはいかなる内実を持つ存在か。図1は、一八世紀後半以降の三井の営業店舗と、三井家一族の居住状態を示したものである。このうち《本店一巻《ほんだないちまき》》とは呉服商系列に属する店舗群、《両替店一巻》は両替金融業系列の店舗群である。《本店一巻》は京都の四店（図1a～d）で仕入れ・加工を行い、それを江戸・大坂の店舗

図1　三井の営業店舗と一族（18世紀後半）

で小売り販売するという形で関係づけられていた。そのなかで、京都にあった京《きょう》本店《ほんだな》（a）が本店一巻全体の資金や人事の統轄を行った。《両替店一巻》では、京都には両替店（e）のほか、糸絹問屋が二店あった（f、g）。

これら二系列の店々を所有していたのが《三井一一家》である。三井家は、創業者三井高利と息子たちを祖とする家（本家）が六つ、姻戚筋の家（連家）が五つ、あわせて一一家からなっていた。これら一一家のうち、本家六家（ア～カ）と連家のうち三家（キ～ケ）の、合わせて九家が京都に居宅を構えた。

二系列の事業と一一の家を全体的に統括するものとして、「大元方」（h）という機関があった。これは三井家の代表と京都の本店・両替店の重役から構成されるもので、一一家のうちで惣領家にあたる北家（ア）の邸内に置かれていた。

このように、三井にとって京都はその中枢部分が置かれた都市であったと言える。図2は、図1にあげた京都の店舗・居宅の所在地を示したものである。

2 三井の京都進出

それでは三井はどのように京都に進出していったか、その過程をみておきたい。

三井越後屋の創業者・三井高利は、元和八(一六二二)年、伊勢松坂に生まれた。寛永一二(一六三五)年に江戸に出て、長兄の俊次が江戸で開いていた店のひとつ、本町四丁目の小間物店で商才を発揮した。慶安二(一六四九)年に松坂へ帰るが、その地において金融業を営んで資金を蓄積し、また長男高平、二男高富、三男高治を江戸に遣わし長兄俊次の店で商売を見習わせるなど、江戸で自らの呉服店を開業するための準備をしていたとされる。

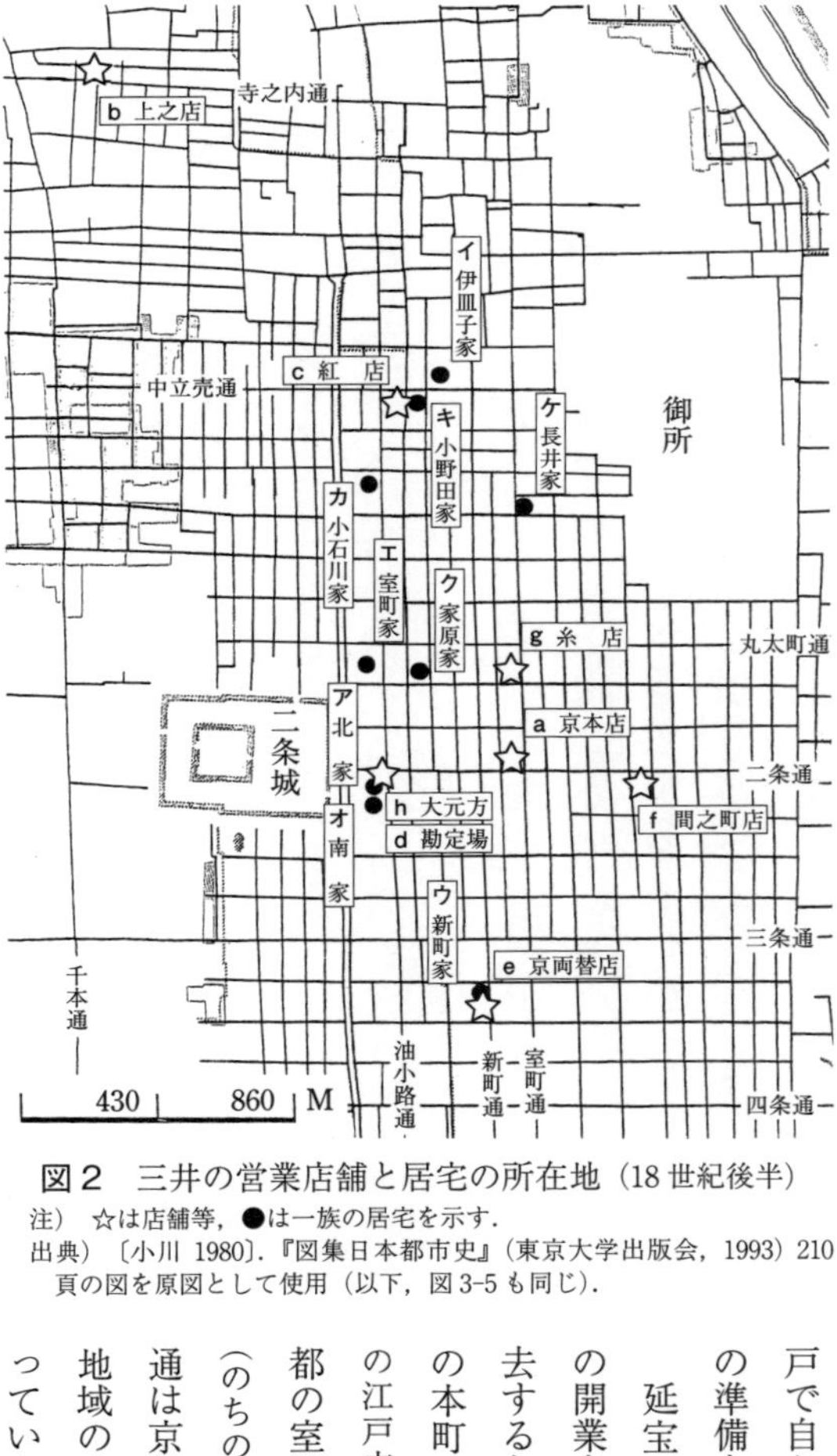

図2 三井の営業店舗と居宅の所在地(18世紀後半)

注) ☆は店舗等,●は一族の居宅を示す.

出典)〔小川 1980〕.『図集日本都市史』(東京大学出版会,1993) 210頁の図を原図として使用(以下,図3-5も同じ).

延宝元(一六七三)年七月、高利の開業を阻んでいた長兄俊次が死去すると、その翌月、高利は江戸の本町一丁目に呉服小売店(のちの江戸本店)を開き、あわせて京都の室町通蛸薬師町に呉服仕入店(のちのa京本店)を開いた。室町通は京都における商業の中心的な地域のひとつで、呉服問屋が集まっていた。長兄俊次が本拠を置いていた御池町も室町通にあった。

開業後、高利は、長男高平に京都店、二男高富に江戸店を分掌させ、自身は松坂と京都を往復しつつ、経営を展開していった。京都においては、天和元(一六八一)年、西陣の絹織物を直買するための店(のちの上之店(b))を置き、次いで貞享三(一六八六)年には、本店の利益金を安全に運用するため京両替店(e)を開設し、さらに貞享四(一六八七)年、幕府の呉服御用を務めるため、御用所(のちの勘定場(d))を置いた。高利は元禄七(一六九四)年に死去するが、基幹的な店舗はその生前に設置されている。その後、宝永元(一七〇四)年に京本店が室町通冷泉町《れいせんちょう》に移転し、宝永七(一七一〇)年には、統轄機関としての大元方(h)が設けられた。図1に挙げた残りの店々についても、糸店(g)が元禄一〇(一六九七)年、紅店(c)が正徳四(一七一四)年、間之町店(f)が享保一二(一七二七)年に、それぞれ開設された。このように京都の店々は、享保年間までに出そろい、営業規模も急拡大を遂げていった。

次に、図1に挙げた六本家の人々が、京都内部に定着していく過程をみてみよう。

貞享三(一六八六)年、高利は六角町に家屋敷を購入して両替店を開設し、その奥を自らの居宅とした(高利没後は三男高治〈図1ウ新町家①、丸数字は代数、以下同〉が居住)。元禄五(一六九二)年頃、長男高平(ア北家②)が二条油小路町に居を定め、翌年、二男高富(イ伊皿子家①)が江戸から京都に戻ってきた。江戸・大坂で商売を指揮していた残りの兄弟たちも、おおむね四〇歳から五〇歳の時期に京都に住居を移す。四男高伴(エ室町家①)が宝永五(一七〇八)年、九男高久(オ南家①)が正徳年間、最後に十男高春(カ小石川家①)が享保二(一七一七)年に京都に住居を定めた(三井文庫編 一九八〇a、九五—九六頁)。このように三井家の六本家の京都定住は、営業店の展開と同様に、享保年間には実現した。

ちなみに一族の出身地である伊勢松坂およびその領主である紀州徳川家との関係は、京都定住後も継続した。紀州徳川家との間では、三井家一族の京都居住は幕府御用のための出稼ぎであるとされた。紀州徳川家とは、御用金の賦課、三井家の内紛への介入など、近世を通じて深い関係を持ち続けた〔三井文庫編 一九八〇a、一三七―一三九頁〕。

三 有力町人との婚姻関係

続いて、三井と京都の町方住民との関係の諸側面について検討を進める。最初に着目するのは、三井家の人々が京都の上層町人と取り結ぶ婚姻関係である。

従来の研究では、三井家の縁戚関係は、享保期においては京都・江戸の豪商との縁組はほとんどみられず、一族内部で縁組が行われることが多かったと指摘されている〔三井文庫編 一九八〇a、一三七頁〕。享保期以降の時期を含めて、この点を確認するため、表2に三井六本家の歴代当主四五人について、実父・妻・妻の実父を示してみた。

1 三井六本家の当主と妻

表2によると、高利の孫世代以降の六本家当主は三八人を数える。そのうち先代の実子ではない者（養子として相続した者）が一八人いるが、いずれもその実父は六本家のいずれかの家の当主である。[3] 三井家以外から養子を調達することはない。

続いて、当主の妻について検討する（後妻を除く）。高利の子供世代は、六人のうち三人が伊勢に本拠を持つ有力商人の家から妻を娶っている。また二人は江戸から妻を連れてきた。それが高利の孫世代になると、六人のうち四人は三井一一家の範囲から女子を妻に迎えている。さらに高利の曽孫以後の世代三二人については、妻帯した三〇人のうち二七人が三井一一家のうちから妻を迎えている。一族内での婚姻という傾向が深まっていることがわかる。

三井家にとって、一族内での最大の課題は、「宗竺遺書」（享保七年に北家二代高平の遺言の形式で示された家法）で明示された「兄弟一致」＝三井各家の結合維持であるが、これを即物的に実現する手段が一族内での婚姻であったと言

表２　三井６本家歴代当主と妻の出自

家	当　主	（実父）	妻	（実父）		婚姻年次
北家	① 高利		**かね**	**（中川清右衛門（浄安））**	**伊勢**	慶安 2(1649)
	② 高平	（北①高利）	**かね**	**（小野田治左衛門（俊重））**	**伊勢松坂**	延宝 5(1676)
	③ 高房	（北②高平）	**しう**	**（長崎八兵衛）**	**伊勢松坂**	―
	④ 高美	（北③高房）	**須賀**	**（北河原（稲寺屋）次郎三郎）**	**摂津伊丹**	享保 18(1733)
	⑤ 高清	（北④高美）	津井	（新町③高弥）	京都	宝暦 6(1756)
	⑥ 高祐	（北⑤高清）	みな	（伊皿子③高登）	京都	安永 4(1775)
	⑦ **高就**	**（北⑤高清）**	列	（新町⑤高雅）	京都	享和元(1801)
	⑧ 高福	（北⑦高就）	麗	（南⑤高英）	京都	天保 2(1831)
	⑨ 高朗	（北⑧高福）	喜曽	（伊皿子⑤高映）	京都	安政 6(1859)
伊皿子家	① 高富	（北①高利）	**加奈**	**（中川浄故）**	**伊勢松坂**	天和 2(1682)
	② **高勝**	**（北①高利）**	加宇	（新町①高治）	京都	―
	③ 高登	（伊皿子②高勝）	多加	（家原①政俊）	京都	延享 2(1745)
	④ 高年	（伊皿子③高登）	多祢	（南③高邦）	京都	安永 9(1780)
	⑤ **高基**	**（南⑤高英）**	文	（長井③高義）	京都	文政 4(1821)
	⑥ **高映**	**（北⑦高就）**	**かな**	**（高木半兵衛）**	**摂津福井**	天保 6(1835)
新町家	① 高治	（北①高利）	**てう**	**（深川伊右衛門）**	**奈良**	元禄 9(1696)
	② 高方	（新町①高治）	教	（北②高房）	京都	―
	③ **高弥**	**（北③高房）**	**長**	**（中山宗右衛門（重致））**	**京都**	元文元(1736)
	④ **高典**	**（小石川③高長）**	津尾	（新町③高弥）	京都	宝暦 12(1762)
	⑤ **高雅**	**（新町③高弥）**	式	（室町④高亮）	京都	天明 6(1786)
	⑥ **高満**	**（北⑥高祐）**	政	（南⑤高英）	京都	天保 2(1831)
	⑦ 高淵	（新町⑥高満）	―	―	―	―
室町家	① 高伴	（北①高利）	**みし**	**（奥住重好）**	**江戸**	元禄 7(1697)
	② **高遠**	**（高利六男高好）**	久乃	（新町①高治）	京都	享保 3(1718)
	③ 高興	（室町②高遠）	りく	（家原①政俊）	京都	寛保 3(1743)
	④ **高亮**	**（小石川③高長）**	きの	（新町③高弥）	京都	明和 3(1766)
	⑤ 高民	（室町④高亮）	とき	（室町③高興）	京都	寛政 5(1793)
	⑥ 高光	（室町⑤高民）	―	―	―	―
	⑦ **高迪**	**（新町④高典）**	つれ	（北⑥高祐）	京都	享和元(1801)
	⑧ **高茂**	**（小石川⑤高経）**	つう	（北⑦高就）	京都	文化 14(1817)
	⑨ 高良	（室町⑧高茂）	稲	（永坂町⑤高延）	伊勢松坂	弘化 3(1846)
南家	① 高久	（北①高利）	**かめ**	**（益田助右衛門）**	**江戸**	―
	② 高博	（南①高久）	**いお**	**（中川長四郎）**	**伊勢松坂**	享保 14(1729)
	③ 高邦	（南②高博）	五百	（伊皿子②高勝）	京都	寛延 2(1749)
	④ **高業**	**（南②高博）**	鹿	（長井②高陳）	京都	明和 3(1766)
	⑤ 高英	（南④高業）	五百	（南③高邦）	京都	―
	⑥ 高彰	（南⑤高英）	寛	（北⑦高就）	京都	天保 3(1832)
	⑦ **高愛**	**（南⑤高英）**	和津	（北⑦高就）	京都	天保 12(1841)
小石川家	① 高春	（北①高利）	**たき**	**（冨山弥右衛門）**	**伊勢射和**	元禄 12(1699)
	② **高副**	**（新町①高治）**	高	（松坂①孝賢）	伊勢松坂	享保 2(1717)
	③ **高長**	**（北③高房）**	利尾	（松坂②高邁）	伊勢松坂	寛保元(1741)
	④ 高薫	（小石川③高長）	美栄	（長井②高陳）	京都	明和 7(1770)
	⑤ **高経**	**（室町③高興）**	三保	（小石川④高薫）	京都	寛政 5(1793)
	⑥ 高益	（小石川⑤高経）	孝	（南⑤高英）	京都	文政 10(1827)
	⑦ **高喜**	**（南⑤高英）**	利和	（永坂町⑤高延）	伊勢松坂	弘化 3(1846)

注）［当主］のゴチックは養子相続を示す．［妻］は正室のみを記載し継室については略．ゴチックは三井家外から迎えた者を示す．名前の前の「新町③」等の記載は家名と代数を示す．

出典）『稿本三井家史料』の各家歴代当主の系図より作成．〔三井文庫編 2002〕により補訂．

える。

2 他家への嫁入り、養子

表3は、三井家のうち六本家に生まれた女子が三井家（一一家）以外の家に嫁いだ事例を、『稿本三井家史料』所収の各家当主の系図から拾い出したものである（再嫁を含む）。全部で二二件を数えた。

寛政以前は四件（三人）に限られる。まず北家②高平の四女が松坂の縁戚である中川長四郎に嫁し、離縁したのち小野田孝俊と再婚している。さらに北家③高房の長女が京都の家原政俊に嫁した。右の小野田・家原の両家は、後に三井一族のうちに連家として組み入れられた（図1キ・ク）。もう一人は南家③高博の長女で、三井俊盈に嫁している[4]。この俊盈は、高利の長兄・俊次の家（三井三郎左衛門家）の七代目当主である。

三井家以外へ嫁ぐ事例は、寛政年間以降に増加し、幕末までに一八件を数える。その内訳は大坂

表3　三井6本家の女子が三井家以外に嫁いだ事例

年　次	名前	出　自	嫁ぎ先		備考
(年不明)	民	北②高平四女	松坂	中川長四郎(浄立)	
宝永5年(1708)	同上	同上	京都	小野田孝俊	再嫁
享保12年(1727)	りく	北③高房長女	京都	家原政俊	
寛延元年(1748)	里代	南②高博長女	京都	三井三郎左衛門(俊盈)	
寛政4年(1792)頃	里楚	伊皿子③高登三女	京都	大針助之丞	再嫁
寛政11年(1799)	吉	新町④高典二女	大坂	加島屋五兵衛	
享和元年(1801)	酉	新町④高典長女	京都	那波九郎左衛門(祐利)	
享和3年(1803)	小鴻	新町⑤高雅三女	大坂	辰巳屋省兵衛	
文化元年(1804)	和歌	新町⑤高雅四女	泉州	唐金屋森右衛門	
文政4年(1821)	ふき	小石川⑤高経二女	大坂	加島屋五兵衛	
文政5年(1822)	涌	北⑦高就長女	京都	柏屋孫左衛門(祐真)	
文政10年(1827)	敏	小石川⑤高経三女	京都	奥田仁左衛門	
天保2年(1831)	有	北⑦高就二女	大坂	辰巳屋省兵衛	
天保5年(1834)	敏	小石川⑤高経三女	大坂	具足屋七左衛門	再嫁
天保6年(1835)	遊尾	北⑦高就六女	京都	那波九郎左衛門	再嫁
天保12年(1841)	全	南⑤高英六女	大坂	加島屋新左衛門	
嘉永3年(1850)	幸	南⑤高英九女	大坂	鴻池新十郎	
嘉永4年(1851)	稔	南⑤高英八女	大坂	近江屋休兵衛	
嘉永6年(1853)	薫	南⑤高英十女	大坂	米屋平太郎	
慶応元年(1865)	春	小石川⑥高益庶出	大坂	天王寺屋五兵衛	
慶応元年(1865)	照	小石川⑥高益四女	大坂	加島屋信五郎	
慶応2年(1866)	賢	北⑧高福四女	京都	柏屋孫左衛門	

表4　三井6本家の男子が三井家以外の養子になった事例

年　次	名　前	出　自	養子先	
天保2年(1831)	松次郎	南⑤高英六男	大坂	加島屋作兵衛
天保12年(1841)	恒次郎	南⑤高英九男	大坂	加島屋作兵衛
弘化2年(1845)	十一郎	北⑦高就三男	大坂	鴻池栄次郎
弘化4年(1847)	亥三郎	伊皿子⑤高基男	大坂	塩屋孫左衛門
(安政5年以降ヵ)	繁之助	新町⑥高満四男	大坂	辰巳屋

注）［名前］は縁組の時点でのもの．［出自］については実父を記載．父の名前の前の「新町③」等の記載は家名と代数を示す．
出典）『稿本三井家史料』の各家歴代当主の系図より作成．〔三井文庫編 2002〕により補訂．

に嫁いだ事例が最も多く一一件、次いで京都が六件、泉州が一件である。

大坂での嫁ぎ先の屋号についてみると、加島屋が四件、辰巳屋が二件、具足屋、鴻池、近江屋、米屋、天王寺屋がそれぞれ一件となっている。いずれも大坂の有力な両替商である。

京都に嫁いだ六件についてみると、那波家と柏屋（柏原家）がそれぞれ二件で、あわせて四件を占める。那波家は一七世紀京都の有力商人であり、高利の長兄・俊次の家とも縁戚関係を結んだが、「町人考見録」に記されたように商家としては早くに衰退した。三井家が那波家と婚姻関係を結んだのは、俊次の血脈を継ぐ家として那波家を認識していたことによると推測される[5]。柏屋は表1⑬にも登場する京都の有力町人であるが、この家は那波家との縁戚関係がきわめて緊密である[6]。柏屋についても、那波家と同様、俊次家と関わる家として認識されていたものと考えておきたい。

京都に嫁いだ残りの二件のうちには、小石川家⑤高経の三女が、奥田仁左衛門に嫁いだ事例が含まれる。奥田家は御為替十人組に加わっている両替商であるが、嫁して六年で離縁となったので安定的な関係を形作るには至っていない。

続いて表4は、三井六本家に生まれた男子が三井家以外に養子に出された事例を、表3と同様に各家当主の系図から拾い出したものである[7]。こちらは全部で五件を数えるが、全て天保年間以降である。養子先はいずれも大坂で、加島屋など有力な両替商の名がみえる。表3でみた女子の嫁ぎ先と同様、大坂を重視する傾向がみてとれる。

以上のように、三井家については、京都の有力町人（例えば表1の嶋田・小野のような）と縁戚関係を結ぶことによって、京都の町方社会の上層部に地歩を築こうとする志向性をみてとることはむずかしい。

表5　京都における三井の各店舗の所在町と軒役数

	店名	所在町	軒役	取得年	図2
本店一巻	京本店	室町通二条上ル（冷泉町） 衣棚通二条上ル（竪大恩寺町）	9軒役 6軒役	元禄17(1704) 〜安永6(1777)	a
	上之店	寺之内通（新猪熊東町）	6軒役	貞享2(1685) 〜宝暦9(1759)	b
	紅店	小川通中立売下ル（下小川町）	3軒役	享保5(1720) 〜寛政4(1792)	c
	勘定場	油小路通二条下ル（二条油小路町）*1	不明	不明	d
両替店一巻	京両替店	新町通六角下ル（六角町）*2	不明	不明	e
	間之町店	間之町通二条下ル（鍵屋町） 東洞院通二条下ル（瓦之町）	4軒役 3軒半役	享保12(1727) 〜文政8(1825)	f
	糸店	室町通竹屋町上ル（道場町） 衣棚通竹屋町上ル（玉屋町）	7軒役 5軒役	元禄9(1696) 〜安政4(1857)	g

注）　*1 北家居宅敷地のうちに含まれる．*2 新町家居宅敷地のうちに含まれる．
出典）〔小川 1980〕．

四　町との関係

1　町をこえた家屋敷の展開と集積

町方社会との関係が疎遠な、もうひとつの局面としては、地縁的共同体である町との関係があげられる。京都の町方は一七〇〇余りの町からなった。町の構成主体は、町内の家屋敷を所有する家持（＝町人）であるが、本来彼らは、町に居住しつつ商工業に従事する小経営者であった。三井のような大商人であっても、家屋敷を所持することにより、不可避的に町の一員となった。

三井と町の関係については、吉田伸之が「商人の論理」と「町の論理」の対抗として描いている〔吉田 一九八五〕。町との間の軋轢の根幹は、三井の家屋敷所持の規模が、小経営者たちによって構成される町の間尺に合わなかったことである。京都における三井の家屋敷の集積と町との関係については、小川保の詳細な研究〔小川 一九八〇〕があるので、ここではそれに依拠して述べる。

表5は、京都における三井の営業店舗の所在町と軒役、家屋敷の取得年次を示したものである。京本店、間之町店、糸店が町の枠をこえ二ヵ町にまたがって存在している。これらのうちでは京

表6　京都における三井各家居宅の所在町と軒役数

	家	所在町	軒役	取得年	図2
本家	北家[*1]	油小路通二条下ル（二条油小路町） 二条通油小路西入ル（矢幡町） 堀川通二条下ル（土橋町）	5軒役 4軒役 1軒役	元禄4(1691) ～宝暦10(1760)	ア
	伊皿子家[*3]	中立売通西洞院東入ル（三丁町） 西洞院通中立売上ル（讃州寺町）	不明 6軒役	元禄9(1696) ～[*2]	イ
	新町家[*4]	新町通六角下ル（六角町） 六角通新町西入ル（西六角町）	7軒役 7軒役	貞享3(1686) ～寛延2(1749)	ウ
	室町家	油小路通竹屋町上ル（大文字町） 堀川通丸太町下ル（七丁目）	1軒役 3軒役	宝永元(1704) ～明和8(1771)	エ
	南家	油小路通二条下ル（二条油小路町） 堀川通二条下ル（土橋町）	8軒役 2軒役	宝永5(1708) ～明和元(1764)	オ
	小石川家	油小路通下長者下ル（大黒屋町） 下長者通油小路西入ル（紹巴町）	5軒役 1軒役	享保2(1717) ～安永6(1777)	カ
連家	小野田家	中立売通小川東入ル（三丁町） 小川通下中立売下ル（小川町）	3軒役 1軒役	享保19(1734) ～寛延3(1750)	キ
	家原家	西洞院通竹屋町上ル（田中町）	不明	不明	ク
	長井家	室町通出水	不明	不明	ケ

注）[*1] 二条油小路町のうちに勘定場を含む．[*2] 天明大火後，六角通東洞院東へ入町へ移転．
[*3] 六角町のうちに京両替店を含む．池須町の隠居屋敷については含めていない．
[*4] 宝暦12(1762)年～明和4(1767)年のうち．
出典）〔小川 1980〕．

本店の大きさが目につく。冷泉町西側で九軒役、竪大恩寺町東側で六軒役という規模である。両町の土地は一体化して利用され、二階建ての店舗と土蔵が立ち並んでいた。

表6は、三井各家居宅について同様に示したものである。六本家の居宅は、いずれも複数の町にまたがって展開している。北家などは三ヵ町にまたがっていた。小川は、六本家の居宅について、①新町通から堀川通の間の、二条城に近く大名屋敷が並ぶ地域に立地すること、②かつて大名屋敷あるいは上層の富裕な町人の居宅であったという来歴を持つこと、③正方形街区の中央部分を居宅として利用していることの三点を特色としてあげ、町人が居宅に特化した広大な家屋敷を構えたという点で重要であると意義づけている。

表5、表6の取得年次欄からわかるように、家屋敷の拡大は長年にわたり継続的に行われた。町の側では町内の均等な構成を維持するため、家屋敷所持の限度を決めていることが多かったので、敷地の拡大をめぐって町と三井との間に軋轢が生じた。町が家屋敷の買得に反対し

た事例としては、京両替店があった六角町〔小川 一九八〇、三三二―三三五頁〕や、京本店があった冷泉町での事例〔吉田 一九八五など〕が知られている。いずれも三井の側は、表立っては町の論理を尊重し、迂回的な措置を余儀なくされた。しかし結局、六角町では享保一四(一七二九)年から二一ヵ年、また冷泉町では元文四(一七三九)年から四〇ヵ年という長い歳月をかけて、必要とする家屋敷を買得し、最終的に自己の利害を貫徹している。

2 町の運営との関わり

町をめぐる論点のもうひとつは、町を単位とした都市行政との関わりである。町では、町の構成員である家持が町役人を務め、町の運営を担った。三井の場合、町に依存しなくとも経営的に存立していけるため、主体的に町の運営に関わる動機がない。家屋敷の所持の名義は三井家の一族であるが、彼ら自身が町役人となることはなかった。実際の町関係の業務は手代らが担当した。例えば六角町では、享保九(一七二四)年八月、名義人の三井三郎助は年寄役・五人組役を務めないこと、および寄合参会には欠席してよいことが認められ、その代わりとして重役手代を名代として差し出している〔小川 一九八〇、三三五頁〕。

京都においては、一九世紀になると、町代改義一件という町組の訴願運動を経て、町組が町人代表としての権威を確立し、惣町レベルでの町組の連合組織を形成していった。三井は、都市社会を統轄する社会的権力であったが、このような町組の動向に関与していくことはなかった。町組が町を単位とした組織である以上、町との距離を置く三井は、それに主体的に関わることがなかったということであろう。

五　出入商職人との関係

1　京本店の出入の商職人の地域的展開

京都の有力町人との関係、また町との関係をみる限りにおいて、三井の側に京都の町方社会と積極的に関わろうとする志向性を認めることはむずかしい。しかし京都を拠点に長年にわたって営業を展開する過程で、自ずと町方住民との関係が深まっていったこともたしかである。一節で取り上げた、慶応二年の施行はその関係性の深化の反映でもあった。

表7　京本店出入軒数

年　次	職　方	賄　方
延享4(1747)	—	67軒
明和2(1765)	—	77軒
寛政8(1796)	172軒	64軒
享和2(1802)	164軒	—
文化10(1813)	133軒	76軒
天保7(1836)	—	*124軒
文久元(1861)	98軒	—

注）＊居所記載なし．
出典）《出入方改申渡之式》（三井文庫所蔵史料 続1227），《賄方出入ノ者へ店法申入覚》（三井文庫所蔵史料 続1228）．

ここで、関係の深化の事例として取り上げたいのが出入、すなわち三井を得意先とする商人・職人との関係である。後述する奉公人が店表（＝営業部門）と台所（＝生活維持部門）に二分されるように、出入もまた店表出入＝職方と、台所出入＝賄方とに二分される。

三井の出入については冷泉町の京本店に関して研究がある。職方の出入職人は、呉服・太物に練・張・染の加工を施す存在であり、延払と内渡金前貸という取引形態によって京本店に従属させられていた〔賀川 一九八五、三六八頁〕。賄方の出入は、店舗・奉公人を維持する商職人、駆付けグループ、町共同体に連なる部分からなっていた。町方困窮時には、職方・賄方とも京本店による施行・合力の対象となった〔吉田 一九八一など〕。

京本店に出入する商職人の軒数と変化を探る手掛りとしては、京本店が出入の商職人を対象に制定した式目がある。職方・賄方それぞれを対象に、数次にわたって制定され、出入の商職人が押印した。その年次と記載された軒数をまとめたのが表7である。

職方の出入の軒数をみると、寛政八(一七九六)年に一七二軒であったものが、次第に減少し、幕末には一〇〇軒を下回っている。この動向は、近世後期に京本店の経営が縮小していったことと対応している。一方、賄方の出入の軒数は、六〇軒から七〇軒台の間で推移し、職方ほどの大きな変化がない（天保七年の軒数が多くなっている事情は未検討）。

これら商職人のほとんど大部分は、京都町方の住人であった。文化一〇(一八一三)年については、職方・賄方の両方の式目が残っているので、この年の職方・賄方の商職人の居住地を地図上に示してみたのが、図3・図4である。

職方出入は、図3（一二八軒を表示）によると、京本店の北側および西側、さらにその南側に集中して分布しているこ

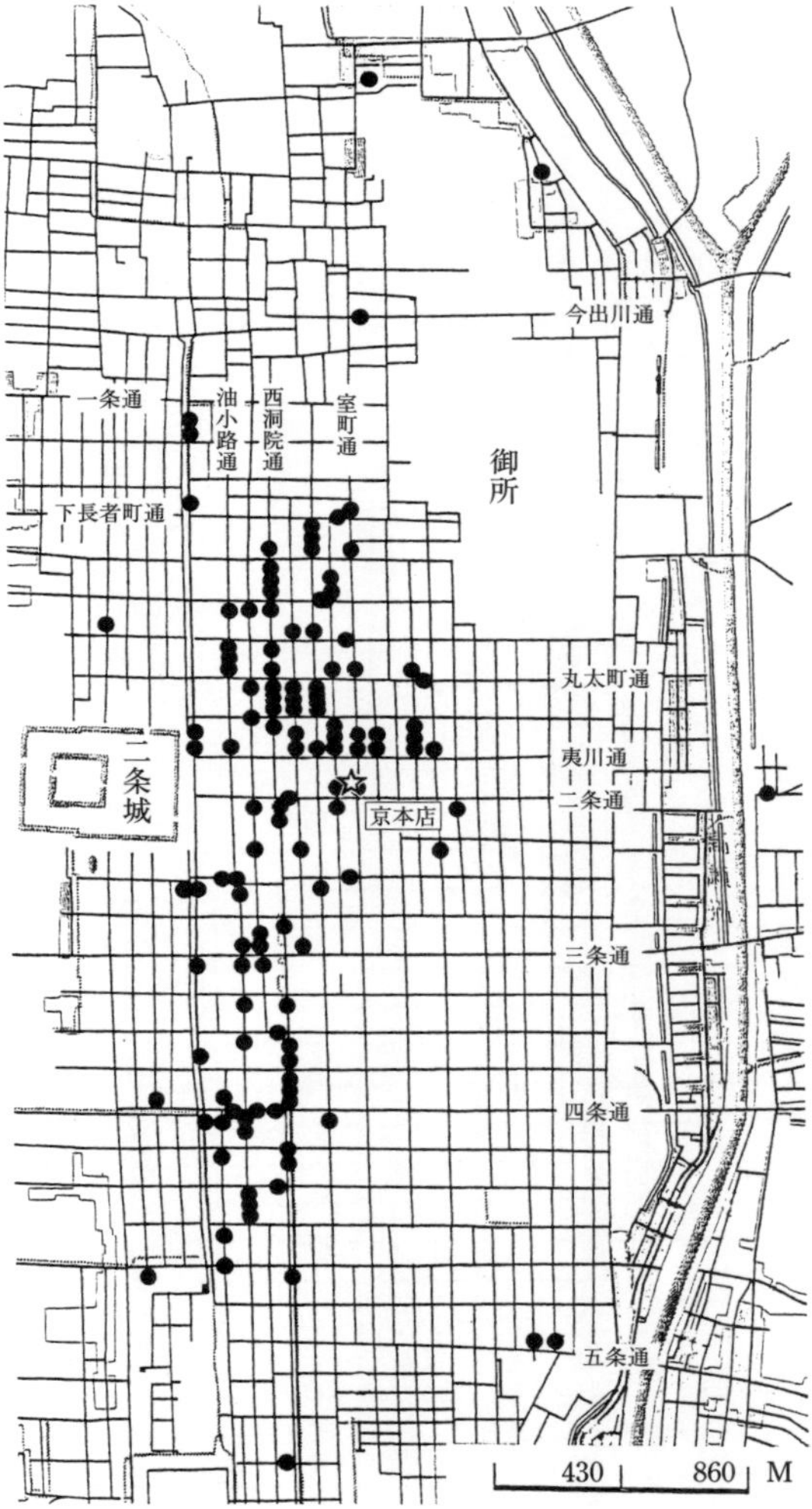

図３　京本店の職方出入の住所（文化10年）
出典）《出入方改申渡之式》（三井文庫所蔵史料　続1227）.

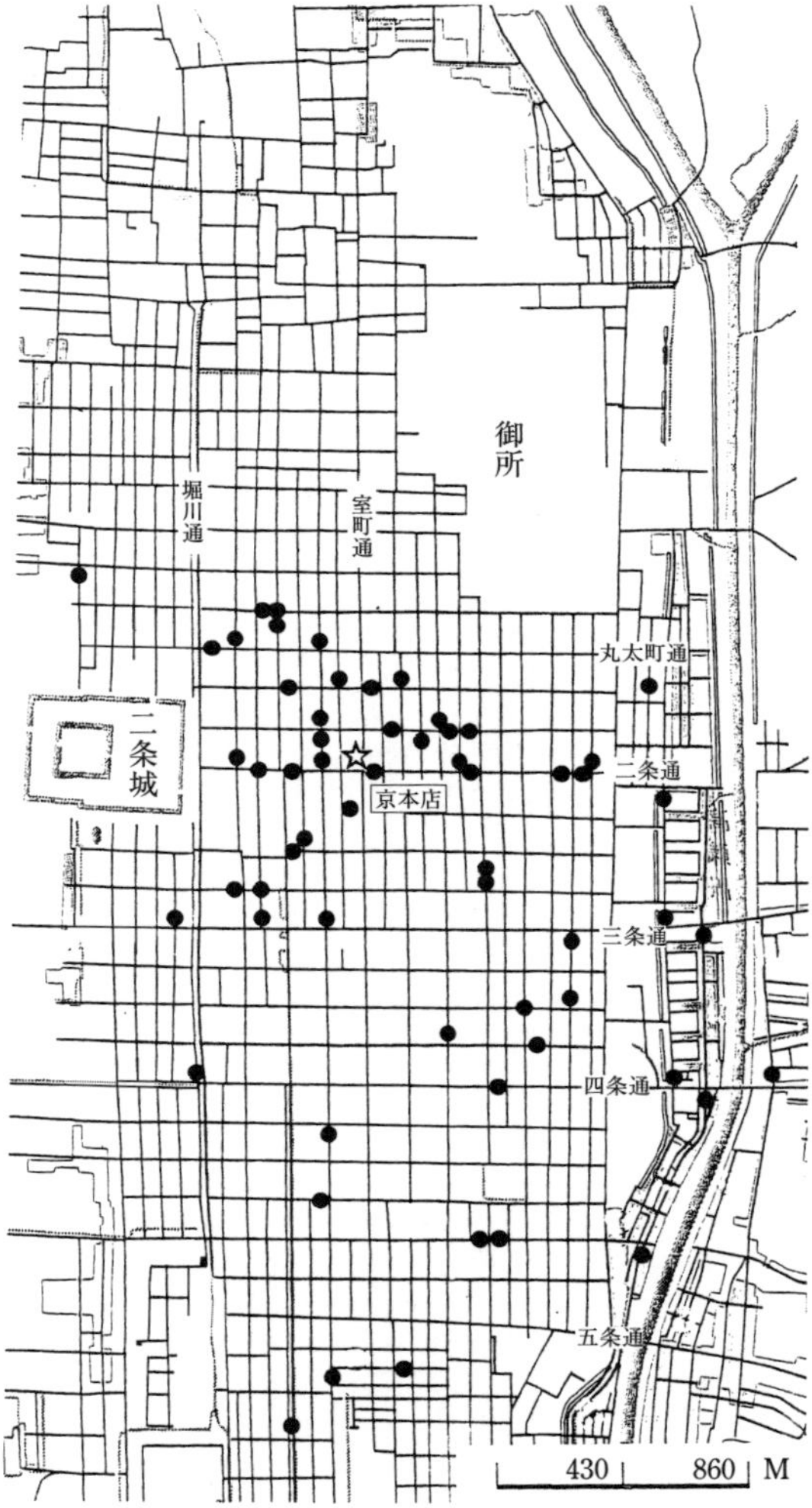

図４　京本店の賄方出入の住所（文化 10 年）
出典）《賄方出入ノ者へ店法申入覚》（三井文庫所蔵史料　続 1228）.

とがわかる。南北の通でいうと西洞院通、油小路通が多く、それぞれ二二軒、一四軒が存在している。本店一巻の加工部門である紅店（図2c）や勘定場（図2d）などの立地との相関性もうかがえる。

一方、賄方出入は、図4（七一軒を表示）によると、河原町、木屋町など市街地の東方も含めて、御所以南の地域に散在している。二条通に六軒あるなど、京本店の付近に集まっているが、職方のような地域的な偏在はみられない。

2　慶応二年の調書にみる出入年数

第一節で触れた慶応二（一八六八）年の米価高騰の際、京本店は出入の商職人を対象に、合力（施行と同様の金穀の援助）を実施している（吉田 一九八一）。その過程で、職方については「職人中年数人数之調」という調書が作成された。京本店の担当部署ごとに全部で七六軒が記載され、このうち六〇軒が合力の対象になった。この史料で特徴的なのは名前、職種、家内の人数に加えて、何年前から京本店との出入関係にあるか、また京本店のほかどこの呉服問屋と出入関係を持っているかについても記されていることである。ちなみに一番古いのは、張物屋の菱屋嘉兵衛（新町二条下ル）で、越後屋創業の翌年の延宝二（一六七四）年からの出入であり、出入関係の態様は「諸方」と記される。

この点に着目して出入年数を五〇年ごとに区切って軒数をまとめたのが、表8である。全七六軒のうち、一〇一年以上出入関係を保持してきた者が二三軒で、三〇％を占める。全七六軒の出入年数を平均しても七五年という数値が得られる。京本店と京都町方の関係の深まりの一端を示すものと言えよう。

表8　京本店職方出入と年数（慶応2年）

出入年数	出入開始年	軒数	内「店計」
194～151年	延宝2～享保元年	10軒	5軒
150～101年	享保2～明和3年	13軒	3軒
100～ 51年	明和4～文化13年	21軒	4軒
50～ 1年	文化14～慶応2年	32軒	6軒
合計		76軒	18軒

出典）「職人中年数人数之調」（三井文庫所蔵史料 本1577-3）.

また表8によると「店計」すなわち京本店に専属するとみられる職人が、七六軒のうち一八軒存在する。残り五八軒は京本店以外の諸商人とも取引をしていることになる。これらは出入先として「諸方」と記されているほかに、商家名が特記されている者もみられる。下村（大丸屋）が五軒、蛭屋（恵比須屋）が四軒、俵屋（田原屋）が三軒、伊藤屋・小橋屋・白木屋が各一軒である。京本店の職方の職人は、その全体が京本店に丸抱えされているわけではなく、多くは幾つかの出入先のひとつとして京本店と関係を持っている。長きにわたって関係を持つ一方で、経営の上での一定度の自立性を認めることができよう。

賄方については、同じく慶応二年に「賄方出入之調」という調書が作成された。五九軒（人）が載っており、このうち三九軒（人）が合力の対象になった。調書の体裁は職方と異なり、全五九軒（人）は経済状況に応じて「相応」（一五軒）、「ケ成」（一九軒）、「難渋」（一六人）と「駆付」（九人）の四区分で記されている。このうち「相応」「ケ成」には屋号を持つ商職人が記されている。この調書には出入年数の記載はないが、「相応」「ケ成」の商職人三四軒についてみれば、五三年前の文化一〇（一八一三）年の賄方出入のリストの中に一七軒、一一九年前の延享四（一七四七）年のリスト中にも五軒を確認することができる。賄方についても、長年にわたって関係を保持する商職人が少なくないことがわかる。

六　奉公人の供給源

1　京都町方の比重の増大

町方住民との関わりが深まった局面として、もうひとつ取り上げたいのは、京都町方が三井の奉公人の供給源になっていたことである。ここでも京本店を対象とする。京本店の奉公人は男子に限られ、大多数は店に住み込んで働いていた。彼らは、店表（＝営業部門）の手代・子供と、台所（＝生活維持部門）の下男に二分される。惣人数は、享保末年から幕末まで、一〇〇―一六〇人の間で推移した。

それでは、京本店に奉公にあがった京都町方住民の子弟はどれだけいたか。京本店には、享保四（一七一九）年から慶応二（一八六六）年までの一四八年間に、店表の奉公人として一七九二人が入店している。そのうち一〇六八人が京都の町方の出身であった。比率にして六〇％になる〔西坂 二〇〇六、一〇三頁〕。三井が京都町方に依存する度合いの大きさを端的に表す数値であると言えよう。

奉公人の供給源としての京都町方の比重は、時代の経過とともに着実に増していった。享保五（一七二〇）年から元文四（一七三九）年までの二〇年間に、京本店に店表奉公人として入店した者は二九四人を数えるが、そのうち京都町方出身は一一七人、比率にして四〇%で、過半には達しない。一世紀の間をおいた文政三(一八二〇)年から天保一〇(一八三九)年までについてみると、二八四人中一九二人、比率にして六八%を京都町方の出身者が占めている。

2　元治元年「人別調書」にみる奉公人

幕末の元治元(一八六四)年、京本店から冷泉町に出された「人別調書」(京都冷泉町文書九三三号文書)によると、京本店に住み込んで働いていた奉公人は全部で一〇三人。その内訳は店表の手代・子供が七九人、下男が二三人であった。手代・子供七九人について親の住所をみると、京都町方が六〇人で、全体の七六%を占めている。幕末に至り京都町方の比率は一層高くなっている。

それら六〇人について地図に示したのが図5である。京本店があった冷泉町の近辺、特に二条通あたりに集まっている。これを図3・図4で示した文化一〇(一八一三)年の出入商職人の分布と比べてみる。全体として奉公人の出身地は、職方・賄方

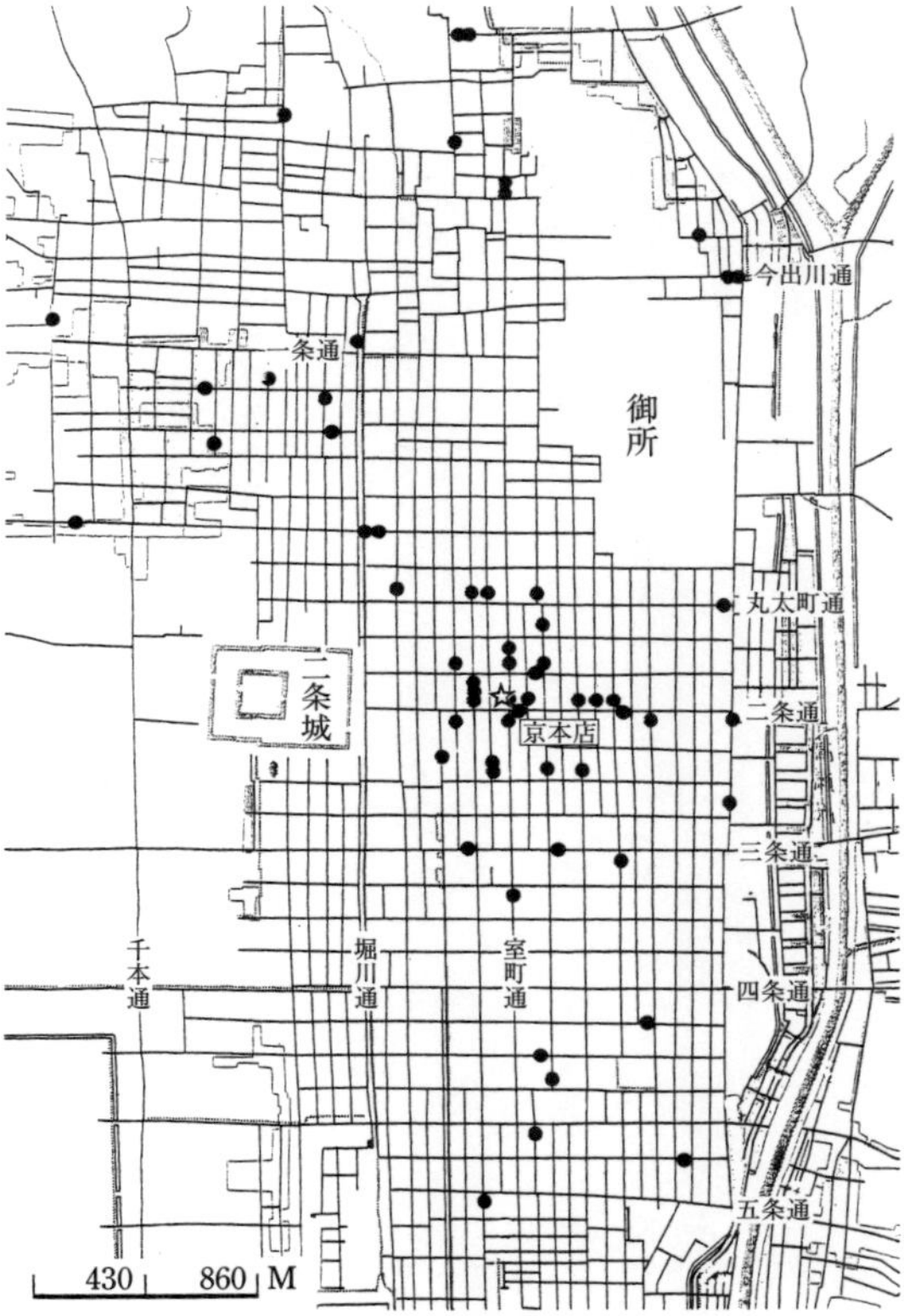

図5　京本店手代・子供の親の住所(元治元年)

出典)〔西坂 2006〕, 59頁.

出入よりも広い範囲に分布していることがわかる。職方出入は京本店西側の地域に集中していたが、これとは重ならない。むしろ賄方出入の分布のように散在しているといえる。

ちなみに、台所の下男についてみれば、能登国など日本海側の地域の村方出身者が多くを占め、京都町方の出身者は二三人のうち一人のみであった。

むすびにかえて――明治維新後の三井

1 京都の店々のその後

明治元(一八六八)年以降、三井家は新政府の財政と結びついて生き残りをはかっていく。新政府が東京に移るに伴い、三井家の事業も東京に移っていった。明治四年一〇月には東京大元方が置かれ、ここを拠点に三井の事業が展開されることになる。

一方で、呉服部門の経営は、明治に入ってさらに困難を増していた。東京においては、明治元年に芝口店を閉鎖、翌年、向店を東京本店に統合するなど事業の整理がなされたが事態は改善しない。京都においても、明治四年一一月には上之店と裂店(もとの勘定場)が閉店した(賀川 一九八五、四五八頁)。

新政府は近代的な銀行制度の創設を企図し、その担い手の中心に三井家を構想したが、呉服業の不振が及ぼす悪影響を懸念した。明治五(一八七二)年一月、大蔵少輔井上馨は三井家首脳に対して、呉服業を三井家から分離することを勧告し、三井側はこれを受け容れた。具体的には、三井の「三」の字と越後屋の「越」の字をとって三越家を創設し、これに呉服店の経営を譲渡する形をとった。これにより、三井家の中心的な事業だった呉服店は、同家の事業から表面上切り離されることとなったのである。なお京都冷泉町の西京呉服店(もとの京本店)は、一九八三年まで三越京都支店として存続した〔三越編 一九九〇、三一四頁〕。

2 三井家一族の東京移住

事業の中心が東京に移っても、三井家の人々は京都に居宅を置き続け、京都と東京・大阪を行き来しつつ事業に携わった。北家（惣領家）八代の三井高福《たかよし》は一族の長老として明治初年の事業再編を主導したが、明治七（一八七四）年以降は京都に戻り、東京移住を拒んだうえ、大元方の本拠地を京都に戻そうという動きも示した〔三井文庫編 一九八〇b、四一五頁〕。

明治一八（一八八五）年に三井高福が死去すると、翌一九年には三井家内で家政改革のため「同苗一致決心誓約書」が作成され、各家当主がこれに調印した〔三井文庫編 一九八〇b、四二三頁〕。その第一条には「皇都ヲ以三井家営業根本地ト確定候事」、第二条には「在西京ノ同苗、家族不残東京ニ引移候事」と記される。すなわち本拠地は京都ではなく東京であることが確定し、三井家が一族を挙げて東京に移住することが決定された。これをうけて翌明治二〇年から一族の東京移住が始まった。三井の新しい総帥である北家一〇代当主の三井高棟《たかみね》も、家族とともに京都から東京に移り、一年の仮住まいを経て、明治二一年、麹町土手三番町の邸宅にはいった。ただし、本籍[8]や墓所は依然として京都に置いたままであった〔三井八郎右衛門高棟傳編纂委員会編 一九八八、一七一頁〕。本章でみたように、近世の三井家の人々は、京都の町方社会との関係を積極的に深めようとしたわけではなかったが、二〇〇年来京都で営業し、居住してきたという事実がある。その重みが京都との繋がりをたやすく絶つことを許さなかったと言えよう。

（1） 小野については、上級別家である井筒屋善右衛門（表1⑧）の額を加えると銀五〇貫目になる。ただし、これでも三井の拠出額の半分である。

（2）京都呉服仲間二十軒組については賀川隆行の研究を参照〔賀川 一九八五、三四二―三四六頁〕。

（3）室町家②高遠の実父・高好は高利の六男で、創業に貢献し、他の六兄弟とともに高利の遺産配分対象者となったが、他の兄弟に先立って宝永元（一七〇四）年に死去した。

（4）三井各家における婚姻がどのような過程を経て決定されているか、また三井家全体の婚姻戦略と個別の家のそれとにどのような相克があるかについては検討できていない。三井一一家内での家相互の軋轢については、本書の第4章「豪商三井における内部対立と地下官人化」を参照されたい。

（5）享和元（一八〇一）年に、新町家④高典長女・酉が嫁いだ那波九郎左衛門（祐利）は、三井俊次家（三井三郎左衛門家）の四代目である三井昌熙の孫にあたる。三井俊次の家は、七代俊盈が宝暦一一（一七六一）年に義父三井高博から義絶されてのち没落して、九代目以降は消息不明となっている。このような状況において、三井高利の子息たちの家の側には、三井俊次家四代目の孫である那波九郎左衛門（祐利）を、三井の惣領家とも言える三井俊次家の末裔とする認識があったのではないか。それを取り込もうという意味もあって、縁戚関係を結んだというのが、ここでの推測である。

（6）文政五（一八二二）年に、北家⑦高就長女・涌が嫁いだ柏屋孫左衛門（祐真）は、那波九郎左衛門（祐利）の実子である。すなわち三井俊次家の四代目昌熙の曽孫にあたる。

（7）三井一一家のうち連家五家まで検討範囲を広げれば、京都町人との縁組の事例が増すと考えられるが、未検討である。ちなみに家原家⑥政昭の子供のうち、五男慶蔵が山田（糸屋）長左衛門（表1⑮）の養子になり、また三女米が湯浅（炭屋）喜右衛門に、六女住が鈴木（伊豆蔵）吉右衛門に嫁いでいる〔賀川 二〇一二、一一〇頁〕。縁組先はいずれも京都の町人である。

（8）明治元（一八六八）年の京都府下の戸籍編成において三井一族はその戸籍に登録されたが、壬申戸籍の編製に際し、松坂との関係が改めて問題になった。これを機に明治四（一八七一）年一一月、三井一族は松坂から京都府下油小路二条下ル丁へ全戸移住する形で京都府下の戸籍に編入され、京都在住を正規なものとした（三井文庫所蔵史料 別一八九二―四・五）。

参考文献

小川保「京都における三井家の屋敷――集積過程からみた特質――」『三井文庫論叢』一四号、一九八〇年
賀川隆行『近世三井経営史の研究』吉川弘文館、一九八五年
賀川隆行『近世江戸商業史の研究』大阪大学出版会、二〇一二年
小林丈広監修・解題『「仁風」史料集成 別冊 解題／仁風扇』近現代資料刊行会、二〇一六年

西坂靖『三井越後屋奉公人の研究』東京大学出版会、二〇〇六年
三井家編纂室編『稿本三井家史料』一九〇九年
三井八郎右衛門高棟傳編纂委員会編『三井八郎右衛門高棟傳』三井文庫、一九八八年
三井文庫編『三井事業史　本篇一』三井文庫、一九八〇年a
三井文庫編『三井事業史　本篇二』三井文庫、一九八〇年b
三井文庫編『三井家文化人名録』三井文庫、二〇〇二年
三井文庫編『史料が語る三井のあゆみ』三井文庫、二〇一五年
株式会社三越編『株式会社三越85年の記録』三越、一九九〇年
吉田伸之「近世都市と諸闘争」青木美智男ほか編『一揆3　一揆の構造』三巻、東京大学出版会、一九八一年。〔吉田　一九九一〕に所収。
吉田伸之「町人と町」歴史学研究会・日本史研究会編『講座日本歴史5　近世1』東京大学出版会、一九八五年。〔吉田　一九九八〕に所収。
吉田伸之『近世巨大都市の社会構造』東京大学出版会、一九九一年
吉田伸之『近世都市社会の身分構造』東京大学出版会、一九九八年

〈特論2〉

薬種流通と薬種屋仲間

渡辺祥子

はじめに

近世社会において、薬は支配者から庶民まで幅広い需要があり、さまざまな効能の薬が売られていた。その原料となる薬種（薬効のある草木の葉や根など）には、大きく分けて国内産の和薬種と、輸入薬種との二種類があり、輸入薬種の大半は、中国産の唐薬種であった。唐薬種は高価な輸入品であることから、偽物や不正な取引を防止するために厳しい流通統制がしかれていた。長崎で輸入された唐薬種は、例外を除いていったん全て大坂の唐薬問屋へ送られ、そこから各地へ送られることになっていた。また大坂・江戸などの主要都市では、送られてきた唐薬種を引き請けられるのは、幕府公認の特定の株仲間に限られていた。いっぽう和薬種については、一時期を除いて特に規制はなく、さまざまな人々が取引を行っていたが、和薬種を専門的に大量に取り扱う者としては、前述の唐薬種流通に携わっている株仲間の者が、和薬種取引も兼業している場合がほとんどであった。[1]

このように、大坂を中心とした薬種取引の大まかな流れはすでに明らかになっている〔渡辺 二〇〇六、第八章〕のであるが、それ以外の地域については、まだあまり研究がない。そこで本論では、京都を取りあげて、薬種の流通や取引のありようについて探っていきたい。

一　京都の薬種関係の仲間

近世京都において、薬種に関わる商売をしていたのはどのような商人たちであろうか。これまでの研究では、中野卓が同族団研究の視点からではあるが、「二条組薬種屋仲間」（以下、二条組と略す）について検討している〔中野 一九七八、第五章〕。中野によると彼らは、二条通の四町（正行寺町・大恩寺町・東玉屋町・仁王門町）に集住していた。井筒屋・近江屋・薬屋など特定の屋号を持つ者が多く、同族団による占有が見られた。彼らは大坂の唐薬問屋から唐薬種を買いうける仲買であった。(2) ただし、取扱商品は唐薬種だけとは限らず、各人まちまちで、唐薬種・和薬種の他、唐和込薬・合薬・製薬・丸薬・散薬など、多種に及んだという。

また近世京都には、二条組の他に「八日組薬種中買仲間」（以下、八日組と略す）・「脇店薬種屋仲間」という薬種関連の仲間が存在していたが、佐古田あいは、この三仲間がひとつのまとまりを持っていたこと、八日組が二条組と並立する薬種仲買として存立していたことを明らかにしている〔佐古田 二〇一八〕。

しかし、それぞれの仲間の生業の違いや、京都での薬種流通については、まだ不明なところが多い。そこで次節以降では、この点について解明するため、比較的史料が残されている八日組について、詳しく見ていくことにしたい。

二　八日組構成員の居所

八日組が天明七（一七八七）年頃に作成したと見られる「永代記録帳」〔京都府立京都学・歴彩館蔵、館古五〇二―一〕という史料中には、次のような記述がある。

［史料1］

八日組薬師講

往古は京中一組にて年番年寄壱人・廻り男弐人、宝暦十年に仲ケ間百三拾八軒、中古は京中上・中・下と三組、年番三人・行司六人・廻り男なし、その後十二組に定め、年番弐人、但し行事拾弐人内にて当たる、町行事三人これすなわち年行事と云う、十二人、これ組行事也、

十二日組薬師講

前方は年行事五人、今は年行事四人、月行司と唱え八人、宝暦十年に仲ケ間の人数百拾四軒、

ここで「八日組薬師講」および「十二日組薬師講」とあるのは、それぞれ八日組・二条組のことである[3]。八日組の仲間人数については、宝暦一〇年時点で一三八軒とある。仲間内は一二組に組分けされ、年番や行事が置かれているが、往古は京中で一組、中古は上・中・下の三組であったという。

このことを念頭に置きながら、次に八日組の全構成員の居所がわかる史料があるので、それを用いて彼らの居所の分布を具体的に見ていきたい。この史料は、慶応四（一八六八）年八月作成の「八日組薬種仲間名所帳」（平井庄治郎家文書、S〇三五、京都市歴史資料館蔵）という表題の帳面である。前年の一〇月に大政奉還となり、政治的な体制は大きく変わっているが、仲間の側ではこれまでの組織をそのまま届け出ているものであり、幕末の株仲間のありようがそのまま反映されていると見てよいであろう。

帳面では、「上東組」「上西組」など一二組に分かれて、仲間構成員一五五名が署名している。各組の人数は五名から二二名まで開きがあることから、単純な振り分けではなく地域ごとのまとまりを重視して組まれているようである。佐古田はこの史料から、八日組の構成員が京都市中の広範囲に分布しており、二条に集住する二条組とは対照的であ

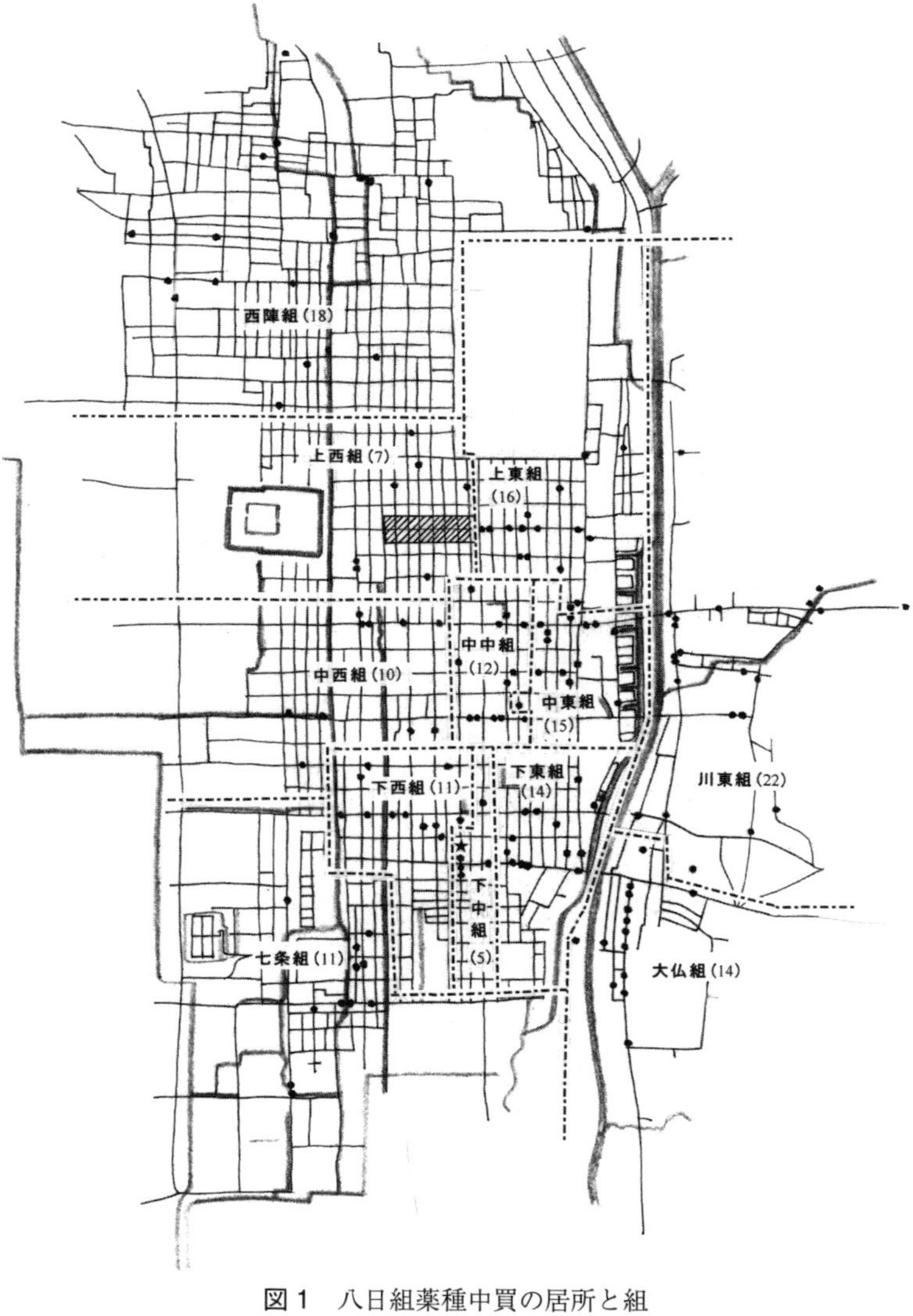

図1　八日組薬種中買の居所と組

注）近世京都の地図は，「近世京都町組色分け図」（秋山國三『近世京都町組発達史』付録，法制大学出版局，1980年）および「近世都市＝京都の構造」（『京都の歴史』第5巻別添地図，1972年）などを参考に筆者が作成．各組の境界線は，各人の居所および所属組の状況から判断し，筆者が推定で引いたものである．中東組のうち2名は，居所が「泉州堺」と記されているため，この図では示せていない．下中組の★は，実際の所属は下東組である．居所の位置と所属組がずれているのは，転居などの理由によるものなのか，詳細は不明である．

ると指摘している〔佐古田 二〇一八、三〇頁〕。ここではより具体的な分布のありようを見るため、それぞれの居所と組について地図上で示してみた（図1）。これを見ると、八日組構成員の居所は、大きな通り沿いにはやや多数が集まるが、基本的には同業者の近隣には店を置かないようにしながら、京都市中のいたる所に散在していることがわかる。京都市中の、かなり端の方まで店があることも注目される。先の史料1の中で、往古は京中で一組、中古には三組だったのが、その後一二組となったとの記述があったが、これは京都の町の進展と連動して、仲間の店の分布が広がっていった過程を反映したものなのかもしれない。

また、もう一点注目しておきたいのは、「上中組」がないことである。京都市中の中心部あたりは、南北方向に上・中・下、東西方向に東・中・西、と区切って、両者の組み合わせで組ができているようだが、上中組だけが存在していない。地理的に見て上中の位置にあたる場所は、実は二条組の構成員が集住している所と重なる。地図上に斜線で囲んだのが、二条四丁町と呼ばれる彼らの集住地である。ここには八日組の構成員は誰も居住しておらず、両仲間による住み分けの様相が見てとれる。史料1にあるように、二条組の仲間人数は宝暦一〇年時点で一一四軒であり、構成員の数では両者にそれほどの開きはないのに、一方はごく限られた町に集住し、他方は京中にまんべんなく散らばって住んでいるのである。この居住形態の違いには、特に注目しておきたい。

三　八日組の生業

次に、八日組構成員の具体的な生業の内容について検討していきたい。彼らは二条組と同じく「中買」を名乗っているが、両者の生業の中身は同じなのであろうか。

次の史料は、川東組に所属する三文字屋庄兵衛の、元治二年四月「諸方注文薬方録」〔平井庄治郎家文書、S〇三五、京都市歴史資料館蔵）という帳面の一部である。帳面の裏には、「平井常栄堂」という店号が記されている。

［史料2］

福嶋屋清兵衛様

薬酒方

良姜　丁字　山椒　木香　各壱匁五分

附子　当帰　紫蘇　各壱匁

肉桂　反鼻　各三匁　　益知　二匁

右粗末

（中略）

大津近市サマ目薬方

洗肝明目散

代金壱朱につき十三服遣す事（後略）

薬方とは、薬の調剤の方法のことであり、この帳面は顧客ごとに薬の調合方法や代金などを書き留めたものと考えられる。ただし、代金は記していないものや、「洗肝明目散」のように調合は略して薬の名前で記しているものなど、一件ごとに書き方はまちまちで、正式な帳簿というよりは、覚え書きのような性格のものなのかもしれない。この帳面全体で三〇名足らずの顧客の薬方が記されており、当主だけでなくその妻子の薬も、それぞれに調合する薬種の種類や分量などが細かく書かれてある。また顧客名は、屋号を持つ者と、「河野様」「渋谷サマ」など名字のある者が混じっており、町人身分の者だけでなく、武士身分の者も得意先に含まれていたようである。三文字屋庄兵衛が店を構えていた東川端二条下ル町の近辺には武家屋敷も展開していたので、その関係で付近に居住する武士身分の者も顧客になっていたものと考えられる。これらのことから、三文字屋庄兵衛の生業は、近隣あるいは何らかの縁故のある顧客に対し、それぞれの症状に合わせて個別に薬種を調合して売る、いわゆる合薬業にあたるものと考えられるのである。

三文字屋庄兵衛の生業に関わっては、次のような史料もある。

［史料3］（平井庄治郎家文書、S〇三五、京都市歴史資料館蔵）

差し入れ申す一札の事

一おらんだねり薬苛烏憐

（中略）

右売薬の儀は、私方相伝の名法に御座候につき、数年来諸国売り弘めたき存念に御座候えども、非力の我等弘め方行き届き申さず候、歎かしく年月贈り来たり候処、このたび（中略）右薬諸国売り弘め方につき、（中略）諸国ならびに当地共小売の外、卸売の儀は永世そこもと殿え御任せ申し候（中略）、尤も右約定の通り、諸国当地共卸売の先々え、我等方より直売等一切つかまつるまじく候、（中略）後年のため差し入れ置く一札よって件の如し、

安政二乙卯年　月

東川端二条下ル町

三文字屋　庄兵衛　印

六角富小路西入町

証人　近江屋　覚兵衛　印

市田屋徳兵衛殿

これによると、三文字屋庄兵衛は、「苛《へ》烏《う》憐《れん》」という練り薬を調製していたが、諸国への売り広めを市田屋徳兵衛へ任せることにして、自家では小売のみを行い、諸国や京都での卸売は市田屋徳兵衛が行うことにする、と取り決めている。このことから、三文字屋庄兵衛は個別の客のために薬を調合するだけではなく、高い薬効が見込まれる合薬については、それを多量に作って広く売り広めようとしていたことがわかる。しかし自らは「非力」であるとして他者に委ねていることから、まとまった量の薬を諸所へ卸売するための独自の販路は持ちあわせていないこともうかがえ、ここからも自店の近隣地域に密着し、そこでの薬の需要に応えるような生業のあり方が浮かび上がってくるのである。

しかしながら、三文字屋庄兵衛が所属していたのは「八日組薬種中買仲間」である。入手した薬種を調合して小売りする生業の者が、なぜ仲買の仲間に所属しているのか。ここには違和感が生じる。

そこで注目したいのが、先にも引用した八日組の「永代記録帳」中にある次のような記述である。

［史料4］

一、元来八日組は、往古より唐物薬種は勿論、何品によらず、万事中買株にて、諸国より採出し候和産の薬種は申すに及ばず、染草・荒物・砂糖類・櫃物・丸物・込薬・製薬・丸散合薬・諸国え弘めの売薬売り廻り、その外唐小間物・絵の具迄も倶に御免株也、

ここには八日組の生業がどのようなものかが記されている。性格の違うものが列挙されているので、その点に注意しながらまとめてみると、以下のようになるであろう。

・八日組は、往古から（薬種に関係する）あらゆる品の仲買の株である。

・唐物薬種の仲買（←もちろん）

・諸国産の和薬種の仲買（←言うまでもない）

・染草・荒物・砂糖類・櫃物・丸物（など、加工する前の薬種関連の諸原料）の仲買
・込薬（小分けした薬種）の仲買
・その他、次のような商売も許されている株である。
・製薬・丸散合薬（の製造・販売）
・諸国へ売り広める売薬（あらかじめ調合しておいて売り広める薬）の売廻り
・唐小間物・絵の具（の販売）

これによると、八日組の者は、薬の原料である薬種の仲買業を中心としつつ、それに関連する諸品の仲買業も行い、また、仕入れた原料をそのまま売るだけでなく、加工・調合して薬や絵の具などとして販売することも公認されているのだという。このとおりであるとすれば、かなり幅広い商売を行っていたということになろう。ただ、先の三文字屋庄兵衛の例からすると、八日組の全ての者たちが、これら全ての商売を手がけていたというよりは、この範囲の中でそれぞれが得意とする商売を行っており、その内容は各人によりまちまちであった、ととらえる方が適切なのではないかと考えられる。

四　八日組の仲買業

それでは次に、八日組の「仲買」としての商売に関わる側面について考えていきたい。手がかりとなる史料は、八日組が京都町奉行所に提出するために作成した「唐物登り本送り状控」（平井庄治郎家文書、S〇三五、京都市歴史資料館蔵）という帳面である。この帳面からは、株仲間再興後の嘉永七年から安政七年までの、八日組の者が大坂から買請けた唐物荷物の内容を知ることができる。この帳面がなぜ作成されたのかを理解するためには、まず文化元年に行わ

れた京都における唐物取締政策の変更について触れておかなければならない。京都では、文化元年九月の町触で、長崎で落札された唐物荷物を、京都の長崎問屋を経由すれば、大坂を通さずに京都で直請けすることが認められた。それに伴い、京都の薬種仲買が従来通り大坂から買請ける唐物についても取締が強化され、仲間ごとに改役が新設された。大坂から荷が到着すると改役の者が送り状をとりまとめて京都の糸割符年寄へ提出し、改めを受けた上で荷解きが許可され、送り状の写しは全て、半季ごとにまとめて京都町奉行所へ提出することとなったのである。したがってこの帳面には、記載されている期間内に大坂から八日組の者へ送られてきた、全ての唐物荷物の送り状が書き写されていると考えてよいであろう。帳面の裏表紙には「八日組改役」とあるので、この帳面自体は、町奉行所へ提出する分とは別に、八日組で保管する写しとして作成されたものと推測できる。

この帳面の記載内容をもとにして、安政六年後半季分について、大坂の送り主・京都八日組の請取り主・送られてきた唐物荷物についてまとめたのが、表1である。八日組の請取り主と、先の「八日組薬種仲間名所帳」で名前が一致する者については、備考欄に所属組も示しておいた。各人の所属組はまちまちなので、この帳面は特定の組の者だけではなく、八日組構成員全てを対象としてまとめられたものであると見てよいであろう。それを前提として表を見ると、八日組の者のところへ大坂から届いた荷物は、約半年間で一三件のみ、荷物を受け取っている八日組の者は七名だけである。しかも一三件中七件は砂糖荷物であり、取り寄せている商品にも偏りが見られる。大坂を通さずに直請けしている荷物の取引量はわからないので断言はできないが、櫃単位の大量の薬種や砂糖を仕入れて売り捌く、仲買としての生業を営む者は、八日組の中に存在しているのも確かであるが、一五〇名を超える構成員の中で、大坂から荷物を受け取っている者が半年間に七名というところから見ると、先に見た三文字屋庄兵衛の商売のように、仲買以外の商売に力を入れている者も、相当数含まれているのではないかと考えられるのである。(4)

表1　大坂から八日組薬種中買へ送られた唐物荷物（安政6年後半季分）

	送り主	請取り主	唐物荷物	備　考
8月9日	三郷薬種屋二番組 淡路町二丁目 大和屋与兵衛	三条□□町 福嶋屋七兵衛	阿仙薬20櫃・紅樹皮10櫃・龍脳2箱・阿仙薬5櫃・檳榔子10櫃・一角7本・同7本・丁字30櫃	
9月28日	唐薬問屋 平野町一丁目 池田屋由右衛門	綾小路烏丸 菱屋安兵衛	出島白砂糖2櫃・太白砂糖6櫃・出島白砂糖2櫃・白砂糖3櫃・太白砂糖8櫃・同□櫃・氷砂糖1櫃・上白砂糖2櫃	
12月6日	唐薬問屋 内淡路町三丁目 小西屋万兵衛	京五条 紀伊国屋半兵衛	檳榔子5櫃・大楓子5櫃・羚羊角5櫃・檳榔子5櫃	下東組
12月6日	唐薬問屋 内淡路町三丁目 小西屋万兵衛	五条 紀伊国屋半兵衛	水銀2件	下東組
12月28日	唐和砂糖荒物商人二番組 本町二丁目 錫屋久次郎	桝屋武兵衛	太白砂糖1櫃	中東組
12月28日	唐和砂糖荒物商人二番組 本町二丁目 錫屋久次郎	奈良屋次右衛門	氷砂糖3櫃	下中組
12月21日	唐薬問屋 内平野町 日野屋作助	四条 中西惣助	丁字20箱・同30箱	下東組
12月27日	三番組砂糖中買 北久太郎町□丁目 長崎屋利兵衛	五条東洞院東入 奈良屋次右衛門	出島白砂糖2櫃	下中組
12月28日	唐和砂糖荒物商人二番組 本町二丁目 錫屋久次郎	菱屋安兵衛	氷砂糖1櫃	
12月28日	唐和砂糖荒物商人二番組 本町二丁目 錫屋久次郎	井筒屋喜助	氷砂糖3櫃	西陣組
12月27日	三番組砂糖商人 北久太郎町二丁目 長崎屋利兵衛	三条寺町東入 桝屋武兵衛	出島白砂糖2櫃	中東組
12月6日	唐薬問屋 内淡路町三丁目 小西屋万兵衛	四条 中西宗助	阿仙薬10櫃・同5櫃・羚羊角10櫃・丁子10箱・水銀4件	下東組
12月21日	唐薬問屋 内平野町 日野屋作助	四条 中西宗助	水銀10件・丁字10箱	下東組

おわりに

八日組のこのようなあり方は、大坂の薬種中買仲間とはかなり異なっている。大坂の薬種中買仲間は、唐薬問屋や諸国の和薬問屋などから薬種を仕入れ、品質を見きわめた上で「込薬」として袋に小分けして、大坂市中の薬種屋や諸国の薬種屋へ売りさばくことを生業としており、自らが製薬を行ったり、薬を小売することは、明治期より以前にはなかった。大坂ではそのような商売を行う者として、「合薬屋」という別の株仲間が存在しており、それぞれの生業の内容は比較的はっきりと分かれていたのである。

このような違いは、京都と大坂とでは都市の成立過程が違うことと関係しているのかもしれない。以下で仮説としてまとめてみる。

・京都は形を変えながらも古代以来続いてきた都市なのであり、すでに中世には山科言継のような公家も薬を扱っていた。公家や寺社をはじめとする多くの都の住人たちの薬の需要に応えるため、市中にも薬を売る商人が古くから存在していた。彼らは株仲間として公認されるよりかなり以前から、市中で個別に薬の商売を行い、それぞれ独自の販路や取扱品目などを有しており、多様な形での商売が行われていたが、市中で薬種を取り扱う商人という大まかなくくりで、八日組という講組織として結合した。それが近世になって株仲間として公認された。

・また、近世初頭に高瀬川が整備され、京都へまとまった量の唐薬種が入荷されるようになると、これを専門的に引き請ける薬種商人たちがあらわれた。彼らは荷が着く地点に近い二条通りに集住し、二条組という講組織として結合した。ただし、京都における薬種商人の多様性は彼らも引き継いでおり、二条組の中にも多様な商売を行う者も含み込まれていた。

・いっぽう大坂は、近世になって武家権力により計画的に創出された城下町であり、商人たちも新たに作られた町地に居住して商売を始めた。そして薬種については比較的早い段階から幕府による統制がかけられ、株仲間として公認されるなどの過程を経て、比較的似かよった商売を行う者たちが仲間を形成している状態ができあがっていった。

現段階ではあくまで仮説ではあるが、このようにとらえることで、京都と大坂の都市の性格の違いとも絡めながら、薬種の取引や流通の実態を、広い視点から位置づけることが可能となるのではないだろうか。

流通のありようや仲間の組まれ方などは、それぞれの地域が持つさまざまな条件の影響を受け、各地域によって違いが生じてくる。三都研究においても、そのことに注意をはらいながら各地域の個別具体的な分析を進めると同時に、そのなかから統合的にとらえられる論点も獲得していくことで、三都の共通点や相違点を浮かび上がらせることができるようになるのではないかと考えている。

（1）享保七（一七二二）年―元文三（一七三八）年までの間は、和薬改会所が設置され、和薬の流通統制が行われていた〔渡辺 二〇〇六、第六章〕。
（2）京都にも薬種問屋は存在したが、宝暦期ごろに衰えたという〔中野 一九七八、三二二頁〕。
（3）各仲間の名称の変遷については、〔佐古田 二〇一八、二四―二五頁〕を参照。
（4）現段階では推測にすぎないが、逆に仲買の商売に力を入れているのが、二条組なのではないかと考えている。

参考文献

佐古田あい「近世京都における薬種仲間の研究」『歴史民俗学研究』第二号、二〇一八年
中野卓『商家同族団の研究』第二版（上）第五章「同業街における同族団連合組織」未来社、一九七八年
渡辺祥子『近世大坂薬種の取引構造と社会集団』清文堂出版、二〇〇六年

〈第7章〉

明治初期の町と家持

岩本葉子

はじめに――近代京都の町の特質

近代都市史研究においては、個別町の存在はあまり顧みられない傾向にある。これは近世後期までに町の性格に変化がみられ〔吉田 一九八五、杉森 一九九七〕、明治以降には行政上の役割が縮小していくことによるものであろう。京都の町に関して先駆的な研究を行った秋山國三も、明治期は町組を自治組織として重視する見解を示している〔秋山 一九八〇〕。だが辻ミチ子は町組重視の姿勢は継承しつつも、明治中後期に至っても町が独自の運営を行っていたことを指摘する〔辻 一九七七〕。そして近年、近代京都の町に関する研究が進むなかでおもに二つの論点が見いだされている。

一つ目は行政との関係で、明治三〇年の公同組合設立を行政補完機能を期待する市側の事情によるものとし、町を公共的業務の担い手と評価している〔小林 一九九九・二〇〇六〕。二つ目は個別町における町運営や内部構造分析によって、明治末年ごろから家持を中心とする町運営が転換期を迎えることが論じられている〔奥田 二〇一〇、藤井 二〇〇九、岩本 二〇一二〕。これらの研究成果からは、京都では明治以降も町は歴然と存在しており、基本的に家持自治が根強かったことになる。この点は近代の町のあり方として京都の特質と評価できるものであり〔伊藤 二〇〇六〕、明

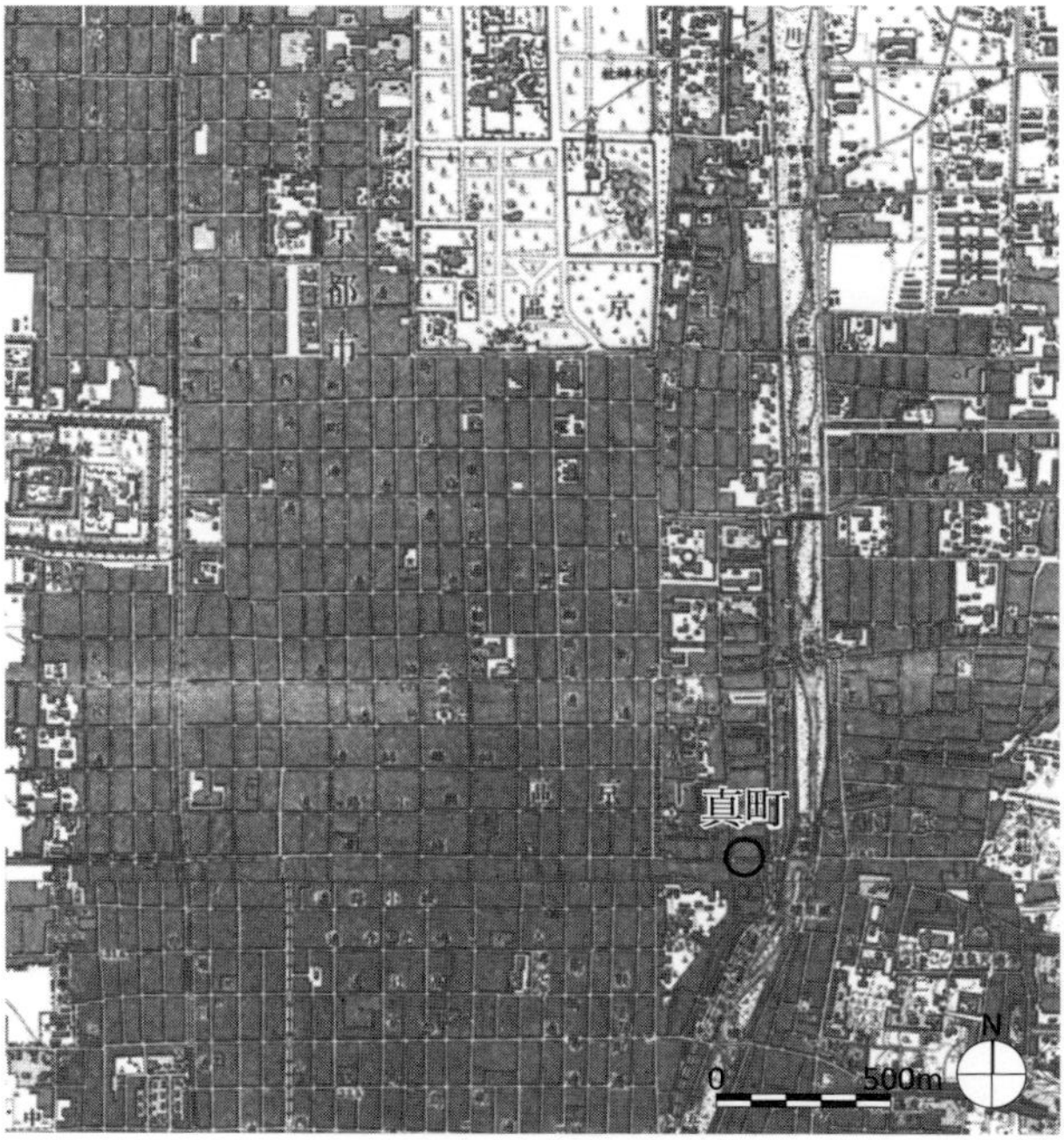

図1　真町の位置

出典）陸地測量部正式二万分一地形図「京都北部」「京都南部」明治42年測量，『正式二万分一地形図集成　関西』柏書房，2001年所収．

治以降の町の存在や家持による町運営を単に近世からの延長として捉えるべきではない。

近世後期の京都では町代改義を経て、町組内・間の連携が強化されていく〔辻 一九七七〕。けれども幕末の混乱に伴い町組の負担は拡大傾向にあり、明治へ改元されると小学校建設や運営維持も町組の課題となってくる。同時に未だ安定しない治安の維持や困窮者への対策、頻繁に代わる制度への対応なども求められた〔井岡 二〇一八〕。こうした町組の負担が極めて大きかった時期、町組の下にある町の負担も決して小さなものではなかったはずである。

本章はこの点をふまえ、真町という個別町を素材に明治初期の町の実態を検討するものである。ここで着目したいのは当該期の町が、町に課された様々な業務にどのように対応していたか、それが町内部の構造的変化とどのように関係しているかである。なお、真町は京都でも比較的繁華な地域となる四条通の両側町で、高瀬川沿いに河岸地が展開している点などは特異と言わざるを得ない。ただし、同業者町という性格はなく、元治の大火からの復興という課題を抱えていた点では同時期の他の町と共通する。

一　明治期の町組と町

1　町組と町の位置づけ

詳細な分析に入る前に、京都における町組や町に関する制度的変化を整理しておく〔秋山 一九八〇、京都市 一九七四〕。慶応三(一八六七)年の王政復古により町奉行所が廃止されると、京都市中取締役所が設置された。この時、触の伝達は上下京の町組連合三役に委ねられる。翌年六月には各町に議事者三名を選任するよう触られるが、彼らはその直後に出される町組五人組仕法について諮問を受けている。この町組五人組仕法に基づく第一次町組改正および翌年の第二次町組改正を経て、町組は規模的にも形態的にも平準化されていった。そして町組単位での小学校建設が進められるが、小学校内には会所も設けられ町組自治の舞台となっていく。明治一二年には郡区町村編成法によって各町組に戸長が置かれることとなり、明治一九年には数組をまとめた連合戸長制がとられた。

町組五人組仕法によって町内では五人組の編成が指示され、各組に五人組頭を置くとしている〔『京都町触集成』(以下『町触』)一三―五九六〕。翌年には議事者が廃止されるが、町の代表者としての年寄は存続され、町組―町―五人組という構造が築かれていたことになる。その後、明治五年五月の戸籍制度によって京都では戸長一名の担当領域を一町とした。この際、年寄は戸長へ置き換えられ、町内家持によって選出されるが任命権は府知事にあった。

ただし、戸長一名の担当領域は明治七年三月に二〇〇戸程度、明治八年五月に一〇〇戸程度へと改編されていく。戸長の担当領域の拡大によって行政効率が向上されていくものの、町の代表者である総代が戸長業務を補完する必要があった〔秋山 一九八〇、小林 二〇〇六〕。つまり町はその位置づけが不明確ながらも、代表者を選出して公共的業務に従事していたのである。そして明治二二年に施行された市制町村制では戸長が廃止され、町は行政上の位置づけを失った。それでも行政的機能が期待されたため、明治三〇年に京都市は再度町を行政上に定義することとなる〔小林 一九九九〕。

2 真町と『日記簿』

つぎに真町の概要であるが、祇園社への参詣道である四条通の両側町で、近世から多くの商店が集まっていたものと考えられる。幕末には上古京下中筋組の枝町で構成する下河原三二町組に属しているが、明治二年に下大組一二番組に編入される。この町組は明治五年に第十四区、同一二年に第十四組、同二五年には第十四学区と改称されていく〔京都市 一九八一〕。明治初期の段階では、真町をはじめとする四条通沿いの町は町組内でも比較的富裕な商人が集まっていた〔日向 一九九六〕。

京都府立京都学・歴彩館が所蔵する「真町文書」には『日記簿』[1]と題された簿冊が複数含まれており、近世後期に関しては断続的であるが明治二年から昭和二年まではほぼ連続して現存する。これらの作成者は明治二年には年寄となっているが、明治五年五月からは戸長へ、明治七年四月からは伍長（あるいは伍頭）へ変化していく。これは戸長の担当領域が二〇〇戸程度となったことに伴うもので、二〇町が所属する下京第十四区では戸長は五名まで削減されることになった。

しかし一〇〇戸を基準とすることになると『日記簿』作成者は「真町橋本町戸長」となっている。明治七年一一月二五日の記録によれば、真町には八七戸が所属するため町に一人の戸長を置きたい旨を府へ届け出たが、隣接する橋本町の規模が小さかったため二町に一人の戸長が置かれることとなった。そのため明治一二年三月に作成者が総代となるまでは、正確には「真町の記録」とは言いがたい。だがこの間に橋本町から戸長が選出されることはなく、『日記簿』内でも真町のことを「当町」と表現しており、真町として『日記簿』を作成する意識が強かったことがうかがえる。なお、総代による作成は市制以降も変化がなく、明治三〇年の公同組合設立によって公同組合長へ改められていく。

内容については、ごく初期の段階では町汁や町内勘定の開催など内部に完結する事柄も記録されているが、真町橋本町戸長期には町内部に関する記述は極端に減少する。総代期には改めて町内部の記事が増加してくるものの、基本的には市や町組に対する対外的業務が中心となっている。対外的業務の内容は時期によっても変動があるが、府や市からの令達の伝達と答申（各種調査の実施含む）、町内からの各種届出、徴税業務、衛生業務、消防関係、学務関係、町組の自治関係などである。これらのうちどの業務が府や市レベルに、町組レベルに相当するのかひとつひとつ精査していく必要があるが、現段階では十分な準備がない。そのため、これら渾然一体となった対外的業務を真町がどのように遂行していたのかといった町側の問題として分析を進めることとする。

二　真町の空間と人

1　家屋敷所持

本節では真町の内部構造として家屋敷所持（土地所有）や構成員の変化を検証していく。まずは家屋敷所持についてであるが、真町の空間構成に関する最も古い記録は明和四年の『沽券状御改帳』になる。ここには町中を含め二二名分の家持が記録されるが、居付・不在の区別は不明である。間口間数にはかなりばらつきがあるものの、軒役は多くが一軒役となっており、二軒役はわずか三ヵ所のみであった。

この沽券帳以降で家屋敷所持の全体像がうかがえる史料は明治二年の『御地面取調書』で、三六名の家持が確認でき、明和四年から大幅に増加していることが判明する。敷地割としても分筆が進んでいるが、とくに枡屋喜右衛門屋

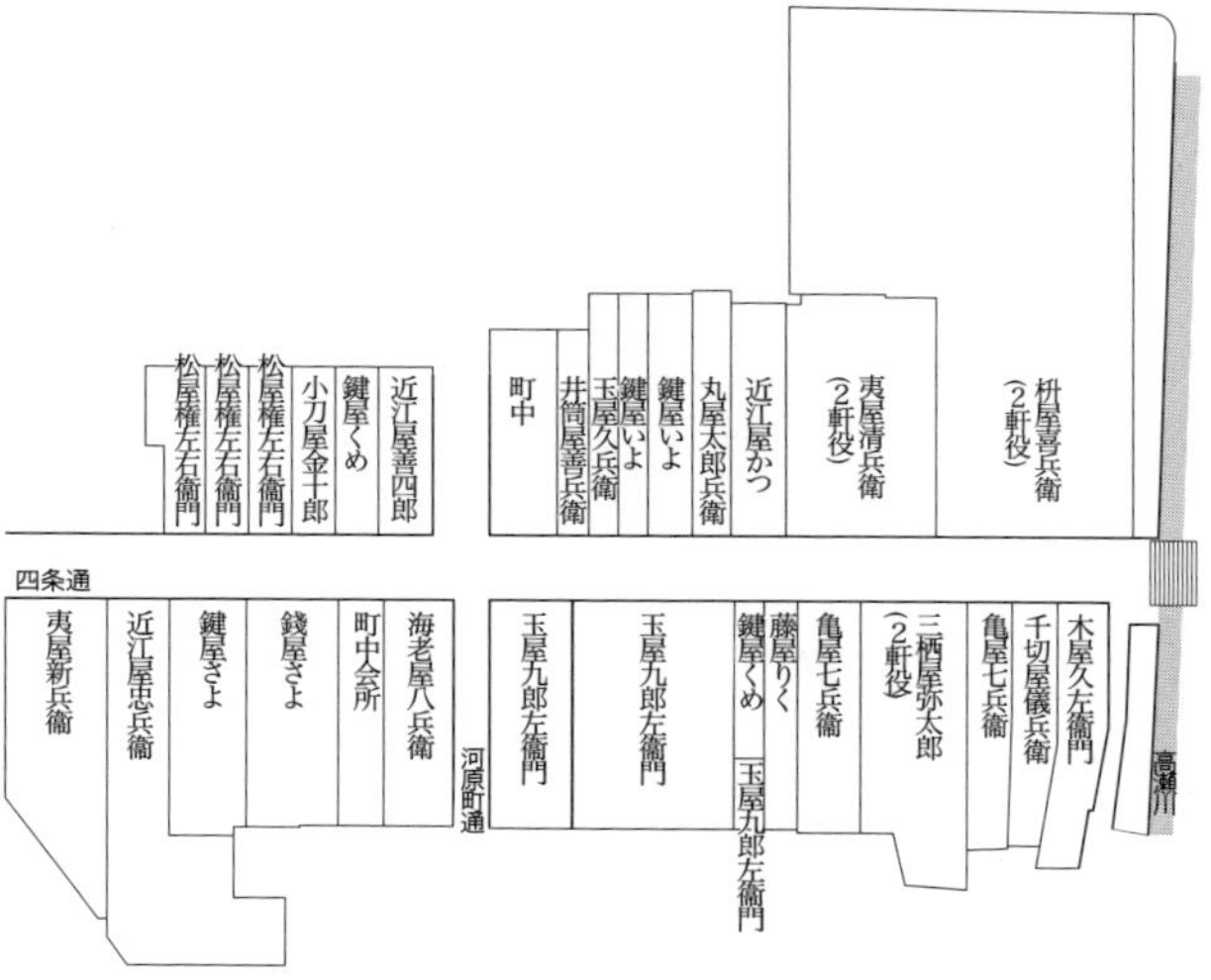

図2　明和4年の土地所有状況

出典）「真町文書」申『沽券状御改帳』より．敷地割は京都市歴史資料館架蔵写真版「永松小学校所蔵文書」を参照．

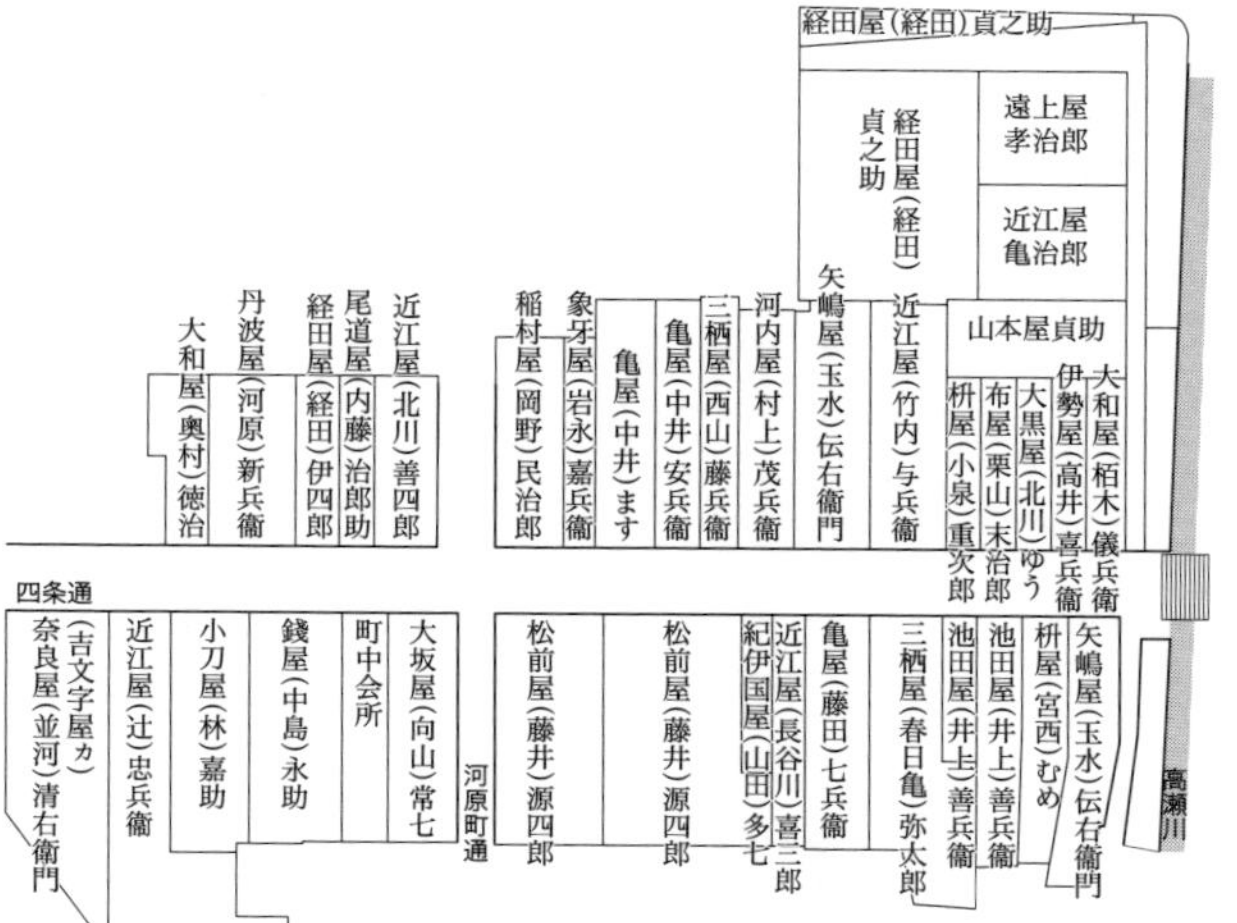

図3　明治2年の土地所有状況

出典）　京都市歴史資料館架蔵写真版「永松小学校所蔵文書」より．

敷の解体が家持増加に大きな影響を与えている。枡屋は筑前藩の御用を勤める商家で、古高俊太郎を迎えて跡を継がせていたが、古高は元治元（一八六四）年六月に長州間者として捕縛された〔寺井　一九六四〕。枡屋屋敷の解体はこの捕縛によるものであろう。

明治二二年からは法務局が所蔵する「土地台帳」によって土地所有状況がうかがえるが、土地所有者数は明治二年段階と大差ない。ただしこの間に高瀬川沿いの土地が払い下げられ私有地化されているので全体的にはやや減少傾向

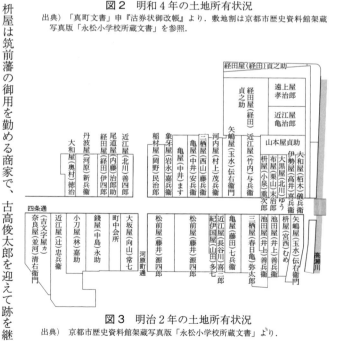

にあったことになる。明治末年までは土地所有者数や居付率に大きな変化はなく、比較的安定した状況にある（表1）。

慶応二（一八六六）年から記録がはじまる『地所買主取調帳』には、明治三八年までの家屋敷売買が記録されている。全体では五三件の売買が数えられるが、そのうち一一件が慶応二年の取引となっており、こうした売買の頻発が史料作成の動機として考えられる。その後明治零年代には一二件、明治一〇年代には一六件、明治二〇年代に八件、明治三〇年代に六件が加筆されていく。慶応二年の売買頻発は元治の大火の影響によるものであろうが、その後明治一〇年代までは尾を引く状況にあり、明治二〇年代に至ってようやく落ち着いてきたことが読み取れる。

表1　明治期の土地所有動向

	明治 2(1869)	明治 22(1889)	明治 43(1910)
家持（居付人数）	36（不明）	34（27）	37（27）
継続人数（率）	—	20（0.58）	28（0.76）

出典）図3および京都地方法務局所蔵『土地代表』より.

2　居住者

「真町文書」には幕末の人別帳がいくつか含まれているが、各年代ともに部分的に現存するのみで、とくに家持については全体像の把握が難しい[3]。借家人については安政六年のものが比較的残存状況が良く、六五世帯の存在が確認できる。一方、家持は最大でも二〇世帯程度だったと考えられ、借家人が多数を占める構成となっていた。なお真町の人別帳からは、借家を複数抱えた家持が「家代」という代理人を置いていたことも確認でき、文久三年には四人が記録されている[4]。彼らの町運営への関与については検討を要するが、それだけ借家経営が活発に行われていたことを象徴している。また、借家人の中には自身の居住する借家とは別に町内で借家を所持する人物が複数確認できる。彼らは居住形態としてはあくまでも借家であるが、町運営上は家持の扱いとなるだろう。

慶応元年作成とみられる『御取調帳』には連印が添えられているが、内容は同年閏五月に出された人別改や止宿届の厳重化を指示する触に対する請書となっている。基本的に町内居住者（居付家持・借家人）が連印に加わっているものと考えられ、全体で七九名の氏名が確認できる。これを文久・元治人別帳と照合してみると、一三人が家持あるいは借家を所持する借家人、四人が「家代」、五三人が借家人、九人が不明という構成になる。また明治二年の家持とも照合してみると、二七人が一致するが、うち一三人は文久・元治人別帳では「家代」あるいは借家人として登場していた。これらの点からは、元治の大火による居付家持の転出はあまりみられず、借家人の家持化が進行していることに気づく。

幕末の人別帳を手がかりに『地所買主取調帳』の内容を精査すると、明治零年代までの家屋敷売買二三件中、一七件が町内者への売却であった。つまり幕末から明治初期にかけて売買が頻発しているが、町内での取引がほとんどだったのである。さらに明治元年の市中戸籍仕法を機に作成されたとみられる『真町戸籍帳』は、明治五年の町内に八七軒が存在したことを示している。そのうち三九軒が家持となっており、この数字は明治二年図の家持数（三六）に近似する。この点からも明治初期の段階では家持の居付率が極めて高かったことがうかがえる。だが明治二二年には六割以下となっており、この間に居付率が低下していたことになる。

三　明治初期の町役員体制と町組との関係

1　戸長期以前

前節で確認した内部構造を前提に、明治初期の町役員体制を検討していく。慶応四年に選出が指示された議事者は一名を年寄、二名を総代としている（『町触』一三―五八二）。真町の『日記簿』によれば明治二年一月に年寄が交代するが、この際は新年寄に議事者（総代）が付き添って府へ届け出ている。同年七月には議事者制度は廃止されてしまうが、改めて五人組頭が年寄を補佐するよう定められた〔『町触』一三―九一五〕。やや時期はずれるが、明治五年二月の寄合で町内改革を目的に「町中仕法」が定められている。ここでは「町用」を務める日行事が定められているが、『日記簿』を読む限りでは町組や他町への遣いとして日行事が登場する。

このほかに「町中仕法」では町会所の売却、用人の廃止、寄合開催場所、番人の用人兼務、家屋敷売買時の入用、学区入費などについても取り決めがなされていた。町会所は翌月に売却されるが、これに伴い用人が廃止されて番人と一本化されたのである。京都市中では慶応四年一月に治安悪化から木戸門の復旧が触られていたが〔『町触』一三―四一五〕、この時期に至って取り払われることとなり真町もこれに着手していた。用人と番人の兼務はこれに影響されたものであろうが、その後も真町は番人ではなく用人を雇用しつづけている。そのため用人と番人の兼務は、町抱えの削減として理解しておく。また町会所についても明治一一年には「真町会議所」の建設に関わる史料が残されており、『日記簿』にも「町会議所」での寄合が記録されるようになっていく。「町中仕法」によって持ち回りとされた寄合会場は、特定の空間としてこの時期に再度設定されたのである。

2 「改正規約」

「町中仕法」から間もなく、明治五年五月には町に一名の戸長が置かれることとなる。真町では一月に年寄となった奥村徳治がそのまま戸長に就任するが、先行研究では戸長業務は従前の年寄と大きく変わらなかったという指摘が存在する〔秋山 一九八〇、四七二頁〕。この時期に作成された「改正規約」から当該期の町役員体制を確認しておきたい。「改正規約」は全二三条に各町役員などの業務規定を加えた構成となっているが、「改正規約」の冒頭には次のように作成目的が記される。

去る慶応戊辰年、王政復古につき御一新の改正仰出せられ候につき、日々御趣意明細にあい成り、其の御趣旨に基づき候ところ、大町の事故戸長壱員にては管轄行き届きかね、第一無益の費を省くのため、今般更に法則改正致し候につき、規則条々

王政復古以来の政変を背景としつつ、戸長一名で業務全般を管轄することは困難とし、経費節減のためにも「改正規約」作成が必要とされたのである。

「役儀」として戸長、副長、集税方、勘定番、火防役が示されているが、彼らは五役と総称される。戸長業務は布告類の伝達、小学校勤や対外的業務の分配、各種調査の実施、町内居住者の出入への対応、種痘の世話などとなっている。副長は戸長の手伝いや留守預かり、戸籍簿の管理と記録の作成を業務とし、戸長と副長によって人の移動が詳細に把握される体制が築かれている。集税方は各種税金の取調と集納を、勘定番は学区費の集納や町費の管理を、火防方は人夫とともに火災に対応することを業務としている。彼らは一年を任期とし、「新古の差別なく入札をもって」人選が行われる。また五役のほかに、「伍組頭十弐員」の役割として、組内の和合維持や制法遵守の徹底が記されている。真町では五人組頭が一二名存在し、組内の人の移動は全て彼らから戸長へ伝えられ、月集めも彼らから勘定番へ渡されることとなっていた。

以上のように、基本的に五役の業務内容は大半が対外的なもので占められており、それを補佐したのが五人組頭と位置づけられる。とくに戸籍の運用が行政上の大きな課題となっていたこの時期、真町では戸長、副長、五人組頭でこれらの業務を遂行していた。議事者廃止以降の五人組頭は年寄の補佐役であったが、戸長の下でもその機能に変化はみられない。なお「改正規約」には町内の清掃、夜回り、市中制法の読み聞かせを担当する「町吏」が規定されているが、これが用人業務ということになる。日行事の存在も含め、彼らは町が様々な業務をこなしていく上で必要な存在であった。

3　町役員の担い手

当該期の町役員体制として五役の存在が確認できたが、戸長は町内家持から選出されることとなっていた〔秋山 一九八〇、四七二頁〕。それは従来の年寄についても同様で、さらに『日記簿』中の日行事はいずれも家持が務めている。こうした状況から、戸長以外の五役も家持であったと考えて差し支えないだろう。「改正規約」には五役選出の要件として家屋敷所持は明記されていないが、これは家持から選出されることが当然視されていたためと理解できる。

五人組頭の就任状況も検討していきたいが、町組五人組仕法では家並五軒を基本として五人組を編成することとしている。頭はそのなかでも「年長又は頭立者」で、「老人幼少又は婦人計」となってしまう際には家並みにこだわらない編成も認められた。真町の場合、『真町戸籍帳』に十二支の名称を冠する組名が記されているが[5]、四条通南北の居住者がそれぞれ六組に分けられ、借家人も含めて編成されている。

五人組頭の全体像が判明するのは『日記簿』の明治七年九月一九日の記録からである。一二名全員が男名前で、借家人が集まる酉組だけは借家人を頭としている。そのほかは家持で、うち二名は明治二年以降に家屋敷を取得した新参者であった。明治五年の居付家持は三九名であったが、性別や年齢によって頭になれない人物も一定数含まれる。そのため五役に加えて一二名も選ぶとなると、新参の家持、場合によっては借家人を頭に立てる必要が出てきたのである。居付家持は新古関係なくその大半が五役あるいは五人組頭に就任しなくてはいけない状況に置かれていたことになる。なお、五人組頭一二名の存在は明治八年二月、明治一〇年五月、明治一一年四月にも確認できるが、メンバーの変動は限定的である。任期が定められた五役と異なり、やむを得ない事情がない限り五人組頭の入れ替わりは生じなかったようである。

ちなみに、『日記簿』では明治五年七月に新しい戸長が選出され、五人組頭二名の連名で区長へ届け出ている。これは明治二年の議事者の事例と酷似しているが、五人組頭二名のみが登場する事例は明治七年まで続き、同年四月ごろからは伍長と称されている。この変化は『日記簿』の作成者が伍長へ変化する時期と一致しており、伍長二名のうち一名が『日記簿』作成者となる。右の状況からは、五人組頭一二名の取りまとめ役が存在していたことがうかがえる。しかも南北から各一名となっており、すでに廃止された総代議事者に代わって戸長業務をより積極的に補佐していた。

彼らは明治八年ごろから「伍長」（あるいは「伍頭」）・「総代」として各一名が記録されるようになってくる。五人組頭の取りまとめ役二名が伍長と総代に分化していった可能性が読み取れる。ただし作成者が真町橋本町戸長となっていくことにより、両者の関係性を『日記簿』から読み取ることは困難化していく。いずれにしろ、伍長や総代のあり方が大きく変わるのは、明治一二年三月のことである。

4　町組と真町

町が担った対外的業務は基本的に町組を介して町へ伝えられる。その際には小学校内に設けられた町役溜りと各町の連絡役となるのが世話町である。世話町は明治二年段階ですでに『日記簿』にその存在が確認できるが、真町が実際に世話町を務めた最初の記録は明治四年三月である。この際、日行事二名と手代が詰番として出勤し、同月には借家人数名と用人が「火防定人夫」を務めた。さらに世話町は各町への連絡事項を紙に認めて届けるが、それに必要な紙筆は持ち出しとなっていた。

しかしながら世話町制度のみでは町役溜りの人手は十分でなかったようである。明治四年三月二六日に町組総会で中年寄から書記の雇い入れの提案があった。翌月二九日にも書記雇い入れと詰番の廃止について中年寄から相談を受けている。これに対して真町は町内で話し合った結果として書記は「便利至極宜儀」としつつも、その給金を軒役割ではなく町名割とすることを要求した。町組内でも比較的規模が大きい真町にとっては、軒役割よりも町数で割ったほうが家持一人あたりの負担が小さいと考えてのことだろう。この後町組では寄合が重ねられ、翌月一二日には「取究」として町組会議へは年寄または五人組頭が出席すること、学校詰番（世話町）として各町から一名を出勤させるよう通達した。学校詰番については二町ずつで持ち回りとし、借家人を差し出すことは禁じられた。

この段階では書記給金がどのように結論づけられたのか不明であるが、明治六年六月に改めて世話町となった真町は書記給金を町内の軒役に割りかけている。さらに「用遣」一名を毎日差し出すことも決定した。そのため書記給金は世話町負担となっており、人手の提供も継続されていることになる。なお明治五年二月二九日の記事では今後は世話町と火防係を別にすることを伝えており、このことによって各町の負担を分散する狙いがあったものと理解できる。

次に町組に対する金銭的負担との関係から、真町の対応をみていく。町組を単位とする小学校建設を奨励した京都府は建設費を下賜している〔辻 一九七七、二二八頁〕。しかしその一部は一〇年年賦で返納する必要があり[6]、その後も小学校運営費が常に掛かってくる。そこで明治二年一〇月には運営費を補てんするための小学校会社設立に向けた動きが本格化するが、その後小学校では児童数の増加に伴う敷地および校舎の拡大が行われ、運営費も増加の一途を辿ることとなる。真町が所属した下大組第一二番組では勝円寺塔頭普恩院の土地を借り受けて明治二年一〇月に開校にこぎ着けるが、明治八年には隣接地を買得して教室や会議室を増築している〔道本 一九六九、一七頁〕。

こうした流れのなかで明治五年一月一二日、中・添年寄から町組の年寄衆へ講を組むことが提案される[7]。軒役に応じた積立金を徴収するというものであったが、八町が不承知を表明したため一度は各町へ持ち帰ることとなった。そして真町は翌日に改めて町内一統で話し合った結果として、学校入費は月々差し出すので講は不要という意向を返答する。だが、一七日には組内の年寄中から反対しているのは真町と順風町の二町のみである旨が伝えられた。二四日にも中・添年寄から真町以外はすでに承知しているとして再考を促され、再度町内で対応を協議することとなる。

二六日、二九日にも寄合を行っているが、やはり積立には反対として臨時入用にはその都度差し出すと町組へ通達した。だが、それでは他の町の不都合になるとして、残り一九町に宛てて「御断書」を差し出すよう中・添年寄から指示される。この段階で順風町が承知の意向を表明していたか明記されていないが、真町は町組内で孤立状態に追い込まれている。その後も町内で話し合いを重ね、二月二二日になって「老分衆・役中衆」が「利息懸にて承」ることを決断した。

町組は小学校の建設と運営を介して自治単位としての団結を強化していく時期であるが、町の負担が拡大するなかで真町は町組の方針に抵抗している。町組内での孤立を経て最終的には町組に従うことを決定したのである。これはちょうど町内改革によって町抱えの削減や町会所の売却が進められていた時期と一致しており、その前年には次節でみるように町入用割の改訂も行っていた。町組に対する負担が拡大していく時期、町運営に関しても見直しが迫られていたのである。

5 老 分

講に関する一連の動きのなかで着目されるのは、最終的に「老分衆・役中衆」による話し合いで結論が出されている点である。役中は明治六年「改正規約」の五役に相当する人々、あるいはそれに五人組頭も含むかもしれない。いずれにしろ町内で正式な役に付く人物を指すものと考えられる。それに対して老分とはどのような存在なのか。

『日記簿』のなかで「老分」と同義と読み取れるのが「重顔」「重面」である。「重顔」は明治四年五月一三日を初出とし、学校番の心得方や給金について会所で寄合を行っている。これは先述の書記の雇い入れと関連して以前から雇っていた学校番との区分を明確化しようとする動きと理解できる。その三日後には「重面の衆中寄合」によって町入用割について話し合われている。そしてその内容は総寄合によって評決に至る。さらに翌月には町内で捨て子が発見されるが、その対応のため役中と「重顔の衆」が会所で寄合を行う。明治五年二月には「老分」として講一件に登場し、翌月一七日には町会所の売却代金が老分と役中へ披露された。そして同月二二日には老分と役中で、町会所売却に伴う用人の転居について相談する。明治六年一一月と明治七年二月には町内の家屋敷売買について、明治七年二月には戸長（担当領域二〇〇戸）の人選について「老分」へ相談があった。

これら老分に関わる記述からは、町費負担の改訂や町組への対応といった重要な局面に登場していることが読み取れる。役中と頻繁に寄合を行うことで、町の意思決定に深く関与しているのである。ただし、その後は『日記簿』が真町橋本町戸長の作成となり、老分もしばらく姿を消してしまう。

ここで老分の具体的な構成を確認してみたいが、手がかりとなるのは明治七年二月一一日の記録である。戸長の担当領域が一町から二〇〇戸程度へ変更されるにあたり、町組内の戸長人選について「重顔衆」に参集を呼びかけている。これに応じて集まったのが表2の七名で、各老分の来歴やそれまでの役職についても判明する限り整理した。これによれば全員が幕末までに家持となった人物であるが、とりわけ古参の家持のみというわけでもない。また、経田以外は全員が戸長、伍長、五人組頭などの経験者である。当該期は男性家持の大半がなんらかの役職に就かなくてはいけない状況であったが、そのなかでも能力や意欲を発揮した人物が老分として析出されていった可能性が高い。

本節では明治初期の町内の役員体制とその担い手、町組に対する労働力の提供や金銭的負担を検討してきた。真町では五役などの正式な役に付く人々によって対外的業務が処理されていた。役の担い手は基本的に家持で、五人組頭も含めるとかなりの人

表2　明治7年の老分

氏　名	役職への就任暦	家屋敷取得時期
経田貞之助		慶応3
辻忠兵衛	M2 添年寄（町組）	明和4以前
並河清右衛門	M4.11 戸長	文久3以前
向山常七	M4.3 五人組頭	元治1以前
竹内与兵衛	M4.3 五人組頭／M5.7 戸長	慶応3
林嘉助	M5.3 五人組頭	元治1以前
西山藤兵衛	M4.3 五人組頭／M7.1 五人組頭まとめ役	安政6以前

出典）『日記簿』,『沽券状御改帳』,『地所買主取調帳』などより.

数にのぼる。一方で町組では小学校運営と行政上の役割遂行のために人的体制と経済基盤構築が模索されていた。この状況下で真町も町組に対する決断を迫られ、町内でも改革を進めなくてはいけなかった。町として重要な局面を迎える時期、登場するのが老分なのである。彼らは増加した居付家持のなかにあって、日々の業務に追われる役中とともに町の方針を決定していく重要な存在であったと評価できる。

四　その後の町役員と老分

1　町役員

明治一一年、郡区町村編成法が公布される。京都府はこれを翌年三月には施行しているが、この時戸長の担当領域は町組＝学区となった。これにより真町橋本町の戸長はそれまで預かっていた橋本町の戸籍簿類を橋本町総代へ返却している。真町においては三月二三日に籤によって総代を選び直し、その後は半年ごとに家持で「順廻り」とすることが決定された。少なくとも年寄や戸長が町の代表者であった時期までは入札による人選が行われており、この時期に至って町の代表者のあり方が大きく変化したことになる。

なお、その後も総代は戸長業務を補佐する形で、対外的業務には従事していくこととなる〔小林　二〇〇六〕。その一つが人の移動の把握であり、旧戸長が所持していた戸籍簿類は明治一二年四月に新戸長へ渡された。それまで真町橋本町戸長は真町の家持が務めており、これらの簿冊も町内で保管されていたが町組レベルへ移管されたのである。従事している業務内容そのものが大きく変わったわけではないが、公的な重要簿冊を直接管理するわけではなくなり、町内者が担う業務は一定度軽減されたと評価できる。総代の輪番制は家持の負担の分散を実現するとともに、総代業務がより多くの人物がこなせる内容であったことを物語っている。さらにこれ以降の『日記簿』に五人組頭が登場することはなく、五人組制度は消滅したようだ。

だがこの輪番制について、明治一七年二月に辻忠兵衛から「異見書」が提出された。辻は前年に連合町会において総代選挙法が決議され、一般選挙とするよう定められたので、これに従うべきと主張した。連合町会は小学校会社の運営に携わる町組レベルの自治機関である〔小林 二〇〇六〕。『日記簿』では明治一二年一〇月二六日に議長と副議長の決定が戸長役場から通達されている。その後も町から議員を選出していたことが確認できるが、町組レベルにある連合町会が各町の総代の選出方法を指示している点は、当該期の町運営のあり方を考えるうえで興味深い。町の窓口として町組から様々な業務を請け負う総代の人選は、単純に町内部の問題ではなかったことになる。

辻の「異見書」に関して『日記簿』には特別な記録はなされていないものの、明治一八年作成と考えられる『下京区第十四組真町規約』(8)には、総代は地所家屋所有者による公選で、半年ごとの交代と定められている。その他に総代を補佐する常務委員三名と町会計を担当する勘定係一名を置くことも示されており、人選方法や任期は総代と同様である。だが、明治一九年に連合戸長制がとられるようになると、同年一一月に真町内では総代廃止が検討される。ただし従来総代が取り扱ってきた業務は今後も同様としたい旨が新戸長から伝えられると、改めて真町でも総代を置くこととした。連合戸長の下でも総代は対外的業務に従事しており、市制以降も徴税業務は総代が担っている。なお、明治二〇年にはコレラ対策として町を衛生組合とし、衛生組長を選任するよう府から求められる。この時期、徴税や衛生が町の担うおもな業務となってくる〔小林 二〇〇六〕。

ところが辻の「異見書」以降は総代人選に際して確かに入札が行われているものの、実際の選出状況は明らかに家持の輪番となっている。つまり、選挙はあくまでも形式にすぎず、輪番制が継承されていたのである。そのため明治二三年九月、ちょうど輪番が一回りした真町では話し合いの結果、今後も「今迄通家持順番」とする意見が多数を占めた。そのため輪番制はその後も維持され、明治三〇年の公同組合設立に対しても総代を公同組合長へ改称したのみ

表3　明治17年以降の委員と勘定係

氏　名	委員回数	勘定係回数
明治17-22年		
辻忠兵衛	3	—
岩永嘉兵衛	7	—
栗山末治郎	5	1
玉水新太郎	5	—
経田伊四郎	3	—
安部源八	1	—
中井安兵衛	1	—
長谷川金次郎	1	1
村林幸七	—	2
杉本半七郎	—	1
伊東弥七	—	1
藤田七太郎	—	1
明治23-30年		
栗山末治郎	6	4
玉水新太郎	12	—
村林幸七	8	1
長谷川金次郎	10	2

出典）『日記簿』より．

であった。

京都市は公同組合に借家人も取り込むことを目指していたが[9]、真町において総代および委員、勘定係に借家人が選出されることはなかった。そればかりか表3にみるように、委員と勘定係に一部の家持のみが就任するようになっていく。とりわけ明治二三年以降はこの傾向が顕著で、わずか数名の家持のみが独占する状況にある[10]。委員は輪番制によって頻繁に入れ替わる総代を補佐する立場にあり、総代は対外的業務に従事していた。ただし委員と勘定係の独占状態からは、町運営全体に対して彼らが大きな影響力を持っていたことが推察される。

2　町役員体制の見直し

このような町役員体制が明らかに変化するのは明治四〇年代に至ってである。明治四三年以降は総代の輪番制は維持されるものの、委員と勘定係にはより多くの家持が就任するようになっていく。残念ながらこの直前の『日記簿』が現存しないため詳細な経緯は不明であるが、明治四〇年ごろに町役員への就任体制が見直されたことは間違いない。

この明治末年という時期は、家持のみで町費の使途を決定する町運営への批判が京都市内で高まってきた時期でもある。新聞紙面には批判記事が特集として掲載され、多くは借家人からの投稿によるものである[11]。だがなかには新参の家持や不在家持の立場から書かれたものも含まれており、一部の古参家持が町役員を掌握するという状況が批判される事例も確認できる。これらの新聞記事で真町が直接批判の的となることはなかったが、従来の町運営が京都全体で問題視されるようになっていたことは間違いない。真町における町役員体制の見直しの背景には、こうした気運も影響しているのかもしれない。

他方、明治四〇年までに起きた真町内部のできごととして、老分の消滅が指摘できる。老分はしばらく『日記簿』から姿を消していたが、明治一八年九月の総代交代の立会人として再登場する。それが辻忠兵衛と岩永嘉兵衛である。ただし『下京区第十四組真町規約』には老分に関する規定がみられないため、この時期の老分も正式な町役員とは別の存在だったようだが、明治三三年には公同組合顧問として辻と岩永が記録されている。

なお、辻は明和四年沽券帳にも名前が確認できる町内最古参の家持であるが、『地所買主取調帳』慶応二年の記録では「名年寄」の肩書きが付されている。さらに明治二年には町組の添年寄を勤めていた。辻は幕末の段階ですでに町内および町組の有力者となっており、明治一二年一〇月には連合町会副議長に選出された。その前段階として、町内で議員に選ばれていたことになる。総代は町内にあって対外的業務に従事していく存在であるが、町を代表して町組自治に参画するのが各町から選ばれた議員である。そして辻は明治一六年七月にも真町の連合町会議員に選ばれている。

もう一人の岩永は幕末の人別帳に登場する比較的古参の家持で、明治六年には戸長に、明治一一年には真町橋本町戸長に就任する。表2には含まれないものの、明治初期の段階ですでに町の代表者として選出される存在だったのである。そして明治一九年六月には連合戸長の選挙に関連して選挙委員に辻とともに就任している。この時期、岩永も辻同様に町を代表して町外で活動していたことになる。

ただし、連合町会議員および選挙委員には辻と岩永以外が選出されることもあったため、町外での代表者＝老分とは位置づけられない。むしろ両名の特徴的な点は、明治二二年九月の委員就任を最後に、委員や勘定係に就いていない点である。さらに総代の番が廻ってきても多忙を理由に名代を立てている[12]。町外での活動が増加していくことにより、町内の雑務は免除されていったようである。ここであえて老分を定義すれば、町の代表者としておもに町外での活動に従事する存在ということになる。

だが、顧問となった辻は明治三六年二月一九日に所有地を売却しており、真町の家持ではなくなっていく。岩永はその後も顧問として『日記簿』に登場するが、明治四一年四月には所有地の名義を岩永栄三郎へ変更する。天保五(一八三四)年生まれの辻と天保一三年生まれの岩永の年齢を考えると、この時期に町内から姿を消していくことは避けられない事象かもしれない。だが顧問が不在になると同時に町役員体制の見直しが行われている点は注目に値する。つまり、直接業務に携わる委員や勘定係の固定化を是認していたのが顧問ではなかったか。一部の家持が掌握する従来の町運営への批判が目立つようになると同時に、顧問不在という状況が町役員体制見直しの背景に存在したものと考える。

おわりに——明治期の真町にみる町役員体制の変遷

ここまで真町を素材に明治期の町役員体制について検討してきた。とくに明治初期は町組および町にとって経済的にも業務量的にも極めて負担が大きい時期であった。そのため多くの男性家持がなんらかの町役員に就任しなくてはいけない状況に置かれた。彼らによって町組からもたらされる様々な業務が処理されていったのである。だがこの時期の真町では、幕末の混乱を経て居付家持が増加していた。そのような状況下で町の重要な意思決定を牽引する存在として現れるのが老分である。この老分も町役員のなかから析出されたものと考えられる。

なお、町内に戸籍簿類が置かれていた時期は、行政に対して町が担った役割は決して小さなものではなかったと評価すべきである。郡区町村編制法によってこれらが町組レベルへ移管されると、総代の輪番化と五人組頭の消滅という町役員の縮小がみられる。その後の町が担う業務としては衛生業務と徴税業務が重視され、明治三〇年には京都市は公同組合を設立した。これらの事実に従えば、明治後期に至っても町に対する行政的需要が消滅することはなかった。だが、その業務内容は明治初期の段階に比べて縮小傾向にある。

こうしたなか、真町では明治二〇年代には委員と勘定係を一部の家持のみで独占する体制が形成される。そしてそれは当時の老分によって是認されていたと考えられるのである。ただし京都全体でみれば、右のような状況は明治末年には問題視されるようになっていく。大正期には町運営に借家人を取り込んでいく町も存在するが、それは都市全体における借家人の増加や彼らによる町費負担の拡大などを背景としている〔奥田 二〇一〇、藤井 二〇〇九〕。一方で老分のような立場から考えれば、町の多忙な時期を支えたのが古参家持たちであり、それ以降も町運営の中心に位置することは当然のことではなかったか(13)。この借家人および町運営の中心からはずれた家持と、町運営の中心にある家持との意識のずれが顕在化したのが明治末年ということになる。それでも古参家持たちの世代交代の時期は確実に訪れ、そのとき真町内では町役員への就任体制が見直された。これは借家人の取り込みを意味するものではなかったが、すくなくとも家持内部にある格差を是正することにはなった。

このように京都における明治期の町のあり方を概観してみると、京都という都市が近代を迎えるにあたり間接的ではあるが町の果たした役割は大きい。行政上、町組の存在が重視されるなか、町組はあくまでも町の存在を前提に成立していたのである。そのため町組ごとの小学校建設を支え、戸籍編纂や地租改正など国レベルの事業も末端で担っている。これらを遂行できるだけの能力を備えた組織であればこそ、行政上の位置づけに関わらず町は存続しえたと理解できる。同時に明治後期に至っても従来の町運営を保持しようとする古参家持の意識も、町の多忙な時期を支えたという自負に拠るところが大きいと考えられるのである。

（1）時期によって名称は変化していくが、便宜上『日記簿』で統一。
（2）小林は町が行政（府、市）に対して果たす役割を「公共的業務」としているが、本稿では町組からの業務も含めるため「対外的業務」とした。
（3）「真町文書」甲に所収される宗門人別改帳は、安政六年七・八月、文久三年七・八月、元治元年七・八月、慶応三年七・八月作成。
（4）「家代」を置く家持のうち少なくとも二名は他町住であるが、居付家持と考えられる人物の名前も確認できる。「家代」の存在は居付・不在にかかわらず借家経営の規模にあったと推察される。
（5）十二支による組の編制は市中戸籍仕法による〔京都府立総合資料館編 一九七二、七七頁〕。
（6）明治五年に返納は免除される〔辻 一九七七、一二九〕。
（7）「永松小学校所蔵文書」（京都市立歴史資料館架蔵写真版）所収『学校沿革誌』によれば、明治六年頃に誠立会という講を結成している。
（8）真町所属の町組が「下京区第十四組」と称されるのは明治一八年から明治二五年まで、その間の『日記簿』では明治一八年一〇月に規約の訂正案に関する記録がある。
（9）明治三〇年一〇月「公同組合設置標準」では、住民および不在の不動産所有者も含めた組織化が推奨されている〔京都市 一九七九、六四六頁〕。だが、近代京都の個別町を扱った先行研究では、明治末年までに借家人を町役員に取り込む事例は確認されていない。
（10）明治三一年から明治四〇年までは若干のメンバー入れ替わりを伴いつつ、基本的に数名の家持のみが委員、勘定係を掌握。
（11）『大坂朝日新聞京都附録』明治四四年一月一九日～三月二七日に「町内の悪習」と題する連載記事が掲載される。なかには不在家持に課される不勤料や、新しい家持に課される帳切料の存在を批判する記事が確認できる。
（12）明治二〇年九月に岩永、明治二三年三月に辻の番となるが、いずれも栗山末次郎が名代を勤めている。
（13）北之御門町においても古参家持による町役員の掌握、町規約作成の牽引が確認でき、真町特有の問題ではなかったと考える〔岩本 二〇一二〕。

参考文献

秋山國三『近世京都町組発達史』法政大学出版会、一九八〇年
井岡康時「奔走する今村忠次――明治維新と地域の再編」『京都市歴史資料館紀要』二八号、二〇一八年

岩本（三倉）葉子「近代京都の町と土地所有　北之御門町を事例として」『年報都市史研究』一八号、二〇一一年
奥田以在「近代京都「町」における家持自治の転換」『社会科学』七六号、二〇〇六年
奥田以在「近代京都山鉾町における紛擾と自治」『社会経済史学』七六巻一号、二〇一〇年
京都市『京都の歴史』第七巻、京都市史編纂所、一九七四年
京都市『史料京都の歴史』三巻、平凡社、一九七九年
京都市『史料京都の歴史』一二巻、平凡社、一九八一年
京都府立総合資料館編『京都府百年の資料』一巻、京都府、一九七二年
小林丈広「公同組合の設立をめぐって――一八九〇年代の地域社会と行政」『新しい歴史学のために』二三四号、一九九九年
小林丈広「京都の町組織の再編と公共的業務」伊藤之雄編『近代京都の改造』ミネルヴァ書房、二〇〇六年
杉森哲也「商家同族団と町――京都冷泉町・誉田屋一統を事例として」『年報都市史研究』五号、一九九七年（『近世京都の都市と社会』東京大学出版会、二〇〇八年所収）
辻ミチ子『町組と小学校』角川書店、一九七七年。
辻ミチ子「都市の再編成と被差別部落」『人文学報』六七号、一九九〇年
寺井秀七郎『古高俊太郎』古高俊太郎先生遺徳顕彰会、一九六四年
日向進「町と町屋の構造」京都町触研究会編『京都町触の研究』岩波書店、一九九六年
藤井正太「近代京都の町共同体に関する基礎的考察――西陣・妙蓮寺前町を素材に」『部落問題研究』一九一号、二〇〇九年
道本行市編『京都市永松小学校創立百周年記念誌　永松百年のあゆみ』山本米太郎発行、一九六九年
吉田伸之「町人と町」歴史学研究会・日本史研究会編『講座日本歴史5　近世1』東京大学出版会、一九八五年
京都町触研究会編『京都町触集成』一三巻、岩波書店、一九八七年

Ⅲ　民衆世界の諸相

〈第8章〉

近世京都の寺社と非人

吉田ゆり子

はじめに

中世京都の非人に関する研究は、大山喬平をはじめ、三枝暁子や島津毅らにより進められ〔大山 二〇一二、三枝 二〇一七、島津 二〇一七など〕、「坂」の非人が有する洛中に及ぶ埋葬に係る特権は、寺院に売却され一八世紀半ばには銭納化したこと、「坂」に統轄された中世の非人と近世の非人集団との非連続性も知られるなかで、近世京都の非人に関する研究はきわめて少ない。菅原憲二は、氏の前稿〔菅原 一九七七〕を進め、①悲田院年寄の形成過程と、②悲田院と非人小屋との関係について論じている〔菅原 一九八七〕。第一点目については、「中世選民の残滓」が悲田院に居住地を与えられ、「中世後期以来の雑芸能・乞食を業としながら自己編成を遂げ」るとともに、他方で一七世紀中葉以降の京都の都市社会問題である「治安警察と行き倒れ人の死体取片付など」の役を奉行所から賦課されるなかで、非人集団を支配する悲田院年寄を生み出したとし、中世からの連続性のもとで、奉行所による役編成により非人という身分集団が形成されるとした。また、二点目に関しては、「地域〔町、寺社、特定の家〕への隷属性」が強かった非人集団〔非人小屋〕が、「悲田院年寄の率いる非人集団」の一つとして包摂される過程が一八世紀前期以降進展するとし、悲田院による「非人支配の拡大」を指摘した。

第一の論点のうち、中世の悲田院との系譜上の位置づけについては再考を求める村上紀夫の論考が近年出されたが、非人の身分編成過程に関しては、第一・第二ともに通ずる本質的な問題であるにもかかわらず、その後、研究の精緻化を含む進展がみられないのが現状である。とくに、非人集団と「地域」との関係は、地域社会論で提示されている諸社会集団の重層と複合関係〔塚田 二〇〇〇〕を念頭におくならば、菅原が指摘した「地域」への隷属から悲田院への支配へ、という単純な図式で捉えられるものではなく、悲田院支配を受けつつも「地域」との関係をもち続けるという複層的な関係の存在を考慮しなければならない。そもそも、菅原が前稿で指摘したように、乞食・飢人である非人が小屋がけの居所を得ていたという事実こそが、「地域」で果たすべき非人の役割が存在していたことを示唆している。

こうした観点から、本章では「地域」として寺社をとりあげ、非人と寺社との関係から、近世京都における非人の社会的存在意義について考察してゆくことにする。その際、洛中洛外の寺社にとって日常的に必要不可欠な寺社境内地の不浄物処理（キヨメ）や警察的機能（番）に注目し、非人と寺社との関係を検討してゆく。主たる素材として、大仏殿境内とその周囲に存在した非人小屋と、境内地の管理・運営の全体のなかで番人の具体像を知ることができる下鴨神社境内をとりあげる。

一　非人小屋と悲田院支配

はじめに、非人小屋の所在状況を知るために、弘化三（一八四六）年九月二二日夜、京都の三条新地牢屋敷からの囚人一〇人の牢抜け一件をみておきたい〔『京都雑色記録』一―一八三〕。九月二三日から牢抜人全員捕縛される一一月一日までの間に、捜索に駆り出されたえた村六ヵ村と悲田院、そして洛中洛外の非人小屋頭の出動状況を表に示したの

表 1-1　牢抜一件につきえたによる夜廻り・張見廻り勤役状況

	勤役		年寄		組頭		小頭		人足		総勤役数
	期間	日数	人数	勤役数	人数	勤役数	人数	勤役数	人数	勤役数	（人）
六条村			3	30	3	14	9	108	147	1801	1953
天部村			3	41	12	87	21	376	152	1886	2390
川崎村			—	—	—	—	7	125	43	948	1073
蓮台野村	9月22日～10月29日	38	1	38	—	—	4	75	95	1509	1622
北小路村	9月22日～10月29日	38	1	38	—	—	14	429	45	1006	1473
元銭座跡			2*	44	—	—	8	103	213	1455	1602

注）＊「支配人」の人数.
出典）『京都の部落史5 近世2』京都部落史研究所，1988年，95-127頁.

が、表1である。表1—1のように、えた村六ヵ村（六条・天部・川崎・蓮台野・北小路・元銭座跡）からは、年寄・組頭・小頭などの役人のほか、夜廻りや見張人足が駆り出された。他方、非人は、表1—2のように悲田院村から、年寄四人で延べ五四日間、居村二三人で延べ五一〇日間、小屋頭九人で延べ一一一日が遠方御用に出たことがわかる。悲田院手下の非人小屋については、表1—3に示した。この表で非人小屋頭数合計（C）をみると、鞍馬口一三、寺裏と牢屋が一一、不動堂と二条が六、頂妙寺裏五、清水坂三、大和橋二、それ以外は一と、鞍馬口・寺裏・牢屋が多いことがわかる。なお、これらの非人小屋の所在地を、天保一二（一八四一）年刊「天保改正袖中京絵図」上に表したのが、図1である。この図をみると、非人小屋の所在地名は御土居近くの洛中の周縁部に所在しており、最大規模の鞍馬口小屋Oが北東の御土居際にあるほか、二条から三条の鴨川の東側には、聖護院南M・岡崎L・円山P・頂妙寺裏K・荒神口N・寺裏J・大和橋Iと悲田院村の周辺に多くみられ、五条から六条にかけても、六波羅H・清水坂G・大仏殿E・鳥部野F・高瀬（松明殿）Dと御土居内外に多く点在していることがわかる。南方では伏見稲荷御旅所北の不動堂Cと西側の東寺があるほか、西方には下ノ森A・宿次（宿紙）・上紙屋川・下紙屋川・聚落・内野と北野天満宮周辺に多く所在したことがわかる。洛中では、西三条Rや三条新地牢谷Bに集まっていたといえる。また、表2には宝永四（一七〇七）年と正徳五年時の非人総数と、享和元（一八〇一）年の非田院年寄・与次郎数と手下の小屋頭および小屋数を示した。一八世紀前期に京都町奉行所で把握されている非人は八五〇〇人程であった。非田院村の年寄数は四人と変わらないものの、享和元年には与次郎と一括りにされていた者が、居村と小屋頭に分化していること、手下小屋頭数も弘化三年には少なくとも八〇軒に増加していることがわかる。

表1-2　悲田院村による遠方御用出勤数

悲田院村	人数	日数
悲田院年寄	4	54
居村	23	510
小屋頭	9	111

次に、悲田院による非人支配の経緯と悲田院の公役の内容について述べておきたい。一七世紀前期の非人施行と悲田院年寄による関与の検討は菅原〔一九八七〕に委ね、ここでは享保二(一七一七)年、悲田院年寄五人が京都町奉行所に上申した「悲田院勤方之事」により、悲田院の公役の関係を確認しておきたい〔『京都御役所向大概覚書』下巻―二二九、以下『覚書』と略す〕。

まず、悲田院が「非人支配」をするに至る来歴である。承応三(一六五四)年九月二〇日、京都所司代(板倉周防守重宗)から「非人支配いたし候様」命ぜられ、鴨川筋今出川原で代官(小野惣左衛門)が奉行を務めた。この施行で、米三〇石が悲田院に下付され、この三〇石で悲田院は惣堂を建立したという。

他方、悲田院に「捕者」が命ぜられた経緯も、歴代の京都町奉行との関係で述べられている。すなわち、寛文九(一六六九)年六月一九日、京都町奉行(雨宮正種と宮崎重成)から「捕者」を命ぜられたことに始まり、天和三(一六八三)年一二月九日、京都町奉行(井上志摩守正貞)には、悲田院年寄共が他国派遣され、元禄三(一六九〇)年五月一四日、京都町奉行(小出淡路守守秀)から、「法会市町を廻り」巾着切りや悪党者を捉えるように命ぜられ、以後これを「役目」に申し付けられたという。ここで、「法会市町廻り」とは、日常的な市中廻りの際の「捕者」ではなく、寺院で法会が行われ市中に多くの人が詰めかける場合であると理解されること、また他国に「補者」として出動するのは「悲田院年寄共」に限定されていることに留意しておきたい。

その後、天明八(一七八八)年の「雑色要録」には、悲田院が京都町奉行所に対して果たす公役として、「捕者」以外に①「圏」の設置、②「捕物・聞合御用等」、③「御仕置者」、④「非人行倒」の「見改」、⑤「捨子引取」、の五点が付け加えられた。①悲田院に「圏」が設けられ、ここで囚人と無宿・乱心者などを預かり、年寄共が付き添って護送

表 1-3　非人小屋による地向御手当夜廻り張等への人足差出方

非人小屋	夜回り・張等人足（A）人数（人）	夜回り・張等人足（A）人足数（人）	地向き御手当に出勤（B）内人数	地向き御手当に出勤（B）外人数	地向き御手当に出勤（B）日数（日）	非人小屋頭数合計（人）（C）	小屋頭1人当り A（人）	小屋頭1人当り B（日）
寺裏小屋頭	11	354	7	0	67	11	32.2	9.6
六波羅小屋頭	1	19	0	0	0	1	19.0	—
清水坂小屋頭	3	73	0	0	0	3	24.3	—
高瀬小屋頭	1	186	0	0	0	1	186.0	—
鳥部野小屋頭	1	17	0	0	0	1	17.0	—
牢谷小屋頭	2	103	2	9	99	11	51.5	9.0
五条小屋頭	1	14	0	0	0	1	14.0	—
大仏小屋頭	1	11	0	0	0	1	11.0	—
不動堂小屋頭	6	159	2	0	14	6	26.5	7.0
東寺小屋頭	1	23	0	0	0	1	23.0	—
土取場小屋頭	1	23	1	0	3	1	23.0	3.0
円山小屋頭	1	6	0	0	0	1	6.0	—
二条小屋頭	6	156	0	0	0	6	26.0	—
頂妙寺裏小屋頭	2	69	1	3	36	5	34.5	9.0
荒神口小屋頭	1	34	0	0	0	1	34.0	—
聖護院南畑中小屋頭	1	17	0	0	0	1	17.0	—
柳田小屋頭	1	21	0	0	0	1	21.0	—
二股小屋頭	1	25	0	0	0	1	25.0	—
鞍馬口小屋頭	12	326	5	1	51	13	27.2	8.5
大和橋小屋頭	1	34	0	1	13	2	34.0	13.0
内野小屋頭	1	73	1	0	3	1	73.0	3.0
下ノ森小屋頭	1	29	0	0	0	1	29.0	—
上紙屋川小屋頭	1	31	1	0	1	1	31.0	1.0
下紙屋川小屋頭	1	44	0	0	0	1	44.0	—
永山小屋頭	1	22	1	0	2	1	22.0	2.0
聚落小屋頭	1	17	0	0	0	1	17.0	—
宿次小屋頭	1	10	1	0	12	1	10.0	12.0
岡崎小屋頭	1	3	0	0	0	1	3.0	—
畑木畑小屋頭	0	0	0	1	16	1	—	16.0
西三条小屋頭	0	0	0	1	2	1	—	2.0
北野小屋頭	0	0	0	1	3	1	—	3.0
	63	1899	22	17	322	80	30.1	8.3

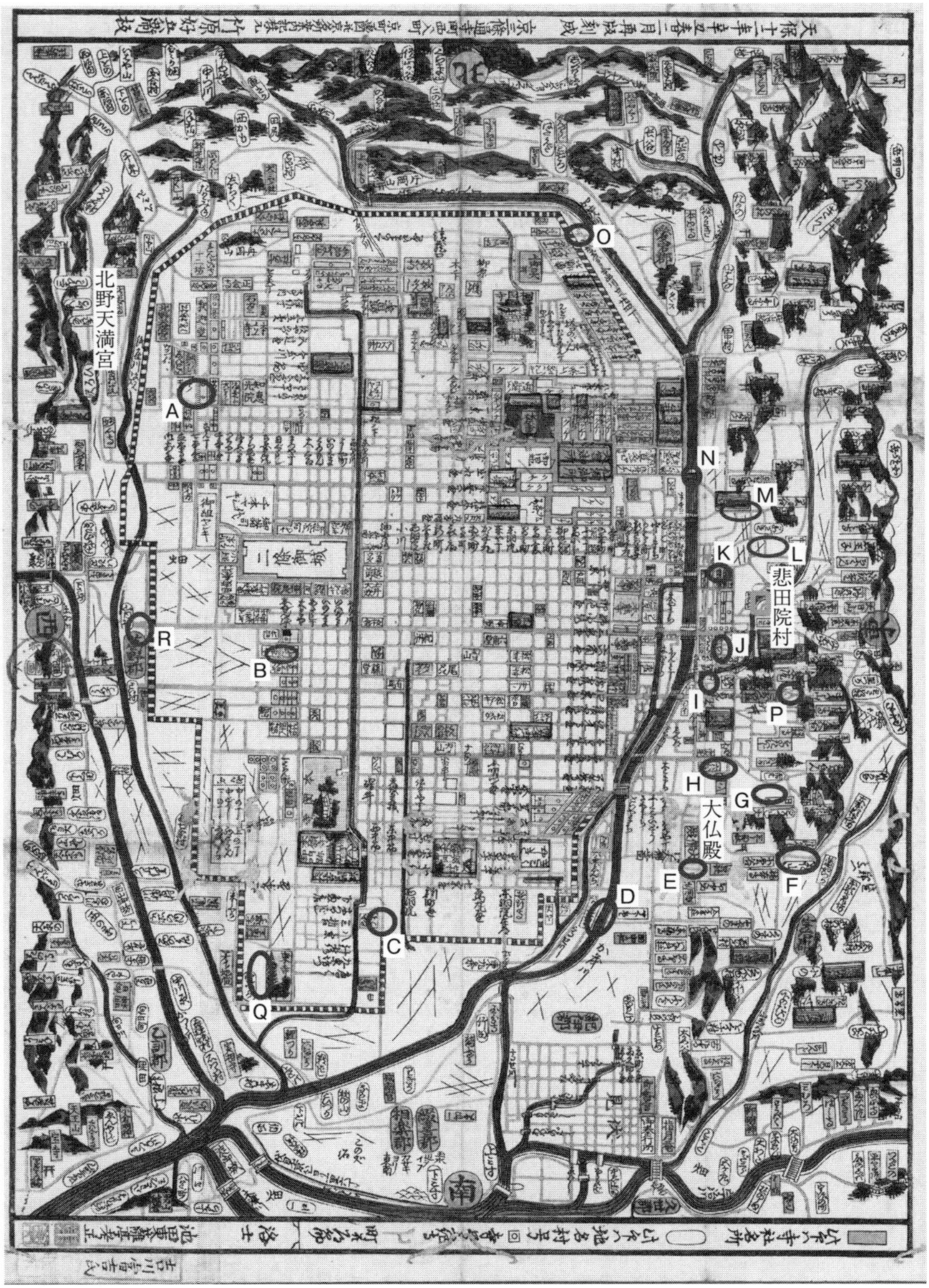

図1　19世紀前期非人小屋の位置

注）A：下ノ森小屋　B：牢谷小屋　C：不動堂小屋　D：松明殿小屋（高瀬小屋）　E：大仏小屋　F：鳥部野小屋　G：清水坂小屋　H：六波羅小屋　I：大和橋小屋　J：寺裏小屋　K：頂妙寺裏小屋　L：岡崎小屋　M：聖護院南小屋　N：荒神口小屋　O：鞍馬口小屋　P：円山小屋　Q：東寺小屋　R：西三条小屋

出典）「天保改正 袖中京絵図」国立国会図書館所蔵.

表２　非田院村年寄・同与次郎・手下非人小屋頭数

	享和元(1801)年		宝永4(1707)年非人数			正徳5(1715)年非人数		
	(以前)	当時	合計	男	女	合計	男	女
悲田院年寄（単位：人）	5	4						
悲田院村与次郎（単位：人）	52	34						
手下小屋頭（単位：人）	69	68	8314	4610	3704	8506	4641	3865
手下小屋数（単位：カ所）	70	69						
内　御土居内	9							
内　御土居外	61	60						

出典）宝永４年『京都雑色記録』（中根摂津守江書上候写），4-39，正徳５年『京都御役所向大概覚書』二「三十三」，4-41，享和元年『雑色要録』（年寄４人＝浅次朗・忠次郎・吉左衛門・忠五郎），〔『京都の部落史』4-68〕〔『部落史史料選集』3-301〕．

をした。「圏」で預かった囚人の扶持米は、毎月牢賄所から受け取り、月ごとに決済して牢賄所に報告されていた。なお、この「圏」が悲田院に置かれるようになった経緯が、寛政六（一七九四）年付で追記されている。すなわち、もともと「圏」は三条大橋二丁目正栄寺前小屋の中にあったが、二条川東頂妙寺北裏に移動した。しかし、享保七（一七二二）年七月、火の元が心配なため悲田院居村に引き取りたいと、奉行河野豊前守と諏訪肥後守に願い出て認められ、その時から小屋頭らが昼夜六人ずつ番を勤めているという。また、③の「御仕置者」と「遠方御用」の勤役では、帯刀が認められた。寛政六年の追記では、濫觴は不明ながら承応年間から帯刀が認められているとして、年寄共に帯刀が許されているのは、(1)遠島者の警護、(2)大坂からの囚人受取渡、(3)東西の土手での「御成敗者」（処刑）、(4)牢屋門前での敲払で御赦免とする時、(5)遠方御用の時、であり、手下の者が処刑（「御仕置之者」）をする場合も認められると述べている。④の洛中洛外における「悲人行倒」の「見改」、つまり行き倒れ人の検分は、「非人見分」と呼ばれるもので、行き倒れ人が「非人」か否かを悲田院が現場に立ち会って判別することである。最後に⑤として、「捨子引取」が公役として明記され、さらに悲田院が京都町奉行に対して年頭礼を行い、「公儀」から「御褒美」として反対給付が下賜されることも追記された。

以上のように、悲田院は承応三（一六五四）年から「悲人」（乞食・貧人）施行の場の支配を町奉行所から任された後、寛文六（一六六六）年から「捕者」（捕縛）、

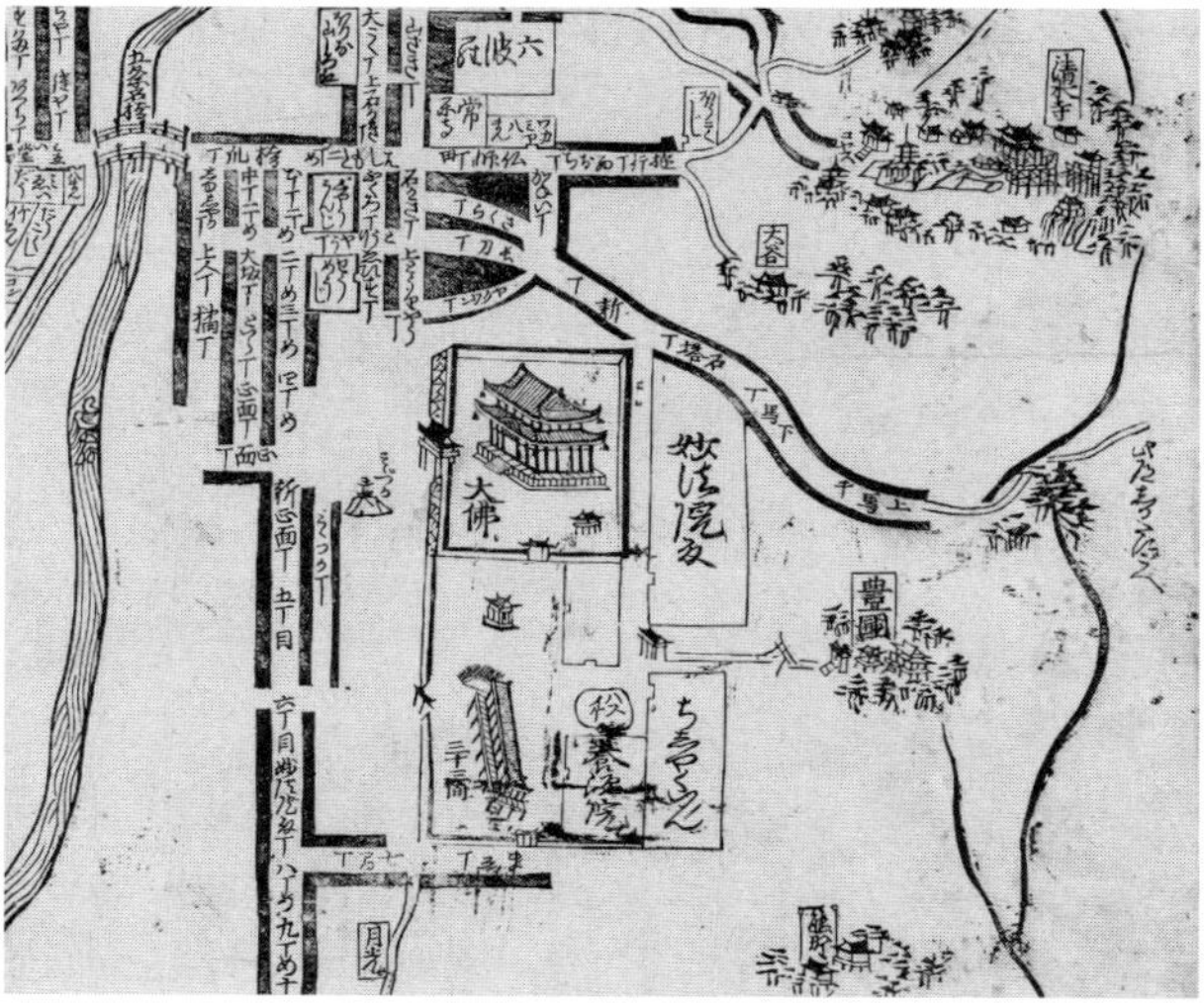

図2　大仏殿境内図

出典）「新改洛陽幷洛外之図」国立国会図書館所蔵.

享保七（一七二二）年から「圏」を設けての囚人預かりと送迎、その他、「御仕置」御用や行き倒れ人の検分や捨子引取り等の公役が明確化していったとみられるのである。

それでは次に、非人小屋と寺社との関係を検討していこう。

二　大仏殿と非人小屋

1　大仏殿境内の非人小屋

大仏殿（方広寺）は、天正一四（一五八六）年に豊臣秀吉が創建し三年後に完成したが、大仏自体は慶長元（一五九六）年の地震で倒壊し、慶長一七年に金銅像が安置された。この時、鐘楼堂も建立され大鐘も鋳造されたが、この鐘銘が家康の怒りに触れたことはよく知られるとおりである。しかし、この大仏も寛文二（一六六二）年の地震で倒れ、銭貨（大仏銭）に鋳替えられ、寛文四年に木造大仏が安置された。さらに、この木仏も寛政一〇（一七九八）年の落雷で焼失し、その後大仏は再建されなかった。大仏殿の境内は、承応二（一六五三）年五月「新改洛陽幷洛外之図」[1]では、図2のように豊国神社の西側麓の妙法院の西側に、大仏殿と三十三間堂が南北に隣接して所在していることが確認できる。また、大仏殿築地外には秀吉の朝鮮侵略に纏わる耳塚がある。この一帯に所在する豊国神社・大仏殿・三十三間堂（蓮華王院）・新日吉神社等は、妙法院に管理が委ねられていた。

さて、『京都御役所向大概覚書』「大仏非人小屋之事」には、次のように述べられている〔『覚書』下巻―一〇九〕。

宝永四亥年正月

一、大仏殿境内に非人小屋拾壱軒これ有り、火用心宜からず候間、所替させ然るべき旨松平紀伊守殿仰せ聞けられ候に付、大仏南門外坊官屋敷の地尻に、東西五間・南北拾五間の場所へ六軒引越し、五軒残し置き候様にと妙法院御門跡坊官へ申渡、傍示杭打為渡候事

右五軒之非人小屋、朝鮮人来聘に付、正徳元卯年不残取払に罷成

すなわち、宝永四(一七〇七)年正月、京都所司代松平紀伊守信庸が、火災の危険性を理由に、大仏殿境内にあった非人小屋一一軒を移転するようにと命じたそこで、京都町奉行は妙法院に対し、大仏南門外の坊官屋敷の端で、東西五間・南北一五間の場所に六軒を移し、五軒は境内に残すように指示し、傍示杭打ち箇所を示して渡したとある。ただし、残った五軒の非人小屋も、正徳元(一七一一)年に、朝鮮通信使の来朝に際しすべて撤去されたという。

それでは、宝永四年に京都所司代の命令にもかかわらず、大仏殿境内に非人小屋の半分を境内に残すことになったのはなぜであろうか。また、正徳元年に境内から撤去された非人小屋は、その後どのように扱われたのだろうか。

2 非人小屋の撤去

宝永三年一一月五日、妙法院坊官菅谷左京は京都町奉行所へ、非人小屋と茶屋敷軒数等を詳しく記した絵図を持参した〔『日次記』二―二八七〕。七日、町奉行所からの求めで、三十三間堂辺の茶屋敷を追加提出する一方で、妙法院の提出した絵図に「非人小屋三軒、当分これ無く候」とある記載の意味を問い合わせる上雑色松尾左兵衛からの手紙が到来した。妙法院からの回答は次のとおりである〔『日次記』二―二八八〕。

非人小屋十四軒の内、当分これ無く候と書付候子細は、先年此方より小屋の員数相極め置き申し候、然る所、近

年三軒崩し、小屋主これ無く罷成り申し候、又重て若し建て申し候と一通りにて、当分これ無しと書付け申し候御事に御座候、必ず又建て申すと申す訳にてもこれ無く候えども、先年員数極め申し候訳一通りにて御座候、以上

つまり、妙法院は以前から大仏殿境内の非人小屋数を決めていたが、たまたまこの調査時に、三軒が小屋を閉じていた。今後、三軒までは非人小屋が建つ可能性があるため、「当分これ無し」という書き方をしたとのことであった。ここから、妙法院は境内に置く非人小屋数を一四軒と定めていたことが知られるのである。

ところが、翌宝永四年三月一八日、「大仏鐘楼堂際非人小屋拾弐軒」が多いとして検分が公儀からあり移転を迫られた。非人小屋は、前年の書上げより一軒増え、しかも一四軒中一二軒が鐘楼堂脇に集中していた。移転先は、今小路兵部行伝卿屋敷門の東方とすることで許可を得、公儀から杭木打ち予定の絵図等を渡された。ただし、この時移転する小屋は五軒で、七軒は境内に残された〔『日次記』二―三〇三〕。

その後宝永七年三月二四日、翌年に予定されている朝鮮人来朝に向け、天和二(一六八二)年度の先例調査が行われた。妙法院からは、大仏殿での酒肴のため、本堂回廊廻りの修復や畳の用意、仮台所と雪隠の準備、掃除や蒔砂・立砂等の準備とともに〔『日次記』三―八八〕、大仏殿門前の茶屋の扱いについてのやりとりが雑色との間で行われた。同年一〇月一四日には、大目付仙石丹波守久尚と勘定頭大久保大隅守忠香等勘定方の役人が、町奉行中根摂津守正包とともに大仏殿と三十三間堂の検分に来た〔『日次記』三―一一五〕。

ところが、翌年四月一四日、町奉行中根摂津守役所から、大仏前耳塚の脇にある奈良屋甚助の居宅を取り壊して道筋を拡張するように指示が出された。また、耳塚の藪を程よく縮めて取り除き、角の建屋の脇には竹垣等を設えること、これらを二〇日以内に行うように、とも伝えられた。これに対し、妙法院側からは、耳塚藪は立竹と下草の除去にとどめること、角の建家野分に設える竹垣の経費と、大仏殿と回廊・鐘楼等の修理経費を幕府が支出することを求

めたが、五月一四日、町奉行所で幕府の意向が三点伝えられた〔『日次記』三―一四四〕。

第一に、道筋を確保するために、大仏門前の奈良屋甚助住宅を上地し、門前茶屋の並び南方に替地を与えること、第二に、耳塚の竹を「若竹にて一面に見分も宜しく成」るようにし、腐り竹や見苦しいものを除去し切り揃えること、第三に、大仏殿回廊外から三十三間堂までの詳細な絵図を近日中に持参すること、その絵図には「住宅之茶屋」（常設の茶屋）や「当分之小屋掛」（仮設の水茶屋）、そして「非人小屋等」まで描くように、とのことであった。そこで妙法院は、翌日詳細な絵図を町奉行に提出したが、一八日に至り町奉行から、①大仏鐘楼堂脇の常設の茶屋一軒と、②三十三間堂の複数の仮設水茶屋、そして③非人小屋七軒を囲藪とも撤去するよう通達されたのである〔『日次記』三―一四五〕。

これに対し、妙法院側は一九日付で口上書を提出した。そこでは、①②については了解したが、③の非人小屋撤去については次のように述べた。〔『日次記』三―一四六〕。

一、非人小屋七軒圍共に取払い候様に仰せ聞けられ、其の意を得（脱カ）奉り候、しかしながら此の非人共儀は、大仏・三十三間辺りの場所広く候故、昼夜番人として先規より彼の地に罷り有り候、去る戌年、右の小屋廻廊へ程近き所四軒、御公儀より御指図の上取払い申し候、其節も大仏・三十三間近所にて相応の地これ無く候故、則ち御家来居屋敷裏に指し置き候、其の砌、見分等これ有り儀に御座候、此の如くに御座候えば、此の度、残らず取払い候えば、相応の所も御座なく候、尤も先年朝鮮人来聘の節も、此の地にこれ有る儀に御座候間、何とぞ御取成しを以て、番人旁其の通り御指置き候様に願い奉り候、此の度朝鮮人来聘の時節は、圍藪垣等丁寧に申し付け居り、小屋見苦しき分は新しく仕るべく候、此ら等の旨、何分にも宜しく御沙汰願ね奉り候、以上

すなわち妙法院は、移転地確保の困難さを一つの理由に挙げながらも、広大な大仏殿と三十三間堂境内の「昼夜番人」として非人たちは必要な存在だとして、非人小屋の撤去を拒んだのである。そして、非人小屋を囲む囲藪垣を丁

寧に設え、見苦しい小屋を新しくする手間をかけても、非人たちを「番人」として置くことを求めた。

しかし奉行所からは、この件は「関東」（幕府）からの指示であり、所司代であっても「自分之料簡」では決められない、妙法院があくまで拒絶するなら「関東」に申し遣わすとの通告があった（『日次記』三―一四六）。これほどの脅しにもかかわらず、妙法院は再度「口上覚」を認め、非人小屋を隠すために、囲藪の外側に築地を立て、非人小屋の高さを低くして、外から見えないようにするという具体的な提案を盛り込み、これを御所御取次町口越中守のもとに持参し、禁裏付山口安房守と久留伊勢守への申し入れを依頼した。この時の妙法院側の説明には、「非人小屋は、先々より彼地にこれ有り、場所も広き所故、番人昼夜、夜廻り、又は不時の穢敷物等の取扱の為に住居仕り候」とあり、非人たちを、番人・夜廻り、そして「穢敷物」の処理（ケガレの除去、キヨメ）のために境内に住居させていたことを知ることができる。

しかし、妙法院による非人小屋撤去への抵抗はここまでであった。翌日、「御公用の儀御違背の様に風聞あり」と、幕府の意向に逆らうことを憚り、奉行所側の指示どおり非人小屋を撤去するとの口上書を提出し、町口越中守への斡旋も取り下げ、京都町奉行所からの指示どおり茶屋等の移転も実施することとなった。まず耳塚脇の奈良屋陣助家は六月三日に南茶屋並びへの移転のため、表間口三間・裏行七間の杭打ちがされた（『日次記』三―一五〇）。七月一日、前述した①大仏鐘楼堂脇の常設の茶屋一軒（猿屋伊兵衛）の替え地として、奈良屋陣助屋敷南に間口三間半・裏行七間の替地の杭打ちが行われ、②三十三間堂の水茶屋の裏面が見苦しいとして、高塀がかけられることになった。

そして、いよいよ非人小屋の撤去が開始されることになる。まず六月一九日、目付飯室助左衛門や同心、棟梁二人、上雑色松尾左兵衛が、非人小屋の移転場所の検分に訪れた。移転場所は、宝永三年に非人小屋が移転した場所の地続きで、今小路兵部卿屋敷内である。検分人らは間数を測量し、現況の非人小屋絵図等を作成し、この「公儀絵図」の間数にあわせて杭打ちを行った。ただし、宝永三年の移転先の地続きは狭小なため、今回移転する非人小屋七軒のうち二軒は、その前の畑に移転することになる。なお、妙法院は、雑色松尾左兵衛から「公儀絵図」を借用して写しを作成しており、境内地への公儀の関与に十分な警戒と監視を行う姿勢がうかがわれる（『日次記』三―一六一）。

妙法院は、この時移転の対象となった非人小屋七軒を「非人惣中」（『日次記』三―一六三）と呼び、移転の引料（引越し経費）として金子一〇両を遣わしている。また、これまでの小屋廻りにあった藪垣の竹を移転先の入口に植え、残りの竹は「非人惣中」に与えると指示している。このように、大仏殿境内に小屋を設けていた非人たちは、「非人惣中」と呼ばれるような集団を形成しており、寺にとって有用な機能を有した集団と評価することができる。また妙法院との関係は、菅原の指摘した「隷属的関係」というより、「出入り関係」に近いものであったといえよう（菅原一九八七）。こうして、門前に移転した非人小屋は、入口に竹藪を植える集住空間として整備された。この非人集落が、前掲表1-3「大仏小屋頭」が支配する非人小屋の集住地になってゆくのである。

3　境内の番人

それでは、「非人惣中」が担っていた番人と不浄物処理（キヨメ）の機能は、移転後どのように担われたのか、まず、番人としての役割についてみていこう。

非人小屋の撤去後、朝鮮通信使が大仏殿と三十三間堂を訪れたのは、正徳元（一七一一）年一一月四日のことである。首尾よく事がすんだことに対して、翌二五日妙法院へは京都所司代と町奉行所から「珍重におほしめし」が伝えられた（『日次記』三―一七五）。その翌年四月二日、京都町奉行所に妙法院から二点伺いがなされた。一つは、大仏殿鐘楼堂辺に「番人の為、小屋掛けの茶屋壱ケ所」を置くことである。この小屋は、「住宅」ではなく「当分軽き小屋掛け」とするという。二つ目は、大仏殿南の廻廊の外に、「仮番所壱ケ所」を立てて「番人」を置くことである。これらに対して、六月一八日に町奉行所から、廻廊の南の「仮番所」の設置は認めるものの、大仏殿鐘楼堂辺の番人の小屋掛けの茶屋は、「去年朝鮮人来朝の時分取払」い、替地を大仏門前で遣わしたのであるから認められないという京都所司代の判断が伝えられた。

ここで注目されるのが、番人の機能は非人小屋ばかりでなく、茶屋にも持たせていたことである。[2] 遡って、元禄一五(一七〇二)年七月、京都町奉行瀧川山城守具章から大仏殿と三十三間堂廻りの「住居茶屋」(常設茶屋)六軒の来歴について問い合わせに対し、大仏殿支配人と三十三間堂支配人は次のように答えている。すなわち、古来から存在する住居茶屋四軒に加え、妙法院門主の意向で四軒の茶屋を置くことを、京都町奉行松前伊豆守が許可したというのである。その詳細は不明としながらも、「蓮池の端にて長吉と申候者殺候、翌年不用心故、御門主より伊豆守へ仰せ入れられ、第一番人、掃除のため被仰付候よし」〔『日次記』二―七八〕と、境内の蓮池端での殺人事件を受けて、不用心な境内での番人として、また掃除のために茶屋を許可したと説明している。ここでいう殺人事件は、元禄七年一二月一三日戌下刻、五条端詰町二文字屋半右衛門下人長吉が何者かに刺殺され、蓮池端の松木の根際で発見されたことをいう(図2参照)〔『日次記』一―五〇〕。その折、妙法院からの通告を受けて、京都町奉行は翌朝未明に目付と雑色を検死に派遣し捜査を行っている。大仏殿には、この事件当時、大仏殿西南北の門番、豊国社の門番、日厳院殿の門番以外に番人は見受けられなかった。大仏殿と三十三間堂廻りの広大な境内地に、非人小屋とともに「番人、掃除」を目的とする常設の茶屋が置かれる必要性があったのである。

なお、正徳元(一七一一)年一二月に認められなかった小屋掛けの茶屋は、その後なし崩し的に設けられていった。正徳三年三月五日、雑色松尾左兵衛らが三十三間堂を訪れ、「鐘楼堂の際仮小屋、三拾三間矢先仮小屋」がいつ頃からあるかについて吟味した〔『日次記』三―一三九〕。妙法院からの回答によると、鐘楼堂南側東方の葦簾囲いの一間×二間の小屋は、仁王門前茶屋町の猿屋伊兵衛が二月初午九日と一〇日の二日間だけ焼豆腐商売をするために「小屋出し」をしているもので、それが過ぎると取り崩すものだという。また、三十三間堂北方にある間口二間×奥行二間半の葦簾囲いの小屋は、七軒町玉水屋久助というものの「水茶屋」の出店であるという。一六、一七年以前から建てていたが、正徳元年の朝鮮人来聘のために八月に取り崩し、翌正徳二年二月ごろに再び建てたが、一〇月七日夜に松木が根朽のため倒れて小屋を潰してしまったので、当分畳をおいて今年正月四日に元のように建て直し、「水茶屋見世」を営んでいるという。つまり、仮設の小屋や水茶屋が、正徳元年の朝鮮通信使来訪以後、再び境内に置かれるようになっていることが判明するのである。

4　境内の不浄物処理

他方、非人が担っていた不浄物の処理についてであるが、正徳元年以後もそれ以前と同様、境内から移転させられた「非人惣中」が担っていたとみられる。

まず、非人小屋が境内から移転される以前の事例からみておこう。前述した元禄七(一六九四)年一二月の蓮池端の長吉殺害事件の場合には、検使が到着するまで死人の番を勤めていたのは、殺された長吉の主人である二文字屋半右衛門と半右衛門が伴ってきた町人、そして「藪之内ノ者共」(『日次記』一—五〇)であった。この「藪之内ノ者共」とは、周囲を藪で囲って境内に居住する非人小屋の者たちのことであった(菅原 一九七七)。一方、非人小屋が移転された後の享保一一(一七二六)年一〇月、妙法院門跡の持山で発生した縊死事件では、町奉行の検使を受けたのち、身元確認のために死骸を三日間七条河原に晒すことになった。その際妙法院は、「築地之下之者」に死骸の番を命じたという(『日次記』六—一四〇)。この「築地之下之者」とは、宝永六(一七〇九)年一一月二二日子祭(一〇月か一一月の初子の日に行う収穫祭)の際、「非人へハ白米弐合ツヽ、築地ノ下非人へハ弐合五夕ツヽ也」と、単なる「非人」とは区別して表わされるような存在であった。また、一般の「非人」よりも五勺多く配分されているように、妙法院と密接な関係を持つ非人であることは明らかである。これが、宝永三年に大仏殿の門外に移転された非人たちの呼称であったとみられる。次に子祭での施行が確認されるのは、正徳二(一七一二)年一一月二〇日の子祭で、やはり「非人へ米弐合ツヽ、築地ノ下非人へ米弐合五勺ツ、被下也」と、同様な施行が実施されていることがわかる。西日本が蝗害で凶作となった翌享保一八(一七三三)年正月から二月には多くの寺院で施行が行われたが、妙法院の子祭ではとくに混乱が生じたといわれ、『月堂見聞集』によると、「後の子の日、大仏妙法院御門主御境内大黒の宮、例年非人に米下され、当年大分押合い候て、早速死に候者十八人、怪我人は数知れず候」〔『月堂見聞集』二九八頁〕と多くの死傷者が出たことが記されている。ただし、『日次記』一一月二三日には「今日子祭也」とあるのみで、その後も必ずしも施行の具体的な記述は記されない。しかし、天明七(一七八七)年一一月二四日の子祭では、「如例年施行米二六石出ル」〔『日次記』二二—一六二〕と記されていることから、こうした施行はその後も子祭で行われていたものと推定される。

このほか、「築地之下之者」が不浄物の処理に関わった事例として、享保二〇(一七三五)年一一月二九日に、仁王門前上ル大溝のなかに、五、六歳くらいの女子の死骸が古布にくるまれていたのを、大仏前畑百姓茂兵衛が発見して届け出た一件がある。この一件は「下ニて相済すべき品」ではあるが周囲に広く知れ渡ってしまったことから、町奉行所に届け出て見分を受けることになった。しかし、「死骸の儀子細無きの間、勝手次第取埋められ候様に」と、遺体の埋葬指示が出たため、「右死骸十町目浄心寺へ町役人より申遣わし、築地の下に候者へ申付け、取埋させ候て相済み候也」と、本町十町目浄心寺に法要を依頼した後、「築地の下に候者」に命じて埋葬させたという。こうした遺体の処理に直接関わっていたことがわかる。

なお、犯罪人の身柄預かりの仕事も、「築地之下之者」が行っていることが確認できる。享保二〇年六月一〇日、大仏殿の北の門番人又兵衛の留守宅に盗人が入り衣類等を盗み出そうとしているところを、戻ってきた門番人又兵衛が見つけて捕らえ、妙法院に訴え出た。取り調べたところ、盗人は住所〔「宿所」〕がなく「大仏門前、又は三十三間堂近辺の茶屋とも毎事右盗人徘徊致し、常々烏乱成るものと申居り候族」（『日次記』八―五七）であることが判明したため、盗人は一旦「築地之下之者」に預けられた。翌一一日、妙法院の役人が口上書を持参し、「築地之下之者」二人が盗人をつれて、京都町奉行所に出頭し、身柄が引き渡されたのである。

5 妙法院と悲田院

最後に、妙法院と悲田院との関係を確認しておきたい。悲田院が妙法院境内地に関係した事案は、次の三つの場合に整理される。第一は、行き倒れ人の検分である。元禄一二（一六九九）年一一月二八日、前日から行き倒れていた大仏前専定寺門前に「乞食体の老尼」が死亡した。そこで、専定寺が悲田院年寄七兵衛を呼んで見せたところ、「非人歟否之儀不分明」とのことであったため、専定寺から町奉行所に届け出たという（『日次記』一―二五〇）。このように非人か否かを見分する役目は悲田院年寄に課せられており、非人でない場合は町奉行に届け出て検使を受けねばならない（菅原 一九七七）。悲田院年寄が検分をして非人であると認めた場合は、悲田院に処理が任された。第二は、無縁の者の遺体の処理である。元文二（一七三七）年七月一九日、仁王門前の畑で三四、五歳くらいの男性が自害し損なっていたのを畑作人が見つけ、妙法院からの届出で町奉行所の検分を受けた。男性は江戸住居の者ながら「無縁之者」のため、大仏殿の支配人が預かり、医師に見せて養生させることになった。ところが、体力が衰えていたため二二日明け方に亡くなってしまった。すぐに雑色の立ち会いのもとで町奉行配下の同心の検死を受けたが、「無縁之者」の死骸は「非田寺へ相渡候様に」と指示され、「非田寺」を呼び寄せて渡したという。このような処理がなされたのは、元禄一二年四月、町奉行が無縁墓地を洛外の五ヵ所に定め、無縁の者と非人等行き倒れ人を川原に埋めるのでなく五ヵ所の墓所に埋葬する通達を、悲田院年寄と墓所支配に行っていたからであった（『覚書』上巻―二七四）。

以上、大仏殿と三十三間堂廻りの妙法院境内地を対象として検討を行った。その結果、淵源がどこまで遡るかは不明ながら、妙法院が必要性を認めて境内地に非人小屋を置いていたことを確認することができた。その役割は、番人、不浄物の処理（キヨメ）、そして犯人等の一時的な身柄の収容にあり、広大な大仏殿門内と三十三間堂廻りの治安維持のために、妙法院にとって非人は必要不可欠な存在なのであった。そのため、幕府からの移転命令にも妙法院は執拗に抵抗し、移転費用も妙法院側が負担するなど、妙法院が「非人惣中」の維持に積極的に関わっていたのである。その数も一四軒と妙法院は定めており、「非人惣中」と呼ばれる非人集団が形成されていたことも確認できる。これが、悲田院配下に組み込まれ冒頭で確認した弘化三(一八四六)年牢脱け一件で人足役を出すに至った経緯と時期は現在のところ明らかにすることはできない。しかし、悲田院配下に入ってもなお、妙法院にとっては「築地下之非人」として密接な関係を有し続けていたと推測されるのである。③

それでは次に、一八世紀半ばの下鴨神社の境内地運営について検討したい。

三　下鴨神社境内の管理・運営

賀茂御祖神社（以下、下鴨神社と呼ぶ）境内は、賀茂川と高野川に挟まれた空間に、本社と河合神社をはじめとする摂社が七社あり、それをとりまく樹木、西側の賀茂川に沿った在所地域からなる広大な範囲に及ぶ。下鴨神社神殿守《こうどす》を勤めた氏人田中家は、境内の管理・維持を職務としたことから、その日記には境内地の維持に関わった人々の動き④や金銭等の記述が多く含まれている。田中家の日記によると、境内の維持のために役割を分担していた諸集団を、以下のように検出することができる。

1　「屋敷之者」＝境内の庭木や土盛りなどを管理・手入れする集団である。一八世紀半ばの当該時期には、八左衛門を頭とする五、六人の男性で、「裏」とよばれる境内地後背に居住し家族を形成し田畑を所持していた。庭師とみられる。

２「被官」・「家来」＝田中家に使える家来筋の人々で、日常的あるいは季節行事等の雑用を務めていた。当該時期には、惣左衛門を「惣代」とし、二、三軒を確認できる。家族を形成し田畑を所持していた。

３「下捌之者」または「出入之遊人」＝六月一六日に執り行われる下鴨神社河合社の納涼会式（御手洗会式）で、「森内茶屋・諸商人小屋場地割」や管理・運営に当たる「世界」姓の人々で、当該時期には、二兵衛と治介が出入りしている。

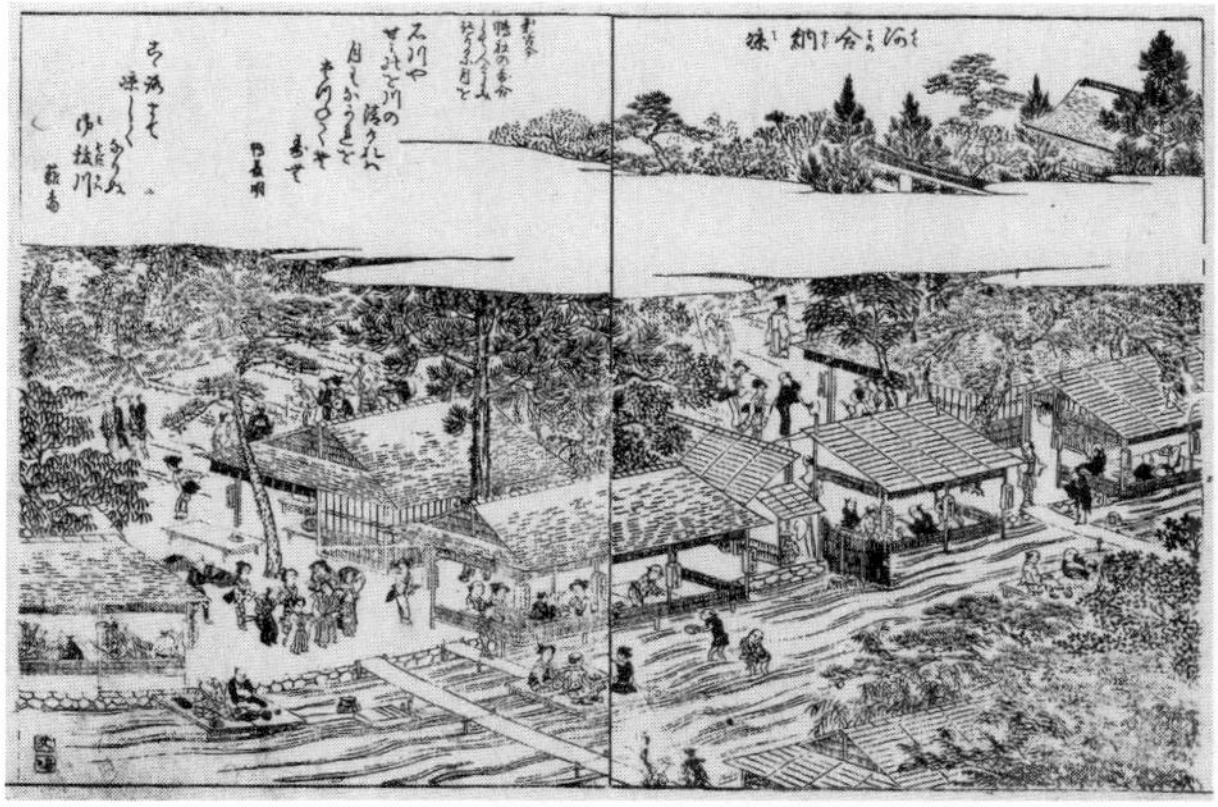

図３「河合納涼」

出典）『都林泉名勝笛』巻二，国際日本文化研究センターデータベース．

４　出入りの職人＝杣・大工・瓦師等の職人。

５「下番」＝境内地の番を勤めるため番所（「神人小屋」）に居住する者で、「上ノ下番」と「下ノ下番」の二名。

６「番人」・「番非人」＝御手洗会式をはじめ、境内の警備に従事する悲田院配下の非人。

以下、境内の治安維持について、下鴨神社で行われる六月の御手洗会に着目して検討してゆく。

御手洗会は、本社前の御手洗池に足をひたし、無病息災を祈願する神事であるが、六月一九日ないし二〇日から、六月晦日に摂社の住吉社で夏越の祓の神事が行われるまでの間行われた。「河合納涼」（図3）に描かれるように、御手洗川沿いに茶店が並び、境内に多くの来訪者が納涼に訪れた。田中家の日記には、宝暦四（一七六四）年の御手洗会について、次のように記されている（『日記』Ⅲ―二四八）。

（六月）十六日（中略）

一、今日御手洗会茶屋・諸商人小屋場杭打也、例年の通り下捌治介・二兵衛幷小預三人、前日拵置き候杭幷槌持出し、弐間棹一棹宛杭これを打ち、預両人罷出見分せしむる也

一、毎年の通り、当廿日より廿九日迄御手洗会に付き、茶屋・諸商人小屋相掛け候旨、口上書を以て奉行所へこれを相届け、兼重月番能登守殿役所新家役へ申入れ、次に東役所へ参り、当番与力へ書付これを相渡し、雑色へは例年の通り御手洗団子幷鳥目壱貫文、下捌の者持参しこれを相届く、口上書文言例年の通りおわんぬ

すなわち、六月一六日から、御手洗会の期間中営まれる茶屋と諸商人の小屋場の杭打ちが、「下捌」の治介と二兵衛と社役人の小預三人の立会いのもとに行われた。その杭は、前日から準備されたもので、二間ごとに槌で打ちこまれ、社役人の預二人による検分が行われた。さらに、田中兼重から京都町奉行所に、六月二〇日から二九日までの御手洗会期間中に茶屋と諸商人が小屋掛けするとの口上書が例年どおり届けられた。また、「下捌之者」からは雑色に例年どおり御手洗団子と鳥目一貫文が届けられ、六月二〇日に、御手洗会が開始された（『日記』Ⅱ―二四九）。

廿日

一、今日より御手洗会式也、毎年のごとく今日より参詣遊人群集せしめ、今日より両年寄幷人足番所へ相詰め、下捌治介・二兵衛相詰めこれを世話せしむ、河合下番・日傭半四郎・人足壱人昼夜勤番、幷茶屋中より切芝道端に弐三人宛相詰め、其外番非人等毎年のごとし

「参詣遊人」が大勢来訪するため、警備の体制が五類型の人々により整えられている。すなわち、(1)東西年寄と人足、(2)下捌の治介と二兵衛、(3)河合下番、日傭半四郎と人足、(4)茶屋中、(5)番非人である。(1)(2)は番所（神人小屋）詰め、(3)は昼夜の勤番、(4)は切道端に詰めていた。このうち、(4)茶屋中が警備に関与するようになったのは、「会式中喧嘩口論心許無きに付き、先達て番非人計にて成しがたく候間、茶屋亭主共両人宛場所相極め、暮方より相詰め、

茶屋中制度せしめ、若し喧嘩口論等これ有ば、早速立会相慎《(鎮カ)》むべし」と、会式中の喧嘩口論をおさめるためには番非人だけでは難しいため、茶屋亭主を二人ずつ夕暮れから「切芝ニ床机相構え相詰」めさせていたことによる。しかし、茶屋中には負担だったとみられ、宝暦三（一七五三）年七月に、神社に断りなく警備を番非人だけに委ねていたことが発覚し（『日記』Ⅱ―五八）、宝暦四年から再開されたのであった。(5)番非人についても宝暦四年に改正された。小茶屋の者たちは、「茶屋中掛り物多く、番人入用何角大分の括銭致し候由」と、番非人への「括銭」が多額に及ぶとの不満を受け、「括銭」は茶屋から下捌の二人を通して番非人に渡すことにされた。これは、番非人による茶屋への「ねだり」行為があり、茶屋たちが改善を求めていたためと推測されるのである。

宝暦四年の御手洗会式の期間中、小屋掛けした茶屋から社役人への付け届けもあった。たとえば、毎年御手洗池の北に小屋を出す檜垣茶屋は、例年どおり挽き茶を田中家に持ってきた（『日記』Ⅱ―二四九）。また、北野七軒茶屋も例年どおり小屋場を受け取った挨拶として、茶屋総代と年寄が付け届けにきている。

六月二五日には、東西町奉行と新家役人が小屋の検分に雑色を伴ってきた。最終日の二九日は、「会式天気打続き群集せしめ、茶屋辻打壱軒、見せ物弐軒、小屋数去年に少し多し、無事相済」と、天気もよく多くの人出があり、また演芸小屋一軒と見せ物小屋が二軒でるなど、盛り場化していたことをうかがわせる。例年は、七月六日に御手洗会式の勘定が行われるが、宝暦三年の場合をみると七月七日に、下捌の治介と二兵衛が持ってきた地代と勘定帳と残銀を勘定して、収益を両官、すなわち禰宜（泉亭俊永）と祝（鴨脚秀隆）に渡した。

御手洗会式による両官の取分は、一七世紀末に比べると金額の判明する寛延四（一七五一）年は一〇分の一近くに減少している。これを問題視した田中兼頼は、宝暦二年七月七日の勘定時に、下捌治介と二兵衛に対して、「当年ハ天気能打続群集せしめ、茶屋諸商人利徳を得」ていたにもかかわらず、地子は近年不繁盛の時と同額程度で「差当り不審」にみえると指摘した。そして、勘定帳面の訂正を求めるとともに、茶屋からの地子取り立て方法を改め、「間口広相構候者共は地子取り上」げることを指示した〔『日記』I—二四六〕。翌宝暦三年七月七日の勘定時にも、間口割に地代が徴収されていないことが問題視されている〔『日記』II—五九〕。

茶屋の地代間口拾間も相構え、大軒に相見へ候者共も、地代格別の銀子も差出さざる旨帳面に相見え、是は毎人不審に存ずべし、是迄の捌き宜しからず候間、来年よりは間口相応に地子これを取るべし、間口大分に壱人にて請取り候ては、道筋淋しく宜しからず候間、壱軒分五棹か又は七棹より法度申渡し、地子壱棹何程と申す地代相極め申すべき旨、是等の趣、来年失念なく其通りに差心得べき旨申渡し置きおわんぬ

すなわち、間口が一〇間に及ぶ茶屋も他と同じ地代しか出さないという軒割制は問題であり、間口の大きな茶屋が並ぶと道筋がかえって淋しくなるという弊害も指摘された。そこで翌年から間口割で地代を徴収すること、また茶屋の間口を五棹（一〇間）か七棹（一四間）に制限し、地子は一棹単位に徴収する方針が確認されている。

それでは喧咙口論に十分対応することができないという⑸番非人や、番所に詰めていた⑶河合番人とはどのような人々なのであろうか。⑸番非人は前述した御手洗会式期間中の番人以外に、日常的な活動を田中家の日記から多くを知ることができない。ただ、延享五（一七四八）年四月八日、番人六介が藁草履一足と藁沓一足を持参し、七月一七日には番非人が草履二足を持参したので五〇文給付したとあり、また寛延四年六月二九日に麦三升が番人六介へ遣わされ、宝暦五年一一月一八日にも番人吉介へ米三升が「扶持米」として渡されている〔『日記』II—四六七〕。すなわち、「番人」「番非人」は、番人として下鴨神社に仕切関係をもつ悲田院村配下の非人で、夏秋二季に麦と米が下鴨神社から施されていたと推定されるのである。

これに対して、下鴨神社境内の⑹番人は、「上ノ下番」と「下ノ下番」の二人が番人として雇用され、日常的に神人小屋で生活していた。下番の職務や人選について、下番交代の事例から検討しておきたい。

まず、延享五年五月二〇日、下番太兵衛の急死を受けた対応であるが、代わりの者を社領の東年寄儀兵衛がさがし、

翌日、宮崎中町源左衛門を在家百姓の了承をとった上で連れてきた。これを受けて神社側は、「下番勤方幷神人小屋付の諸道具員数相改めこれを請取り、紛失これなき様相守るべき」ようにと申し渡し、その夜から勤務させている。このように、下番は欠員となった時には即刻補充しなければならない不可欠な存在であることがわかる。その人選は、在家から東年寄が百姓たちの合意を得た者を神社側に推挙していた〔『日記』Ⅰ—一六六〕。

もう一例、宝暦五年に交代した上ノ下番八左衛門についてみてみよう。宝暦四年一〇月、妻が「重服」(母の喪)で穢れを得たため、神人小屋に住居できなくなったため、妻不在では「御用達」が滞るとして、八左衛門は暇願いを東年寄治介に申し出た。神社側は喪があけるまで一三ヵ月、神供下方の勤めなどを在家の人足で代替することで、引き続き八左衛門を番人として雇い続けたいという意向を示した。しかし在家側は、一三ヵ月間人足を出すことができないとして、折合わず、結局、神人小屋を退去した後の住居がない八左衛門は、扶持米のほか、合力銭一貫五〇〇文を神社が支給する条件で、過重となる下番を勤め続けることになった〔『日記』Ⅱ—二九六〕。

ところが、翌年正月一五日に、恒例の参籠人湯屋浴湯(社堂に籠り祈願する前に身を清めるために湯浴みすること)の際、八左衛門は妻不在で用事が多いことを理由に、見回りを怠った。そのため、湯屋浴湯に出勤すべき人足の遅参を確認できず、湯湧かしの遅れから参籠人たちの湯浴みが遅れ、神事の出仕刻限が遅れてしまった。この事件を受けて神社側は、一〇〇人余に及ぶ代替人足を出してきた在家側の願い出により、八左衛門を交替させることになったのである〔『日記』Ⅱ—三五八〕。

そして、八左衛門にかわる下番は、「常々在所へ立入、百姓中能存知之者にて実体者」の「出町鴨口町土居下居申候樫六兵衛」に決められた。六兵衛に対して神社側から告げた留意事項は、勤勉と、火の用心、そして神人小屋辺に置いている御用材木・薪等の警備であった〔『日記』Ⅱ—三六六〕。

さらに、下番には御手洗会式で「茶屋見世」を出す権利が保証された。これは下番の扶持を補うための措置であったが、下番退去後も、「下番次郎兵衛跡当時茶屋菱屋吉・下番嘉兵衛跡当時坂本屋源兵衛」が茶店を続けているように、引続き「茶屋見世」の出店が許可されていた。しかし、そのままでは「末々森の内茶屋数多見世これ有」る状況となると、神社側は会式中の茶屋見世数の制限に踏み切り、六兵衛から、下番を退任する時は「茶屋見世」の継続を願いでないという「証文」がとられたのである。

以上、下番交替の経緯をやや詳細にみてきたが、ここから下番の職務として次の点を指摘できる。(1)神人小屋に住み、番を勤めること。(2)神事の下方として湯屋湯沸かし、神供舁も行っていたこと。(3)扶持を補う意味で茶店を出店する権利を与えられていたこと。そして重要な点は、(4)下番が在所の年寄の選任で百姓中の承認を経て推挙された者であることである。このように下鴨神社の場合、少くともここで検討した一八世紀半ばには、神社が抱える境内の番人は、在家から選任されており非人ではない。他方、「番非人」である悲田院配下の非人は神社と仕切関係にあり、大仏殿の「築地之下之者」のような固有な存在を見出すことができないのである。

なお、下鴨神社境内の不浄物の除去については、宝暦五年七月一三日の項にある縊死人の処理を事例としてみておきたい。日記では、「河合堤下、御手洗川・泉川出逢中嶋の南川端」に、自縊人を子供が見付けた。その後奉行所へ届け出で、同心二人の検死を受けたが、自縊人の住所が不明なため、三日間升形口に晒したと(『日記』Ⅱ—四二二)。そして、榎木壱本百姓中へこれを遣し、其所土砂堀捨入替申す也」と、自縊人が用いた榎木一本は社領百姓に与え、穢れた箇所の土砂を掘り入れ替えたという。ここでは、遺体を升形口に移動し晒の番を勤めた者には言及されていないが、土砂の入れ替え等も入念に行っているように、穢れの意識は極めて濃厚である。すでにみてきたように、神人小屋に詰めて番人を勤めていた下番は、重服の妻も神人小屋に入ることができないように、穢れてはならない者であった。したがって、こうした遺体の処理は番人ではなく、悲田院配下の番非人が直接的には行っていたものと推測されるのである。とはいえ、穢れた榎木を社領百姓に下賜しているように、不浄物処理について社領百姓が関与していたことも否定できない。今後検証を進める必要はあるが、下鴨神社の場合、不浄物処理や治安維持の役割を社領百姓が担っていたのではないだろうか。それを、社領百姓の意志で悲田院配下の「番非人」に転嫁していったと仮説的に見通しておきたい。

おわりに

万治三(一六六〇)年正月一五日、北野天満宮は松梅院に対して、「乞食社内へ入れ申さざる様に」「茶ヤ子共社内へ入れ申さず候様に」(『北野天満宮史料　目代記録』二八八)と、社内に乞食を入れず、茶屋・子供(かげま)を境内に置くことを禁止する箇条を申し渡した。近世初期京都の寺社境内は、住居を失った乞食が住みつき、物乞いにより生存をつなぐ場とする一方、茶屋や売色などの盛り場でもあった。この禁令が示しているように、寺社が境内から乞食や茶屋らを排除したため、これらは寺社の門前に集まるようになった。北野天満宮の場合、すでに一六世紀の盛り場であった門前の「下ノ森」に、乞食や茶屋が集住することになった。そして神社側は、ここに集団化した乞食に不浄物処理や番廻りの機能を担わせたのである。それが「森廻り長右衛門」を頭とする非人集団であった。

他方、本章で検討した大仏殿の場合、広大な境内地を安全に管理するためには、境内地に集まってきた乞食や茶屋を必要としたため、境内から非人小屋と茶屋を撤去しようとした幕府にも寺側は強く抵抗したのである。さらに寺から移転費用が非人集団に与えられるほど、大仏殿と非人集団は固有な相互依存関係にあった。こうした非人集団が、悲田院に統括されてゆく過程を明らかにするのは今後の課題であるが、享保年中迄は、旧来からの寺社と門前非人集団との関係は継続していたことは確認できる。

ただし、すべての寺社が大仏殿や北野天満宮のように、独自な関係を結んだ非人集団を抱えているわけではない。

本章でもう一つの例として検討した下鴨神社の場合には、一八世紀前期段階でも、旧来からの固有な非人集団の存在はみられず、むしろ悲田院により派遣された非人が「番非人」として仕切関係を結んでいることが確認される。境内の「番人」を雇用する際も、社領百姓が承認する人物を村側で人選しており、また境内の不浄物の処理においても社領百姓が関与していたとみられる。このように、社領百姓が「穢れた」職務を悲田院配下の非人に委譲する過程が存在したものと推測されるが、具体的な経緯の検証は今後の課題である。

（1）国立国会図書館所蔵。この絵図は「承応弐年癸巳大呂吉日」（承応二年十二月）付で次のように凡例が述べている。すなわち「古より京ノ図板行多シといへども、町之名違多シ、其上柳原・安居院・西陣・北野・大仏・六条之新屋敷者絵図ニ無之故、今度其町町之名を悉ク聞立、凡町数千四百八町之名付如比、此外洛外ノ名前旧跡山川通路迄改、新板ニ開者也」と、とくに東西の周縁部と洛外の情報を詳しく書載せたという趣旨が述べられている。なお、翌年には、同版の絵図はあるものの、公家衆の記名がなく、また洛外の記載にも誤りがあるため、考証を加えて開板したという。「新板平安城東西南北町幷洛外之図」（京都大学付属図書館所蔵）が板行された。

（2）なお、菅原氏は治安維持における非人小屋と茶屋の機能的近似性から、「おそらく非人らが昼間は茶屋、夜は番人として妙法院に奉仕していた」〔菅原 一九七七、二二頁〕と推断しているが、本文で述べるように事実誤認である。

（3）こうした寺社と非人との関係は、北野天満宮においても確認することができる。北野天満宮門前である下ノ森では、元禄一七年には「森廻り」「森廻」と呼ばれる長右衛門が見回り、死人や捨子の存在を神社に届け、遺体の処理に関わっていた。こうした非人の集団が、一八世紀前期には悲田院配下に組み込まれるようになるという見通しを菅原氏は示している〔菅原 一九八七〕。

（4）神殿守とは、神殿の守衛を勤め、「神社の財産管理、経理担当」〔廣庭 二〇一二〕の役職であった。

参考文献

大山喬平「奈良坂・清水坂両宿非人抗争雑考」『日本史研究』一六九号、一九七六年、のち大山喬平『日本中世農村史の研究』岩波書店、一九七八年

大山喬平「清水坂非人の衰亡」村井康彦・大山喬平『長楽寺蔵 七条道場金光寺文書の研究』法蔵館、二〇一二年

佐藤文子「史料紹介　京都女子大学図書館所蔵『下鴨社家日記』（田中家日記）について」『史窗』五五号、一九九八年
島津毅『日本古代中世の葬送と社会』吉川弘文館、二〇一七年
菅原憲二「近世前期京都の非人――悲田院年寄支配を中心に」『京都の部落問題1　前近代京都の部落史』部落問題研究所、一九八七年、Ⅲ第二章
菅原憲二「近世京都の非人――与次郎をめぐって」『日本史研究』一八一号、一九七七年
塚田孝『身分論から歴史学を考える』校倉書房、二〇〇〇年
廣庭基介「近世末期における下鴨社の社家についての一考察」『花園史学』三三号、二〇一二年
三枝暁子『比叡山と室町幕府』東京大学出版会、二〇一一年
三枝暁子「中世身分制と差別」『歴史評論』八〇一号、二〇一七年
村上紀夫「一七世紀京都における悲田院　試論」公益財団法人世界人権問題研究センター編『中近世の被差別民像――非人・河原者・散所』公益財団法人世界人権問題研究センター、二〇一八年
『京都雑色記録』一、京都大学史料叢書7、思文閣出版、二〇〇三年
『京都雑色記録』三、京都大学史料叢書9、思文閣出版、二〇一二年
『京都御役所向大概覚書』上下、清文堂、一八七三年
「雑色要録」『庶民生活史料集成』一四巻、三一書房
『妙法院日次記』一巻―刊行中、続群書類従完成会、一九八五年―（『日次記』と略し、巻―頁で表わす）
『月堂見聞集』国書刊行会、大正二年
『京都女子大学図書館所蔵　下鴨社家日記』Ⅰ・Ⅱ、京都女子大学、一九九八・一九九九年（『日記』と略す）
『北野天満宮史料　目代記録』北野天満宮史料刊行会、一九八四年
『京都の部落史』4・5、京都部落史研究所、一九八六・一九八八年
『部落史史料選集』第2巻・第3巻、部落問題研究所、一九八九年
承応二年刊「新改洛陽幷洛外之図」国立国会図書館所蔵
天保一二年刊「天保改正　袖中京絵図」国立国会図書館所蔵

〈第9章〉

近世における洛中洛外図屛風の受容

西山　剛

はじめに

京都の全景を六曲一双の大画面でとらえる洛中洛外図屛風は、京都が応仁文明の乱、天文法華の乱を乗り越え、新たな都市として復興していく過程で生まれた。その後、江戸時代を通して制作され続け、現在確認ができているものだけでも約一七〇件の作例が知られる（大塚 二〇一五）。これらの作例のうち、室町時代後期に成立した諸本（初期洛中洛外図）は、現存最古の「洛中洛外図屛風　歴博甲本」（国立歴史民俗博物館蔵）にはじまり、「洛中洛外図屛風　上杉本」（米沢市上杉博物館蔵）、「洛中洛外図屛風　歴博乙本」（国立歴史民俗博物館蔵）があがり、江戸時代に写された「洛中洛外図模本」（東京国立博物館蔵）もここに加えられる。

権力者から庶民までさまざまな階層の人々を活写する点、室町幕府や朝廷など権力者の居所とそれらの緊張関係を的確にとらえる点で、これら初期洛中洛外図は歴史学や美術史学の重要な分析対象となり、これまで多くの研究が蓄積されてきた。しかしその一方、近世の洛中洛外図屛風に関する研究は、近年に至りようやく活発に発表され始めた状況であり、初期洛中洛外図に比べ、なお追求しなければならない課題が多く存在している。このような研究状況の偏りをもたらした一因を考えるとき、これまで提示されてきた次のような理解に目を向けなければならない。

> 寛永年間は、慶長末～元和初ころの洛中洛外図の画面から遊里・演劇・遊女といった享楽的場面のみを抜き出し、それを独立した画題として発展させる傾向が見られ、（略）風俗画史上の一つの黄金時代をつくり出すに至っている。だが、それに対し洛中洛外図屏風自体は、元和以来、町絵師によって量産され、普及した反面、次第に類型化し、時代おくれのものとなっていった。（略）洛中洛外図も、こうなれば、洛外にむしろ主眼を置いた観光土産的なもの、名所案内図的なものに変身する以外に存在の理由を見いだせない〔辻編 一九七六〕。

洛中洛外図は、近世になると次第に政治的な緊張関係を失い、観光土産や名所案内のようなものに変容する、という理解は、比較的近年の研究でも提示されており〔小島 二〇一五〕、すでに定説として理解されているといえる。しかしながら、このことは、メディアとしての洛中洛外図が近世になると完全に時代遅れのものになった、という判断には決してつながらない。これは、現在各地に伝来する数多くの洛中洛外図の圧倒的多数が、近世に入ってからのものである事実を想起すれば明白であろう。近世においてもなお、洛中洛外図が制作され続けた理由を考えなければならない。すなわち、近世の洛中洛外図は、いかなる環境で受容され、どのような社会的機能をもったものなのであろうか。本章ではこの点を主眼に据え、考察を加えていきたい。なお本章では、表記の簡略化を図るため、特定の作例を指し示す場合、旧蔵者・現蔵者に基づく「―本」という呼称を用い、絵画ジャンルとしての洛中洛外図屏風を示すときは、単に「洛中洛外図」と記載することとする。

一 定型の確立と流布

1 寺町通の重要性

京都は豊臣秀吉の段階で大規模に改造が行われた。聚楽第とそれに付随する武家町や方広寺の建設、内裏・公家町の再編、天正地割、寺町・寺之内・本願寺の設定、御土居の造築など、一六世紀末期から一七世紀前半段階の数々の普請は、戦国期段階の上京・下京に凝縮した都市空間を一気に拡張させ、近世都市・京都へと脱皮させる行為であったといえる。

京都に対する各種の改造のうち、洛中洛外図と密接に関わるのが寺町の設置である。天正一八(一五九〇)年、(1)洛中に散在する浄土宗・日蓮宗・時宗の各寺院を強制的に移転させ、京極通の東側に整然と並べて形成された寺町通は、既存の都市民と寺院との関係を分断させ、かつ洛中東部・北部の防衛を図る目的があったと考えられている〔中村 二〇〇一、杉森 二〇〇八〕。

寺町設定が秀吉の政治的意図に基づいた京都の都市改造であったことは明白だが、当該期の公家・山科言経は次のような記録を残している。

廿五日、辛卯、天晴、誓願寺、三条京極にこれをひく、今日阿弥陀これを御出す、伶人衆、楽にてこれを御供す、貴賤群集しおわんぬ、見物に四条と同道し罷り向かいおわんぬ、次いで、大佛を見物しおわんぬ、次いで、六条寺内を見物しおわんぬ〔『言経卿記』天正十九年三月二十五日条〕

天正一九年三月二九日、三条京極に移転させられた誓願寺に本尊の阿弥陀如来が遷された。伶人の楽奏の中で厳かに渡御されるその様子を、山科言経が四条隆昌と連れ立って見物したことを本史料は伝えている。この記述のうち、いま最も注目したいのは、言経と隆昌が誓願寺での見物を終えた後、「大佛(方広寺)」、「六条寺内」にまで足を伸ばしている点である。このことは、在京する公家たちが、当該期に激変されていく京都に興味をもち、あたかも遊山をするように新興地域の見物を行っていることを示していよう。

京都に生きる住民にとって秀吉が行った都市の改造は、それまでとは異なる名所を京都に出現させ、新たな都市体験をもたらす行為であったともいえよう。とくに名刹・古刹が集合する寺町通は、多くの参詣者を寄せる拠点として機能したのであり、同地は享楽の場という性格をも帯びた〔西山 二〇〇四〕。つまり寺町界隈は、京都に生きる人々にとっては、さながら新興の遊楽地域であったと考えられるのである。

岩佐又兵衛の基準作としても著名な「舟木本」は、このような寺町通の性格を考える上で示唆に富む作例である。慶長二〇（一六一五）年頃の景観年代をもつ本作は、右隻に方広寺、左隻に二条城を振り分け、その中央に躍動的に都市民を活写する。重要なのは、本作が他の作例と異なり、あたかも絵巻物のように右隻と左隻が接続する画面構成をとっている点である。両隻を連続してとらえたとき、そのちょうど中央を、隻をまたがるように斜めに走るのが寺町通であることは十分に意識しておきたい。当該箇所には、熱狂的に渡御される祇園神輿、勇壮な母衣武者の風流行列など、本作の見所のうちのいくつかが配置されており、とりわけ絵師の圧力が加えられた場面であることがわかる。方広寺、二条城という近世京都の代表的な建造物の背景に隠れがちであるが、舟木本では近世初頭の新興地域である寺町通にも十分に意識が払われていることをここで確認しておきたい。これを物語るように、洛中洛外図の諸作例の中で、とりわけ寺町通の名刹・誓願寺を大きく描く作例が存在すること、あるいは当該寺院そのものを中心画題とする作品が残されていることなども、近世初頭から前期における寺町通の重要性を示す傍証の一つとなろう[2]。

2　洛中洛外図屛風の類型化

このように、近世に制作された洛中洛外図は、右隻に方広寺、左隻に二条城をそれぞれ配置し、寺町通もあわせてとらえ、これを基本的な枠組みとして画面を構成した。このような特徴をもった洛中洛外図諸本は、初期洛中洛外図と対比し、第二定型洛中洛外図と呼ばれ、多くの作品が確認されている[3]。

第二定型に属する諸作例に関する研究は緒についたばかりとはいえ、現在活発に進展している。黒田日出男はその研究状況を綿密に整理し、過去の研究動向とその時々の問題意識の所在と変遷を明確化させている〔黒田 二〇一三〕。

黒田は、研究段階を第Ⅰ期（一九六五―一九九三年）、第Ⅱ期（一九九三―二〇〇五年）に区分し、本格的に近世洛中洛外図研究がはじまる段階を後者に求めた。

当該研究の中で特に重要な論考の一つに、片岡肇「洛中洛外図屏風の類型について（1）」が挙げられる〔片岡 一九九七〕。洛中洛外図諸本における類型化の問題に早くから取り組んだ片岡は、一一〇例の洛中洛外図の図版を収集した上で相互比較を試み、「その近似性に着目して、まず洛中洛外図屏風の類型を設定」しつつ、「粉本の存在を追求するため前段階の作業」を行ったのである。氏が文中に述べるように、諸本の類型化は、大量の洛中洛外図屏風がイメージの基礎にした粉本を捜索する手段として提示されたのだ。

諸本の網羅を図りながら描かれた図様の親近性を比較し、類型化を図る試みは、京都文化博物館において片岡の同僚であった大塚活美に引き継がれ、さらに精緻化された。(4) 近年も活発に論考を発表し続ける氏の研究活動は、片岡から引き継ぎ、発展・拡充させた洛中洛外図のデータベースに支えられており、現在までの全貌は二〇一五年の『京を描く――洛中洛外図の時代』展図録所収論文、「江戸時代の洛中洛外図」として公表された。この論文では、総数一六八件の洛中洛外図がリスト化され、国内作品を中心に現存する洛中洛外図の一覧が提出された。さらに大塚は、「構図と時世粧」「制作・景観年代の指標」「絵師と工房」「筋勝手による系統の類別」「伝来等の記録」など近世洛中洛外図屏風を分析する上で指標となる視点を提出し、ともすれば雑多な作品群ととらえられがちな近世洛中洛外図を整合的に理解し、分類・分析していく道筋を示した。この方法により「林原本工房」（二四例）、「堺市博本系統」（四例）、「林家本系統」（五例）、「住吉具慶本系統」（一二例）、「佛教大学本系統」（一三例）など、一〇種を越える類型が見出され、特定の画面構成をもった洛中洛外図を量産する複数の工房の存在がより明確に浮き彫りになったのである。(5)

3　実景からの乖離

洛中洛外図の同一類型の量産をもたらした一つの要因として、これまで婚礼調度としての利用が挙げられてきた。このことを裏付ける史料としては、井原西鶴『日本永代蔵』の「世界の借屋大将」がよく知られている。

……何より我が子をみる程面白きはなし。娘おとなしくなりて、やがて嫁入屏風を拵へとらせけるに、「洛中尽しを見たらば、見ぬ所を歩行きたがるべし。源氏・伊勢物語は、心のいたづらになりぬべき物なり」と、多田の銀山出盛りし有様書かせける……〔『新編日本古典文学全集六八　井原西鶴集』小学館、一九九六〕

二間間口の借屋人でありながら、千貫持ちと評判された藤屋市兵衛の生活やその思想を小咄風に記述したのが本作である。娘が成長し嫁入り屏風を新調するとき、画題が「洛中尽くし」ならばまだ見ぬ場所を歩きたがるだろうし、「源氏・伊勢物語」ならば浮気心を誘ってしまうだろう。「多田の銀山出盛りし有様」こそ、婚礼調度として相応しい、という市兵衛の言葉は、「洛中尽くし」（洛中洛外図屏風などの名所絵）がいかに婚礼調度として一般的なものであったのかを端的に示しているといえる。(6)

洛中洛外図の量産体制は、洛中洛外図の画面そのものに大きな変容をもたらした。その端的な例が歴博E本である。一七世紀末―一八世紀に成立したと思われる本作は、京都の実際の空間の奥行きや地理上の遠近・方位関係にとらわれず画面構成を図っている。構図はモチーフの羅列に近いが、個別の描写は詳細で、描写内容を示す貼札も徹底して施されている。二条城などの政治的なモチーフも他の建造物と同じ扱いで、威容を誇る姿ではなく、京都を彩る名所の一つとしての役割が与えられている。

すでに岩崎均史により詳細に論じられたように、本作では画面構成を図る上で、『京童』（明暦四〔一六五八〕年刊）からの図像引用がなされている〔岩崎　一九九六・二〇一二〕。京都で初めて誕生した名所案内記を図様に用いながら既存の定型を度外視し、名所尽くしの洛中洛外図に仕立てているのが歴博E本なのである。

左隻六扇

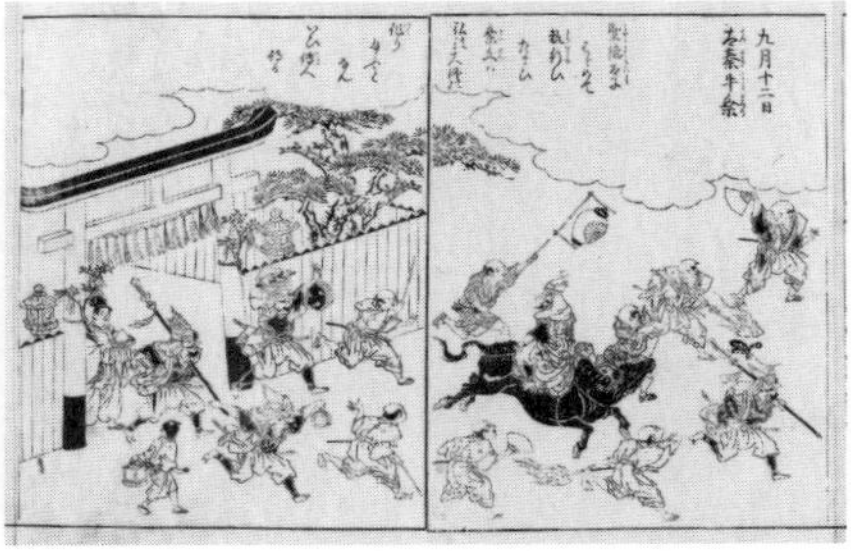

『都名所図会』太秦牛祭

左隻三扇

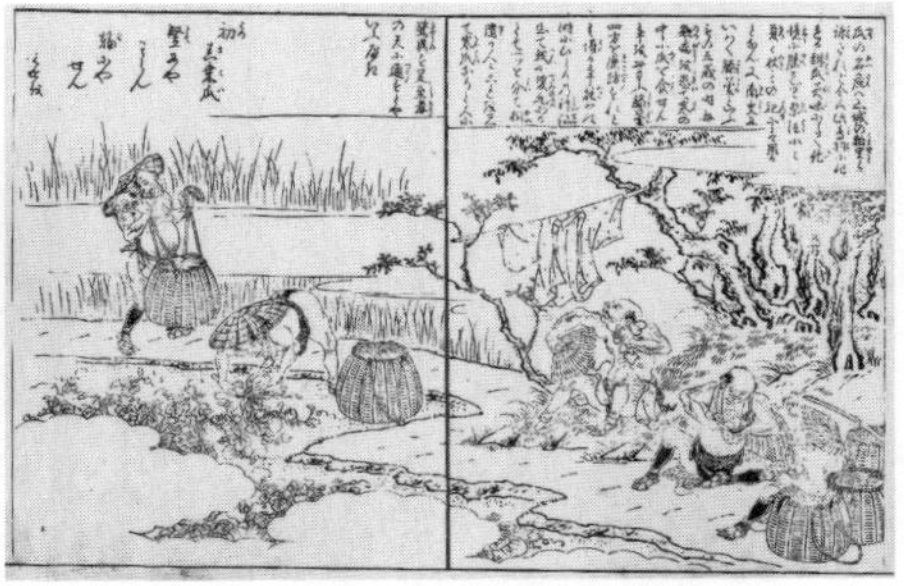

『拾遺都名所図会』鳥羽　瓜畑

図１　岡山県博本と版本との関わり

同様の作品が他にも確認される。岡山県立博物館が所蔵する「洛中洛外遊楽図屛風（以下、岡山県博本）」がそれだ。一九世紀に成立したと考えられ、六曲一双で構成される本作であるが、右隻では中央に祇園祭の長刀鉾を大きくとらえ、周囲に宇治川、大堰川などでの人々の生活・遊興が配置され、また左隻では第一扇から順に内裏、御室、淀川、高台寺、方広寺、太秦が配置される。この「岡山県博本」においても地理上の実態性は度外視され、遊興空間を中心に図像が選択され、おおらかに画面構成が行われていることがわかる。

このような特徴をもつ本作で最も注目したい点は、本作の個別画像が『都名所図会』『拾遺都名所図会』に掲載される図様で構成されていることだ（図1）。先に述べた歴博E本が、単独の名所案内記に取材していたことと比べ、本作では複数の版本から画像引用を行っている。このことは、当該期に至り、出所を異にする名所の描写を任意に組み合わせ、京都の全体像を構想できるほどに、京都イメージが広く共有されるようになっていることを示している。いうまでもなく、その背景には近世の京都における出版事業の盛行があろう。ほぼ江戸時代全期（一七世紀初頭―一九世紀後半）を通して、全国的にみて最も多く版元が所在したのが京都であったと指摘されている〔中島 一九八〇〕。これを裏付けるように、『京童』を嚆矢として『京雀』（寛文五〔一六六五〕年刊）、『京羽二重』（貞享二〔一六八五〕年刊）などが続き、「跡追」という形で補遺されながら長く親しまれ、『都名所図会』（安永九〔一七八〇〕年刊）、『拾遺都名所図会』（天明七〔一七八七〕年刊）、『都林泉名勝図会』（寛政一一〔一七九九〕年刊）、『花洛名勝図会』（元治元〔一八六四〕年刊）などの絵入りの版本も続々と刊行された。

江戸時代において、洛中洛外図は婚礼調度などに利用される存在となったことは先述した通りである。そのような多様な需要を支えるためには、京都のみで洛中洛外図を生産していたとは考えづらい。江戸や大坂などの大都市に、多様な需要を受け止め制作を行う工房が出現していたと考えなければならないだろう[7]。実際の地理が度外視された歴博E本、岡山県博本などの存在は、実態的な京都のあり方に執着しない遠隔地における制作・需要のあり方を物語っているといえる。

二　内側からの視点

先行研究が指摘する通り、たしかに江戸時代、とくに中後期以降の洛中洛外図は、当初このジャンルがもっていた政治的な緊張関係が極限まで希薄化され、京都を彩る四季の名所の数々がちりばめられた名所図屏風の体をなし、量産されたものと考えられる。しかしそれは、豊富な京都イメージの横溢を前提としつつ、為政者や権力者のみが屏風を所有する段階から、多様な社会層で屏風を享受する段階に展開していることを端的に示しているともいえよう。

1　洛中洛外図が伝わる場所

前節で述べた通り、江戸時代における洛中洛外図の流通・普及は、大きなものがあった。このことを物語るように、江戸神田に居住する国学者・小山田与清は、文政元(一八一八)年六月六日に、次のような記録を残している。

六日、雨ふりぬ。……日たけておき出ぬ。安藤誠之とふらひきて、何くれのものかたりに、日かけもかたぶくころほひ、大八木順か家におもむく。かねていひきしつれは也、小山泰寛・岩波少進・樫田直靖・安藤誠之なとむしろにつどへり。祇園祭の鉾家の前にたてれは、おの〳〵その上にのほりて見るに、いとふるき絵なとをもてかされるさまたとへんかたなし……〔「都の道の記」『史料　京都見聞記』第三巻〕

六月六日、遊学に訪れた京都で祇園祭を迎えた与清は、複数の友と座を共にし、次いで大八木順なる人物の家の前に立つ鉾の上に登った。重要なのは、与清が鉾の上で眺め回した景色を、まるで「いとふるき絵」を飾ったようだ、と表現したことである(傍線部)。高所から建物を見下ろす京都の景色を古画に例える与清の思考の背景には、洛中洛外図のような京都の鳥瞰図があったはずである。江戸神田に居住する人物が、自らの経験として当該ジャンルを想起した事実は、洛中洛外図などのメディアが遠隔地においてもなお十分に受け止められていたことを示しているといえよう。

では、実際にどのくらい洛中洛外図が各地に普及したのであろうか。そのことを探るため、試みに現在伝来している各種作例のうち、古美術商ではない個人所有作品および寺院所有作品を一覧化し、地域的なまとまりに着目してみたい(表1)。もちろん、購入や寄贈などで作品の所在地が大きく変更された作例も含まれるであろうが、近世段階から所有されてきたと伝承されるものもあり、一定程度の傾向は見出せるであろう。

表1で明らかなように、右条件のもと各地域で伝来される作品を検出すると全体で二六例の作品が挙がる。都道府県別でみると最北は北海道であり、最南は愛媛県である。このことのみをとれば、ここまで記述した通り、列島各地で受容される洛中洛外図のあり方が指摘できそうだが、実はそうではない。伝来される作品の集中点は畿内、とくに

表1　洛中洛外図の作例

番号1	番号2	呼　称	時　代	系　統	形　態	高　さ	堀川通行列	所蔵者	所在地域	備考（旧蔵者，作者）
1	95		江戸中		6曲1隻	3.5尺	行幸（牛車）	伊達市開拓記念館	北海道	亘理伊達家
2	68		江戸中	洛外，林原本工房似	6曲1双	5尺？	—	個人（青森県）	東北	
3	45		江戸前		6曲1双	5尺	馬駆け	妙法寺（佐渡市）	北陸	
4	66		江戸前	洛外，林原本工房	6曲1双	5尺	—	妙照寺（佐渡市）	北陸	
5	59		江戸前		6曲1双	5尺	行幸（牛車）	大松寺（横須賀市）	関東	
6	30		江戸前		6曲1双	5尺	神輿	延命寺（南知多町）	中部	
7	64	浄願寺本	江戸前	洛外，林原本工房	6曲1双	5尺	—	浄願寺（名古屋市）	中部	
8	85		江戸中	具慶本	6曲1双	5尺	行幸（鳳輦）	豊橋市二川宿本陣資料館	中部	
9	141		江戸中		6曲1双	5尺	行幸（鳳輦）	光明寺（岐阜市歴史博物館寄託）	中部	
10	147		江戸中	鳥瞰図	6曲1双		無	尾州小牧町江崎家・当市西陣富田半兵衛氏旧蔵	中部	
11	67		江戸前	洛外，林原本工房	6曲1双	5尺	—	個人（滋賀県）	畿内	
12	70		江戸前		2曲1隻	3尺	×	八坂神社（京都市）	畿内	
13	71		江戸前		6曲1双	5尺	聚楽第行幸	尼崎市	畿内	
14	84		江戸中	具慶本	6曲1双	本間	行幸（鳳輦）	個人（芦屋市立美術博物館寄託）	畿内	
15	92	真野家本	江戸中	具慶本	6曲1双	3.5尺	行幸（鳳輦）	正法寺（八幡市）	畿内	
16	107		江戸中	佛大本	6曲1双	本間	行幸（牛車）	詩織庵（京都市）	畿内	
17	113		江戸中	佛大本	6曲1双	3.5尺	行幸（牛車）	個人（兵庫県立歴史博物館寄託）	畿内	
18	117		江戸中	佛大本	6曲1隻	3尺	行幸（牛車）	個人（大阪市）	畿内	
19	118		江戸中	佛大本	6曲1双		行幸（牛車）	個人（和歌山県立博物館寄託）	畿内	
20	120		江戸中	佛大本	6曲1双		行幸（牛車）	楊谷寺（長岡京市）	畿内	
21	127		江戸中	鳥取県博本	6曲1双		行幸（鳳輦）	福寿園（京都府）	畿内	
22	142	寂光院本	江戸中	洛外	6曲1双	4尺	無	寂光院（京都市）	畿内	
23	161		江戸後		6曲1双		無	西福寺（京都市）	畿内	
24	89		江戸中	具慶本	6曲1双	5尺	行幸（鳳輦）	個人（愛媛県立美術館寄託）	四国	

注）番号2は大塚活美「江戸時代の洛中洛外図」（図録『京を描く 洛中洛外図の時代』京都文化博物館，2015年）所載リストと対応する．

京都に存在するのだ（二六例中八例）。このことは江戸時代においてもなお、京都内部で受容された洛中洛外図が存在したことを示しているといえる。京都において洛中洛外図がどのような存在だったのか、を改めて問わねばならないだろう。

2 京都での受容

洛中洛外図の京都での受容を考えるとき、「松居本」（個人蔵）は重要な示唆をあたえてくれる。本作に関する資料紹介はすでに発表しており（西山・森 二〇一五）、いまここでその要点を列記しておきたい。

A 員数・法量 六曲一双・各隻 縦一五六・五×三五四・八センチメートル

B 成立 江戸時代中後期 一八世紀末―一九世紀

C 作者 「土佐」を標榜する大和絵系統の町絵師

D 特徴 京都大原・「寂光院本」を祖本とし新たな図像を加え画面構成を図る

これらの特徴のうち、いまここで最も重視したいのはDである。「寂光院本」（寂光院蔵）は、伝来過程が箱書きされており、それによると阿波徳島藩主・蜂須賀隆泰が娘・友姫の菩提を弔うため享保一七（一七三二）年に寂光院へ寄進したものだという。この時代、隆泰は京都に暮らしており、寂光院本は京都で制作された可能性が高い。発色の良い良質の金や顔料がふんだんに用いられ、また左隻一・二扇下部に見られる立体感溢れる御所周辺の表現や、東山、洛西、西山を構成する大小さまざまな峰の連なりが巧みに表現されており、有力武家に由緒をもつ作例にふさわしい特徴を備えている。しかしながら、発達した町屋や人々の営みは金雲で隠され、稠密な近世都市を描く視点は薄いといえる。

実は、寂光院本が捨象した都市の景観を、改めて採用し、新たな画面構成を実現したのが松居本なのである。ここ

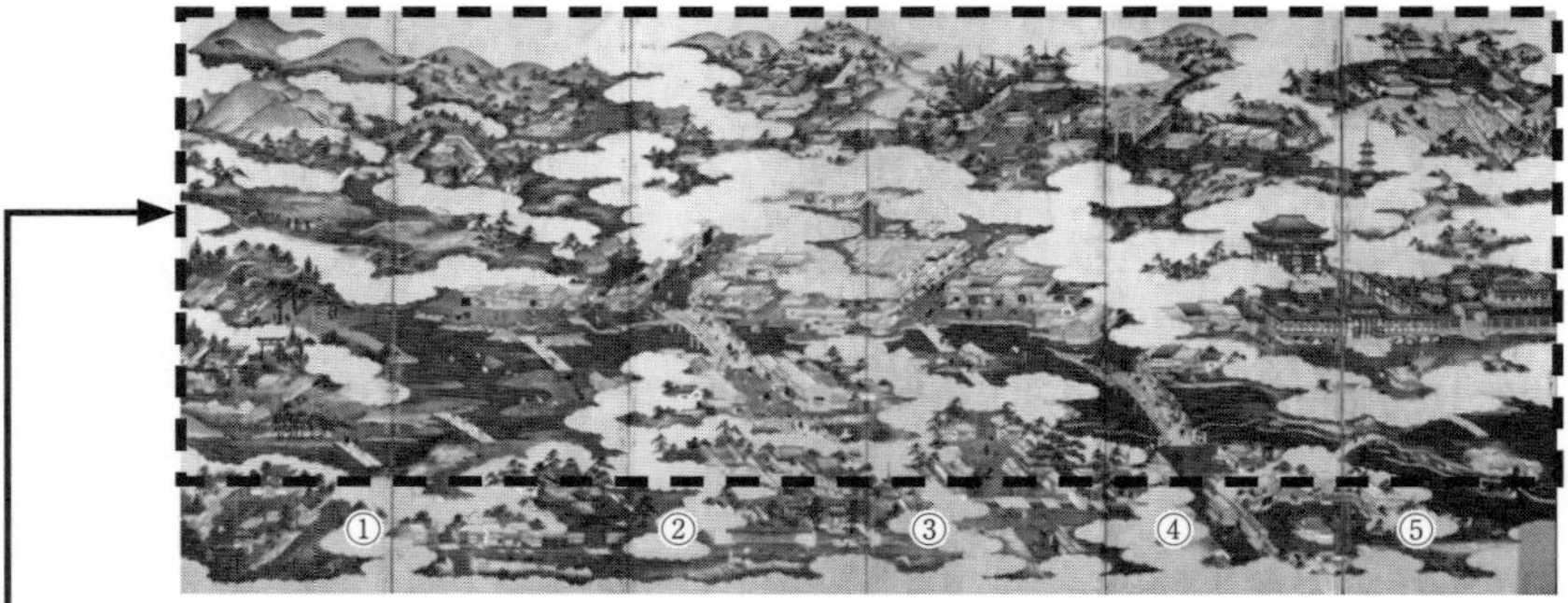

洛中洛外図屏風　松居本　右隻

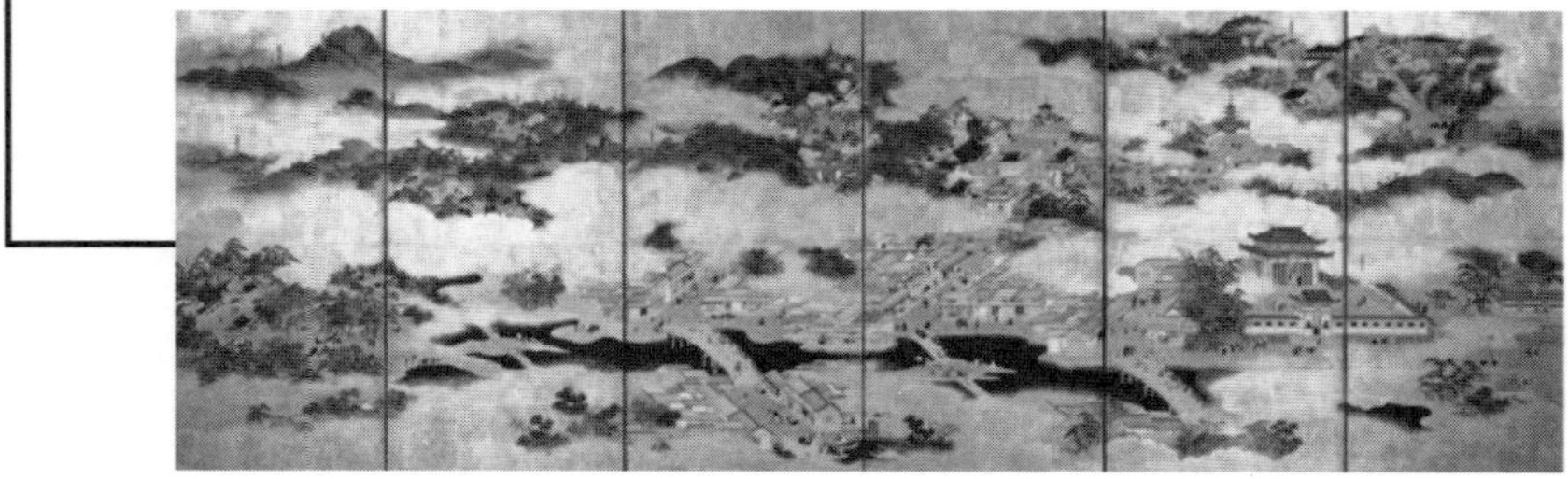

洛中洛外図屏風　寂光院本　右隻

図2　松居本（右隻）と寂光院本（右隻）との比較

出典）『京を描く　洛中洛外図の時代』京都文化博物館，2015年．

で二つの関連性をより詳細に示すため、図2、図3を掲出する。行論の都合上、まず図3から見ていきたい。松居本と寂光院本の左隻同士を比較し、相違点が検出される部分を点線枠で囲い、①〜④の番号を付しつつ、対応させた。

図3を一見して明らかなように、中央に描かれた二条城を囲いこむように相違点が見られる。すなわち松居本は、寂光院本が二条城を取り囲むように配した金雲の覆いを取り外し、独自の描写を入れ込んでいるのである（①東本願寺・西本願寺、②島原・壬生寺・桂川の材木集積地、③妙心寺とその門前、④北野天満宮南方領域）。このような都市の表現を改めて意識的に採用する姿勢は、右隻にも貫かれる。図2を見たい。家並みや名所を覆う金雲を取り外しながら構図の再構成を図る左隻と異なり、右隻においては、寂光院本では描かれない鴨川以西の表現を取り入れていることがわ

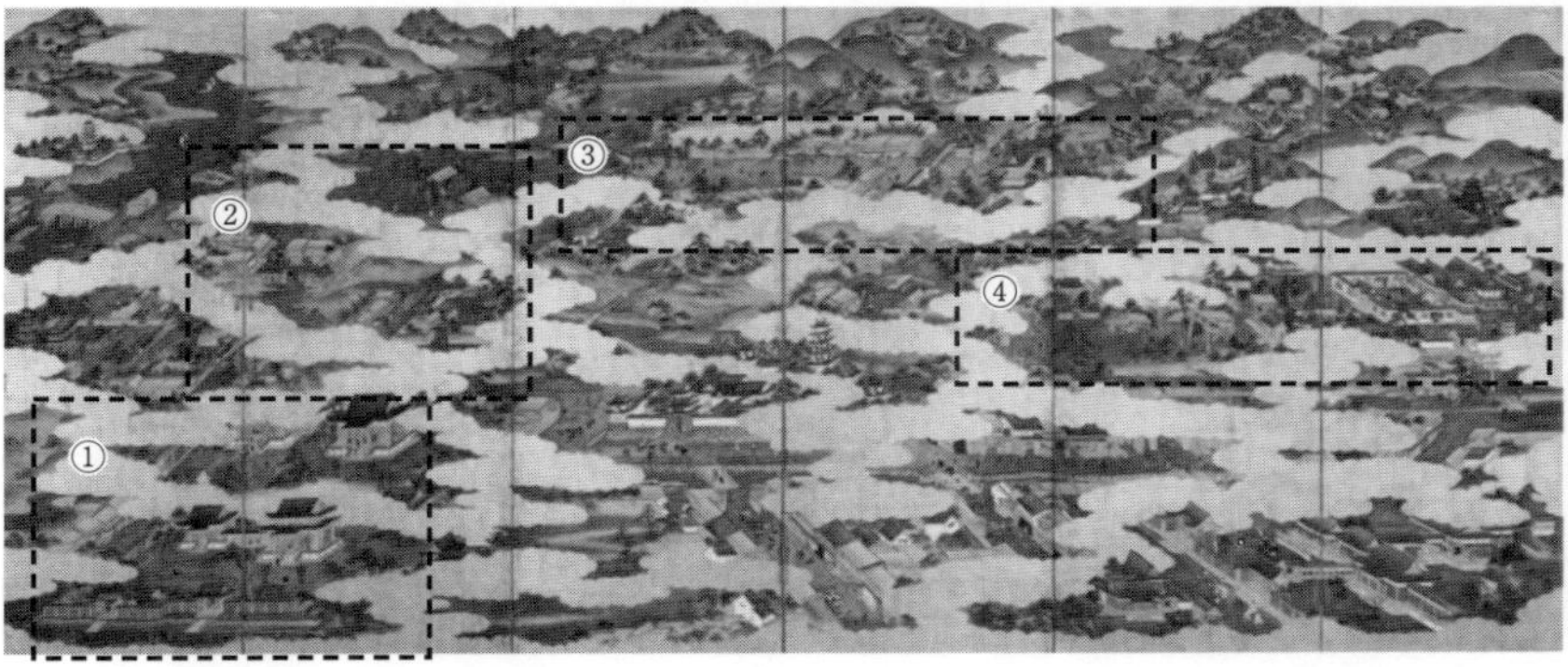

洛中洛外図屏風　松居本　左隻

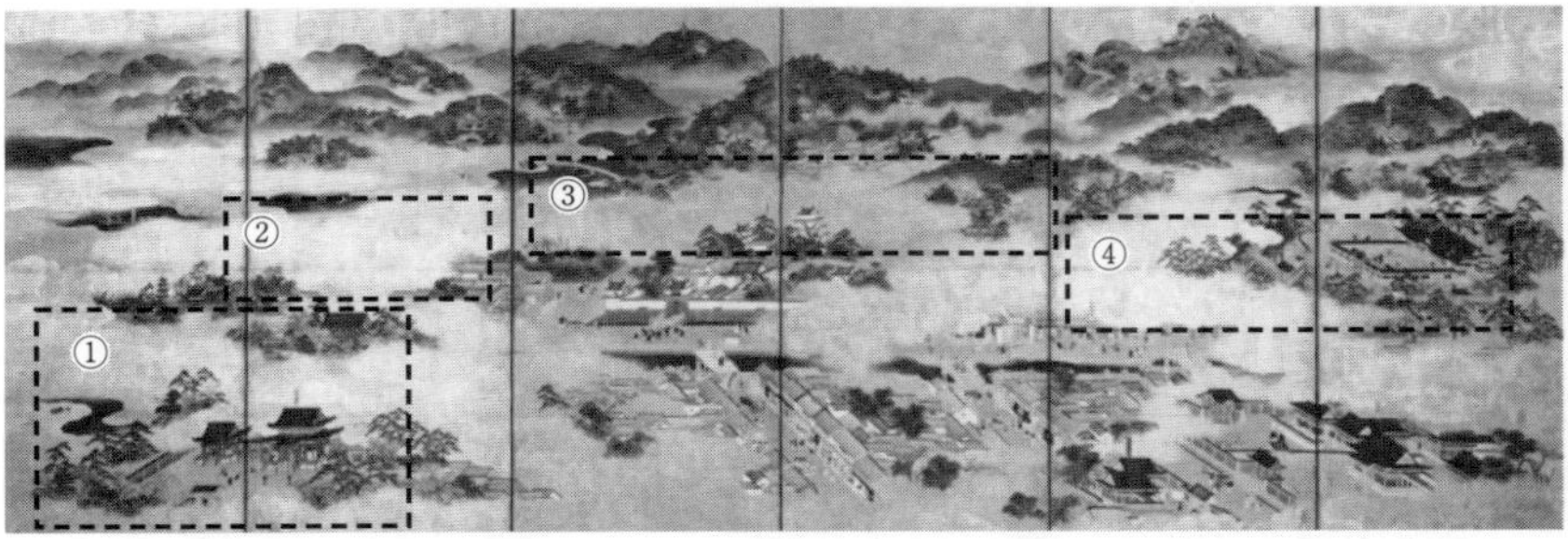

洛中洛外図屏風　寂光院本　左隻

図３　松居本（左隻）と寂光院本（左隻）との比較

出典）『京を描く　洛中洛外図の時代』京都文化博物館，2015 年．

かる。描写される地点を拾うと、北から①上御霊社、②下御霊社、③誓願寺、④祇園社御旅所、⑤御影堂となり、とくに④の存在は重要である。四条橋西側の景観として祇園御旅所の全体像を描く作例は少ない。とくに松居本は、祇園祭を描いておらず、必然的に描かれる祇園御旅所は日常空間としての風景ということになる。当該図像を詳細に検討すると、配置される社殿に参拝する人々も配置されており、日常空間であっても一定の信仰を集める場として祇園御旅所が機能したことも同時に知ることができる。ただ地点表示として当該描写を配置するのではなく、日常の風景を添えて描写を試みていることから見て、本作の受容者は、実際の京都をよく知る人物、すなわち京都都市民であることが推察されよう。

また図2で示した①—⑤の描写は、いずれも寺町通に所在する名所の建造物であることがわかる。先に指摘したように、近世洛中洛外図の中では、二条城・方広寺・寺町通が定型表現であった。いわば「松居本」は、名所尽絵としての性格をもつ寂光院本を洛中洛外図として再生し成立した作品である、と理解することができよう。寂光院本と松居本は、その顔料の相違や絵画的特徴から見て、同一工房による作例ではないと推察される。[8] とすれば、近世中後期において、先行する作例（「寂光院本」）を祖本としてその図様を学び、新たなモチーフを加えて充実させる制作方法があったと考えなければならない。このことは、近世における洛中洛外図の制作環境が、決して停滞したものではなく、新たな視覚体験を獲得するため、さまざまな方法が試みられていたことを示しているといえよう。

3　屏風の居場所　祇園祭

では「松居本」は、どのような空間で見られ、受容されたのだろうか。このことを考えるとき、当該作例が祇園祭の際、山鉾町の会所飾りで用いられていたことを想起せねばならない。

祇園祭の神輿・山鉾の巡行前日である宵山は古くから屏風祭の異称をもった。家々の軒には提灯がともされ、町会所には緞通を敷かれ、屏風を巡らしてその華麗さを競ったのである。[9] 会所飾りとして屏風絵を利用する慣習は、どの程度遡るものなのであろうか。このことを文献史料で確認すると、宝暦七（一七五七）年刊行の『祇園御霊会細記』に行き着く。「祭礼の町々前日ゟ提灯を夥敷ともし、幕をうち金銀屏風・羅紗・毛氈のたぐひ他にをとらしと粧ひかざりて客をまふく」という表現は、一八世紀における絢爛な屏風祭のあり方を明確に伝えており、このことを物語るように、本居宣長は「金屏風をひきまはし」た京町屋の存在を伝えている（「在京日記」『史料　京都見聞記』第四巻）。しかし、検討対象を絵画史料にうつすとさらに遡るものが検出される。

比較的古いものとして、一七世紀前半に成立した「祇園祭礼図屏風」（京都国立博物館蔵）や一七世紀後半に成立したと考えられる「祇園祭礼図巻」（永青文庫所蔵）が挙げられる。後者では往来の町屋に床几が据えられ、さまざまな階層の人々の視線を一身にうけながら進む山鉾の姿がとらえられているが、長刀鉾巡行の左上に配置された町屋では、金屏風が据えられている様子を確認することができる。またさらに遡る作例として、桃山初期風俗画の伝統に連なり、長谷川久蔵作との伝承をもつ「祇園会図」（石川県立美術館蔵）にも同様に会所飾りとしての屏風絵の姿を確認することができる。

これらのことは、江戸時代ごく初頭から持続的に祭礼の会所飾として屏風が用いられてきたことを雄弁に物語っている。残念ながらこれらの画中画には、洛中洛外図のような都市図屏風を検出することはできないが、今も町会所のいくつかで会所飾りの一つに洛中洛外図屏風が用いられていることを勘案するならば⑩、屏風祭における洛中洛外図利用がすでに近世から行われてきた、と考えることもあながち無理な推論ではなかろう⑪。とするならば、毎年定期的に開催される屏風祭の中では、新たな視角をもった洛中洛外図への期待が持続的に存在したはずである。この人々の期待が、旧来の画面を更新する必要性を生み、機知に富んだ洛中洛外図の制作につながっていったのではなかろうか。新たな視覚体験を提供する屏風は、屏風祭を担う京都都市民（多くは富裕層）にとって何よりの威信財であったと考えられる。

おわりに

近世の洛中洛外図の何よりの特徴は、同一の画面構成をもった作例が複数存在することである。これらの中には京都の実態的な地理的条件や空間構成を度外視し、多量に流布する京都案内記に取材しながら画面構成を図ったものも含まれ、室町時代後期から続く洛中洛外図の伝統が大きく変質したと評価されてきた。確かにこのことは、初期洛中洛外図にあった政治的な緊張関係の喪失を意味し、観光土産的・名所案内的な側面が強化されたことを示している。しかし、他面では、それまで為政者や権力者などに独占されていた洛中洛外図というメディアがより多くの人々に解放され、親しまれる絵画として定置されたことも示していよう。この意味で、近世の洛中洛外図はなお広範な社会で享受される重要な絵画ジャンルの一つであったといえる。

また量産化される洛中洛外図の背景には、婚礼調度としての利用があり、近世に至ると洛中洛外図が列島各地に普及したと考えられてきた。本章でも、それを裏付ける作例を確認したが、本章で強調したのは、現在の洛中洛外図の伝来を考えたとき、京都にその集中点が見られることである。このことは京都内部において洛中洛外図を受容する人々が存在したことを推察させる。

この文脈の中で、京都で制作されたと考えられる「寂光院本」「松居本」の二つの作例を重視した。これら二つの間には濃厚な影響関係が看取され、名所絵的な性格の強い「寂光院本」の画面構成を祖型としながら、新たな描写を加え洛中洛外図として再生したものが「松居本」であると考察した。とくに右隻下方に寺町通の諸景観を追加する姿勢は、近世初頭以来の洛中洛外図の伝統を意識した可能性があり、洛中洛外図という形式に固執する絵師や受容者の存在が推察されよう。「寂光院本」と「松居本」の存在は、京都の内部において、新たな視覚体験を獲得するため、さまざまな方法が試みられていたことを示しているといえる。

近世の洛中洛外図屏風は、地理を度外視して名所絵尽くしを行う作例の群と、実態的な京都のあり方に固執し、新規性を加えながら更新を行う洛中洛外図の群を両極とし、その振れ幅の中で描写の性格を探っていく必要がある。

後者の形式の洛中洛外図を受容する場を考えたとき、祇園祭宵山の屏風祭を重視した。祭礼にあたり屏風を用いて会所を飾り立てる風習は、江戸時代を通じて実施されることが確認され、この中では洛中洛外図も利用されてきたと考えられる。多くの人々の目に触れるなかで寄せられる新たな視覚への期待が、洛中洛外図の旧来の画面を更新する重要な動機であったのではなかろうか。

本章では、主に洛中洛外図を主要な対象として検討を行ってきた。しかし、対象を都市図全般に広げたとき、近世にいかに多様な都市図屛風が描かれてきたかを知ることができる。江戸東京博物館において行われた展覧会「大江戸と洛中」では、精力的に各地の都市図を集め、一堂に展示されたが、その作例を列挙するだけでも「盛岡城下絵屛風」(一九世紀前半、光台寺蔵)、「仙台城下図屛風」(一八六五、仙台市博物館蔵)、「高松城下図屛風」(一七世紀、香川県立ミュージアム蔵)、「津山景観図屛風」(一九世紀前半、個人蔵)、「宇和島城下絵図屛風」(一七世紀末期―一八世紀初頭、宇和島市立伊達博物館蔵)など八件にのぼる(「エピローグ　都市図屛風」図録『大江戸と洛中』東京都江戸東京博物館、二〇一四)。これら数々の屛風がいかなる経緯で制作されてきたか、またいかなる方法で受容されたのかを問うことは洛中洛外図を含めた近世都市図屛風の展開過程を考察する上で重要な取り組みとなろう。

このことを考えるとき、とくに後者の問題について重要な示唆を与えてくれる研究として、岩間香・谷直樹の仕事が挙げられる。近世に見られる諸社祭礼等に着目し、とくにそれを見物する人々のあり方について考察を試みたものである〔岩間・谷 二〇〇〇〕。多くの絵画史料を博捜し、列島各地における祭礼見物の具体像を明快に論じた本研究で、いまここで着目したいのは一七世紀から一九世紀における各地の祭礼においてもやはり町屋飾りが行われ、屛風が用いられていたことである[12]。本章で述べた屛風祭と洛中洛外図の関係を敷衍して、各地の都市図と祭礼における会所飾りの関係を探っていくことも魅力的な研究課題となろう。

(1)　二〇一七年四月、京都市上京区寺町通石薬師下る染殿町で行われた発掘調査で「「天正拾八年十月」と線刻された大型瓦・獅子口の一部が検出された。本発見は比較的文献史料が乏しい当該期の造営事業を知る上で重要な発見であるといえる(京都市考古資料館「「速報展　寺町旧域出土『天正拾八年十月』銘線刻瓦」」)。

(2)　誓願寺を比較的大きくとらえる作例として、「島根県企業局本」「東京芸術大学所蔵模本」、また誓願寺を中心画大として位置付けるものとして「誓願寺門前図屏風」(京都文化博物館蔵)が挙げられる。

(3) 本格的に第二定型の諸作例に取り組んだ代表的な研究として黒田日出男による一連の共同研究が挙げられる〔黒田 二〇〇四・二〇〇九〕。本研究では高精細デジタル画像による精緻な観察とランドマーク比定を行い、近世洛中洛外図の根本的な分析手法を提示した。本研究では、とくに「林原本」(林原美術館蔵)に関する知見を蓄積し、その関連作品を網羅しながら、近世洛中洛外図群における当該作品の重要性を指摘している。

(4) 洛中洛外図の類型化を図る試みは、一九七〇年代から始められた。すなわち、内藤昌は京都盆地一帯のプロット図を用意し、洛中洛外図の諸景観の位置をマークしながら諸本の描写空間の親近性を探り八類型を提示した(「近世洛中洛外図屏風の景観類型」『国華』九五九号、一九七三年など)。前掲注(3)の一連の研究で提示されたランドマーク比定など近年に至っても新たな分類方法が提示されているが、片岡・大塚類型は、通りの走り方(順勝手・逆勝手・順逆両方)、金雲や鴨川の形態、二条城前行列の有無、人物の描き方など、比較点を絞り込むことによって、より描写表現に特化した形で類型化を図ることができるのが特徴である。片岡類型に関しては、その比較点の少なさにより疑義が呈せられることがあるが〔知念二〇一四〕、現在は、分類方法が複数提示されているのが現状であり、いくつかの方法を併用することで、より精緻な近世洛中洛外図の整理が行える状況になっているといえる。

(5) 近世の洛中洛外図屏風工房へアプローチした研究として、〔黒田 二〇一三〕は特筆に値する。氏は、これまで「町絵師」とひとくくりにされがちであった諸本の製作者に迫るため、『京雀跡追』『京羽二重』『雍州府志』といった近世地誌類に着目し、「屏風屋」・「沼津某氏」の存在を析出した。沼津乗昌・乗天という名をもつ彼らがいかなる洛中洛外図を描いたのか、という点は今後の課題として残されているが、作品がもつ豊かな歴史情報(箱書き、伝来伝承、受容の方法)を収集し、詳細に作品分析を試みる必要があることが浮き彫りとなった。

(6) 実際に婚礼調度として用いられた作例として海北友竹筆「京名所図屏風」(個人蔵)が挙げられる(図録『京を描く』(京都文化博物館、二〇一五)、作品番号44)。左右隻には名所を中心に描写し、都市景観は捨象されている作品であるが、その箱書きには寛政一〇(一七九八)年二月に菊姫なる人物の婚礼調度として用いられた旨が記載される。江戸・駒込の土蔵にしまわれていたものが選び出されていることから考えて、おそらく婚礼に合わせて再利用されたものと思われるが、婚礼における当該ジャンルの利用を如実に物語っており重要な作例であるといえる。

(7) 例えば大塚活美は、歴博F本などの祖型とされる住吉具慶による洛中洛外図屏風に、一人立の獅子舞が描かれていることを挙げ、本作を江戸周辺での制作であったとする〔大塚 二〇一七〕。

(8) 「おわりに」〔西山・森 二〇一五〕。

（9）屏風祭に関し、著名な日本画家・上村松園は、その随筆「今日になるまで」（『開智』所収、一九四〇）で次のように記す。
京都では狩野派や四条派の花鳥山水が全盛で、人物画の参考が全然ありませんでした。そこで参考品を探すのに非常に苦心をしました。博物館に行ったり、神社仏閣に風俗の絵巻物があると聞いては紹介状を貰って、のこのこ出掛けて行きました。殊に祇園祭には京都中の家々が競うて秘蔵の屏風、絵巻や掛軸などを、陳列しますからこの機会を逃さず、写生帖を持って美しく着飾って歩いている人達の間を小走りに通りぬけて、次から次へ写してゆきました。塾生の間に松園の写生帖と言って評判が立ったのは、この時です。

いうまでもなく伝来の屏風絵が一堂に会す屏風祭は、古画を研究する上でまたとない機会となった。屏風祭が当時の京都の絵師の技術を向上させる重要な場であったともいえるだろう。松園のこの随想は、屏風祭が京都の内部にあって、いかに親しみをもって受け止められていたのかを物語るものであるといえる。

（10）洛中洛外図を利用した屏風飾りを行う家々として野村家、紫織庵が挙げられ（『京町家・屏風祭調査報告書』池坊短期大学文化芸術学科、二〇〇九）、類似する都市風俗図を用いるものとして、八幡山では、海北友雪筆の祇園会還幸祭図屏風が設えられる。

（11）文政三（一八二〇）年に京都の絵師・村上松堂が描き、町の有力者近江屋吉左衛門家に伝来した三条油小路町西側・東側絵巻（京都府立京都学・歴彩館蔵）、二条城の南側にあって京都を訪れる大名の旅宿となった二条陣屋に設置された京洛真景図類（嘉永六（一八五三）年頃、前掲注（6）図録の参考図版4、京都府教育長指導部文化財保護課編『重要文化財小川家住宅主屋修理工事報告書』二〇一三）など、京都に内部における京都図受容を知らせる作品が複数存在することもこのことを別の角度から裏づけよう。

（12）表2「地方の祭礼と街並みを描いた絵画」〔岩間・谷 二〇〇〇〕。

参考文献

岩間香・谷直樹「近世絵画資料にみる祭礼時の町家と空間演出」『大阪市立大学生活科学部紀要』四八巻、二〇〇〇年
大塚活美「江戸時代の洛中洛外図」図録『京を描く　洛中洛外図の時代』京都文化博物館、二〇一五年
大塚活美「住吉具慶筆洛中洛外図の鴨川納涼について」『東京大学史料編纂所附属画像史料解析センター通信』七六号、二〇一七年
片岡肇「洛中洛外図屏風の類型について（1）」『京都文化博物館研究紀要　朱雀』九集、一九九七年
黒田日出男「江戸時代の洛中洛外図屏風と屏風屋」『立正大学文学部研究紀要』二九号、二〇一三年、黒田日出男代表『第二定

型洛中洛外図屏風の総合的研究　二〇〇二―二〇〇四年度　科学研究費補助金　基盤研究（A）（1）研究成果報告書』二〇〇四年
黒田日出男『中近世風俗画の高精細デジタル画像化と絵画史料学的研究　二〇〇五―二〇〇九年度　科学研究費補助金　基盤研究（S）研究成果報告書』二〇〇九年
小島道裕『戦国時代の京都』吉川弘文館、二〇一五年
杉森哲也「近世京都の成立――京都改造を中心に」『近世京都の都市と社会』東京大学出版会、二〇〇八年
知念理「大阪市立美術館蔵洛中洛外図屏風（田万家旧蔵本）の研究」『大阪市立美術館紀要』一四、二〇一四年
辻惟雄編『日本の美術一二一　洛中洛外図』至文堂、一九七六年
中島直子「江戸時代の出版文化と都市」『お茶の水地理』一九八〇年
中村武生「豊臣政権の京都都市改造」日本史研究会編『豊臣秀吉と京都』文理閣、二〇〇一年
西山剛「誓願寺門前図屏風に描かれたこと」『京を描く』京都文化博物館、二〇一五年
西山剛・森道彦「近世における洛中洛外図制作の一様相」『朱雀』二七集、京都文化博物館、二〇一五年
岩崎均史「国立歴史民俗博物館蔵　洛中洛外図屏風の考察」『鹿島美術研究年報』別冊一三号、一九九六年
岩崎均史「「歴博E本」と『京童』」『国立歴史民俗博物館研究紀要』一六四号、二〇一一年

〈特論3〉

六条村の成立過程

杉森哲也

はじめに

六条村は、京都に隣接して所在するえた村の一つであり、行刑役などの公儀御用を務める役人村として、天部村とともに頭村としての地位を占めていた。これらのえた村は、京都の都市的要素の一つであり、都市社会を構成する不可欠の要素として捉える必要がある〔吉田 一九九三、杉森 二〇〇三〕。特に京都では、中世以来の複雑な社会関係が存続しているため、近世に入りそれがどのように再編されるのかの解明は、部落史のみならず都市史においても重要な課題となる。

天部村と六条村を頭村とする役人村の支配体制は、一八世紀初頭に確立し、以後幕末まで継続する。しかし、それ以前のえた村については、成立過程や実態など不明の点が多く、幕府の賤民支配政策も明確にはなっていない。このうち六条村については、辻ミチ子と山本尚友の総括的な研究があり〔辻・山本 一九九五〕、筆者も一八世紀初頭の北七条新地開発に伴う同村の移転について論じている〔杉森 二〇一八〕。しかし、特に一七世紀前期の六条村については不明の点が多く、検討すべき課題も多い。そこで本論では、この時期の六条村と前身の六条郷を取り上げ、その成立過程について検討する。(1)

一　六条郷と六条河原

京都の部落史に関する基本史料として、『余部文書』〔原田ほか編　一九八〇。翻刻の底本は京都大学総合博物館所蔵の影写本で、原本の所在は不明〕と『諸式留帳』〔原田ほか編　一九七一。翻刻の底本は京都大学法学部日本法制史研究室所蔵〕を挙げることができる。前者は天部村、後者は六条村に残された史料である。この『余部文書』の中に、成立期の両村に関わる次の史料が存在する。

［史料1］〔原田ほか編　一九八〇、一二一頁〕

六条河原の内、余部・六条の者、前々引得し来たる荒畠弐町の事、荒地により御検地にもはづれこれある旨に候、先々のごとく御扶持なされ候間、早々作仕進退すべく候なり

天正十八
十月廿九日　玄以（前田）（花押）

余部
六条両郷の者中

この史料は、豊臣秀吉政権下の京都所司代である前田玄以が、余部・六条両郷の者中宛に発給した折紙で、余部・六条の者に六条河原の荒畠二町の扶持を安堵したものである。この史料については慎重な扱いを求める見解も存在するが〔辻　一九八〇、一二〇頁〕、六条村の成立を考える上で、無視することができない重要な史料である。

この史料で注目すべきは、宛所の「余部・六条両郷の者中」、本文の「余部・六条の者」という記載である。管見では「六条郷」の存在を示す初見史料である。さらに余部と六条が併記されていることは、後年の天部村と六条村の両村が、えた頭村としての地位を占めることとも関連していると考えられる。また余部・六条の者が六条河原に荒畠

の扶持を認められていることは、一八世紀においても天部村と六条村の者が継続していることが確認できる。余部郷が天部村の前身であることは明らかなため、六条郷は六条村の前身であると考えてよかろう。

それではこの六条郷は、どこに位置していたのであろうか。残念ながら天正期頃の京都絵図は存在しておらず、史料上も確認することはできない。しかし、六条郷という名称、生業の皮革生産が鴨川の河原と密接に関連していることを勘案すると、六条郷は六条河原に位置していたと推定される。六条河原には、中世から河原者やかわたと呼ばれる人々が居住しており、六条郷はそうした人々の集落として形成されたものであろう。ただし後述するように六条河原の範囲はかなり広く、ピンポイントで六条郷の位置を特定することは困難である。なお余部郷は、当初は四条河原に所在していたが、秀吉の京都改造による寺町建設と御土居築造に伴って三条川東に移転して以後、近世を通して同地に定着する。六条郷はこれとは対照的に、一八世紀初頭に七条河原に定着するまで、三度も移転を繰り返すことになる。

六条郷が所在した六条河原、余部郷が所在した四条河原と移転した三条川東については、当時の鴨川の河原の自然環境を考える必要がある。鴨川は近世・近代を通して護岸の整備と河床の掘り下げが行われており、近世初頭の景観は現在のそれとは大きく異なっているからである。最も異なる点は、護岸が未整備で川幅が広く、河床も浅くて広大な河原が広がっていたことである。歴史地理学の吉越昭久の研究に拠れば、寛文一〇(一六七〇)年の「寛文新堤」築造以後の時点で、鴨川の川幅は三条で一〇三―一一〇メートル(現在は七三メートル)、四条で九一―一〇〇メートル(同六五メートル)、五条で一〇〇―一三〇メートル(同六七メートル)もあり、それ以前は五条から七条にかけての右岸(流路の西側)が部分的に三〇〇メートル以上もあったと推定されている〔吉越 一九九七〕。

図1は寛永一七(一六四〇)年以前に刊行されたもので、こうした鴨川河原の状況を示す最も古い絵図である。この絵図で注目されるのは、①鴨川の流路が全く描かれていないこと、②四条橋と五条橋の間に「川原」の記載があり、

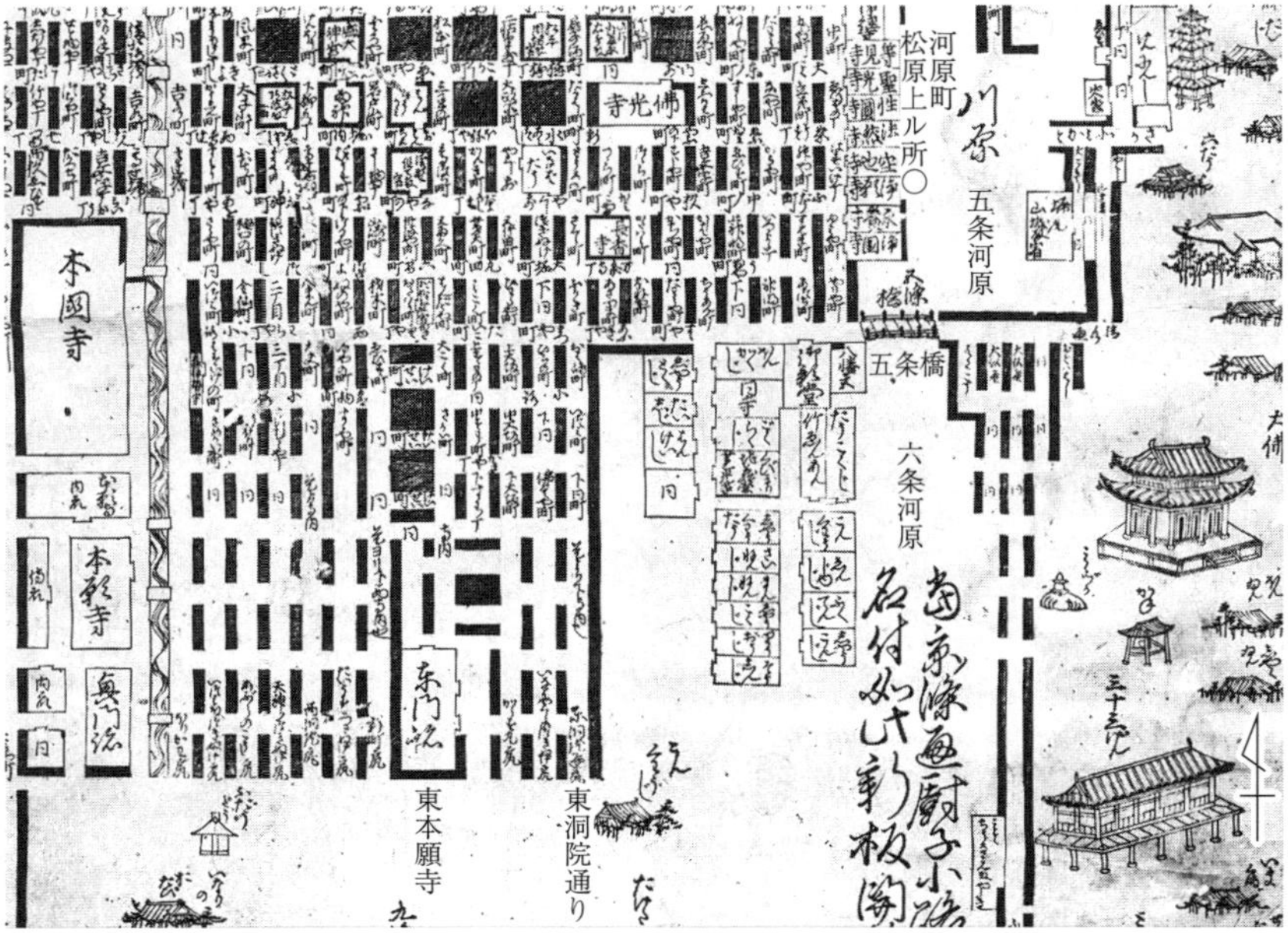

図1　寛永17(1640)年以前「平安城東西南北町幷之図」

出典）〔大塚編 1994〕より転載.

五条橋以南も河原が大きく広がっている様子が描かれていることである。現在の鴨川の景観は、護岸整備による川幅の大幅な縮小、それに伴う護岸までの町並みの拡大の結果として、形成されたものなのである。

さらに当時の鴨川の河床は浅く、流路も一定していなかった。このため洪水により流路が頻繁に変わり、氾濫が繰り返されるなど、安定した土地利用はできない場所であった。このような鴨川の河原に形成されていた集落が余部郷や六条郷であり、そこで暮らしていたのが河原者やかわたと呼ばれる人々である。ただし、これらの人々の賤民集団としてのあり方、生業の実態、権力との関係などは、ほとんど不明である。

二　御土居の築造・付け替えと東本願寺寺内の拡大

豊臣秀吉は京都改造の一環として、天正一九

（一五九一）年閏正月からわずか二ヵ月の短期間に、市街全体を取り囲む全長五里二六町、約二二・五キロメートルにも及ぶ土居と堀を築造した。土居は高さが二―三間、基底部の幅が一〇―一五・五間、堀はその外側に二―一〇間幅もの規模を有するものであった。後年に御土居と呼ばれるようになる惣構である。この御土居の築造は、寺町の建設と同時に構想されたと考えられ、鴨川との関係に着目すると、鴨川右岸（流路の西側）の河原の西の限界がこれによって物理的に設定されたという意義を有する。先に述べたように、これに伴って余部郷は四条河原から三条東に移転したが、六条河原に所在した六条郷もまた大きな影響を受けたと考えられる。

寛永一四（一六三七）年「洛中絵図」は、大工頭中井家が作成した精密な洛中絵図の一つで、最も古い時期のものとして知られている。図2はその東南部分であるが、洛中を取り囲む幅一〇間の「土居」を描く一方で、その外側には五条橋以外は何も描いていない。これは本絵図の作成目的が洛中の町並みを精密に実測することにあり、御土居の外側はその対象外であったためであると考えられる。とはいえこの絵図からは、先に述べたように鴨川右岸の河原の西の限界が御土居によって物理的に設定された状況を読み取ることができる。特に五条橋以南では、御土居まで鴨川右岸の河原が広がっており、この河原すなわち六条河原の一隅に、六条郷が所在していたと推定されるのである。

六条河原に大きな変化が生じるのは、寛永一八（一六四一）年に三代将軍・徳川家光が東本願寺宣如に、東本願寺寺内東側の土地約一万坪を寄進したことを契機とする。この土地を図2で見てみると、東洞院通り東側の「畠」と記された広い土地、寺町の南端にあたる寺院街、御土居東側の六条河原を含む地域であることが確認できる。ここには宣如の隠居所となる渉成園（枳殻邸）が建設されるのであるが、あわせてその周囲には新たな町が配置されるなど、この地域で大規模な市街地開発が行われることになる。

図3は、この市街地開発前後の状況を示したものである。本図を作成した石田孝喜は、①御土居と高瀬川が六条から七条までの区間で東側に付け替えられたこと、②六条付近の寺町の一部が移転したこと、を明らかにしている（石

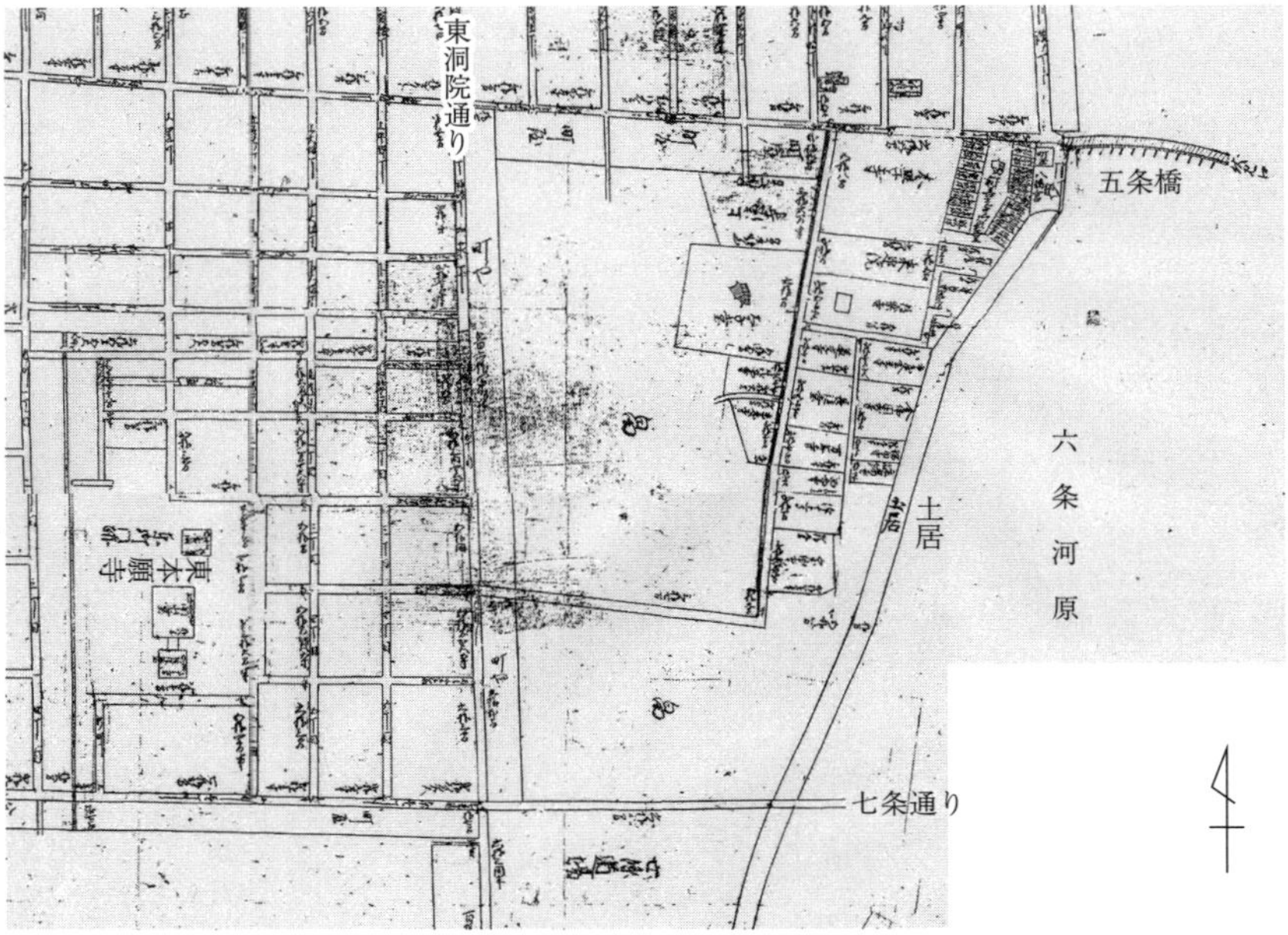

図2　寛永 14(1637)年「洛中絵図」

出典）〔大塚編 1994〕より転載.

田一九七八・一九九〇〕。御土居は天正一九年の築造当初、五条橋以南は北東から南西方向に斜行していた。これが寛永一八年以後の付け替えにより、六条から七条の南まで南北に直進し、七条の南で直角に折れて西進した後、再び築造当初の御土居に繋げていることがわかる。[2] また高瀬川も、ほぼ御土居に沿ってその東側に付け替えられている。その結果、付け替え後の御土居の西側には、広大な土地が新たに出現したのである。

この寛永一八年に始まる東本願寺寺内の拡大整備は、幕府が中心となって実施されたことが明らかである。大規模な御土居と高瀬川の付け替え、寺町の一部の移転は、幕府の意向を抜きにして行うことは不可能であるからである。また幕府は、寛永一七(一六四〇)年に東本願寺寺内の北側にあった遊廓である六条三筋町を移転させ、中堂寺村の畠地の中に島原を設けている。これらは一連の洛中南部の市街地開発として、位置づけられよう。

そこで次に、この市街地開発を六条郷に視点を置いて、考えてみたい。御土居と高瀬川の付け替えにより東本願寺寺内が東側に拡大した一方で、六条河原は大幅に縮小しており、その結果として六条郷は移転を余儀なくされることになる。次の史料は、『諸式留帳』の中の記載で、六条村が自らの由緒を記した最も古い時期のものである。

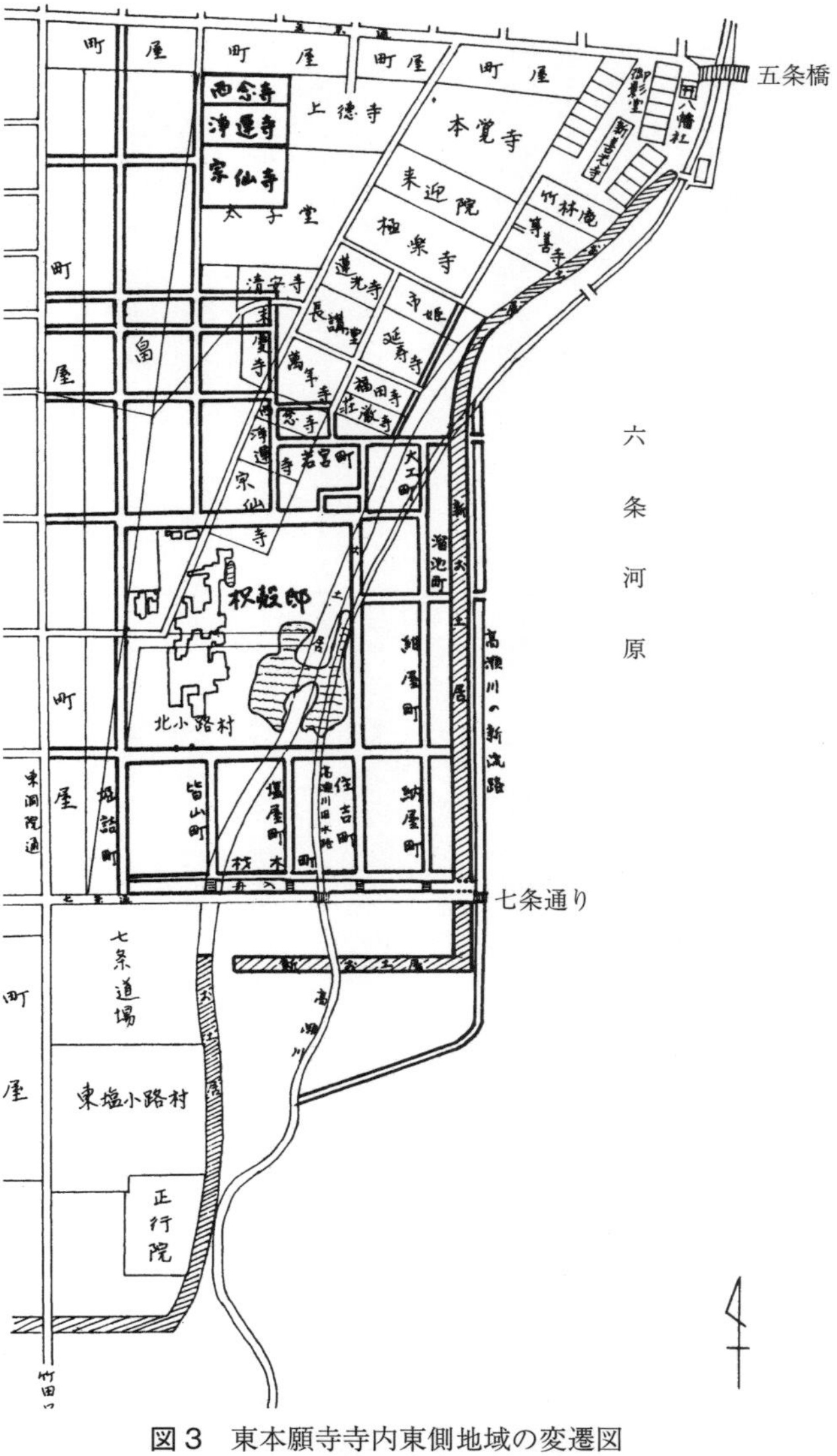

図３　東本願寺寺内東側地域の変遷図

出典）「枳殻邸付近の変遷図」〔石田 1990，202 頁〕を一部改変して作成.

〔史料2〕〔原田ほか編 一九七一、五頁〕

寛永拾九年、東六条御境内穢多屋敷、河原町松原上ル所へ引る

御所司 板倉周諏《(防)》守様 御時

この史料では、京都所司代・板倉周防守重宗が在任中の寛永一九(一六四二)年に、東本願寺寺内の「穢多屋敷」が、「河原町松原上ル所」に移転したとしている。記載はごく簡単なものであり、移転理由は示されていない。『諸式留帳』は一八世紀中頃に六条村の年寄がまとめた同村の編年史料であり、史料2は一次史料の写ではないことに留意する必要がある。しかし、一八世紀中頃の時点で、六条村が自らの由緒をこのように認識していたことは事実であり、何らかの伝承があったと推定される。そしてこの移転は、幕府の命令によるものであり、移転先も幕府が指定した場所であると考えられるのである。

それでは移転先の「河原町松原上ル所」とは、どこの場所なのだろうか。前掲の図1は東本願寺寺内が拡大する直前の時期の状況を示しているが、四条橋と五条橋の間には「川原」の記載があり、広大な鴨川の河原が描かれている。「河原町松原上ル所」はその南西部分で、「空也寺」と「浄願寺」の東側の丸印付近である。この場所は五条河原の一隅で、鴨川右岸にあたる。六条郷は六条河原から五条河原に移転したのであり、住民にとっては従来とほぼ同様の生活環境の場所への移転であったことがわかる。

三 北小路村

図4は、元和末年から寛永初年頃の景観年代を有する「京都図屛風」の一部である。これには東本願寺寺内の東側の畠地の中に、北小路村が描かれている。朝尾直弘はこれを御土居の内側に被差別集落が存在する事例として提示し

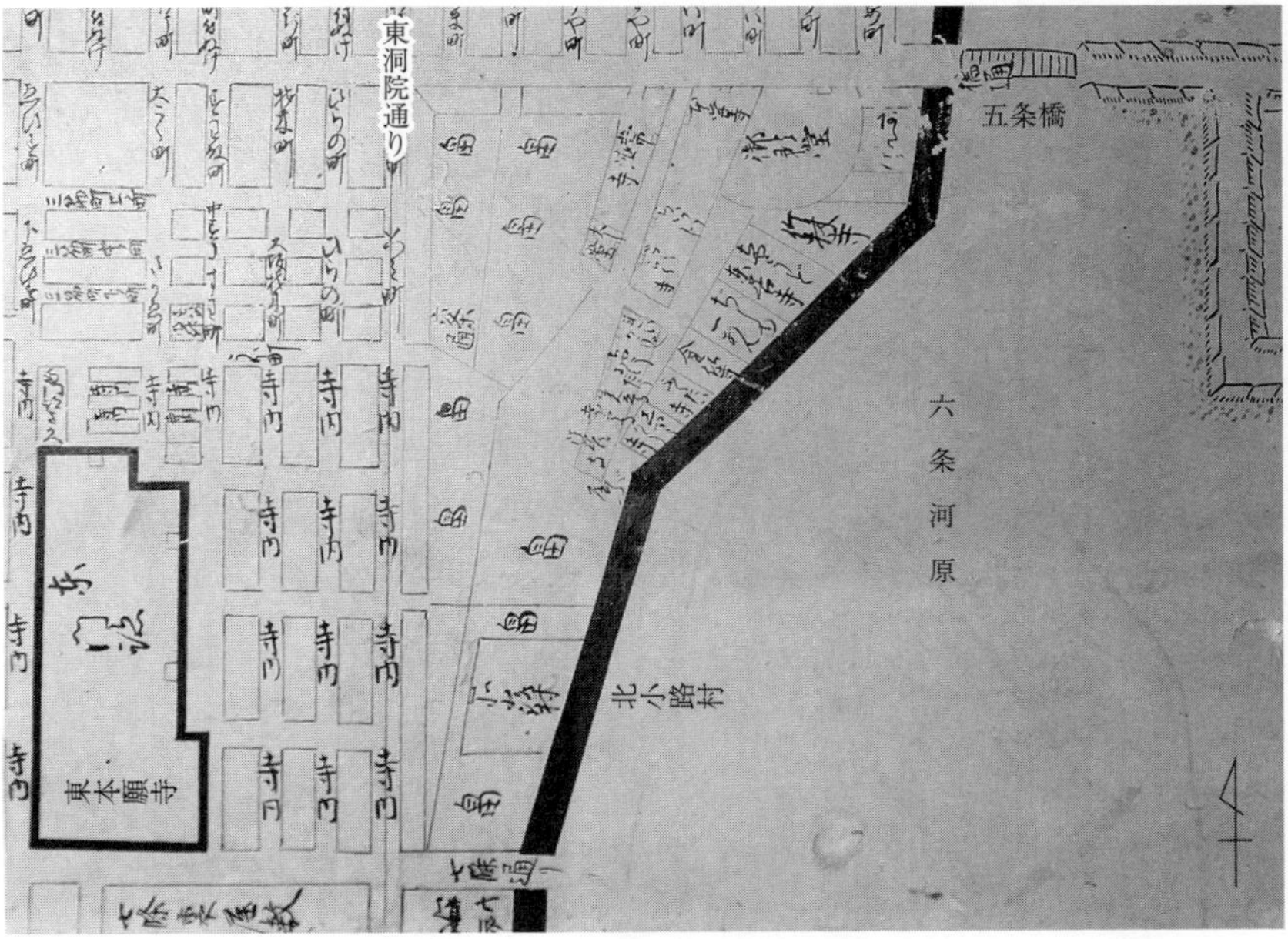

図4　元和末〜寛永初年「京都図屏風」

出典）〔高橋ほか編 1993〕より転載.

たが〔朝尾 一九九六〕、この地域と六条郷の歴史を考える上で、重要な事実の指摘である。そこで本節では、朝尾が指摘した「京都図屏風」の記載を手がかりとして、この北小路村について検討を行いたい。

図4は、前掲の図2とほぼ同じ場所を示している。北小路村は畠の中に位置しており、東側には御土居を示す太い墨線、北側・西側・南側の三方には細い墨線が引かれ、ほぼ四角形に描かれている。その中央には西を天にした「北小路村」の墨書があり、西側には門か出入口を示すと思われる記載がある。一方、図2では同じ場所は「畠」となっており、北小路村の存在を示すような記載は一切存在しない。

次の史料3は、『六条村』と題された史料の一節である。作成者や作成時期などは未詳であり扱いには注意を要するが、北小路村の由緒に関する重要な記載が含まれている。

［史料3］〔原田ほか編 一九七一、二六二頁〕

むかし東東《（寺）》内、木こく《（枳殻）》百けん《（間）》屋敷西へ見当し、ほり《（堀）》川迄の内を北院と云う古宮地有り、寛永拾一《（八）》年のころ、今の木こく《（枳殻）》のはゝ《（馬場）》を東本願寺泰退《（東泰）》院宣如上人、この地を御取立、石川徳祐《（丈山）》殿の御手伝にて日本にかくれなき御庭を作らせたもふ、その時、北院の町の通りを北小路すし《（筋）》と云、今に古太鞁《（鼓）》のばんやすし《（番屋筋）》をみ《（見）》るなり、そのうちに少しの野小屋あり、これを北小路とも云て、河原町まつはら《（松原）》上ル所へ引る

この史料によると、①北小路筋すなわち古太鼓の番屋筋（現在の下珠数屋町通り）に少しの野小屋があったこと、②これを「北小路」とも言ったこと、③寛永一一《（八）》年頃の東本願寺宣如による枳殻の馬場の取り立てを契機として、「河原町まつはら《（松原）》上ル所」へ移転したこと、が記されている。このうち①②は、図4の記載と矛盾しないことが注目される。図4の「北小路村」は、史料3に拠れば、北小路筋すなわち古太鼓の番屋筋に所在する小規模な集落であり、その名称は所在地の通り名に基づくものであることがわかる。また西本願寺と東本願寺にはともに太鼓番屋すなわち鼓楼があることから、北小路村の生業は、この太鼓番屋と関係していた可能性があることを指摘しておきたい。

次に北小路村の移転先であるが、史料3に「河原町まつはら《（松原）》上ル所」とあり、これは先に見た六条郷の移転先と同じ場所であることがわかる。寛永一八年に始まる東本願寺寺内の拡大整備によって、六条河原に所在した六条郷、御土居内側の畠の中に所在した北小路村は、ともに五条河原へと移転したのである。

五条河原における両村の関係や具体的な状況は、ほとんど不明である。ただし一七世紀中頃からは、雑色の下で行刑役、えた頭とされる下村家の下で二条城掃除役を務めていたことなど、役人村としての側面が少しずつ明らかになってくる。そして一八世紀初頭に幕府による役人村の支配体制が確立する中で、北小路村は六条村の枝村として位置づけられることが注目される。これは五条河原へ移転する以前からの両者の関係や、歴史的経緯を反映したものであると考えられるのである。

おわりに

寛文九(一六六九)年から翌年にかけて、幕府は鴨川の洪水対策として大規模な堤を築造する。これは「寛文新堤」と呼ばれるもので、上賀茂から五条橋までの区間で施工された。特に右岸(流路の西側)は二条から五条橋まで、左岸(流路の東側)は今出川から五条橋までの区間では、石垣による堅固な堤が築造された〔吉越 二〇〇六〕。その結果、五条河原は大幅に縮小し、六条村と北小路村は、再度の移転を余儀なくされるのである。

六条村の移転先は、五条橋のすぐ南側の鴨川右岸で、寛文新堤の築造区域からははずれた六条河原の北部にあたる。そして北小路村の移転先は、五条河原からはかなり離れた、洛中の西郊に所在する西京村の畠地の中である。この近くには西土手という刑場があり、北小路村はそこでの行刑役を担うことになる。

寛文一〇(一六七〇)年頃に五条河原から六条河原に移転した六条村は、正徳三(一七一三)年にさらに七条河原へ移転する。これは六条河原の領主である妙法院が、新地開発のために移転を求めたことによる〔杉森 二〇一八〕。そして六条村は、七条河原に移転した後は、近世を通して同地に定着するのである。

六条村の歴史を見ると、幕府や領主の求めによって移転を繰り返しており、所在地は六条河原、五条河原、六条河原、七条河原と、一貫して鴨川の河原であることがわかる。これは六条村の住民の生業が、河原という場所と不可分な関係にあることを示していると考えられる。また役人村として、幕府の御用を務めることも重要な役割であった。今後は、六条村をはじめとするえた村について、京都の都市社会を構成する不可欠の都市的要素という視点から、さらに検討を行うことが課題となろう。

（1）六条郷と六条村の区分は明確ではない。本論では、寛永一九（一六四二）年の五条河原への移転以前を六条郷、以後を六条村として区分する。

（2）図3では、渉成園（枳殻邸）の東南部分に、庭園の池（印月池）とその中央に付け替え前の御土居が描かれている。渉成園の庭園は現在も建設当初のままであり、池に配されている築山は付け替え前の御土居遺構であると推定されている〔石田一九七八、一九九〇〕。

参考文献

朝尾直弘「「洛中洛外町続」の成立――京都町触の前提としての」京都町触研究会編『京都町触の研究』岩波書店、一九九六年
石田孝喜「近世初期の洛中絵図に関する考察4」『月刊古地図研究』九七号、一九七八年
石田孝喜「お土居」杉山博ほか編『豊臣秀吉事典』新人物往来社、一九九〇年
杉森哲也「近世京都の成立――京都改造を中心に」佐藤信・吉田伸之編『新体系日本史6　都市社会史』山川出版社、二〇〇一年
杉森哲也「近世京都・妙法院領の新地開発とその地域構造」『部落問題研究』二二五輯、二〇一八年
高橋康夫ほか編『図集日本都市史』東京大学出版会、一九九三年
辻ミチ子「余部文書　解題」〔原田ほか編　一九八〇、一一九―一二〇頁〕
辻ミチ子・山本尚友『京都の部落史1　前近代』「第四章　近世社会の成立と身分制」京都部落史研究所、一九九五年
吉越昭久「近世の京都・鴨川における河川環境」『歴史地理学』三九巻一号、一九九七年
吉越昭久「京都・鴨川の「寛文新堤」建設に伴う防災効果」『立命館文学』五九三号、二〇〇六年
吉田伸之「都市と農村、社会と権力――前近代日本の都市性と城下町」溝口雄三ほか編『アジアから考える1　交錯するアジア』東京大学出版会、一九九三年
大塚隆編集『慶長昭和京都地図集成――一六一一（慶長一六）年―一九四〇（昭和一五）年』柏書房、一九九四年
原田伴彦ほか編『日本庶民生活史料集成14　部落1』三一書房、一九七一年
原田伴彦ほか編『日本庶民生活史料集成25　部落2』三一書房、一九八〇年

〈特論4〉

本山寺内町と真宗教団

芹口真結子

はじめに——東西本願寺寺内町研究の現状と課題

近世京都には、五つの惣町〔上京・下京・禁裏六丁町組・東本願寺寺内町・西本願寺寺内町〕が存在していた。このうち、惣町の一つである東西本願寺寺内町を扱った研究には、千葉乗隆や杉森玲子、平野寿則、渡邊秀一、堅田理による成果がある。西本願寺寺内町は、まず千葉が、その構造や町行政のあり方を整理した〔千葉 一九六五〕。さらに渡邊は、千葉の成果を踏まえた上で、東西本願寺寺内町の職業分布や空間構造の比較を行った〔渡邊 二〇〇七〕。杉森は、西本願寺寺内町の形成過程とともに、寺内の社会と空間のあり方を分析し、同寺内町の特質を描いた〔杉森 二〇一〇〕。具体的には、寺院が核となる社会を分析する寺院社会論の成果を踏まえ、西本願寺寺内町の特徴を、①京都の他町域との差異、②浅草寺の寺院社会との差異、の二点で説明する。すなわち、①寺内が独自の法のもと、〔寺内〕町役所の支配を受け、京都を構成する町域としての負担とともに本山からの諸負担も課せられた点、②本山施設のある狭義の境内に子院は存在せず、多数の門徒・末寺からの上納によって経済が支えられていた点、である。以上から、「本願寺を核とした寺内は、浅草寺とは異なる類型に属する寺院社会」であったとする〔杉森 二〇一〇、一八八頁〕。

他方、東本願寺寺内町は、西本願寺寺内町と比較すると研究の遅れが見受けられたが、近年、渡邊や堅田により、ようやく職業分布や空間構造の分析が進んだ〔堅田 二〇〇七、渡邊 二〇〇七〕。寺内町行政に関しては、平野による成果がある〔平野 二〇一四〕。今後はこうした基礎的な情報の充実を図りつつ、東本願寺寺内町が形成した社会について分析を深める必要があるだろう。そのさい、教団の本山が所在することが、寺内町の社会をどのように規定したのかも考えねばならない。

かかる問題意識を踏まえ、まず第一節において、東本願寺寺内町の基礎構造や、行政のあり方について整理する。第二節では、寺内町住民の生活の一端を示していく。第三節では、所化（後述する学寮で修学する僧侶）の滞在を事例に、本山と寺内町が相互に与えた影響について検討する。以上を通じて、「浅草寺とは異なる類型に属する寺院社会」であるとされた本願寺の寺院社会の実態分析を深めていきたい。なお、本論では便宜上、東本願寺を本山とする教団を東派、西本願寺を本山とする教団を西派と表記する。

一　東本願寺寺内町の構造と行政

まず、東本願寺寺内町の基本構造を見る。寺内町は、大きく古寺内と新寺内の二つで構成された。古寺内は、慶長七（一六〇二）年二月、徳川家康から与えられた京都烏丸六条の四町四方の寺地を指し、一方の新寺内は、寛永一八（一六四一）年に家光の朱印状で加増された寺地を指す〔平野 二〇一四〕。古寺内・新寺内の町数は、近世後期の時点で、古寺内が三三町、新寺内が二七町を数える。これらの町はそれぞれ五つの組町（古寺内＝乾・不明上・不明下・坤・東洞院、新寺内＝間之・高倉・艮・巽・材木）に編成された。

次に、寺内町の行政を確認していこう。古寺内・新寺内の町行政を見ると、それぞれに上町代と下町代が置かれ、古寺内の上町代は福岡家、新寺内の上町代は木村家によって世襲されていた〔「町代一覧」『資料館紀要』三九、二〇一一年、一〇五頁)。上町代は、後に述べる寺内町奉行からの諸触を町々に伝達した。上京などの町代は、町奉行所屋敷内の町代部屋に詰めていたことが指摘されているが(塚本 一九九六)、寺内町の町代は京都町奉行所へ参上したさいには下町代の格となり、平常時に町代部屋へ詰めることはなかったとされる(「明和三年 諸事覚」『資料館紀要』三九、二〇一一年、四六頁)。古寺内・新寺内を構成する各町組には、他の惣町と同様、町代・町年寄が設置されていた(「御境内町支配役蒙仰候書留」『野崎家記録』一四)。

寺内町の行政を統括したのは、東本願寺家臣が務める町奉行である(以下、寺内町奉行と称す)[1]。寺内町奉行は、京都町奉行所との折衝や、公儀触・寺内町触の布達といった上意下達、寺内町住民の下意上申などを主な職務とした[2]。寺内町奉行・野崎勝芳が作成した「町支配記」・「天明八年戊申五月御寺内町支配之記」(いずれも東京大学史料編纂所写真帳『野崎家記録』八所収)には、延宝五(一六七七)年三月から享和三(一八〇三)年一〇月までの寺内町奉行の履歴が記載されている(表1)。これにより、寺内町奉行は基本的に定員二名であったことがわかる。また、享保年間(一七一六―一七三六)までの寺内町奉行は、東本願寺内の家老職と兼役する傾向にあった。全体的に任期は不定で、表中の一六番笹岡将監貞利や二一番野崎加治馬勝芳のように二〇―三〇年務めた者もいれば、転役によって短い任期で終える者もいた。

京都の惣町の一つである東本願寺寺内町は、古寺内と新寺内という二つのまとまりによって構成され、寺内町奉行による統括のもと、町行政が運営されていたのである。

事項（「町支配記」）	事項（「天明八年戊申五月御寺内町支配之記」）	備　考
延宝五巳年三月廿八日町奉行兼役仰せ付けられ候，元禄九子年三月廿四日依頼町奉行御免	延宝五年三月廿七日町，同九三月十日御役，元禄九三月四日（ママ）依頼御免	
元禄四未年五月廿四日町奉行兼役仰せ付けられ道専にてこれを在勤，同八亥年二月廿五日坊官役仰せ付けられ町奉行御断り	元禄四五月廿四日町，道専にて在勤，同八年二月廿五日坊官やく仰せ付けられるにつき町役御断り	
元禄八亥年三月朔日町奉行役仰せ付けられ候，この時まで家老石井隼人町奉行兼役に候ところ，勘解由に町奉行仰せ付けられ候えども，隼人もそのまま兼役にて，後勘解由一役，その後家老転役，隠居元禄十七巳年四月朔日，連判の列仰せ付けられ候	元禄八年三月朔日町奉行役仰せ付けられ候，この時まで家老石井隼人町支配兼役に候ところ，勘ケ由へ町支配仰せ付けられ候えども，隼人もそのまま兼役にて，後に勘ケ由一役，その後家老に転役隠居，元禄十七年四月朔日連判の列仰せ付けられ候	「御寺内町奉行役古来坊官家老中兼役のところ，始めて松尾勘解由町奉行ばかり仰せ付けられ候事」（「町支配記」）／「御寺内町支配古来より坊官家老中の兼役のところ，松尾勘ケ由初めて町支配ばかり仰せ付けられ候」（「御寺内町支配之記」）
元禄十七年申四月朔日より町奉行仰せ付けられ候	元禄十七申四月朔日より，後に宝永六御役家老に転役	
宝永六年巳四月十七日町奉行仰せ付けられ候，正徳二年辰二月十七日役義御免	宝永六丑四月より，後に役儀召し上げられ候，正徳二年二月十七日さいやく	
正徳二年辰二月十七日町奉行仰せ付けられ候，同五年未九月十日弾正と改名，家老に仰せ付けられ町奉行役兼帯	正徳二辰二月十七日より，後家老に転役，正徳五年九月九日連判の列仰せ付けられ候	
正徳五年未十一月廿日町奉行仰せ付けられ候，享保弐年酉九月十一日病気につき依頼役義御免，後に弾正家老にて兼役	正徳五未十一月廿日より，享保二九月十八日死	
享保二年酉九月十一日隼人病気につき役義御免，後，家老にてそのまま兼役仰せ付けられ候，同三年戌六月廿三日町奉行御免	享保二酉九月隼人病気につき役御免，跡役家老弾正へ兼役仰せ付けられ候	6番と同一人物
享保三年戌六月廿三日町奉行役仰せ付けられ候，同二十年卯六月廿八日家老に仰せ付けられ，町奉行役もそのまま兼役仰せ付けられ候	享保三戌六月廿三日より同廿卯六月廿八日家老に転役，町支配もそのまま兼役仰せ付けられ候	
享保九年辰九月六日より外記相役に町奉行仰せ付けられ候，後家老に転役，隠居，これによりまた外記一役，右外記享保廿年卯六月家老に転役，町奉行もそのまま兼役仰せ付けられ候	享保九辰九月六日より外記相役に仰せ付けられ候，後享保十一年十月御役家老に転役隠居，これによりまた外記一役	
享保二十年卯八月八日より町奉行仰せ付けられ候，元文五年申八月十九日死去	享保廿卯八月八日より外記に代り，役中死去，元文五八月十八日死	
元文五年申八月十九日町奉行仰せ付けられ候，延享元年子四月十七日病気につき役義御免願いこれあり候ところ，翌八日家老仰せ付けられ候	元文五申八月十九日より，十八日とも，後病中に家老に転役，死去	
延享元年子四月十七日より町奉行仰せ付けられ候，寛延弐年巳五月九日願いの通り隠居仰せ付けられ候	延享元子四月十九日より，十七日とも，後願いの通り隠居，寛延二巳年九月九日御座候	

表1　東本願寺寺内町奉行一覧（延宝5(1677)年―享和3(1803)年まで）

番号	町奉行名	別　名	生没年	任命年月日	退任年月日
1	石井隼人正久	順楽	?	延宝5(1677)年3月28日	元禄9(1696)年3月24日
2	七里新之丞	道専／重正／三左衛門／大弐法橋	?～宝永元(1704)年8月29日	元禄4(1691)年5月24日	元禄8(1695)年2月25日
3	松尾勘解由元雅	宗順／三之助／左近	?～享保2(1717)年12月27日	元禄8(1695)年3月1日	—
4	冨井主水清長	吉三郎／勘左衛門／大膳	?～享保8(1723)年7月13日	元禄17(1704)年4月1日	—
5	森川左中政清	保全	?	宝永6(1709)年4月17日	正徳2(1712)年2月17日
6	七里新之丞重順	清五郎／新之丞／弾正	?～享保9(1724)年6月20日	正徳2(1712)年2月17日	—
7	石井隼人正貫	正威（成）／順友／正実	?～享保2(1717)年9月14日	正徳5(1715)年11月20日	享保2(1717)年9月11日
8	七里弾正	清五郎／新之丞／弾正	?～享保9(1724)年6月20日	享保2(1717)年9月11日	享保3(1718)年6月23日
9	山本外記脩高	?	?	享保3(1718)年6月23日	—
10	坪坂主馬	直汎／了貞／半之助／甚五左衛門	?～享保15(1730)年7月19日	享保9(1724)年9月6日	—
11	鈴木修理宗胤	?	?	享保20(1735)年8月8日	元文5(1740)年8月19日（「御寺内町支配之記は18日）
12	森川左中忠廉	左門	元禄3(1690)年～寛保4(1744)年4月30日	元文5(1740)年8月19日	—
13	宇野玄蕃綱治	道因	?	延享元(1744)年4月17日	寛延2(1749)年5月9日

延享四年卯八月廿一日より町奉行仰せ付けられ候，寛延二年巳九月十日役中死去	延享四卯八月より，玄蕃病身につき相役に仰せ付けられ候，後役中死去，寛延二年九月十日	
寛延二年巳九月九日より町奉行仰せ付けられ候，宝暦五年亥三月廿一日願いにつき退役仰せ付けられ候，後御児様御附仰せ付けられ，その後家老に転役，死去	寛延二巳九月九日より，玄蕃に代り，後に宝暦五三月廿一日御方へ御児様御守役，その後家老に転役，死去	
宝暦五年亥三月廿一日より町奉行仰せ付けられ候，安永四年未八月願いの通り隠居，もっとも長々勤め切りをもって家老隠居格に仰せ付けられ候	宝暦五亥三月廿一日より民部に代り，安永四未八月十五日願いの通り隠居，もっとも長々勤め切りをもって家老の隠居格に仰せ付けられ候	
宝暦十年辰十一月十九日より町奉行役仰せ付けられ候，明和四年亥正月役中死去，葬式家老格に仰せ付けられ候	宝暦十辰十一月十九日より将監相役に仰せ付けられ候，後役中死去につき将監一役，明和四年正月九日死去	
明和六年丑正月より町奉行仰せ付けられ候	明和六丑正月十日より将監相役に仰せ付けられ候，後同九年二月八日御役家老に転役につき，また将監一役	
明和九年辰九月二日より町奉行仰せ付けられ候	明和九辰九月二日より将監相役に仰せ付けられ，後将監隠居につき内記一役，その後安永五申年二月八日御役家老に転役	
安永四年未十二月より町奉行仰せ付けられ候	安永四未閏十二月廿七日より内記相役に仰せ付けられ候，翌申二月内記家老に転役につき主計一役，天明八年申正月廿九日役中に死去，葬式家老格の通りに仰せ付けられ候	
天明元年丑正月十日より町奉行仰せ付けられ候，寛政十年七月十三日願いの通り役義御免，御家老隠居に仰せ付けられ候	安永十丑正月十日より主計相役に仰せ付けられ候，寛政十戊午年七月十二日願いの通り隠居仰せ付けられ，長々勤め切りをもって家老格隠居に仰せ付けられ候，今年七十一歳	
寛政七年卯七月十四日町奉行補役仰せ付けられ，同九年巳六月朔日内用人仰せ付けられ町奉行御免	—	
寛政十年午七月十五日町奉行仰せ付けられ候，翌十一年未四月十五日家老に転役仰せ付けられ候	寛政十戊午年七月十二日加治馬代り仰せ付けられ，一人づとめなり，翌十一巳年四月十五日家老に転役	
寛政十一年未四月十五日町奉行仰せ付けられ候，同十二年申九月廿四日死去，御役隠居格仰せ付けられ候	同十一巳年四月十五日伊織代り仰せ付けられ，監物と改名仰せ付かる	
寛政十二年申六月廿三日町奉行加役仰せ付けられ候，同年九月廿四日町奉行本役に仰せ付けられ，相役磯部主馬殿本役首座に仰せ付けられ候	—	
寛政十二年申九月廿四日より町奉行仰せ付けられ候	—	
享和三年亥十月朔日より町奉行仰せ付けられ候	—	

成.

（表1つづき）

14	若林蔵人貞知	道破	？	延享4(1747)年8月21日	寛延2(1749)年9月10日
15	苗村民部方矩	浄信／寛三郎／采女／精兵衛／監物	？〜明和元(1764)年11月5日	寛延2(1749)年9月9日	宝暦5(1755)年3月21日
16	笹岡将監貞利	浄智／多仲／主鈴	宝永3(1706)年〜天明2(1782)年3月4日	宝暦5(1755)年3月21日	安永4(1775)年8月15日
17	井上要人忠住	忠豊／宗興／金兵衛	宝永7(1710)年〜明和4(1767)年1月9日	宝暦10(1760)年11月19日	明和4(1767)年正月9日
18	池尾伊織盛勝	道西／紋次郎／舎人	？〜安永8(1779)年1月25日	明和6(1769)年正月10日	明和9(1772)年2月8日
19	横田内記重長	—	享保5(1720)年〜天明元(1781)年	明和9(1772)年9月2日	安永5(1776)年2月8日
20	冨嶋主計安栄	安祥／安章／長也／右膳	？〜天明8(1788)年1月29日	安永4(1775)年12月27日	天明8(1788)年正月29日
21	野崎加治馬勝芳	富五郎／左源太／頼母／半平	？	天明元(1781)年正月10日	寛政10(1798)年7月13日
22	池尾伊織正弘	？	？	寛政7(1795)年7月14日	寛政9(1797)年6月朔日
23	池尾伊織正弘	？	？	寛政10(1798)年7月15日	寛政11(1799)年4月15日
24	村田監物長常	吉左衛門／宗貞／藍次郎／喜八	？〜寛政12(1800)年9月24日	寛政11(1799)年4月15日	寛政12(1800)年9月24日
25	嶋主膳綱淇	久米之助／矢柄	？	寛政12(1800)年9月24日	—
26	磯部主馬是重	沾之助／覚之助	？〜文化10(1813)年2月18日	寛政12(1800)年9月24日	—
27	石井隼人	？	？	享和3(1803)年10月1日	—

注）生没年や別名は赤松徹真他編『真宗人名辞典』法藏館，1999年により情報を補完した．

出典）「町支配記」・「天明八年戊申五月御寺内町支配之記」（東京大学史料編纂所写真帳『野崎家記録』8）より作

二　住民の生活

東本願寺寺内町には、どのような住民が生活していたのだろうか。まず、住民の宗派構成を確認したい。天保九（一八三八）年九月時点（「諸事之日記」『東本願寺史料』二、一二一―一二三頁）では、「本願寺門徒」（東派が多数か）と仏光寺門徒を合わせると、真宗門徒は全体で八六％を占める。とはいえ、浄土宗は一〇％弱、その他信徒も若干数存在した。ちなみに、千葉によれば、西本願寺寺内町の場合、借家人を除く住民は真宗門徒に限定されていたが、延享年間（一七四四―一七四八）では、真宗五三・八％、浄土宗三八・五％と続いており、真宗門徒は寺内町の半数であったという〔千葉　一九六五〕。時期のずれもあり、単純に比較することはできないが、東西本願寺寺内町の間にこのような差異が存在するのは興味深い。

さて、真宗門徒が多数を占める東本願寺寺内町には、本山から習俗や信仰活動に関する様々な規制が敷かれていた。次の史料は、文化一四（一八一七）年一二月一三日付で本山から寺内町に達せられたものである。

［史料］〔「触書留」『東本願寺史料』一、一三頁〕

覚

一、正月表に注連かさりならび根ひき松無用の事
一、表に祈禱札等張り申すまじき事
一、卯月上け花高く建て申すまじき事
一、五月節句表札へよもき・菖蒲さし申すまじき事
一、盆中六斎打たせ申すまじき事

一、百万遍念仏高唱候義ならび鉦たたき申すまじき事
一、節分表に柊さし申すまじき事
一、極月二十日夜より壱町に五つ程ずつ行燈出し申すべき事
但し二十九日夜は家並みに行燈出し申すべき事
右箇条の趣年寄宅に張り置き、その節々気を付け申すべき事
丑十二月十三日

史料からは、寺内町住民が、正月の注連飾り・根曳き松などといった年中行事に関わる飾り付けや、祈禱札の貼り出しの禁止、百万遍念仏の表立った実施の禁止などを受けていたことがわかる。全体的に、寺内町に対して宗風（宗派の風儀）を徹底させようとする本山の企図をうかがうことができよう。では、何故このような規制が寺内町に敷かれたのだろうか。小林准士によれば、真宗教団には、氏神祭祀への参加は容認する一方で家内の神事執行を認めないとする本山の方針（神祇不帰依）が存在し、一八世紀前半から、こうした方針を門徒に浸透させようとする動きが生じたとされる〔小林 二〇一三〕。かかる指摘を踏まえれば、阿弥陀仏以外の神仏への帰依を不必要であると考える真宗教団の立場上、諸国の門徒や末寺僧侶が参詣に訪れる本山の寺内町において、祈禱札の貼り出しなどを容認することはできないために、先の通達が出されたのだと思われる。とはいえ、他宗派の住民も生活する寺内町で、実際にこれらの規制が貫徹されていたのかは疑わしい。

信仰活動に関しても、本山による規制が存在していた。天保八（一八三七）年七月に本山から寺内町に出された触からは、寺内町の東派門徒が、他派（東派以外の真宗諸派を指すか）の僧侶を自宅へ招き、近所の人びとを集めて法話を聞いていることが本山から問題視されていたことがわかる〔「触書留」『東本願寺史料』二、八五頁〕。その触のなかで本山は、「御本廟御膝元」に住んでいる門徒は十分に法話を聞ける環境にあり、わざわざ他派の僧侶を招いて法話を聞

く必要はないとの認識を示し、他派僧侶を招待して法話を聞くことを禁じた。ここからは、他派の僧侶が東本願寺寺内町に入り込み、東派門徒に対して教化活動を展開していたこと、こうした活動を受け入れる門徒がいたこと、そして、以上の活動を本山側が警戒していたことをうかがうことができる。東本願寺寺内町の住民は、本山からの統制を受けながらも、ときに、そうした統制からはみ出る信仰活動を展開していたのであった。

次に、東本願寺寺内町に展開した商業について、先行研究の成果を参照しながら見ていきたい。堅田によれば、寺内町の商業の構成は、寺院の荘厳や法衣に関わる業種、寺内の人びとの生活に関わる職種が多様に展開していた寛永八(一六三一)年時の西本願寺寺内町と比較すると、東本願寺寺内町の場合、延享年間時点で、寺院の荘厳に関わる商家は仏具屋、仏壇屋、錺屋、塗師屋、箔屋があるだけであり、人びとの日常生活を支える業種の十分な展開も見受けられないという〔堅田 二〇〇七〕。以上から、東本願寺寺内町の経済システムは、西本願寺寺内町などの外部社会に依存して成立していたと推測されている。しかし、学寮の御用商人名簿である「御出入方名簿」[3]を見ると、本屋や大工、表具師、衣屋、菜物屋など、寺院の荘厳から日常生活用品にいたるまで、さまざまな商いを営む家が寺内町に居住していたことがわかる。通時的な変化もおさえる必要はあるものの、東本願寺寺内町にも実際には多様な商業が展開していたことが想定されるのではないか。同寺内町の経済システムのあり方については、寺内町外に広がる社会との関係も視野に入れ、さらなる検討が必要であろう。

このほか、注目すべき寺内町の商業として、宿屋を挙げることができる。渡邊によれば、近世中期の東本願寺寺内町には宿屋が八四軒あり、上珠数屋町・中珠数屋町・下珠数屋町の各東西通を中心に分布していたという〔渡邊 二〇〇七〕。この宿屋のほか、寺内町には小屋や座敷貸といった宿泊場所もあった。小屋は、本山再建時(東本願寺は近世期に三度焼失している)に、再建工事へ従事する諸国の末寺僧侶や門徒が利用した宿泊施設で、地域別に設置され、ときには学寮の講者(後述)が訪れて法話を行うこともあった〔松金 二〇〇六〕。座敷貸は、宿屋業ではない者が、寺内町滞在者に座敷を貸す形態を指す。座敷を貸す者は本山から「座敷主」と呼ばれていた（「上檀間日記」『東本願寺史料』一、九四頁）。東本願寺寺内町における座敷主の実態は不明な点が多いが、西本願寺寺内町では、宿屋以外の寺内町居住者が諸国の末寺僧侶や門徒、所化などに座敷を提供していた事例が確認されており（渡邊 二〇〇七）、東本願寺の座敷主も同様であったと思われる。

以上述べてきたように、東本願寺寺内町には、宿屋や小屋、座敷貸といった宿泊場所が広がり、諸国の末寺僧侶や門徒を受け入れていた。それでは、各地から訪れてくる人びとと寺内町の住民は、どのような関係を結び、本山はそうした関係にいかなるかたちで関与していたのだろうか。次節では、所化の滞在を事例に考察していきたい。

三　所化と寺内町

所化とは、教学を修得するために学寮に詰めた末寺僧侶のことである。学寮は、寛文年中（一六六一―一六七三）に設立された東本願寺の教学研究機関で、末寺僧侶の教育などを担った。学寮の内部は、教育を担当する講者（講師・嗣講《しこう》・擬講《ぎこう》）と、生徒の所化で構成される。講師は、学事の総責任者である。学寮の授業は通年開講ではなく、四月中旬から六月下旬まで開催される夏安居《げあんご》のほか、春秋二期にも講義が開かれた。これらの講義を受講するため、諸国から末寺僧侶が上京することになる。

学寮には、所化が寝食する寮舎があり、宝暦期（一七五一―一七六四）には六〇―七〇名を収容した。以後、二〇〇名余りを収容できるように寮舎が拡張され、さらに文政九（一八二六）年四月になると二〇〇名を収容可能な新寮が設置された。これにより、新旧の寮舎を合わせて四〇〇名を収容できるようになった（武田 一九四四、二〇〇六―二〇〇七頁）。ただし、文政期（一八一八―一八三〇）以降の夏安居の参加人数は基本的に一〇〇〇人以上を数え、記録上もっとも多い天保九（一八三八）年には一八四七人の受講者がいた（武田 一九四四、二〇三―二〇五頁）。そのため、学寮の寮舎だけでは全ての所化を収容することはできず、学寮に止宿できなかった所化は寺内町や京都市中の宿屋などを利用することになった。

学寮で聴講する所化は、期日内に学寮へ「参着之届」を行うことが求められたが、寺内町で止宿する所化は「参着之届」を出すさいに宿屋の付き添いが必要で、宿屋は裃を着用しなければならなかった（「触書留」『東本願寺史料』一、五頁）。幕末期の「参着之届」をまとめた帳簿を見ると、宿となっているのは、屋号＋人名のほか、詰所の名も確認できる（大谷大学図書館所蔵「入寮名簿」（宗丙一二九）、同「入寮擬《ぎ》寮司《りょうず》隷名」（宗丙一三〇））。前者に関しては、帳簿の記載だけでは宿屋か座敷主か判然としないが、後述する文政三（一八二〇）年七月の事例を踏まえると、両者とも含まれていると推定される。このように、寺内町には、諸国から上京してきた多くの所化が滞留していた。

近世後期になると、所化の行状が、京都町奉行所や本山からたびたび問題視されるようになる。文政三年七月一一日には、所化が遊所を徘徊している件で、京都西町奉行所が寺内町奉行・田中一学を呼び出して厳重に取り締まるよう指示している。これを受け、本山家老は学寮講者を呼び出し、所化への指導を徹底するよう通達し、講者はその日のうちに所化へ教示を行っている（「上檀間日記」『東本願寺史料』一、九四頁）。他方、寺内町奉行所は、この件について、寺内町の宿屋仲間に対し、同年同月中に以下の内容の触を出した。まず、宿屋に止宿する所化や、座敷を借りている所化のうち、夜に何度も外出する者や、他山の僧侶と何やら申し合わせている者がいれば諫めること、もしその所化が言うことを聞かなければ、その旨を寺内町奉行所へ届け出るように、というものである。所化の問題行動を見逃し、事が露顕した場合には、宿あるいは座敷主も処罰を受けることになっていた。同様の触は以後も何度か出され、弘化二（一八四五）年六月二八日の寺内町触（「上檀間日記」『東本願寺史料』二、五二二頁）には、宿屋のなかに「却って遊里誘引せしめ案内いたし候者」もいるとの文言も登場する。以上からは、本山による所化の統制が、宿屋および座敷主を介して行われたことが読み取れる。その上で、一部の所化による問題行動に、宿屋自身が荷担していたことも透けて見える。地方から上京した所化は、滞在する宿屋の主人や座敷主を介し、寺内町の外に広がる社会とつながっていたのである。

おわりに――真宗の寺院社会論への展望

近世の東本願寺寺内町は、西本願寺寺内町と同様、寺内町奉行の管轄のもと、独自の法による本山の自治的な支配がなされた。真宗の本山の御膝元で生活していた寺内町住民は、本山から習俗や信仰活動を規制される一方、そうした規制から外れる営みも展開した。また、寺内町は、本山や学寮の運営に必要な物資を供給するとともに、学寮の寮舎に収容できない大勢の所化の受け皿としても機能した。本章では取り上げられなかったものの、所化のほか、本山には参詣や所用によって多くの末寺僧侶や門徒が来訪し、寺内町はそうした人びとも受け入れていた。大規模教団の本山が所在する寺内町を見ていくさいには、教団に関係する多様な人びとの存在も視野に入れる必要がある。

最後に、今後の展望について述べ、本論を締めくくりたい。寺院社会論の視座から検討された寺院は、天台宗寺院が多い傾向にあり、真宗寺院の事例分析は意外にも進められていないのが現状である。都市社会における真宗寺院の展開については、上場顕雄が大坂の事例を中心に検討しているが〔上場 一九九九〕、真宗寺院がどのような寺院社会を形成していたのか、本山寺内町との比較も含め、分析を深めていかねばならないだろう。

(1) 寺内町奉行を務める家は、「下間並衆」とも呼称される諸家で、代々東本願寺の家老などを務める下間家に次ぐか、ときには同家の上位を占める地位にあった。これらの家は、宗政に参与することもあった〔谷端 一九七六〕。

（2） なお、平野は「町支配」という史料用語を、町奉行とは独立した役職として解釈している〔平野 二〇一四〕。しかし、表1の3番・松尾勘解由元雅の記事（備考欄）などからもわかるように、「町支配」は、町奉行の役務の一つを指す言葉である。

（3） 大谷大学図書館所蔵「高倉学寮御出入方名簿」（宗丙一一七）。本名簿は、学寮の事務などを担当する知事所と上首寮《じょうしゅりょう》が文化六（一八〇九）年四月に作成したもので、以後、出入りの停止や新規の出入りが発生した場合にはその情報が書き加えられた。学寮と新規に取引を希望する商人は、本屋・西村九郎右衛門と筆屋・中村忠兵衛（ともに寺内町住民）による推挙が必要であった。

参考文献

上場顕雄『近世真宗教団と都市寺院』法蔵館、一九九九年
堅田理「東本願寺寺内の景観」川村能夫編『京都の門前町と地域自立』晃洋書房、二〇〇七年
小林准士「近世真宗における神祇不帰依の宗風をめぐる争論の構造と展開」『史林』九六（四）、二〇一三年
杉森玲子「寺内」吉田伸之・伊藤毅編『伝統都市3 インフラ』東京大学出版会、二〇一〇年
武田統一『真宗教学史』平楽寺書店、一九四四年
谷端昭夫「近世における東本願寺の宗務機構について」『真宗研究』二一、一九七六年
千葉乗隆「近世本願寺寺内町の構造」『千葉乗隆著作集』三、法蔵館、二〇〇一年、初出一九六五年
塚本明「町代」京都町触研究会編『京都町触の研究』岩波書店、一九九六年
平野寿則「近世後期における東本願寺と寺内町」『真宗研究』五八、二〇一四年
松金直美「近世真宗における〈教え〉伝達のメディア」『大谷大学大学院研究紀要』二三、二〇〇六年
吉田伸之「都市民衆世界の歴史的位相」『巨大城下町江戸の分節構造』山川出版社、二〇〇〇年、初出一九九七年
吉田伸之「寺社をささえる人びと」吉田伸之編『身分的周縁と近世社会6 寺社をささえる人びと』吉川弘文館、二〇〇七年
渡邊秀一「京都東西本願寺門前町の形成過程と変容」川村能夫編『京都の門前町と地域自立』晃洋書房、二〇〇七年
東京大学史料編纂所所蔵写真帳『野崎家記録』
東本願寺宗学院編『東本願寺史料』一―四、名著出版、一九七三年

〈特論5〉

明治維新と豊国神社の再興

高木博志

はじめに——豊国社の創建

慶長四（一五九九）年四月に、豊国社正遷宮祭典が催され、慶長九（一六〇四）年八月一二日から一九日まで、豊臣秀吉の七回忌に豊国社臨時祭が盛大に執り行われた。豊国神社宝物館を飾る、狩野内膳の至宝「豊国祭礼図屏風」には、一四日の諸大名の馬揃え（二〇〇頭）、一五日の上京・下京の町衆の風流踊りの躍動が描かれる（市立長浜歴史博物館二〇〇四、津田 一九九七）。一人一人の人物の表情まで書き分ける多彩な描写や、南蛮人への町衆の扮装には桃山絵画の残映がある。院政期の後白河法皇の法住寺や三十三間堂の記憶は、秀吉の時代に方広寺や豊国社として塗り替えられた。

豊国神社に残された豊国社臨時祭の「由緒記」（明治初年、豊国神社文書）には、

上京之踊ハ先内裏へ参リ跳申、御叡覧有而面白被思食御感不斜、其後豊国大明神之神前ニテ踊申候也、下京之踊ハ先豊国大明神ニテ踊、其後禁中ニ而踊申候也、（八月）十六日、大仏ニ而施行ヒカラレ、御奉行片桐市正、乞食非人鉢拱唱門師猿使盲人居、腰引物イハス穢多皮剣《ママ》諸勧進之聖イル異形有雑無雑馳集、不知員幾何御慈悲者上ヨリ下ル難有忝ナシト声々ニ呼ハリ哀成様不被当目様体也、古語曰、施非身一人功徳如天地有、実御祈禱結縁是

二過タル古文アラン

と記された。慶長九年八月一五日に上京、下京の町衆が豊国社前と内裏前で風流踊りを披露し、翌八月一六日には、祭礼の総奉行の片桐市正（且元）が、大仏で貧しいものたちへの施行を行う。いわく、「乞食非人鉢拱唱門師猿使盲人居、腰引物イハス穢多皮刻《ママ》諸勧進之聖イル異形有雑無雑」は馳せ集まったという。そしてこの東山の大仏がもつ、周縁性と、場の記憶は近代まで受け継がれる。

慶長一九（一六一四）年には方広寺大仏殿が完成し、それが鐘銘事件を引き起こすことになった。翌年の大坂夏の陣の後に、豊国神社は破却された。方広寺大仏住持の照高院興意法親王を聖護院に移し、その跡地に、秀吉の根来攻めで焼き払われた根来寺の再興として智積院が創建された。

明暦元（一六五五）年に鎮守社として新日吉《いまひえ》社が再建され、豊国廟や旧豊国社への道はふさがれ、天明五（一七八五）年に豊国大明神を祭る樹下社が創建された〔久世 二〇一五〕。江戸中期以降の歌舞伎や浄瑠璃において、太閤記ものは、民衆世界に身近な芸能であった。

なお寛政一〇（一七九八）年に方広寺の大仏は、落雷により焼失した。しかし焼失した後も、奈良東大寺の大仏より大きかった方広寺の大仏と大仏殿は、その後も京都の地誌類にランドマークとして描かれ続けた〔水本 二〇〇二〕。また正面通りに元禄期より昭和二十年代まで存在した大仏餅屋は、大坂の粟おこしに匹敵する、上方を代表するお土産を供した。餡の入った小判形の白い餅には「大仏」の焼き印が押されていた〔田中編 一九五八〕。

旧妙法院は、慶長元（一五九六）年に一六〇〇石の石高があり、新日吉神社・蓮華王院・方広寺を管理することになった。その門前の大仏前は、広い意味で鳥部野にふくまれ、スラムであった。小林丈広は、「大仏前考」の中で、大仏非人小屋の存在や、幕末における借家人の割合の多さ、木賃宿が集中するさまを指摘する〔小林 二〇〇二〕。スラムとしての場所の属性は、明治期まで継続し、豊国社の再興や帝国京都博物館の誘致を引き起こした。

こうした大仏前の場の記憶について、「由緒記」（明治初年、豊国神社文書）には、

今諸書を合考するに往古ハ山上を。鳥部山と云。其麓に鳥部寺在て。其辺を鳥部野と云て。京師第一の墓所又火葬場なりと見へたり。（中略）又豊国社造営の砌。埋葬場ハ其儘遺し火葬場ハ荼毘の煙。社に至るを以て。三条西野雍州府志ニハ建仁寺前鶴林ニ移スト有に移されしなるべし。又今の大仏境内ハ。尤土地高く広場にして背にハ山を扣へ水清く。洛中洛外を眺望し。自然の雅景をなすゆへ。往古より度々沿革せしなり。今智積院の地。始ハ宝皇寺鳥部寺ト云有（中略）秀吉公の時。大仏殿を建立し給ひし故に。仏光寺を洛中へ移転せしめ。方広寺の方境となりぬ。今又其封中に恭明宮を造営し給ふ。

と記す。広い意味で鳥部野の周辺地であったことや、仏光寺の跡地に方広寺が建った来歴が語られる。

一　豊国神社の再興

さて明治維新を経て、慶応四（一八六八）年閏四月六日には、豊国神社を大坂城外近傍に再興する沙汰がだされたが、それは秀吉の豊国社の跡の場所が、わからなくなったためである。同年五月一日には、阿弥陀ヶ峰の秀吉の廟祠再興の沙汰が出された。明治維新期の徳川幕府の否定は、必然的に、豊臣秀吉の復権、顕彰をもたらした。

秀吉の豊国社の跡地（明治六年に、現在の京都女子大学東方の太閤坦とわかる）は既に失われて場所がわからなくなっており、方広寺の大仏は寛政期に焼失して再建されず、そこは鳥部野ないしその周縁部の場とみられていた。明治二年、そうした鳥部野の周縁に、恭明宮を方広寺内に創建することとなった。京都御所黒戸に安置されていた「神仏及び女官等私祭の歴朝霊牌・仏体等を奉遷」する方針がたてられた（『明治天皇紀』明治四年五月三〇日条）。その中心となったのが、太政官の京都における留守長官であった中御門経之である（村上ほか編 一九八四）。明治三年には、恭明宮規則

が出され、「六十歳以下の隠居女房・薙髪《ちはつ》女官等をして悉く同宮域内に移住」せしめることとなった。京都に残された後宮の女官たちは、恭明宮で、先帝や先祖の位牌を守り、近世と変わらない仏式の泉涌寺の法要へと明治期にも通うこととなる。泉涌寺の日並記には、泉涌寺に参拝し大仏餅をお土産にもらう女官たちの法要が記される。「恭明宮内外住居名簿」〔「恭明宮内外住居名簿」宮内公文書館七〇〇〇二〕には、「恭明宮内住居」として、光格天皇元中﨟・信敬院清子、仁孝天皇元掌侍・孝順院婧子、孝明天皇元典侍・菖蒲小路良子など、過去の天皇の女房二八人が書き上げられる。

明治四年二月一七日には、恭明宮に「神霊を除き仏体等のみを奉遷」することとなり、同年一一月一〇日に恭明宮は宮内省の所管となった。明治四年の春から門跡寺院号の廃止など、皇室における神仏分離が進み、明治六年三月一四日に、恭明宮は廃されて、霊牌は泉涌寺に遷された。「恭明宮御尊牌並仏像之件」〔「恭明宮御尊牌並仏像之件」宮内公文書館三一七三二〕によると、「元宮中御黒戸」から恭明宮に移され泉涌寺・海会堂に遷座された仏像に、新朔平門院と仁孝天皇のそれぞれの念持仏の大日如来、孝明天皇の念持仏であった文殊菩薩など一七の大像があった。その中で、「光格天皇勅作」の弥陀の像一軀は、その後、いったん東京皇居内の英照皇太后の手元に移されたが、皇太后死去後に、有栖川宮家を経て宝鏡寺へ遷されたという。

明治四年一月五日の上知令により、方広寺と大仏殿の跡地は、妙法院の寺域を離れた。明治初年の大阪への再建案に対して、明治六年になって教部省の調査により慶長時代には阿弥陀ヶ峰に豊国社が創建されていたことがわかり、紆余曲折の末、一八七五年四月七日に、京都東山に本社殿を造営、大阪府にも摂社を創建することとなった。同年一二月、方広寺大仏殿跡地に豊国神社の社殿が造営された〔津田　一九九七〕。

ここで豊臣期の太閤坦ではなく、大仏殿跡地に決定した経緯について、「明治六年九月ヨリ同十五年十二月迄、諸願伺届綴」〔『豊国神社文書』〕の史料が興味深い（図1）。

口上之覚

一、当社在来之旧地者下京市中一般之埋葬地ニ接シ不潔甚敷《カ》、且御創立在之候共可為官道地所も無之参詣人之便宜も不宜候、依而府庁並一社ゟ御伺申上候、阿弥陀ケ峰麓大仏殿跡え卜地相成候様仕度奉存候、就而は京都府下人民一般ゟ大阪え之遷座御差留奉願候程之儀ニ付社地砂持之儀、今日か明日かと挙而相待申候、今之機会ヲ取外シ候而は大ニ人望ヲ失ヒ可申と奉存候ニ付、近々之内卜地伺御聞済被成下、至急御示令在之度、此段奉懇願候而、過日実地御一覧之通ニ御座候間、可然御上申奉願候、余は其節御内談申上候如ニ御座候、以上

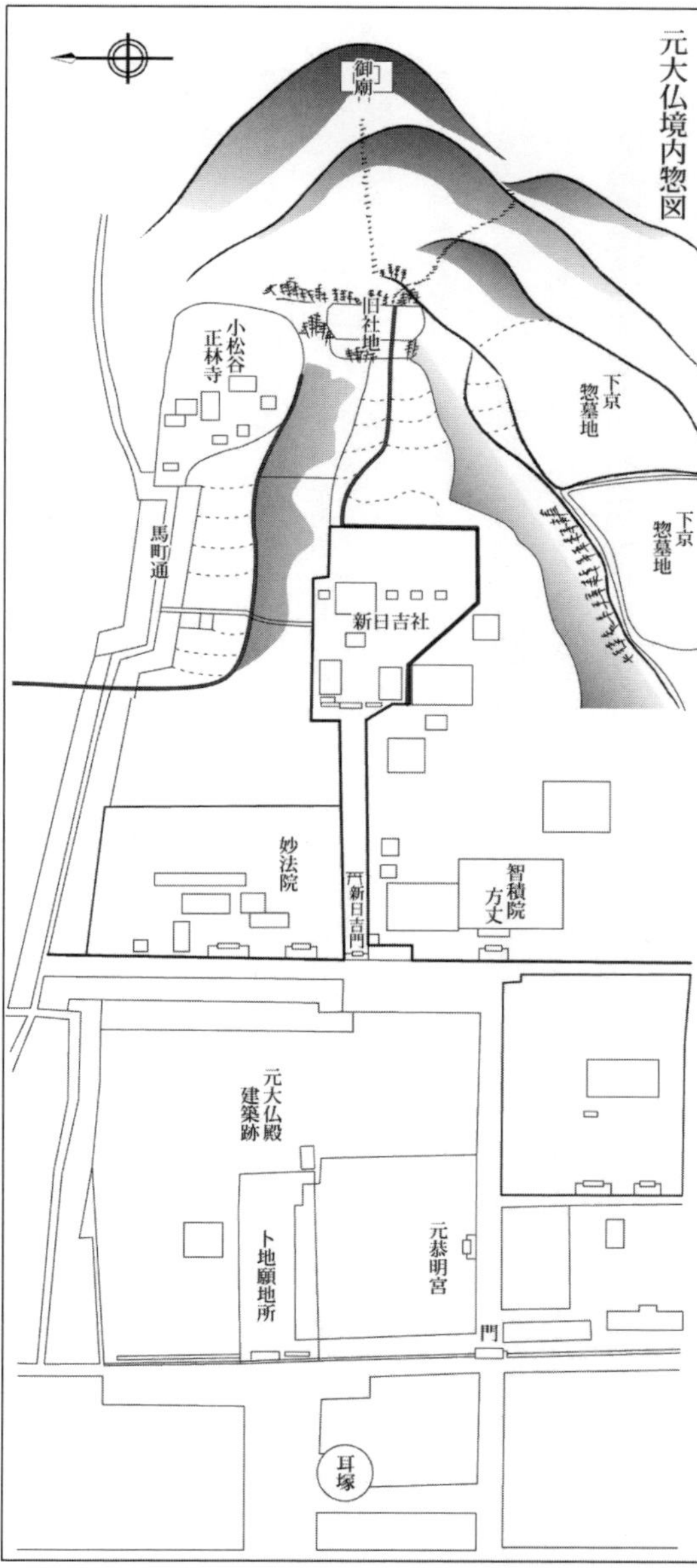

図１　明治初年の元大仏境内惣絵図（岡恵子氏作図）

八年八月廿四日　　　　　　　　豊国神社　神官共

諫早（教部省）中録殿

ここでは本来、豊国社があった太閤坦の南側一円には「下京惣墓地」が隣接しているため不潔で、官道も整備されておらず不便であるので、代わりに方広寺大仏殿跡への再建すべきとの、京都府庁と豊国社の働きかけがあったこと、そして大阪への遷座が中止となったことをうけて、砂持ちの祭典が準備されていることが記される。

かくして一八七六年一〇月一日より一〇日にかけて、「市街各区申合」で砂持ちの祝いがなされ、その様は「砂持絵図屏風」に描かれた。まもなくやってくる陸蒸気や、鯛のつくりものやとんがらしを運ぶネズミ、幟や吹き流しなど、京都への地鎮を祝う喜びが横溢する。かくして一八八〇年九月一五日の豊国神社正遷宮祭を迎える。

京都の創健社である、建勲神社（現在地一八八〇年）、護王神社（現在地一八八六年）、梨木神社（一八八五年）、白峰神社（現在地一八六八年）、平安神宮（一八九五年）といった織田信長、和気清麻呂、三条実万・実美、崇徳上皇、桓武天皇といった天皇や秀吉をはじめ朝廷の功臣と位置づけられた神霊が、御所を守護するように京都盆地の中を囲んだ〔高木 二〇〇八〕。

正遷式当日について、「御鎮座記」（豊国神社文書）には、

明治十三年九月十五日、正遷宮也、此日快晴、午後六時御迎ノ行列御社頭ヨリ発シ、正面ヨリ伏見街道ヲ南へ不崩門ヨリ新日吉社ニ至り、惣列ヲ止ム、神官等駕輿丁ニ御唐櫃ヲ舁セ豊国山ニ登ル、干時日全ク暮テ月清朗紅地ニ菊章ノ高張ヲ掲ケ辛《かろう》シテ絶頂ノ御墓前ニ至リ、祭典神饌五台ヲ供シ、点火ヲ消シテ御魂移執行ス、畢テ下山ニ赴リル、山中諸人群集シテ路傍ニ平伏シ万歳ヲ唱フ新日吉ニ着御、御小休ミ此間神官ハ此社祠掌藤嶋ノ亭ニテ休足弁当ノ儀ナリノ次ニ行列ヲ整ヒ出御御璽ハ御羽輦ニ載セ奉ル、此時伶人楽ヲ奏ス、妙法前側ヨリ小門ヲ出テ馬町ヲ西へ大和大路ヲ北へ五条ヲ西へ伏見街道ヲ南へ正面ヨリ一ノ鳥居ヲ入御拝殿ニテ御羽輦ヲ止メ、御璽ヲ御唐櫃ニ移シ主典之ヲ舁キ祢

宜榊ノ枝ヲ覆ヒ宮司御先道シテ神殿へ着御

と、豊国社より新日吉神社まで行列が向かい、神霊を移した神官がさらに豊国山まで登り、唐櫃に迎えた神霊を、再び御羽車で新日吉神社から豊国社の神殿に至った。道中の様について「御途中数十ノ提灯松明道路ヲ照シ、拝観ノ人群集雑踏立錐ノ地ナル、家ニ祝燈ヲ掲ケ最盛大ノ体也」と記した。

また正遷宮の実施について、同年八月二一日付の豊国神社宮司萩原員光の名で、北野神社鳥居前、寺町通今出川ノ辻、三条橋西詰、五条橋西詰、伏見海道正面に、建札が立てられ告知された（「従明治六年十月九日至同十五年十一月、諸願伺指令書綴」『豊国神社文書』）。

興味深いのは、明治一一年の豊国社に桃山時代の唐門がふさわしいとの移設である（「明治九年三月、豊国神社御創立営繕書類」『豊国神社文書』）。

一、中仕切は鳥居並玉垣ヲ以可囲面ニ候、然ル処豊公桃山城築造之砌建設有之候四ツ脚門壱基寛永年中旧幕ヨリ当地南禅寺之中金地院え寄附相成、于今存在致シ、此度於同院取払当府大属明石博高ナル者買求メ候趣ニテ豊国神社え進献致シ度旨願出申候、因テ右鳥居並玉垣ヲ止メ前顕之如ク由緒有之ヲ以右門破損所ハ修繕ヲ加へ採用致シ度、其左右別紙第弐印略図之通、スカシ塀ヲ建設致シ候得は可然見込か

清水重敦がいうように、南禅寺金地院からの移築は、豊臣秀吉の顕彰を視覚化する建築意匠の意図があった（清水二〇一三）。ここで明石博高の移築に関わる役割に言及されるが、明石は、蘭方医であり、京都府で舎密局など殖産興業、円山公園の桜保存にも貢献した（田中編 一九四二）。

一八九八年四月一日から五月三一日までの二ヵ月間、豊公三百年祭が催され、献茶・大茶会、太閤坦の能舞台、連歌披講式、耳塚の供養、包丁式、それに合わせて阿弥陀ヶ峰の秀吉の廟墓が整備され、四月一八日から山廟の仏祭がはじまり多くに人を集めた（『豊公三百年祭図会――風俗画報臨時増刊』第一六四号、一八九八年）。そして祝祭の場で、催

されるのが、前年に開館した帝国京都博物館の第一回特別展「豊臣時代品展」であった。

二　帝国京都博物館

一八八八年に岡倉天心は「博物館に就て」〔岡倉　一八八八〕で、京都の博物館の役割は、蒐集、陳列、考査、教育、出版、模写にあるとし、奈良は、日本の最古の文化財を集めてローマに比肩すべくし、東京は「徳川美術の粋」とアジアの文化財を集めてロンドンを模して、京都は「金岡以後応挙に至るの時代を集め」て、パリに擬して「三館鼎峙」すべきとの構想を述べた。実際、帝国奈良博物館は古代を帝国京都博物館は平安から江戸初期までの地域の美術品を寄託するかたちで、地域の時代や文化を表象する役割を果たした。

明治初年からの恭明宮跡地の利用をめぐっては、豊太閤墳墓の拡張〔豊国神社と阿弥陀峰山上の豊国廟を一体に〕のなかに包摂される案と、博物館を建設との二案が対抗するが、一八八九年五月には、帝国京都博物館の設置が決まり、翌年までに恭明宮跡地と場所も確定した。その背景には、大仏前の貧困地のスラムクリアランスの意図もあった〔京都国立博物館　一九九七〕。かくして方広寺の石垣を保存し、妙法院西門を撤去して一八九四年に東寺南大門に移築し、七条通を、賀茂川を越えて博物館の南側まで公道として貫通させて、東山の新しい都市景観を生み出した。

文教地区となってゆく旧妙法院寺域の帝国京都博物館のこけら落としとして、一八九八年に「豊臣時代品展」が執り行われる。それは、大正期に本格化する安土桃山時代の顕彰――それは国風文化のルネサンスでもあるが――のきっかけともなった。秀吉の記憶は、帝国の時代には「日韓併合」とも重なり、一九二五年一一月二二日は、豊国神社再興五〇年を記念して、無声映画のスターである尾上松之助が野外劇「北政所」で、「魂消るほど御出世」した豊臣秀吉を演じた〔高木　二〇一五〕。

参考文献

市立長浜歴史博物館『神になった秀吉——秀吉人気の秘密を探る』二〇〇四年
岡倉天心「博物館に就て」『日出新聞』一八八八年九月六日、『岡倉天心全集』三、平凡社、一九七九年
京都国立博物館『京都国立博物館百年史』一九九七年
久世奈欧「近世京都における豊国大明神の展開」『比較都市史研究』三四巻二号、二〇一五年
小林丈広「大仏前考」『キリスト教社会問題研究』五一号、二〇〇二年
清水重敦「創建神社の造営と近代京都」高木博志編『近代日本の歴史都市——古都と城下町』思文閣出版、二〇一三年
高木博志「近代日本と豊臣秀吉」鄭杜熙ほか編『壬辰戦争』明石書店、二〇〇八年
高木博志「尾上松之助とその時代」『日本映画最初の大スター目玉の松ちゃん』尾上松之助生誕一四〇年記念、おもちゃ映画ミュージアム、二〇一五年
田中緑紅編『明治文化と明石博高翁』明石博高翁顕彰会、一九四二年
田中緑紅編『なつかしい京都』京を語る会、一九五八年
津田三郎『秀吉英雄伝説の謎——日吉丸から豊太閤へ』中公文庫、一九九七年
水本邦彦『絵画と景観の近世』校倉書房、二〇〇二年
村上専精ほか編『新編明治維新神仏分離史料』七巻、名著出版、一九八四年

〈第10章〉三都の医師と医療環境

海原　亮

はじめに――「観臓」が始まった京都

京都は古代以降、医学研究の中心的な空間であり続けた。それはなによりも医界という扇の要に立つ医師の多くが朝廷や大寺院と関わり、当地で活躍したからにほかならない。

中国金・元代の医学を取り入れて伝統化し、わが国独自の需医学（後世派）を確立した曲直瀬道三ら「啓迪院」の学統は、一六世紀後半に隆盛を迎えた。曲直瀬家の門人帳は、計六〇〇名近くを収載するというが、その出身地は全国におよぶ〔青木 二〇一三〕。

知識・技術を専業の医師が主体的に獲得する再生産構造や、学問の地方への普及が既にみられたことになる。最新の学識を得ようと意欲あふれる若手医師たちが各地から京都へ集まり、彼らの活動にも拠って、都市の医療環境はしぜん補強された。

一七世紀中ごろになると、古学の影響をうけ、医学の分野でも古典への回帰を主張する一派があらわれた（古方派）。丹波国出身の山脇東洋は、公儀の許しを得て、宝暦四（一七五四）年閏二月、京都西刑場でわが国初めて観臓（人体解剖）を実現させた。

観臓の成果は図録『蔵志』にまとめられ、医界に大きな衝撃を与えた。以降、京都では荻野元凱・河口信任〔明和七〕、山脇東門〔明和八〕、柚木太淳〔寛政九〕、施薬院三雲環善〔寛政一〇〕が相次いで観臓をおこなった。学問上、直接の関係こそないが、後に江戸で前野良沢・杉田玄白らが『解体新書』〔安永三年刊〕を訳述したのも、京都の医界における一連の流れに影響をうけたものとみてよいだろう。①

天明三(一七八三)年六月、橘南谿が主宰し、伏見豊後橋の刑場で観臓が実施された。当時の観臓には、医師のほかに多様な関係者が携わった。画工として、円山派の絵師吉村蘭洲らが参加、翌年、図巻『平次郎臓図』に成果をまとめた。写実を得意とする彼らは、精緻な内景図を提供し、従前の学説を刷新する点で大きな役割をはたした。観臓で指導的な役割を果たした小石元俊②は、同書の序文で、実現に至った経緯やその意義にふれる〔京都府医師会一九八〇、九八二—九八六頁〕。

すなわち、東洋以来、観臓は何度も繰り返され、図巻も多く作られたが、残念なことに西洋の書と比べると精密さで遠くおよばず、漢方の内景理論を塗り替えるに至らない。現状、観臓を志す者は多いが、その機を得ることは難しい。伏見奉行小堀政方の陪臣医と南谿が長らく懇請し、小堀公の誠心〔「公之仁徳」〕により観臓の有益なことが理解され、願いが聞き入れられた、と述べる。

もっとも、医学発展のためとはいえ、人体を切り開くことには、ケガレ観念が影響して拒絶意識が払拭できなかったに違いない。わが国における観臓は当初、京坂を中心として実現をみた〔新村編 二〇〇六、一六二頁〕。上方以外、江戸での事例は限られる。観臓への理解にも、都市間における温度差があったようだ。

一　京都を中心とした医学の発展

1　小石元俊と三都の医界

小石元俊は、永富独嘯庵門の三傑と称された逸材だった。彼は友人の医書の序文で、観臓が漢方医学の欠を補うもの、と評価しており（山本 一九六七、一九頁）、元俊もその影響をうけて蘭方医学と接した。[3]

元俊の交友関係は、三都に拡がり実に多彩だった。彼は生涯に三度、東遊したが、天明六年の初回は玄白の依頼で、彼の嗣子伯元に諸説を講じている。そこで元俊は『傷寒論』『金匱要略』『温疫論』や、賀川流産科術を伝えた。また、玄白や石川玄常ら江戸の諸子と交流し、諸侯への診察にも同行した。元俊は翌年三月、京都堀川の柴野栗山塾に入門する伯元をともなって帰京する（「玄沢覚書」、山本 一九六七、九三―九四頁）。

また、大槻玄沢は、元俊宛て書簡（小石家文書研究会 二〇一七、一〇二―一〇六頁）のなかで、『解体新書』の重訂が進む間にも、江戸では観臓が実施され、あらたな知見が得られた、近く『蘭学階梯』を公刊するのでお目にかけよう、さらに西洋の学説を『蘭説夜話』なる書で紹介したので献呈したい、と述べている。玄沢は天明五（一七八五）年一〇月、長崎行の途上、京都の元俊宅を訪問した（「元衎序」、山本 一九六七、八九頁）。

洛中を焼亡させた天明大火後、元俊は大坂京町堀へ移り、同所の医界と深く交流した。寛政元（一七八九）年、周防国出身の斎藤方策が上坂、彼の門をたたく。後に高弟となる方策は大坂江戸堀で開業、彼が東遊して玄沢の芝蘭堂で学ぶさいには、元俊が病家を引き継ぐなど互いに協力しあったという（山本 一九六七、一二四頁）。

また、元俊は橋本宗吉（一七六三―一八三六）の江戸遊学にも、深く関わった。宗吉は市井の職人だったが、元俊がその強記と器量を高く評価し、和蘭の学を為すよう勧めた。天文学者間重富と共同で出仕し、大槻玄沢の私塾芝蘭堂へ入門させたのである。宗吉は、さっそくその才を開花させ、わずか四ヵ月でオランダ語四万語を習得し、帰坂した〔『三方法典』元俊序、山本 一九六七、一二五頁〕。

芝蘭堂の四天王と称されるほどに蘭学の才能を磨いた宗吉は、学塾「絲漢堂」を開き、後に都市大坂の学問発展に大きく寄与した。また、元俊や重富のため蘭書原典を翻訳した。たとえば、元俊が所有するパルヘイン（Jean Palfyn, 1650–1730）の解剖学書を翻訳し、『把而翕湮（パルヘイン）解剖図譜』の名で公刊した〔山本 一九六七、一二六—一二七頁〕。

古方派から観臓に至る、実証主義医学の流れは、京都を皮切りに、三都で独自の発展を達成した。その前提には、三都の医界相互の人的ネットワークを踏まえた、活発な交流の事実があった。宗吉のように、市井の職人さえも蘭方医学という奔流にとりこまれる機を得たところに、一八世紀医界の特質をみてとることができる。

2 小石元瑞「日省簿」にみえる日常

元俊の子、小石元瑞[4]は、一九世紀前半の京都で活躍した漢蘭折衷医である。彼は若いころ父に付いて江戸行の経験があり、そのとき玄沢・玄白らに学んでいる。小石家が京都で主宰した学塾「究理堂」には地方から多くの若手医師が就学のため集まった。究理堂はやがて、新宮凉庭の学塾と並び称される存在となった。

元瑞は「日省簿」なる日録を書き残している[5]。その天保一一（一八四〇）年分は、〔山本 一九七九〕で紹介されており、彼の具体的な動静をうかがうことができる。

各頁は日付と「天時」「往来」「著作」「居処」「飲食」「出入」「書信」の欄に区切られており、枠が小さいため短文で記載される。たとえば「往来」欄には、往診・来客・交遊の実態が記される。表1 *a* として、同年の往診件数（代診も含むか）をまとめた。月ごとの差は大きいが、多いときは日に四軒ほど出かけており、旺盛な活動ぶりである。

「著作」は揮毫・詩作のこと、「飲食」は自身と家族の体調にふれる。彼は元来、病身だったらしく、若い時期に西遊へ出かけたほかは、主に京都で活躍したという〔山本 一九六八〕。

表1 小石元瑞「日省簿」の内容（天保11年）

α往診

正月	2月	3月	4月	5月	6月	7月	8月	9月	10月	11月	12月
40	125	66	69	130	94	73	82	63	100	87	85

β往来［正月］

朔：門人輩，大倉笠山・小田百谷・宮本元啓，浦上春琴・山本梅逸・頼立斎
2：出雲述三郎，豊岡信濃介小勝（来賀）
3：小関亮造将妻・小森宗二　4：脇屋氏，浦上・山本・俣野，日野鼎哉
6：李小，浦上・山本・俣野，日野氏　7：灘西田（来る）
8：雲華院・円光寺・松井，浦上（訪）　9：述三，雲華院，敬勝・正作
10：豊岡信濃介・小森宗二・牧善助・奥渓載助（器局を観る）
12：（夜会諸子賦詩），春琴，森嶰谷　13：元楨，渡辺春汀
14：松井喜逸，宗二・善助（大徳寺代参）　15：春琴・善介（囲碁）
16：李小，頼立斎，春琴（新獲の器局を見る）　17：牧贛斎（囲碁）
18：杏仙（入門）　19：日野貞庵，高岡高峰玄台　20：（宇田川榕庵書来る）
22：（講撰要），春琴・嶰谷，元沢・三良（侍飲）　23：春琴宅（飲）
24：（無客），元沢・純庵・東海（侍飲）　25：大倉袖蘭女史・龍温師
26：松屋（浦上・山本各画一幅を託す），李生，牧氏
27：春庵斎（懐紙来る，拙悪最甚），李生（侍飲）
28：雲華師・近嘉，長女，海屋書幅（来）　29：李生（侍飲）
晦：廬峰，堀内宗瑛（葬）田付元貞（代会），元沢・元善・純庵・喜六・元貞（侍飲）

元瑞は、書画や漢詩文に通じ、京都文人と幅広い交遊関係を結んだ。

「往来」欄を細かくみると（表1β）、浦上春琴・山本梅逸・森嶰谷・大倉笠山・小田百谷（画家）、雲華（学僧）、貫名海屋（書家）など、著名な文人の名前が目立つ。正月五日記事「命玄久作交趾水罐外筐」、九日「鍵彦来、買船来銅罐及淡泥硯・新船連方香盒」などの記事は、煎茶会や句会で用いられる調度品に関するものだろう。

その一方で、医家は日野鼎哉[6]・豊岡信濃介（法眼）の二名に限られる。なお、元瑞はこれとは別に診療簿である「処治録」を残しており、文政一二（一八二九）年以降、嘉永元年まで一六冊、患者総数一万人超を数える。記録中には、患者の氏名や病状、漢方主体（蘭方折衷）の処方がまとめられている〔山本 一九七九、一二九―一三三頁〕。

「日省簿」同年正月・二月分から、医学関係の記事を抽出してみよう。

正月一九日記事に「高岡高峰玄台、託三良、致書入門」とみえる。佐渡三良は、越中国高岡の出身で、幕末に活躍した蘭学者坪井信良の兄にあたる。天保九（一八三八）年から同一一年まで究理堂に遊学しており、高峰玄台の入門を仲介したのだろう〔小石 一九七八、正橋 二〇〇六〕。同じ地域の知己を頼って修学先を決定するのは、この時代のごく一般的なありかたといえる〔海原 二〇一四〕。

医書の往来や精読、学習についての記事は多い。二〇日に「宇田川書来、贈舎密四編、読舎密開宗」、翌二一日にも『舎密開宗』を読んだとある。この書は、宇田川榕菴[7]が著し、天保八（一八三七）年に刊行されたもので、ラボアジェの化学論など最新の西洋科学を翻訳、紹介する。同書については「送舎密四編丸山生」（二五日）、「送開宗四編、託松屋又一」（二六日）ともあって、元瑞の手元から各所へ発送されたようである。

二月三日記事に「作宇田川答、録示開宗四編誤脱、発榕庵答、贈七巧図、開宗四編七帙価、又全四帙、合十一帙価金一円一方二朱、併送内三帙已領去月廿日」とある。元瑞は、榕庵へ返書を認め、江戸から届けられた『舎密開宗』四篇（巻一〇―一二）の誤脱などを指摘するとともに、代価を送った。同書は、内篇・外篇あわせて二一巻におよぶ大著だが、この時点で一一帙が元瑞のもとに到着し、うち三帙分の代価は支払い済みである。

二三日記事の「宇田書来、送舎密三部来」「去月四日所請宇田川之舎密三部来」は、『舎密開宗』三部の入手を誰からか依頼され、元瑞が仲介して榕庵から届けられたことを示すものだろう。二六日に榕庵へ返書を出したが「書内託中蔵事」とみえる。小石中蔵は元瑞の次男で、天保七年から江戸の坪井信道門に遊学中の身だった[8]。

また、正月二九日記事に「赤川玄清重訂撰要料三方十九日落手、同ノ日発郵々費若茂より出ス」とみえる。冒頭の「赤川」を筆者は萩藩医赤川玄成と推察するが、確証はない。

「重訂撰要」は宇田川玄随が著し、わが国に初めて西洋の内科学を紹介した『西説内科撰要』の文化七（一八一〇）年増補版で、赤川から求められ、元瑞が取り寄せたのだろう。「若茂」は京都の書肆若山屋茂助のことである。二条富小路に店を構え、西洋書・医書を専門に取り扱った〔海原 二〇一四、一三〇頁〕。また「発赤川玄清・道甫・玄育・入庵・龍門社中答」とも記されている。各所から寄せられた質問に対し、元瑞が返答した。「龍門（楼）社中」は、元瑞の門弟有志の集まりをさす。

二月四日記事に「貸正始初編于三良、貸彙講初編于溢斎」とみえる。伊東玄朴『医療正始』（ドイツのビショップBischoffが著した内科書のオランダ語版を重訳したもの、天保六年刊行開始、全二四巻）、箕作阮甫『泰西名医彙講』（わが国初の医学雑誌。天保七年から刊行開始）ともに最新の専門医書を門弟に貸し出したことがわかる。

一六日、元瑞は前掲『重訂内科撰要』と『水腫撰要』（不詳）に注記を付けた。榕庵の父、宇田川玄真が記した『小児諸病治療全書』に関する記載もみえる。同書は未公刊書だが、宇田川門とのつながりから元瑞の手元に所蔵されていたのだろう。

三〇日記事に「作健斎答、送小児全書九・十二冊、七・八二冊廿七日落手」とある。「健斎」は究理堂の塾生だった丸山健斎と思われる。彼は天保期、京都の小児科・痘科医佐井聞庵に入門しており〔長谷川 二〇〇〇〕、併行して究理堂で学んだのだろう。他にも関連記事が散見され、たとえば「スポイト三合入価壱両自家置二合、二価五十匁一本丸山託」（二五日、二六日も同様記事）などとある。

このように「日省簿」にうかがえる元瑞の日常は、書簡往復を通じた各地の門弟への指導に加え、実際に専門医書・器具を融通するなど、非常に活発だった。京都医界の中心的存在だった元瑞の学問もまた、江戸・大坂と深く結びつくなかで全国へ展開したのである。

二　医療の選択と普及

1　出療治という選択

ところで、江戸時代の都市社会で医療従事者が一定数、活躍し、治療の選択肢も増えた事実は、様々な史料からも確かめられる[9]。ただし、公儀が免許制を採らなかったため、医師身分の定義は曖昧だった。たとえば、各都市でどの程度の医師が活動したかといった素朴な疑問にすらも、答えるべき手段はない[10]。

当時の随筆類では、生業の利益のみを優先し、医の倫理を欠落させた医師竹斎のような存在が、ステレオタイプに描かれる傾向がある〔吉丸 二〇一三〕。また、文政一三(一八一六)年に著された武陽隠士『世事見聞録』「医業之事」では、寛政改革期以降の巨大都市江戸における医業の頽廃、医師の奢侈におぼれる傾向を強く批判するが、この種の言説は必ずしも都市医療の実態を正確にあらわしているとはいえない。

事実、経済的に余裕のある社会階層の者は、複数の医師にかかり、一定レベルの医療を享受することができた。高度な診療技術を有する医師は、都市を中心に確実に存在し、出療治＝地域を移動した受診もよくみられた〔海原 二〇〇七a〕。

次に掲げるのは、大坂の豪商鴻池家の手代であり、経済理論にも通じたことで知られる草間直方[11]の安永八(一七七九)年日記の一節である。

> 我ら二月頃より持疾の大カン《疳》症にて、段々相勝れ申さず、後はカン労の如く、食事も一向下されず、至って症分難しく、京都へ前田周助と申す後藤医師申し遣し、見てもらい候ところ、まづカン労にて療治も手後れに相成様見へ申され、療治も断候趣なれども、昌樹様・玄涼様なと段々御頼下され、承知は致され候へども、何分遠方通

> ひ薬などにて平愈は覚束なく、京へ罷り登り養生致候はば随分引き受け療治成さるべく趣、然れども舟にて京へ登り申候義も最早甚だ大造に相見へ申候、此所如何敷ものと申され候えども、何分死生の所は是非もこれなく、何分いかやうにしてなるとも差し登せ申すべし、一入御療治相頼まれ申し候と申して、夫より卅石かり切に致し候、右前田付添藤七・吉兵衛并出入門兵衛・兵助付添、先々無難に京着致し、夫より日々前田之療治にて服薬致し、其内に殊のほか様子宜からざる事もこれあり、仕立飛脚にて大坂へ申し遣す程の事もこれあり候えども、仕合わせと段々全快につき、夫より関雅楽と(脱アルカ)医師へ参り、是も後藤流にて、日々七百文ツヽの灸事を致し、土用も首尾能くこえ申候、八九月に至り段々全快仕り、今年極月に入り常体に相成り、無事に大坂へ帰宿仕候、右四月中頃より登り、京四条松屋敷にて養生仕候

直方の持病とされる「疳症」は、神経性の内臓疾患か。食事もままならず、京都から「後藤医師」（古方派の医師後藤良山の一派か）を大坂へ呼んだ。当時は、医師宅の治療以外に往診もよくおこなわれており、医師の診療圏はかなり広かった。

医師は「手後れ」と断じ治療を断ったが、かかりつけ医師だろう「昌樹様・玄涼様」が懇願し、直方が京都へ出療治に来て養生するなら治療をおこなう、と決まった。

注目したいのは、医師の側が遠方を通い、投薬する程度の治療なら平癒は難しいので、京都で本格的に診察をうける、というスタイルである。直方は、舟に乗るのも難しい状態だったが、三十石船を貸し切って、医師と数名の付添を連れて、京都へ出かけた。幸いに効あり、快方に向かったので別の医師から灸治療をうけたという（後藤の一派は灸治を多用する）。また、その翌年にも、再び京都へ養生に赴いた。

このように、患者の地理的な移動をともなう出療治は、都市医療の実態と特質を顕著に示している。適当な史料が限られ、その総体を論じることは難しいが、当該期にあってはさほど特殊な選択ではなかった、と筆者は推察してい

る。むろん直方のように、半年以上にわたって継続的な養生をおこなえる被治療者はやはり限られたと思われるが、一面では患者側が優位に立ち、より高度な医療を獲得することもあり得たのである。

医師が提供する医療について、それを選択する機会が増えるにしたがって商業的な要素が高まった結果、医家の経営維持が容易でなくなるのは必然だろう。天保期の京都で活躍した町医緒方惟勝は、随筆『杏林内省録』(12)で、次のように指摘する。

近世三都の時、師門生を取りても自分経験の方述を口訣・秘密と称して秘し、甚しきに到りては眼科・外科抔には門人を辞して取らざる家あり、其意は秘術を伝えて、他医多く知る時は病客来らずして自分の門衰微せんかと小量より人に伝えざるなり

また惟勝は別の箇所で、医師が診療方法を公開しないのは利をひとりじめする気持ちや、患者からの追求を避けるといった企みがある、とも述べている。医業を繁盛させるには、学問の本質以外で創意工夫する必要があり、たとえば、専門書をどれだけ所蔵するかは、素人にも容易な指標となる。実際は書棚の飾りに過ぎなくても、案外そういったところがみられていて、人びとの評判となる。惟勝は、そのような実態を厳しく批判した。

このような動静を、筆者は医療の「商品化」と呼びたい。もとより医師という職分は、患者との人的関係に依拠してはじめて成立する。彼らにとって、患者に提供する診療は「商品」であり、商業上の論理が質的な向上を促す側面もあった。そして商品化の傾向が進むことは、医療行為に類似する多様な行為が都市社会に登場し、人びとの需要を満たすことと同義である〔海原 二〇〇五〕。

2 売薬能書による知識の普及

医療の商品化、その典型のひとつが市販売薬の量的拡大だろう。これは、医療が需給ともに豊富な、都市的な場に

こそ容易に発現したはずだが、本章では準備の都合もあり、販売・流通の実態を論じることができない。ここでは、消費者の意識レベルに着目し、多くの場合、売薬に付属するかたちで無料で配布された能書（効能を記した小冊子）についてとりあげる。

図1『小児養育金礎』は京都五条建仁寺門前の売薬「脾肝薬王圓」の能書で、併せて小児医療に有益な情報を載せ

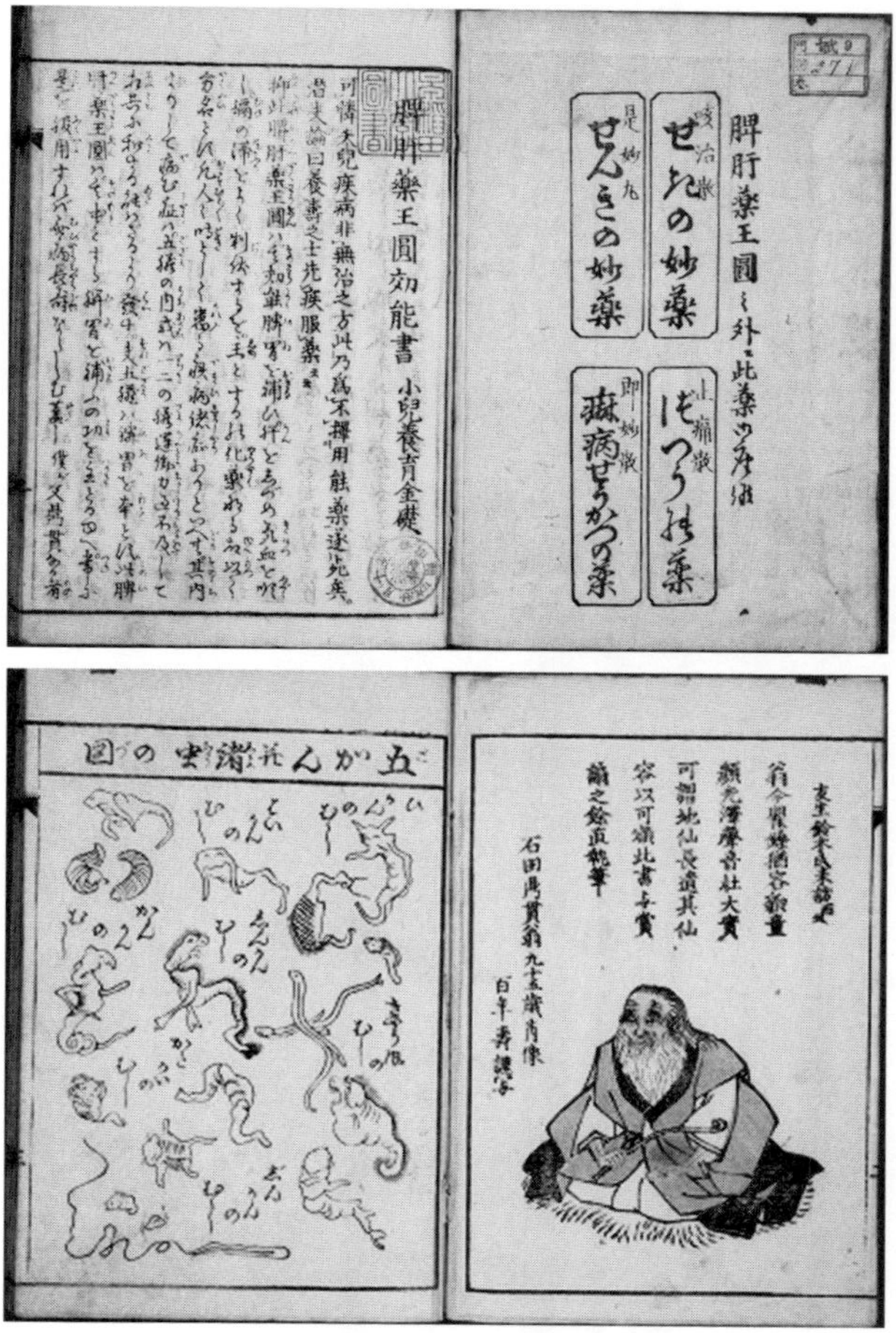

図1　石田鼎貫『小児養育金礎』

表2 「小児養育金礎」能書の内容（冊中目録）

小児諸疾脾胃論（6丁オ） 臨産心得之事（7丁オ） 生児心得之事（8丁ウ）
小児養育心得之事（11丁オ） 脾疳虫 付乳離（13丁ウ）
肝疳虫 驚風トモ云（14丁ウ） 心疳虫 言遅トモ云（14丁ウ）
肺疳虫 散気トモ云（15丁オ） 腎疳虫 背虫トモ云（15丁オ） 脾胃虚諸症（15丁ウ）
癖積 癖虫トモ云附大人之久瘧（16丁オ） 疳痢 付大人の痢病（17丁ウ）
臍風撮口 丹毒トモ云（18丁オ） 臍瘡（18丁ウ） 痘瘡（18丁ウ）
中暑（19丁オ） 翻胃（19丁ウ） 眼病（20丁オ）
諸病胎毒論 附大人効験有事（21丁オ） 傷寒 附後乱心（25丁オ） 留飲（25丁オ）
血閉（25丁ウ） 労咳（26丁オ） 崩漏（26丁ウ） 赤白滞下（27丁オ）
脹満 鼓脹トモ云 附水腫（27丁ウ） 附録（29丁）

る（表2）。初版は、文化一〇（一八一三）年の刊行で、明治初期まで何度も版を重ねており、本文部分は初版のそれをベースに繰り返し使用された。巻末に付された売弘所の一覧をみると、三都に加えて、西日本に偏ってはいるが、全国で市販されていたことも明らかとなる⑬。

序文によると、丹波国桑田郡穴川村（現在、京都府亀岡市）出身の石田鼎貫が、壮年に至って上京、秘伝の脾肝薬王圓を製造・販売し「遍く諸人の病苦を救わんと志」して創りあげた。「脾《ひ》胃《ゐ》を補ひ肝をしづめ気血を順《めぐら》し能胸の滞を制伏《ぢ》するの妙剤」だという。

万病・諸症は五臓の不調から生じ、その根本たる脾を養えば無病長寿がかなう。薬効は多岐にわたるが、全ての症状を治すわけでないから、その有無を冊子に記したのである。服用時には、冊子を納得のいくまで熟読しなくてはならない。

鼎貫は文化四年から計七年におよび、市中で施薬して薬効を確かめたという。服用して難病を治した者が「歓喜の余り。長き壱間巾一尺五六寸の立板に。難病全快せし由を詳にしるし。銘々の門口へ出されしこと。京都の人はよく存知て、すなハち京羽二重といへる書ニ委く出たり」との逸話も紹介されている。「同症の内にも効あると。無とあり。最其症に応ずる時ハ。薬力広大」だが、効能のない場合もある。「右能書加味の良法は。予が一家の相伝」と述べ、脾肝薬王圓それ自体の成分は明らかにしないが、効の有無を確かめて、明示する姿勢は科学的と評価することもできよう。

一方で、脾肝薬王圓は「御堂上様方諸侯様方の御貴人」も服用し、勅許を蒙ったとある点が興味深い⑭。また、経済的な理由により購入できないが「的症の人」には「必価に抱ハらず広く施業」するので、申し出てほしいとも述べている。

これらのエピソードは、事実関係の確認こそ難しいが、鼎貫自身が「たとひ売薬といへども的中すれバ耆婆扁鵲も及ぶべからず」とあるように、当時、商家＝薬舗も施療活動の一端を担ったことの証左となろう。人びとのあいだで「大病に売薬を用ゆるハ覚束なし」といった認識も根深いが、一面で都市医療環境の充実に寄与したのは確かである。

さて、能書は冒頭部分で脾肝薬王圓の服用法を述べた後[15]、小児医学の基礎知識を併載し、服用しない者にも役立つ冊子としている（表2）。凡例に「篤と読給ひて後ハ知音の方へも見せ給へかし」とあり、その普及が目指された。

能書はその前半に小児医学、後半は「大人之部」と掲げて傷寒・留飲など諸症を略説、効能の有無を紹介する。だが、これは次節でみるような医書、巷間に流布した養生書とは性格が違う。能書の本文では、専門用語の使用や医書の引用を極力避け、症状を具体的に説明し、服用法の記載に徹した。

鼎貫は能書末尾で、薬効の有無を明記することは「唯薬を弘めんとのミ種々文華をうざる能書と日を同ふして論すべからず」と述べ、本書の意義を強調する。医師が処方を迷うあいだに手遅れとなるケースも多いから、患者の側も「能々考へ」＝基礎知識を身につけ、自らの判断で服薬することが肝要だ、とさえいう。

能書に従えば薬が効くというのなら医者は要らないという意見もあるが、医者にかかる必要のない症例を撰んで載せており、決して医者が不要とは主張していない。医者による診察をうけられない者、たとえば、近郷の者の利便性を計り「夫々病症を見わけ加減薬調合いたし進す」と述べるなど、医師に近い役割を担おうとしている。

すなわち、鼎貫は能書の普及を通じて、本来、医師がおこなう診療活動を補完し、多くの人びとが適切な医療知識をもち得るよう教化した。そもそも能書は売薬の販売を促進する第一の目的を有するけれども、付随する出版物は、それを購読可能な人びとを主体とした情報伝達を通じて、都市医療の商品化を促したのである。

三　医書と都市の医療環境

1　京都で板行された医書

都市社会における医療の商品化は、前節でとりあげた能書の機能が象徴するように、広範な医療知識の普及を実現する側面があった。その一方で、当該期は専門医書の出版・刊行が隆盛を迎えたとされるが、以下ではそれがはたした役割について検討しよう。

都市社会で実際にどのような医書が刊行されたのか、その量的な規模について言及した研究は、管見の限りでみあたらない。専門医書の出版は、天保改革期など、公儀＝幕府の管理下で検閲を必要とする時期もあったが、おおむね三都に結成された同業者組合（本屋仲間）の統制を通じて把握された(16)。

ここでは、京都書林仲間の記録を素材に、都市社会で流通した医書の動静を俯瞰したい。表3として、文化─天保期の京都で板行が許された医書を列挙した〔「板行御赦免書目」、宗政・若林編 一九六五〕。この表にみえるものは市中に流通する医書のごく一部を構成するに過ぎないが、いくつか興味深い傾向が読みとれよう。

第一に指摘できるのは、『傷寒論』『金匱要略』をはじめとする漢方の古典的テキスト(17)、また後代に編纂された伝統医書の名がみられることだろう。表3では、『傷寒論』一二種、『金匱要略』五種の関連書籍が板行を赦されている。古なかには古典医書自体の再刻もみえるが、むしろ『傷寒論俗解』『金匱要略章句』などの解説書が目立つのは、古典医書それ自体が都市の医師に向けた商品として想定された事実を示している。また、医学史上の視点でいえば、一九世紀前半の時点でも依然、漢方古典が相当の需要量をもち、医論の中核を為していたことが確かめられる。

第二に、解剖学や鍼灸の理論などを含む、専門書の刊行である。表3にみえる医書は『緑竹堂経験方選』『一本堂

表3　文化—天保期京都の板行赦免医書

年　代	冊数	医 書 名
文化 3	5 (3)	天鱸堂医策（野山千秋），和蘭制剤（千野良岱），滞下方論*(石山)，五液診法*(江馬蘭斎)，続名家灸選*(平井庸信)
4	9 (6)	名家方選三篇*(平井庸信)，傷寒論俗解（宗安），本草薬名備考後篇*(丹波頼理)，黴瘡秘録標記*(和気惟亨)，全嬰心法（全天基），本草薬名備考和訓鈔*(丹波頼理)，緑竹堂経験方選*(式部)，心医集*(蘭洲)，一本堂行餘医言（香川修庵）
5	8 (6)	傷寒論明解（今岡元広），夢分正流古今腹診論*(原田無関)，虫鑑（広川周平），痘診致要*(丹波頼理)，治痢要略*(玄庵)，一本堂行餘医言拾遺*(香川修庵)，増補医方朗鑑*(丹波頼理)，方彙国字解*(加藤玄順)
6	4 (4)	養生主論*(識名園)，醫豎談*(藤本誦古堂)，医鍵幷附録*(正純)，傷寒論約説*(春堂)
7	4 (3)	金匱要略本義*(魏栢卿)，臓腑真字解体発蒙*(三谷公器)，救偏産言（富士谷御杖），訂正医宗金鑑金匱要略之部*(政雄)
8	6 (1)	懐中食性（山本亡羊），保命集*(守真)，傷寒論章句（賀屋恭安），続医断（賀屋恭安），龍骨一家言（小原春造），嗝噎反胃論（太田主計）
9	3 (3)	古方階梯*(春堂)，一本堂医事説約*(香川修庵)，病家心得艸*(復庵)
10	4 (2)	梶原家脚気方（朴庵），医案裁断*(千野良岱)，名家灸選三編（平井庸信），傷寒論精義*(吉益南涯)
11	3 (2)	医法貫通（下井），医門須知和蘭語法解*(藤林普山)，金匱精義*(吉益北州)
12	2 (2)	聖済総録論*(百々長韶)，温疫論*(呉又可)
13	6 (6)	傷寒論片カナ付*(張仲景)，和蘭豎方纂要*(江馬元弘)，呉豎彙講*(福井榕亭)，聖済総録纂要*(百々長韶)，傷寒挙踣*(天然)，阿蘭窮理外科則*(新宮凉庭)
14	5 (3)	蘭方枢機（小森玄良），養生録*(浅井惟亨)，和蘭外科全書*(塩田良珉)，傷寒約言*(中神右内)，洛医彙講（山本亡羊）
文政元	1 (0)	こけぬつえ後編（山口重匡）
2	3 (3)	和蘭外科全書*(塩田良珉)，駁補麻疹論*(千野良岱)，鑒定傷寒論*(山本主善)
3	0	
4	1 (0)	産航（桑原寿庵）
5	3 (1)	積善堂難病治験方（南部伯民），温疫論解*(大喜多泰山)，皇国医林伝（畑鶴山）
6	1 (0)	解臓図賦（池田冬蔵）
7	2 (2)	神遺方*(丹波康頼)，神遺方附録*(和気義啓)
8	4 (2)	喉科指掌（中川恪），宋板傷寒論*(張仲景)，眼科撰要*(樋口子星)，玄之極意（進藤玄之）
9	5 (4)	外療秘薬考（岡本祐貞），養生随筆*(川合元碩)，金匱要略章句*(浅井陵章)，病因精義初篇*(小森玄良)，金匱要略半紙形*(王叔和)
10	4 (3)	玄之極意二編*(進藤玄之)，人事原（服部誼），病因精義三編*(小森玄良)，西医今日方*(藤林普山)
11	5 (4)	五書剔髄*(古漁)，蔬果争奇*(貫名海屋)，西医方選（藤林普山），泰西方鑑*(小森玄良)，視痘指掌図解*(木村考安)
12	2 (1)	自邇斎医談（清水宜稲），校正方輿輗*(有持浩斎)
天保元	1 (0)	痘科鍵刪正補注（池田錦橋）
2	5 (3)	蕉窓方意解*(和田東郭)，憲治鳥槕初篇（岡敬安），妙薬調法記*(貝原益軒)，隧穴啓蒙（梯謙），傷寒四象類方*(由良薇山)
3	2 (0)	小児病原後先論（三井秀堅），小児日足草（三井秀堅）
4	0	
5	1 (1)	傷寒論要解*(山本南溟)
6	1 (1)	医言抄*(吉田憲徳)

注）冊数の（ ），医書名の*は未刊とされるもの．
出典）「板行御赦免書目」〔宗政・若林編 1965〕．

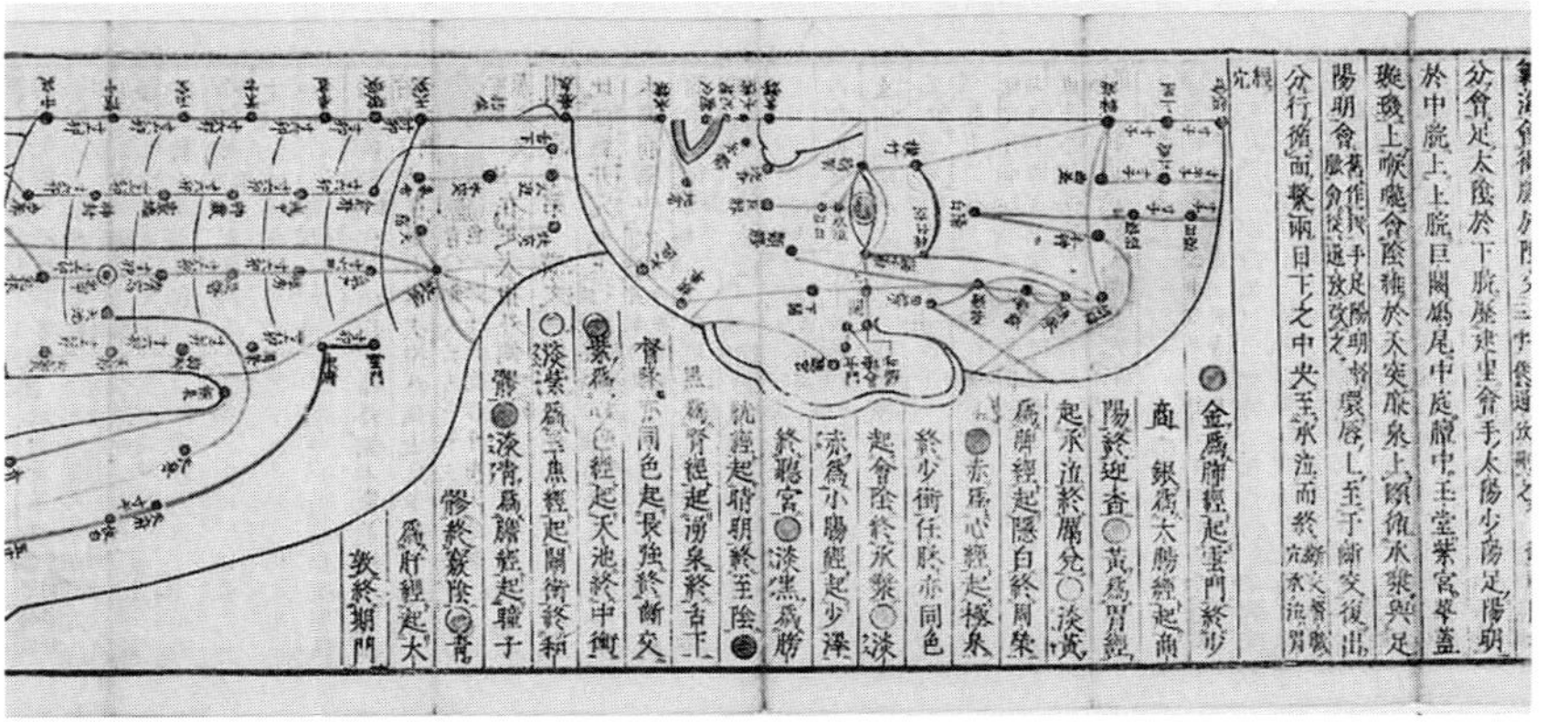

図2　梯謙『隧穴啓蒙』

医事説約』のように、いわゆる方書（臨床の場面で用いる処方集）が多い。これに『病家心得艸』『養生録』『妙薬調法記』など一般書向けの医学読本も多く交じる。これらは医師のみならず、読書階層の購買を期したと推察される。

『（臓腑真字）解体発蒙』（全四巻・付録一巻）は、近江国出身の三谷公器（樸）[18]が享和二（一八〇二）年に京都で参加した観臓での知見を踏まえて著した解剖学書である。本書は『平次郎臓図』『施薬院解男体臓図』といった小石元俊らの成果や『解体新書』など西洋解剖学の知見を参照しつつ、漢方（『素問』『霊枢』）に立脚した独自の理論を展開する。文化七（一八一〇）年に板行赦免となり、三年後の同一〇年に公刊された。

解剖学書としてはいまひとつ『解臓図賦』がみえる（文政六年）。同書は文政四（一八二一）年、小森桃塢らが実施した観臓（わが国初の乳糜管観察）をもとに、門人池田冬蔵が著した。これら医学理論に関する書、加えて表3でいうと産科・眼科・小児科の医書は、必ずしも臨床に直結しないが、開業医師たちの購買が想定されたのだろう。

鍼灸書は表3にも散見されるが、漢方の主要な療法として多用される一方で、理論に通暁した者は限られており、具体的な知識・技術が十分に知られていなかった。

天保二（一八三一）年七月刊行の鍼灸書『隧穴啓蒙』（図2）は、急事に備えるためか携帯の便を考慮し、コンパクトな折本形式（両面刷）で刊行されている[19]。

同書は版元には京の樋口與兵衛・雍々堂時行・中川伊之輔の三軒が名を連ねる。また、書舗として江戸須原屋茂兵衛・大坂河内屋茂兵衛と、尾張・京を代表する七軒が連なる。専門的な理論を裏付けとしながらも、世上に広く流通した実用書なのである。その読者は鍼灸学に初学の医師だけでなく、一般の読書階層にも拡がっていたと推察される。

第三に、前述した解剖学と同様に、西洋医学の影響をうけた書籍が少なからずみられる事実である（一三種）。藤林普山[20]による『医門須知和蘭語法解』（文化一一年）は未刊だが、この時期には市井の医師たちにも「蘭語」、西洋医書の知識に対する要請が高まっており、実際に刊行の赦免記事が続いている。

文化一三年『和蘭医方纂要』は、美濃国大垣の蘭方家江馬元弘が家蔵のオランダ医書を翻訳、編纂したもので、父蘭斎[21]による『五液診法』（文化三年、未刊）も参照して、独自の処方・服薬方法がまとめられている。

また『蘭方枢機』『病因精義』など多くの書名がみえる小森玄良（桃塢）は、江馬蘭斎・稲村三伯に蘭方を学び、京都で開業した著名医である[22]。江戸参府途上の医師シーボルトと親交をもち、文化九年・文政四年の二度、観臓を実施した。文政一一年『泰西方鑑』（翌年刊）では西洋医書一〇〇冊以上から引用し、三〇〇〇の方を掲げている。

表3にみえる医書には、専門的な内容を含みつつ、読者を広範に設定したと思われる。すなわち、これら市販医書を購買する側の特質を明らかにせねばならないが、現時点ではその準備がない。さしあたってここでは、高度な医療知識が商品化され、都市内部に広く流通した事実を確かめておきたい。

2　重板・類板の係争と医書

京都における書林仲間の成立は元禄期、公儀により享保元（一七一六）年に公認された。出版に関わる者・書肆は、書林仲間への加入が義務付けられ、仲間から二名を行事として選んだ。仲間は、町奉行所に対し出版の許可を申請、様々な問題の処理にあたり、大坂・江戸の書林仲間と連携した。一七世紀半ば以降、出版流通の隆盛とともに、重板（同内容の書籍を無断で出版する）や類板（元板の一部を抜粋したり、外題をすりかえた模倣書）の問題が生じるようになり、市中書肆が自主的に解決にあたった。

表4として、京都書林仲間の記録「京都書林行事上組済帳標目」（宗政・朝倉編 一九七七）から、重板・類板に関する係争の対象となった医書類を列挙した。それぞれの記事は短く、係争の全貌は明らかにできないが、たとえば、宝永四（一七〇七）年一一月、『病機撮要弁証』の販売に関する記事は次のようである（□は虫損）。

一病機撮要弁証、万屋喜兵衛板行致され候ところ、西村市郎右衛門方に内経抜書弁解看板これを出し置き、右弁証売弘め申さず候様に行事へ申し出でられ候、万屋に様子相尋候へは、先き達て西村弁解之看板引給候様に申候へども承引これなく、今以て左様の申分心得がたき由申され、行事評議のうえ、惣て家々に看板出し置き候物（者）有之候へども、元板か写本これなくては訳立申すまじく、喜兵衛方には元板ニ素本所持これあり、弁証雕申され候へは子細これなく候、これに依り弁解看板幷に此意趣に出し置かれ候本草弁解の看板の弐枚ともに行事へもらひ裏書いたし、万屋へ遣し候、右之代りとして弁証五拾部、市郎右衛門板ちんなしに摺らせ申され候筈ニ御□取遣□相済申候、看板裏書写裁判帳に有、略之

万屋は仲間行事へ申し立てる前から、書肆西村に「内経抜書弁解」の看板を設け『病機撮要弁証』（の類書）を販売しないよう依頼するも、聞き入れられなかった。行事は看板の設置を「元板か写本」の所有者に限ると決裁した。万屋は同書の「元板」「素本」を所持し実際に印刷したので、主張には正当性がある。西村方の看板（「本草弁解」を含む二枚）は行事が没収し、おそらくその経過を「裏書」として書き留め、訴人の万屋へ渡した。西村は同書五〇部を摺り増し、科料とした。

すなわち、万屋は西村の販売する別名の医書（「内経抜書弁解」）を『病機撮要弁証』の類書と訴えて、それが行事に

表4　重板類板係争の対象となった医書類

年	月	医　書
宝永4	11	病機撮要弁証
正徳4	9	妙薬不求人素人板
（享保11）		医方詳解
		外科良方
享保12	正	東医宝鑑
	5	医療羅合
（享保14）		済民日用大全　ひらかな
		普救類方
享保16	5	宋板傷寒論小本
享保20	正	活幼全書
元文3	6	医学窺原語
延享元	5～9	医案啓蒙
	9～正	外臺秘要方
延享4	正～5	骨継重宝記
寛延4	5～	癆療発揮
	極	医則
宝暦4	9～正	医案啓蒙
宝暦6	正～5	仲景全書
	5～9	小児五疳秘嚢
宝暦8	9～正	俄通療治秘伝
		傷寒類証
宝暦9	正～5	蔵志
	9～正	腫脹全書・腫脹要決
		挨穴捷経
宝暦10	5～9	腫脹全書・腫脹要決
宝暦11	5～9	斥医談
宝暦12	9～正	腫脹全書・腫脹要決
明和2	正～5	医案啓蒙
		類聚方・金匱要略
明和3	5～9	金匱要略小本全板
		脚気類方　全板
明和6	正～5	素門復正
		傷寒類証
	9～正	素門復正
		病家示訓餘義
明和8	正～5	温故病因
		傷寒諸国字解
		金匱要略国字解
	5～9	方極口決
	9～正	麻疹精要
明和9	正～5	妙薬早伝授・同手引草
		医案啓蒙
		妙薬速効紙
安永2	5～9	金匱要略折義
安永3	正～5	傷寒古訓
		仲景全書
安永4	9～正	針灸手引草
		針灸重宝記
安永4		針灸抜粋
安永5	正～5	麻疹気候録
天明元	5～9	食療正要
天明2	正～5	方彙口解
天明4	正～5	医宗金鑑
	5～9	医宗金鑑
		御種人参考
天明7	5～9	傷寒訳通
	9～正	傷寒訳通・古方便覧
寛政元	9～正	傷寒溯源集
		医術家伝集
寛政3	9～正	傷寒論溯源集
寛政9	11	傷寒類方
寛政10	正～5	傷寒類方
	9～正	宋板傷寒論
寛政11	正～5	麻疹探嚢方
		麻疹備考
	5～9	麻疹探嚢方
寛政12	正～5	刪訂傷寒論
	5～9	按摩手引草
享和元	9～	瘟疫論小本
享和2	6	療治茶談
享和3	正～5	瘟疫論
		温疫論評註
	5～9	温疫論標註
享和4	正～5	温疫論
文化元	5～9	類聚方集覧
文化3	9～正	簡易傷寒論
文化5	5～9	蘭療方
文化7	5～9	類聚方集覧
文政元	5～9	傷寒論半紙片カナ付
文政4	9～正	西医方律
文政5	正～5	麻疹約説
		蘭学（薬）鏡原
		瘍医精選図解
		西医方律
		労療茶談
		傷寒論輯義
文政6	9～正	和蘭窮理外科則三編
文政7	正～5	金匱要略心典
文政9	正～5	西医知要
文政12	正～5	傷寒論貫珠集
天保6	正～5	温疫論標註
	9～正	傷寒全論
天保8	9～9	用薬便覧
		傷寒論
		傷寒論詩句箋

出典）「京都書林行事上組済帳標目」〔宗政・朝倉編 1977〕.

認められたことになる。『病機撮要弁証』の著者森嶋玄勝は、尾張藩医浅井家に学んだ漢方医である。浅井家は享保期に京都より尾張へ招聘され、同藩医政の中核を担った。同家の標榜する医学は、古方派でない、旧来のもの（後世派）だが、当時は未だ類書の問題が表面化するほどに流布していたのである。

表4で係争の対象となった医書は、すなわち書籍流通の市場で求められたものだ。それらは全くの初学向けから高度な専門書まで多岐にわたるが、仮にこれらを大まかに分類すると、①市中全般に流布する簡易療法書、②初学医師向けの抄本・解説書、③『傷寒論』『金匱要略』など古典とその関連書、とまとめられ、しかも③がとりわけ多い。

紙幅の都合もあり、係争の詳細は省略するが、一例のみ掲げれば、明和八年の『麻疹精要』は張璐玉（清）の同名著作を上月専庵が編纂し、敦賀屋九兵衛が享保一六（一七三一）年に大坂で刊行した。初版板行から四〇年を経て江戸で小本が重板された件は、京都でも販売停止の指示が共有される。麻疹関係書は、寛政一一（一七九九）年にも係争の対象となる。おそらく麻疹流行に合わせ需要が高まり、重板・類板が繰り返されたのだろう。

『蘭療方』（文化五年）[23]のころから、西洋医書に関わる係争が増加した。たとえば『（和蘭）用薬便覧』は簡易療法書だが、西洋の知識は実際に巷間の臨床レベルでも使われ、患者の側もそれへの理解が進んでいたことになる。

留意したいのは、これらの医書がどのように受容されたかである。つまり市販の医書を利用することに拠っても、ある程度まで専門的な知識・技術を修得できるようになった。それは当該期に独特の、師弟関係とは別個のチャンネルで学問の伝播が成立し得る機会の創造といえる。換言すれば、都市社会でそれら初学書に依存せねばならない医療従事者が一定の規模で存立していたことを示すのではないか。

橘南谿が『北窻瑣談』で「医者たるものの持べき書籍は、内経、本草、傷寒論の三部なり」（後編巻之三）、「世間おほく少し儒学の力ある者の心には、医学を甚心易き事に思ひ、纔に一両月打かかりて、医書だにすこし読ば、療治は忽ちに出来るやうに思ふ者なり」（後編巻之四）と述べたように、流動性を前提とした医師身分への上昇は、市販医書にみえる知識・技術の獲得に拠っても十分に成立し得たのである。この事実は、都市社会における医療環境の特質を考えるうえで、重要なポイントとなるように思われる。

おわりに――「医療環境」の視角から

筆者が以前から指摘してきたように、江戸時代医学の研究上の諸成果が実際に臨床ベースにのるには、相応の時間を要した〔海原 二〇〇〇〕。都市医療環境の成熟も、その事実を踏まえて、総覧されるべきだろう。

第一節でとりあげたように、医学研究は当初、京都を核として展開し、独自の実学的志向を掲げた大坂（上方）から、江戸へ移っていく㉔。本章では詳述できなかったが、三都の医界は、とりわけ人的な側面で密接な連携を実現し、相互補完の関係にあった。

だが、修学の拠点は必ずしも都市＝三都だけに限らず、著名な医学塾があればどこでも有志は集まり、そこから知識・技術が広まったのも、当該期医学の特質といえる。長崎はもとより、紀州の華岡青洲塾や美濃の江馬蘭斎塾は、その典型である。

学問の体系たる医療行為が生業化を果たすには、それを受容する人びとの意識向上と、一定の経済的な発展もまた、不可欠である。医師の診療と売薬流通が全国的に一般化し、あるいは供給過多となった都市社会では、これらの「商品化」が進み、たとえば、患者が高度な医療を求めて出療治する、といった様態さえ出現した（第二節1）。

公儀＝幕府・藩は、医師の身分掌握や市場原理に依存した達成を追認するのみであり、彼らがおこなう行為の内容にふれることなく、全国的な法制化や医療システムの構築には到達し得なかった。むしろだからこそ商品化の傾向が促され、第二節2でとりあげたような売薬能書などが創出されたといえるだろう。それらは、医療に関する専門的な情報（知識・技術）を、巷間により広く普及する重要な役割をはたした。

第三節でとりあげた市販医書の様相をみると、それらは必ずしも高度な、専門の学問内容に終始せず、初学者向けの手引書も少なからず含まれていた。当時の書肆が販売した医書の量的な様態は史料からうかがえるが、実際にどのような読者がそれを購買し、活用したか、普及の側面については、いぜん十分な検討が重ねられていない[25]。もとより書肆の取り扱った医書は、流通全体からみればわずかな規模に過ぎないともいえる。

留意したいのは、専門医書の普及は、医界の学問的達成のごく一部に過ぎない、という当たり前の事実である。当時、医の知識・技術は秘伝・口伝の形で広まることも多いし、医学修業の主軸は写本行為にあった〔海原 二〇一二・二〇一四〕。写す、という行為＝内容の理解とは限らないが、医書を出版すること自体の歴史的な意義が問われねばならない。この点の詳細な検討は、なお今後の課題としたい。

また、都市における医療の消費動向については、今後さらに史料の発掘が不可欠と思われる。医師の診療行為、とりわけ無名の医師一般に関し、経営上の実態を解明し得る史料・研究はほとんど知られていない。さらには商品化の過程を経た医療が地方へとどのように伝播したか、といった論点もきわめて興味深いところである。

（1）杉田玄白は『形影夜話』の一節で、山脇東洋門に学び京遊学から帰郷した小杉玄適から古方の存在を知り、内科学が「関西」で盛んなことを羨む。自らの学問も「旧染を洗ひ、面目を改めざれば大業は立べからず」と発起し、オランダ医学に「真の医理」を求めようと研鑽した、と述べている。

（2）生没年、寛保三―文化五（一七四三―一八〇九）年。京都出身。天明五（一七八五）年に入洛した玄白と面談、また同六年から半年の東遊で大槻玄沢邸に寓居し、江戸医界と交流を深めた。後年、京都釜座通に学塾究理堂を興した。

（3）生没年、享保一七―明和三（一七三二―六六）年。長門国出身。京都で東洋に、長崎で吉雄耕牛に学び、蘭方医学に接した（『漫遊雑記』）。晩年は大坂で活躍した。

（4）生没年、天明四―嘉永二（一七八四―一八四九）年。京都出身。寛政一一（一七九九）年父に従い江戸に行き、玄白・玄沢らから蘭方を学んだ。帰京後、究理堂を継ぎ、京の医界で新宮凉庭と並び称された〔小石家文書研究会編 二〇一七〕。

(5) 同史料は、本章で紹介する天保一一年分のほか、天保一三、弘化元・二・三年分が現存するというが、筆者は未見である〔山本 一九七九〕。

(6) 生没年、寛政九―嘉永三(一七九七―一八五〇)年。豊後国出身。シーボルト門下。嘉永二年、モーニッケが牛痘接種に成功すると、京都の除痘館でこれを広めた。

(7) 生没年、寛政一〇―弘化三(一七九八―一八四六)年。宇田川玄真の養子。美作国津山藩医。文政九(一八二六)年、幕府天文方の蕃書和解御用をつとめる。わが国初の西洋植物学書『菩多尼訶経』や『植学啓原』、化学書『舎密開宗』などを著した。

(8) 生没年、文化一四―明治二七(一八一七―九四)年。嘉永二(一八四九)年に楢林栄建らと協力し、京都の有信堂で牛痘種痘の普及に尽力したことが知られる。

(9) 〔塚本 一九八六、新村編 二〇〇六、青木 二〇一二〕などの先行研究を参照。〔海原 二〇〇七b〕では大坂を事例に、医療従事者の規模を検討したが、いずれの都市も統計的な数値は残されていない。

(10) 大坂の場合、制度上は宗旨巻を作り、町単位で医療従事者を把握したはずだが、その種の史料は現存しない〔海原 二〇〇七b〕。また、医師による医療の外縁に厚い類似行為(者)が存在すること、名鑑類などの媒体を通じ、受容する側の意識(名声・評判など)が形成されたことも念頭に置く必要がある〔海原 二〇〇五〕。

(11) 生没年、宝暦三―天保二(一七五三―一八三一)年。別家草間家の婿養子。鴻池の今橋本家で支配人をつとめる。独自の経済観を構築し貨幣史『三貨図彙』をまとめた。『籠耳集』は鴻池家と大坂の見聞記録を収載する。

(12) 『続日本随筆大成』一〇(吉川弘文館、一九八〇年)巻之四所収。同書解題によると、緒方家は代々山脇門に学び、自身は岡山藩医となったが故あって京都に開業したという。

(13) 「出張弘所」として江戸・大坂、「元弘所」に京都・江戸・尾張・紀伊・若狭・因幡・石見・豊前・豊後・肥前・伊予・伊勢・美濃・三河・越前・陸奥の商舗を連ねる。

(14) 一七世紀後半の地誌『雍州府志』「土産門上 薬品部」は、京都市中の有名売薬四四種をとりあげるが、販売元として寺社・公家の名前が目立つ。それらの保証・由緒が根拠となり、実際の薬効はさることながら商品の信頼性を醸成したのだろう。

(15) 南葵文庫(東京大学総合図書館蔵)所収の同書文化一〇年版では、この項目は本文中になく、表紙裏に病人の年齢に応じて服用量の加減をすべき旨、注意書きを付す。

（16）江戸の本屋仲間公認は享保七（一七二二）年、大坂はその翌年である。なお、京都書林仲間に関する先駆的研究として〔蒔田 一九二八、宗政 一九八二〕がある。

（17）『傷寒論』は、後漢末期に張仲景が著したとされる漢方最古の医書。古医方の医師が重視し、抄述本・解説書を含め関連書が数多く刊行された。『金匱要略』も同時代のもの。このほか、明の呉有性が編纂した医論書『温疫論』や、清の乾隆帝の命で一八世紀半ばに刊行された『医宗金鑑』は、臨床医学の基本テキストである。

（18）生没年、安永三―文政六（一七七四―一八二三）年。本草家小野蘭山に学び、経方に通じた漢方医家である。『解体発蒙』については〔真柳 一九九四〕を参照。

（19）書中に「阿波　梨亭梯謙　子益」編纂、京の門人三好省進叟が校正した、とみえる。著者の梯謙（梨亭）は、天保九年版『平安人物誌』にその名が載り、居所は烏丸御池南、俗称を晋造という（「物産」項）。

（20）生没年、天明元―天保七（一七八一―一八三六）年。山城国出身。京都へ出て医を学び、医書にとどまらない西洋書の翻訳に才能を発揮した。文化七（一八一〇）年、簡易な蘭日辞典『訳鍵』を出版し、蘭学の普及に貢献した。

（21）生没年、延享四―天保九（一七四七―一八三八）年。大垣の私塾好蘭堂には全国から門人が集まり、美濃蘭学の祖と称された。また、江馬松斎は生没年、安永八―文政三（一七七九―一八二〇）年。蘭斎の養子。

（22）生没年、天明二―天保一四（一七八二―一八四三）年。美濃国出身。江馬春齢から西洋医学を学び、京の海上随鷗（稲村三伯）に師事。京に開業する。文化・文政期に解屍をおこない、記録『解観大意』『解臓図賦』を残した〔山本 一九七二〕。

（23）生没年不詳。一説に阿波国の出身。華頂宮家侍医をつとめた。長崎の吉雄耕牛門で蘭方を学び、寛政一二（一八〇〇）年『長崎聞見録』を刊行した。

（24）その要因として、参勤交代制を前提に諸藩の若手医師が江戸へ集まり、医界の人的結合が深化した事実は見逃せない。しかし、この点を指摘した研究は少ないようだ。江戸詰医師の動向については、現在、筆者が分析を進めている。たとえば〔海原 二〇一三〕。

（25）医療の「消費」的側面に関する検討は、従前の医学史研究に最も手薄な視角と考える。なお、藩医レベルの医師を主体とし、蔵書の利用方法について考えた試論として〔海原 二〇一五〕を掲げておく。

参考文献

青木歳幸『江戸時代の医学』吉川弘文館、二〇一二年
青木歳幸「江戸前期曲直瀬家門人の位置――肥前の事例から」『杏雨』一三、二〇一三年

海原亮「一八世紀蘭方医学の展開とその社会的影響」『洋学』八、二〇〇〇年
海原亮「近世都市の「医療」環境と広小路空間」吉田伸之・長島弘明・伊藤毅編『江戸の広場』東京大学出版会、二〇〇五年
海原亮『近世医療の社会史——知識・技術・情報』吉川弘文館、二〇〇七年a
海原亮「都市大坂の医療文化と町触規制」塚田孝編『近世大坂の法と社会』清文堂出版、二〇〇七年b
海原亮「世界のなかの近世文化」荒野泰典編『日本の対外関係』第六巻、吉川弘文館、二〇一〇年
海原亮「江戸時代の医学教育」坂井建雄編『日本医学教育史』東北大学出版会、二〇一二年
海原亮「江戸の眼病療治——福岡藩医田原養卜「眼目療治帳」を素材として」『東京大学日本史学研究室紀要』別冊「近世社会史論叢」、二〇一三年
海原亮『江戸時代の医師修業』吉川弘文館、二〇一四年
海原亮「史実から見えてくる日本の医学教育②鍼灸知識の拡がり——江戸時代彦根藩医の蔵書をみる」『鍼灸OSAKA』三一巻四号、二〇一五年
京都府医師会医学史編纂室『京都の医学史』思文閣出版、一九八〇年
小石家文書研究会編『究理堂所蔵京都小石家来簡集』思文閣出版、二〇一七年
小石秀夫（監修）『究理堂の資料と解説』究理堂文庫、一九七八年
新村拓編『日本医療史』吉川弘文館、二〇〇六年
塚本学「民俗の変化と権力——近世日本の医療における」『近世再考』日本エディタースクール出版部、一九八六年
長谷川一夫「「池田錦橋入門制戒禁約書」と京都の痘科医佐井聞庵について」『日本医史学雑誌』第四六巻第三号、二〇〇〇年
蒔田稲城『京阪書籍商史』出版タイムス社、一九二八年
正橋剛二『椌園小石先生叢話　復刻と解説』思文閣出版、二〇〇六年
真柳誠「漢蘭折衷の解剖書『解体発蒙』」『漢方の臨床』四一巻五号、一九九四年
宗政五十緒『近世京都出版文化の研究』同朋社出版、一九八二年
宗政五十緒・朝倉治彦編『京都書林仲間記録』ゆまに書房、一九七七年
宗政五十緒・若林正治編『近世京都出版資料』日本古書通信社、一九六五年
山本四郎『小石元俊』吉川弘文館、一九六七年
山本四郎『新宮凉庭伝』ミネルヴァ書房、一九六八年
山本四郎「小森桃塢伝研究」有坂隆道編『日本洋学史の研究Ⅱ』創元社、一九七二年

山本四郎「一蘭方医の生活記録――小石元瑞「日省簿」の研究」有坂隆道編『日本洋学史の研究V』創元社、一九七九年
吉丸雄哉「啓蒙的医学書」鈴木健一編『浸透する教養』勉誠出版、二〇一三年

〈第11章〉東山・妙法院周辺の地域社会構造

杉森哲也

はじめに

京都盆地の東側に連なる東山の山々、その西麓から鴨川までの一帯は、京都の中心部である洛中とは異なる周縁部としての歴史を有する土地である。特にその南部地域は、平安京遷都以来、交通の要衝と送葬地という二つの要素によって、地域構造が規定されて来た。前者については、京都から諸国に至る街道の出入口の一つであり、東国に至る渋谷越（五条橋通り）、伏見・奈良に至る伏見街道（本町通り）が通っている。多くの人と物資が、この地域を行き交っていたのである。後者については、鳥辺野と呼ばれる送葬地の一部であり、数多くの大規模寺院と神社が建ち並んでいる。墓所が並ぶ葬地であるとともに、寺院と神社には多くの参拝者が来訪し、次第に名所として遊興の場ともなって来たのである。

本章では、古代以来の周縁部であるこの地域が、近世においてどのような地域社会構造を有していたのかを検討することを基本的な課題とする。具体的には、近世初頭にこの地域の領主となった妙法院の存在に着目し、その所領である妙法院領の形成過程と構造について検討する(1)。なお、妙法院領のうち、一八世紀初頭以降に新地開発される七条新地などの鴨川右岸地域については、すでに別稿で検討している〔杉森 二〇一八b〕。そこで本章では、鴨川右岸地域の新地開発が開始される以前の一八世紀初頭頃までの妙法院領について、検討することとする。

一　東山西麓南部地域と妙法院

1　方広寺大仏殿の建設と豊国社の創建

先に述べた古代以来の特徴に加えて、近世以降のこの地域の基本的な性格を規定することになるのは、一六世紀末に豊臣秀吉によって開始された方広寺大仏殿の建設である〔村山 二〇〇三、河内 二〇〇八〕。秀吉は天正一四(一五八六)年に当時焼損していた東大寺大仏に代わる大仏を京都で造営することを発願し、同一六(一五八八)年に蓮華王院(三十三間堂)北側の地で、大仏と大仏殿の建設を始めた。大仏と大仏殿は、地震や火災などの度重なる災害、秀吉の死去などの困難に見舞われながらも、豊臣秀頼の強い意志によって建設が継続され、慶長一九(一六一四)年に完成している。

方広寺大仏殿の建設途中の慶長三(一五九八)年八月、秀吉は伏見城で死去する。秀吉の墓所は、方広寺大仏殿の背後に位置する阿弥陀ヶ峰の山頂に設けられた。同時にその中腹には、秀吉を豊国大明神という神として祀る豊国社が創建されたのである。そして方広寺大仏殿は、豊国社の別当寺として位置づけられることになる。

こうしてこの地域には、方広寺大仏殿と豊国社という巨大な寺社が建設され、一六世紀末から一七世紀初頭の豊臣政権期に、政治的に極めて重要な場所という性格を付与されることになる。またその結果として、この地域の多くは、方広寺領と豊国社領が占めるようになるのである。

2　近世の妙法院

妙法院は天台宗の門跡寺院で、方広寺大仏殿と豊国社に隣接する場所に位置している。平安時代初期に比叡山の坊として最澄により創建されたという由緒を有し、南叡山を山号とするが、当地に移った時期は未詳である。文禄四(一五九五)年九月に秀吉が方広寺大仏殿で開催した千僧供養では重要な役割を果たしており、豊臣政権下で厚遇されることによって、この地域での存在感を増していたことがわかる。

慶長二〇(一六一五)年五月の大坂夏の陣による豊臣家の滅亡は、この地域と妙法院にとって、極めて大きな転機となる。豊臣家の滅亡後、徳川家康はただちに豊臣政権の象徴である豊国社と方広寺大仏殿の処分を行った。家康は、秀吉に贈られた豊国大明神の神号を剝奪して豊国社を廃絶し、その広大な社領と秀吉ゆかりの社宝を妙法院に引き継がせたのである。そして方広寺大仏殿は、豊国社別当寺の地位を廃し、境内に組み込まれていた蓮華王院(三十三間堂)とともに、妙法院の支配下に置いた。こうして妙法院は、豊臣政権下の豊国社と方広寺大仏殿に代わって、新たにこの地域一帯の領主としての地位を獲得するに至ったのである。そして近世を通して、門前境内の町や周辺の村などに影響を及ぼすことになる。

近世における妙法院は、高い寺格と多くの所領を有する宮門跡として、幕府と朝廷に尊重されていた。妙法院の住職である門主は、近世の歴代七人全員が法親王であり、天台宗を統轄する天台座主に就任している。すなわち妙法院は単なる寺院ではなく、親王の御所としての性格も併せ持つ存在であったのである〔村山 二〇〇〇〕。

二　妙法院領と大仏廻

1　妙法院の所領

まず最初に、妙法院の所領について、見ておこう。次の史料は、宝永八(一七一一)年三月二九日に、妙法院が所領の所在地と石高を書き上げて、朝廷の議奏に提出したものである。

［史料1］〔『妙法院日次記』同日条〕[2]

妙法院宮御知行所村割

一、高九拾五石　山城国愛宕郡　鹿谷

一、高九拾三石弐斗九升　同　大原

一、高参百弐拾六石八斗　同　大仏廻柳原共

一、高弐百石四斗　葛野郡　牛ヶ瀬

一、高参百弐拾八石八斗　同　静（朝）原

一、高五百八拾九石弐斗八升　乙訓郡　寺戸

都合千六百三拾三石五斗

妙法院宮御抱

蓮華王院領村割

一、高八石四斗　山城国愛宕郡　清閑寺

一、高弐石五斗　同葛野郡　谷山田

都合拾石九斗

右の通り御座候、以上

三月　妙法院宮御内　菅谷刑部卿　印

徳大寺大納言（公全）殿

中山前大納言（篤親）殿

御雑掌中

この史料には、妙法院の所領として六筆合計一六三三・五石、「御抱」の蓮華王院（三十三間堂）の所領として二筆合計一〇・九石が記されている。この寺院としては大きな石高は、徳川家康による豊国社廃絶と方広寺大仏殿処分の結果であるとともに、[3]幕府の妙法院に対する尊重を表しているといえよう。

この史料に記されている所領は、いずれも京都近郊に所在する村々である。なかでも注目すべきは、三筆目の「一、高参百弐拾六石八斗　同（山城国愛宕郡）大仏廻柳原共」とある記載である。この「大仏廻柳原共」というのは、他筆の村名とは異なり、大仏廻《だいぶつまわり》と柳原村を合わせたものとなっている。[4]このうち大仏廻とは、方広寺大仏殿に基づく地名で、その周辺の主として町場化した地域を示す。よって妙法院も、この大仏廻に隣接して位置していることになる。次に柳原村は、鴨川を挟んでその両岸に村域が広がっており、鴨川左岸（流路の東側）では大仏廻、右岸（流路の西側）では御土居を境として洛中に隣接している。こうした地理的条件から、村域の一部は次第に町場化していくことになる。

史料1で妙法院の所領として示されている六筆のうち、「大仏廻柳原共」を除く五筆の村々は、京都近郊とはいえ洛中からはやや距離のある農村である。これに対して「大仏廻柳原共」は、それらの村々とは性格を大きく異にする地域であることがわかる。本章では、妙法院の所領のうち、この大仏廻と柳原村を取り上げて検討することとし、この箇所に限定して「妙法院領」と表記する。

2　妙法院領の空間構造

妙法院領は、空間的には妙法院をはじめとする寺院を中核とし、その周辺に「大仏廻柳原共」が位置している。すなわち、(1)寺域、(2)大仏廻、(3)柳原村、という三つの部分で構成されているのである。図1は、元禄一四（一七〇一）年「京師大絵図」により、妙法院とその周辺地域を示したものである。この絵図を元にして、妙法院領の空間構造を

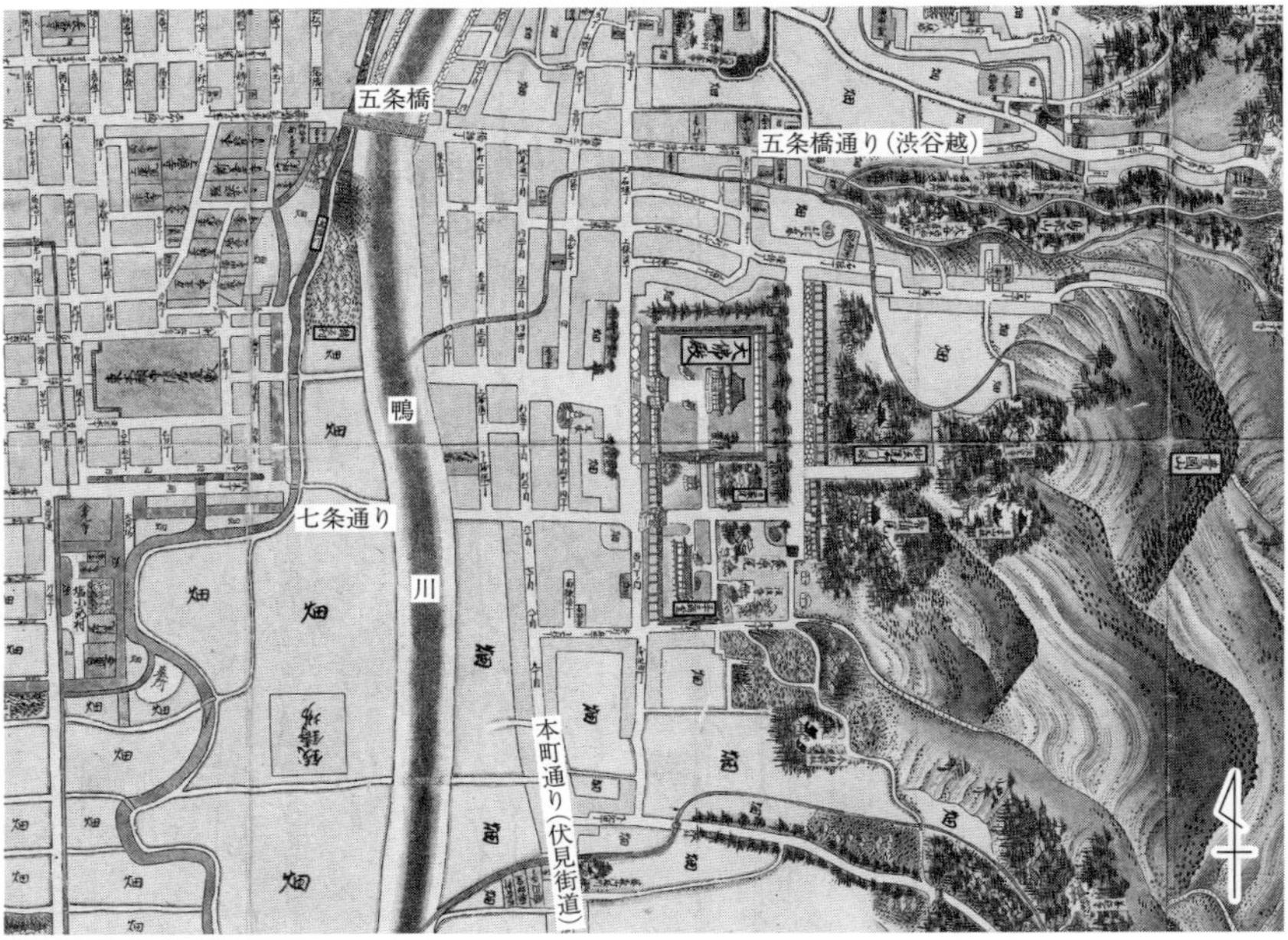

図1　元禄14(1701)年「京師大絵図」

出典）　慶應義塾大学文学部古文書室所蔵.

具体的に見ていこう。

まず(1)寺域は、「妙法院御門跡」（妙法院）、院家の「日厳院」、支配下の「大仏殿」（方広寺大仏殿）と「三十三間堂」（蓮華王院）などが所在している。この絵図では、建物や樹木が立体的で絵画的に表現されていることがわかる。なお、妙法院の東側の「豊国山」と記載されている山が阿弥陀ヶ峰である。かつてその頂上に秀吉の墓所、中腹に豊国社が所在したが、図1にはその痕跡は全く記載されていない。

次に(2)大仏廻は、(1)に隣接する町場化した地域である。寺域の西側と北側に広がっており、約七〇町が存在した。この絵図では、町名が記載されている。表現方法は、(1)とは異なり平面的で地図的である。これらの町々の構造や成立過程などについては、後節で検討する。

そして(3)柳原村は、石高は二四一・七七石、うち妙法院領が二一四・九石と、そのおよそ九割を占める村である。[5] この絵図では、村域は鴨川の両岸に広がっており、左岸（流路の東側）では⑵の南側で「畑」書かれている地域、右岸（流路の西側）では五条橋以南で鴨川と高瀬川の間の「畑」と書かれている地域である。このうち鴨川右岸地域は、一八世紀初頭以降に大規模な新地開発が行われ、市街地へと変貌することになる〔杉森 二〇一八b〕。

このように妙法院領は、洛中の東南部に隣接する場所に位置し、①巨大寺院と広大な寺域、②町場化した町々、③それに隣接する近郊農村、という性格の異なる三つの部分から成り立っていることがわかる。妙法院領の構造を考えるためには、それぞれの部分の内部構造、相互の関係、それらを含む全体の地域構造の解明が求められるが、以下においては②を中心に、検討を進めていくこととする。

3 大仏廻の町々

次に掲げる史料2は、図1とほぼ同時期の元禄七（一六九四）年頃に京都町奉行所が編纂した市政要覧とも言うべき史料である、『京都役所方覚書』の中巻九「洛外寺社門前境内の町数」〔京都町触研究会 一九九五〕という項目の記載である。

［史料2］

九　洛外寺社門前境内の町数

一、粟田口 青蓮院御門跡　町数弐拾壱町

一、大仏 妙法院御門跡　町数七拾弐町

[a]但し、内三十三町は御朱印の内にて地子は御門跡へ収納候へども、町代支配にて公儀役あい勤め候、卅九町は御門跡より支配

一、知恩院　同断八町

（中略一三筆）

〆町数百六拾五町、内三拾三町は町代支配[b]

但し、洛外町数の内

右門前境内の町、　御朱印知行高あるいは境内御朱印の内にて地子夫役等は寺社の面々えあい勤め候、または本所入組これある所は、年貢本所え収納致し、夫役は右の寺社方えあい勤め候、もっとも諸触等は雑色方内切に致し、支配御仕置は奉行所より申し付け候[c]（傍線は筆者が付したものである）

この史料には、洛外の寺社門前境内の町数が寺社別に書き上げられており、全部で一六寺社、合計一六五町と記載されている。妙法院は町数七二町とあり、これは大仏廻の町々を示している。この七二町は他の寺社の町数と比べると突出して多く、全体の半数近くを占めている。妙法院の門前境内である大仏廻の規模は、洛外の大規模な寺社の門前境内の中でも、非常に大きなものであることがわかる。

さらに傍線部aの記載から、妙法院の七二町は、町代支配の三三町、門跡支配の三九町の二種類に分かれていることがわかる。このうち町代支配というのは、傍線部bの記載から、洛外全体でも三三町であることから、妙法院の三三町のみで他の寺社にはない例外的な存在であることが明らかとなる。

それでは町代支配の三三町と門跡支配の三九町には、どのような違いがあるのだろうか。傍線部a・cの記載から、まず町代支配は、地子は妙法院に納め、公儀役を務める町である。洛中の町のように地子免許ではないという点を除いては、町代が管轄する洛中の町と同様の扱いを受けていたものと考えられる。よって町触は町代を通して伝達され、京都町奉行所の支配を受けていたことになる。次に門跡支配は、地子は妙法院に納め、夫役も妙法院に対して務める町である。町触は管轄する方内の雑色を通して伝達され、京都町奉行所の支配を受けていた。町代支配・門跡支配の共通点としては、地子を妙法院に納めていて地子免許ではなく、ともに「洛外町数の内」とされていることである。

町代支配の三三町は、洛外に所在しながら、洛中を担当する町代の支配を受けるという例外的な存在なのである。ただし、町代支配が負担する公儀役、門跡支配が負担する夫役の具体的な内容については、この史料には記されていない。

4 大仏組と大仏境内

妙法院の門前境内七二町すなわち大仏廻の町々について、近世京都の町名・所在地・所属町組などをまとめた基礎資料である「近世京都町名一覧」〔京都市編 一九八一〕[6]により、確認してみよう。この資料によると、妙法院の門前境内の町々として、①下京・巽組の組町である「大仏組」の三三町、②洛外町続き町で雑色松尾左兵衛の方内の「大仏境内」[7]の四〇町、という二種類の町々を挙げることができる。

まず大仏組は、洛中の下京を構成する八組の町組の一つである巽組に属している。巽組は、運営の中心となる古町の組町と、それに従属する複数の新町の組町によって構成されており、大仏組は新町の組町である。大仏組はその名前が示すとおり、三三町全てが方広寺大仏殿周辺にまとまって位置していることが確認できる。ここで注目すべきは、大仏組の三三町は、洛中の中心部にある巽組の他の町々とは地理的にかなり離れた洛外に位置しているにもかかわらず、行政上は下京の巽組に属し洛中の町と同様に扱われていることである。巽組は町代石垣家が管轄しており、大仏組においても、町触の伝達をはじめとするさまざまな都市行政は、町代石垣家を通して行われていた。

次に大仏境内は、洛外を管轄する雑色の支配区域である方内の中に位置する町々である。方内は、洛中の中心部である室町四条の辻を起点として、洛外を艮〔北東〕・巽〔東南〕・坤〔南西〕・乾〔西北〕の四方向に分けて設けられた区域で、雑色四家がそれぞれを管轄した〔杉森 二〇一八a〕。方内には京都近郊の農村と洛外町続き町と呼ばれる町々が所在しており、雑色は京都町奉行所の下で、それらの支配を担っていたのである。四つの方内のうち、妙法院領が位置する巽（東南）地域を管轄したのは、松尾家である。松尾家の方内には、洛外町続き町が全部で九三町も存在している。これらの町々は、祇園社・建仁寺・方広寺大仏殿・東福寺など、東山の巨大な寺社の門前境内に位置しているものである。大仏境内はこのうち四〇町を占め、最も規模が大きいことがわかる。そして町触の伝達をはじめとするさまざまな都市行政は、雑色松尾家を通して行われていた。

以上の検討から、史料2の町代支配の三三町、門跡支配の三九町とは、それぞれ下京・巽組の組町である大仏組の三三町、洛外町続き町の大仏境内の四〇町のことであることが明らかとなった。ただし、ここで留意しなくてはならないのは、町代支配の三三町は、地子を妙法院に納めていることである。下京・巽組は、洛中の町組として地子免許であるため、齟齬が生じていることになる。この点については、享保二（一七一七）年頃に京都町奉行所が編纂した史料である『京都御役所向大概覚書』の巻二―六二「洛中地子の事」（岩生 一九七三）という項目が注目される。この史料では、洛中が地子免許であるとする一方、例外的に年貢地として六六町の町名が記載されており、うち三四町は下京・巽組の組町である大仏組の三三町と完全に一致していることが確認できるのである[8]。よって大仏組の三三町は、地子免許の洛中の町組に所属するものの、例外的に年貢地として位置づけられていることがわかる。こうして史料2の地子に関する記載は、町代支配の三三町が下京・巽組の組町である大仏組の三三町と同一であることと、矛盾なく整合的に理解することができるのである。

そこで次に、町代支配＝大仏組三三町、門跡支配＝洛外町続き町の大仏境内四〇町の位置を図1で確認してみよう。絵図上にそれらを区別して表示することができないので、ここではおおよその位置関係を説明するに止める。まず町代支配＝大仏組は、南北の本町通り（伏見街道）と東西の五条橋通り（渋谷越）という、この地域の主要な二本の通りを主軸として、その周辺にまとまって位置している。次に門跡支配＝大仏境内は、妙法院・方広寺大仏殿・蓮華王院（三十三間堂）を取り囲むように、その北側・西側・南側に位置している。こうした位置関係は、町の成立過程、妙法院との関係にも密接に関連していると考えられるが、この点については次節において検討する。

三　大仏廻の成立過程

1　方広寺大仏殿の建設と大仏門前の成立

本節では、妙法院の門前境内すなわち大仏廻の成立過程について検討する。先に見た史料2では、妙法院の門前境内の町数が七二町と記載されているが、これは妙法院領の町数を示したものであり、この七二町全てが妙法院の門前境内として成立したわけではない。当初は方広寺大仏殿の門前境内として成立した町が、方広寺大仏殿が妙法院の支配下に入ったことに伴い、妙法院の門前境内とされているからである。次の史料3は、大仏廻の成立を示す最も早い時期のものである。

［史料3］〔『今村家文書』九号、今村家文書研究会編　二〇一五〕

　　禁制　　大仏門前十八町

一、軍勢・甲乙人濫妨・狼籍（藉）の事

一、放火の事

一、妻子・牛馬取事

右条々、堅く停止せしめおわんぬ、もし違犯の輩においては、速かに厳科に処すべきものなり、仍って下知、件の如し

慶長五年九月廿一日
（徳川家康朱印）

史料3は、慶長五（一六〇〇）年九月二一日に、徳川家康が「大仏門前十八町」に発給した禁制である。この史料が注目されるのは、日付と宛所である。

まず日付は、関ヶ原の戦いが行われた九月一五日の六日後の二一日で、家康はこの日近江国大津に滞在していた〔藤井 二〇一二〕。「大仏門前十八町」は、関ヶ原の戦い後の治安維持を家康に頼り、大津に出向いてこの禁制を入手したのであろう。こうした行動の背景には、この地域が関ヶ原・近江方面に至る渋谷越（五条橋通り）、伏見に至る伏見街道（本町通り）が通る交通の要衝であり、京都の出入口に位置していることがあると考えられる。関ヶ原の戦いの前の七月一八日から八月一日まで、この地域に近い伏見で、前哨戦とされる伏見城の戦いが行われている。また関ヶ原の戦いの前後には、京都に出入りする多くの軍勢が二つの街道を通過し、この地域は大変な緊張感に包まれていたと推測されるのである。

次に宛所の「大仏門前十八町」は、①大仏門前に一八町が成立していること、②一八町は禁制を求める主体となりうる地域的なまとまりを形成していたこと、を示している。残念ながら、「大仏門前十八町」に関する関連史料は見出されておらず、一八町の町名と位置、住民や町運営の実態、方広寺大仏殿との関係など、具体的なことは未詳である。

この史料が発給された時点では、関ヶ原の戦いに破れたとは言え豊臣政権は継続しており、方広寺大仏殿は未だ妙法院の支配下には入っていなかった。よって通常であれば、「大仏門前十八町」が保護を求めるとすれば、方広寺大仏殿と豊臣政権であろう。しかし「大仏門前十八町」は、そうではなく家康に保護を求めているのである。この事実は、「大仏門前十八町」の住民たちが現実の政治情勢を見極めていたことを示していると評価できるのではないだろうか。

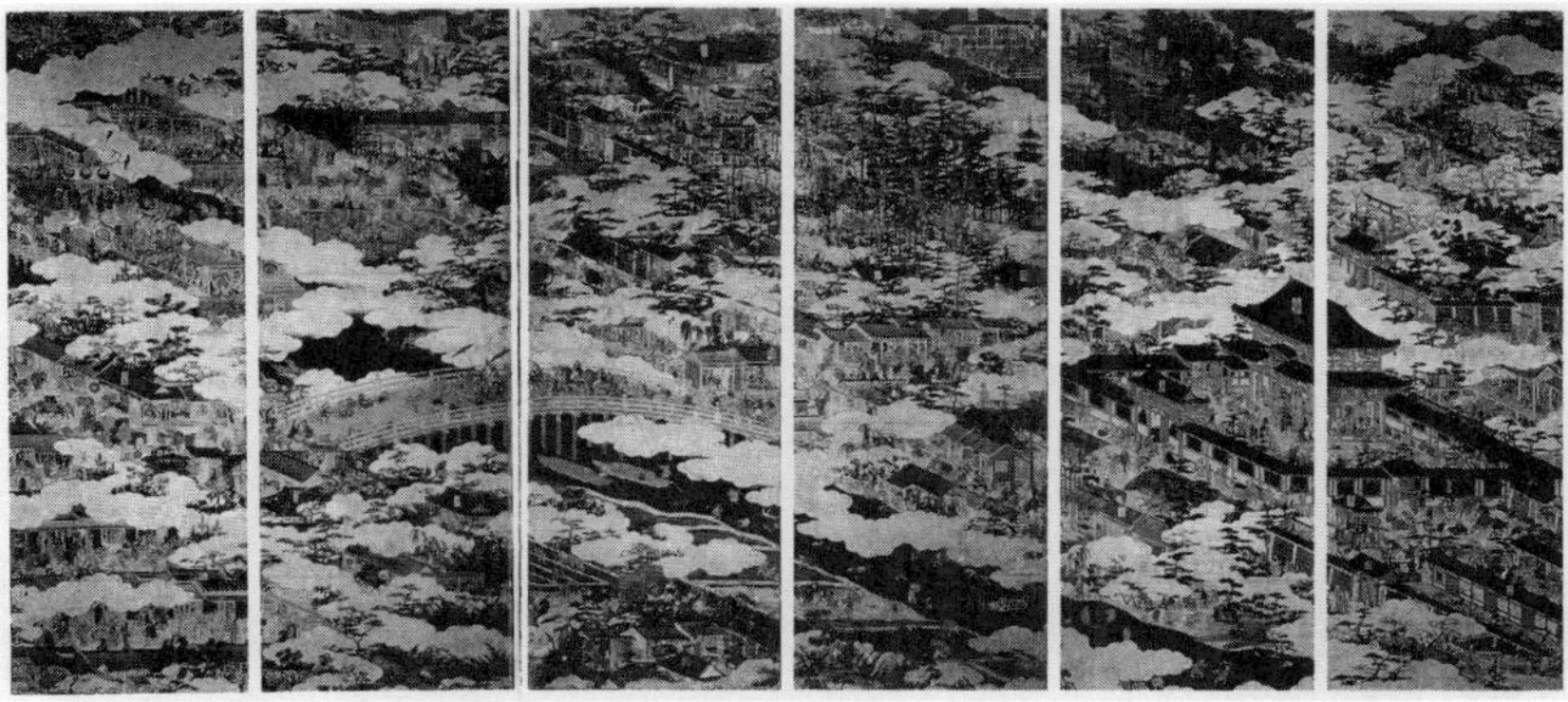

図２　「洛中洛外図屏風・舟木本」右隻

出典）東京国立博物館所蔵．

2　洛中洛外図屏風・舟木本

洛中洛外図屏風・舟木本[9]は、岩佐又兵衛が描いた他に類例のない構図の洛中洛外図屏風である。制作年代および景観年代は、ともに豊臣家滅亡直前の慶長末年頃とされている。右隻に方広寺大仏殿と豊国社、左隻に二条城と京都所司代屋敷を大きく描き、豊臣家と徳川幕府の政治的緊張と、その下での京都の世相と風俗を見事に表現した作品である。その美術的価値、絵画史料としての価値は高く、多くの研究が積み重ねられて来た作品である〔黒田 二〇一五〕。ここで洛中洛外図屏風・舟木本を取り上げるのは、大仏廻の周辺地域に関する重要な史料として、捉えることができるからである。

図2は、右隻の全体図である。基本的な視点は、下京の七条付近の上空から東北方向を眺めている。第六扇から第二扇まで、左上から右下へ（実際の方向としては北から南へ）流れる鴨川が描かれており、これによって画面が大きく二つの地域に区切られている。鴨川の左岸（流路の東側）が洛外の東山、右岸（流路の西側）が洛中の下京である。洛外には豊国社・方広寺大仏殿・清水寺・建仁寺・祇園社などの大規模な寺社と参詣の人々、洛中には当時の遊廓である六条三筋町と遊女・遊客などが描かれている。そして洛外と洛中を結ぶ物として、五条橋が第四扇・第五扇に大きく描かれている。

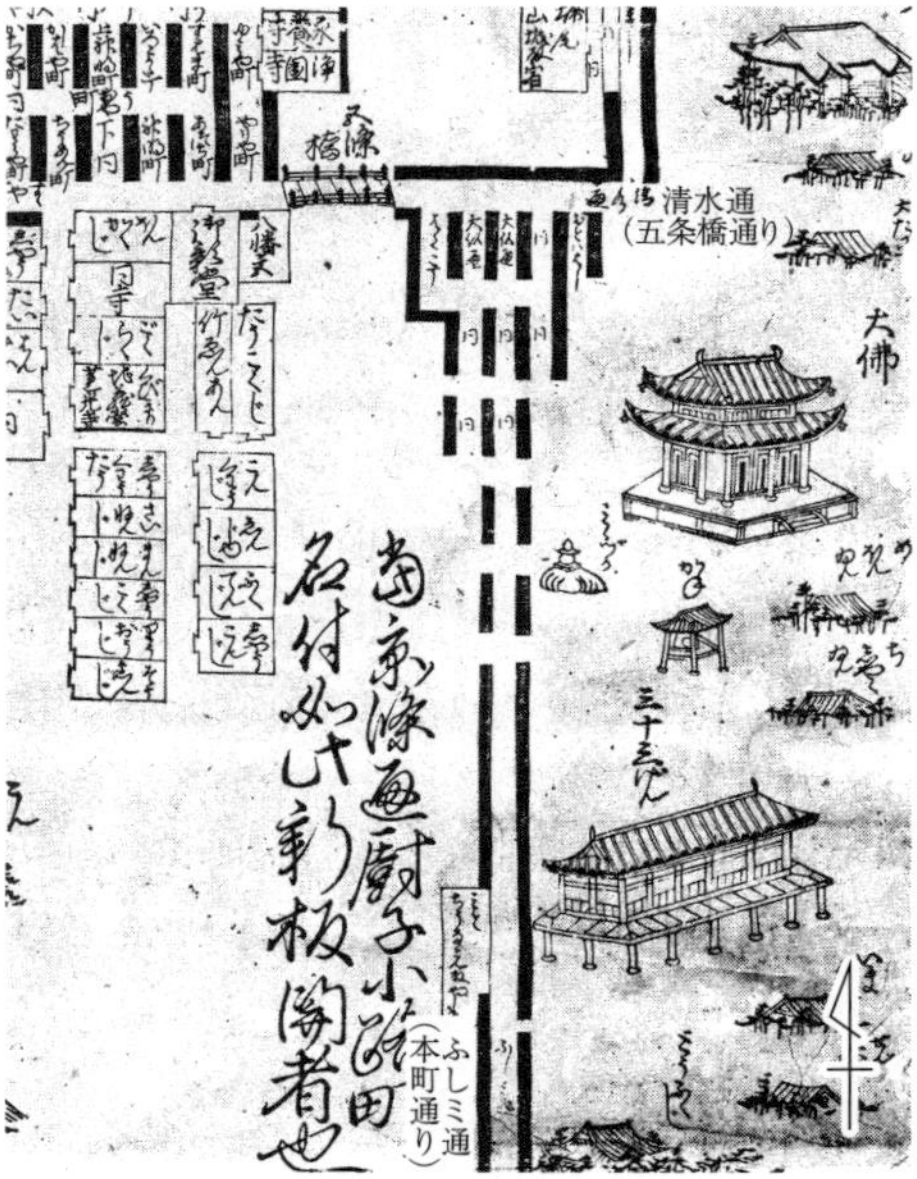

図３　寛永 17（1640）年以前「平安城東西南北町幷之図」
出典）〔大塚編 1994〕より転載.

このように洛中洛外図屏風・舟木本の右隻には、方広寺大仏殿と五条橋を中心とするこの界隈が描かれており、大仏廻とその周辺の歴史を考える上で、極めて注目すべき史料としても位置づけられるのである。具体的には、①方広寺大仏殿、②鴨川の左岸に並行する伏見街道（本町通り）、③鴨川に架かる五条橋とそれに続く渋谷越（五条橋通り）、である。まず①は、参詣する人々で賑わっている。次に②③は、街道沿いに町屋が並びさまざまな商売が営まれていることがわかる。そして街道には、武士や大きな荷物を担いだ商人など、多様な階層の多くの人々が通行しており、馬や牛も描かれている。多くの人と物資が行き交う交通の要衝であるというこの地域の特徴が、具体的に表現されていると評価することができるのである。

3　洛外町続き町の形成

次にこの地域の状況を示す史料として、寛永一七（一六四〇）年以前「平安城東西南北町幷之図」（図３）、承応三（一六五四）年「新板平安城東西南北町幷洛外之図」（図４）という二点の版本の絵図が挙げられる。まず図３は、大仏周辺に町並みが記載される最も古い絵図である。南北の通りである「ふしミ通」（本町通り）と東西の通りである「清水通」（五条橋通り）に沿って、連続した町並みが描かれている。特に両者が接続する五条橋の東側付近には、多くの町並みが見られる。こうした町並みの状況は、図2の洛中洛外図屏風・舟木本の描写と一致している。ただしこの町並みには、個別町名は記載されていない。先に見た町代支配＝大仏組三三町、門跡支配＝洛外町続き町の大仏境内四〇町の位置と対照すると、この町並みは町代支配＝大仏組の町々の位置とほぼ重なる一方、門跡支配＝洛外町続き町の大仏境内の町々の位置にはほとんど町並みが描かれていないことがわかる。よって町代支配＝大仏組の町々は、門跡支配＝洛外町続き町の大仏境内の町々よりも成立が早く、先の「大仏門前十八町」の系譜を引く町々であると考えられるのである。

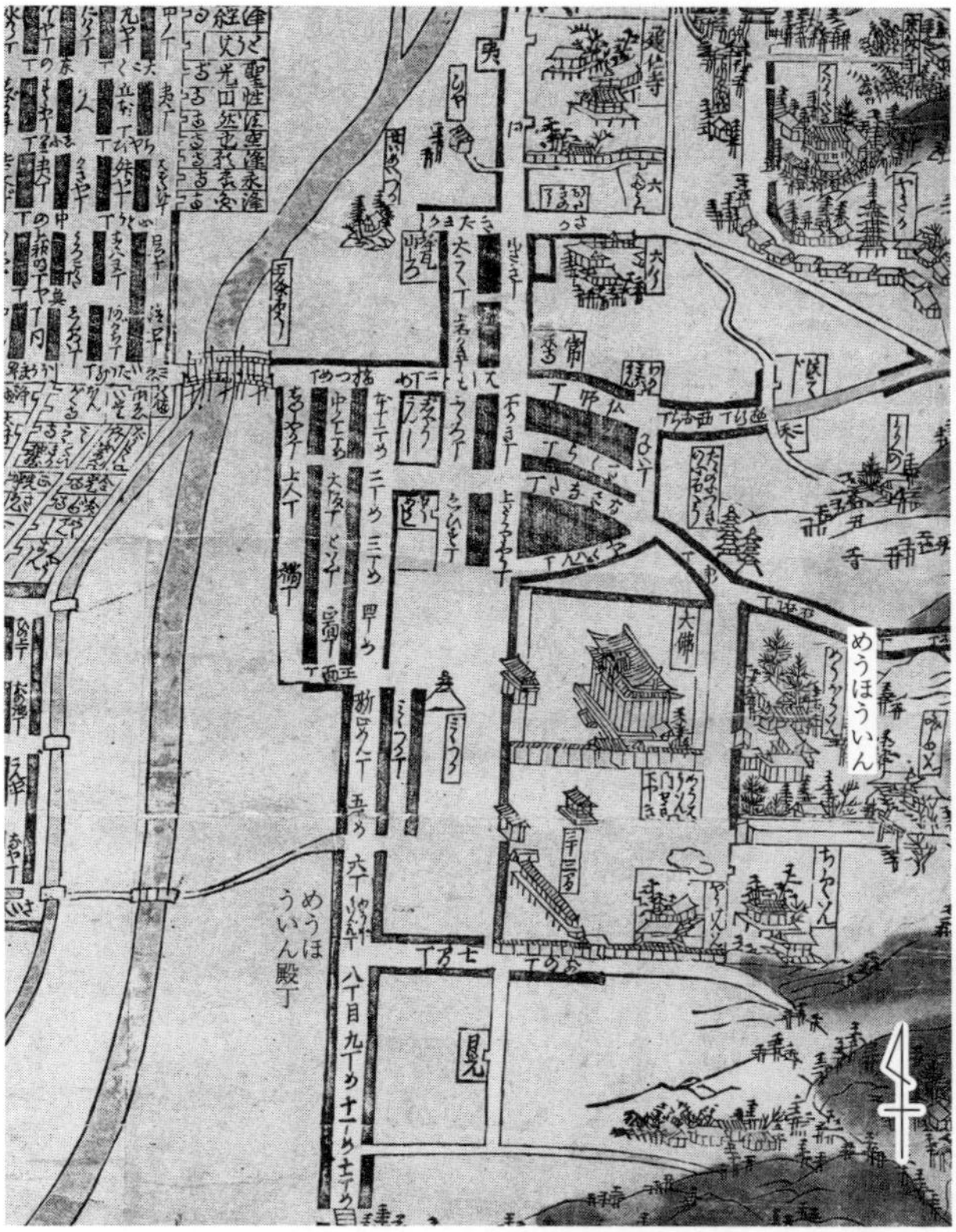

図4　承応3(1654)年「新板平安城東西南北町并洛外之図」

出典）〔大塚編 1994〕より転載.

続いて図4は、図3の十数年後に刊行された絵図である。この図4で初めて本地域の町々に町名が記載されるとともに、妙法院・方広寺大仏殿・蓮華王院（三十三間堂）などの寺域を取り囲むように、その北側・西側・南側に新たな町々の形成が見られる。これらは門跡支配＝洛外町続き町の大仏境内の町々である。そしてこの絵図と合わせて参照すべき史料として、寛文五（一六六五）年刊の地誌である浅井了意著『京雀』〔野間 一九六七〕が挙げられる。この史料に記載されている町名などが、図4の記載とほぼ一致することが確認できるのである。

さらにこの地域の町並みの成立過程を考える上で重要な史料として、『板倉政要』巻四「洛中洛外惣町数人家両数改メ日記」[10]が挙げられる。この史料には、「洛外町数之覚」という項目が立てられており、雑色四家の管轄地域である方内ごとに、町名・町数・人数などが記されている。妙法院領が位置する巽〔東南〕地域を管轄した松尾宇兵衛の方内は、全部で七二町、うち三九町が大仏という地域名を冠してまとめて記載されている。[11]従来の研究では、この史料は寛永一四(一六三七)年のものであるとし、それを前提にこの地域の町並みの発展を論じている〔平凡社編 一九七九、朝尾 一九九六〕。しかし、大仏の地域名を冠している三九町は、門跡支配=洛外町続き町の大仏境内四〇町とほぼ完全に一致しており、寛永一四年段階ではこれらの町々は未成立であることが確認されるのである。さらにこの史料に記載されている松尾宇兵衛など四家の雑色の名前から、年代を寛文七(一六六七)年から天和二(一六八二)年の間に絞り込むことができる。[12]よってこの史料の記載内容は、寛永一四年ではなく、それから三〇―四五年も時代が下がることになり、従来の研究の評価は再検討が必要となろう。

四 大仏廻の町々と妙法院

1 大仏廻の町々の運営

大仏廻すなわち妙法院の門前境内の町々は、町代支配=大仏組、門跡支配=洛外町続き町の大仏境内の二種類からなっていることについて、さらに具体的に検討してみよう。次の史料4は、妙法院が幕府に対して、「御境内」の町が二種類の町々からなっていることについて、その歴史的な経緯と二種類の町々の町の違いを説明し、両者を門跡支配に一元化することを願い出たものである。

［史料4］〔『妙法院日次記』享保二年一一月一七日条〕

覚

一、妙法院御門跡御境内八拾壱町内三拾六町、四代前常胤親王御時、只今と違い御法中にて御支配成され難き時節により、板倉伊賀守《勝重》殿え右三拾六町御頼み成され候に付き、只今に至り御公儀より御支配にござ候、しかれども御年貢は御門主え差し上げ申し候、只今此方御支配町の分は、それ以後段々あい建ち申し候儀ござ候

一、先年智積院大火の砌、御門主御殿並びにてござ候処、御支配町の者共あい詰め候故、その節別条ござなく候、第一大仏殿・三十三間堂近所の儀、かたがたもって御大切に思し召され候、かようの砌、人数多くござ候えば、御用にもあい立ち申し候、その上壱本の御朱印にて進め置かれ候て、御年貢差し上げ申し候、然るに御門主御通りの節も御公儀御支配の威光にて、町人ども不礼の仕形数多ござ候、御領分の者ながら、御外見気毒の儀にござ候、何とぞ只今御支配の御境内並に一同に御支配成され候様に思し召し願い候、勿論何御用に寄らず、御公儀の御障に成られざる様に成らるべく候、右の段よろしく御了簡思し召し願い候

以上

右の書付、水野和泉守《忠之》亭へ八木飛騨守持参、用人山田嘉右衛門を以って申し入れ候処、御書付の趣承り置き候、松平伊賀守《忠周》へ申し達すべきの由、返答なり

この史料は、妙法院が老中の水野忠之に提出した覚の控である。水野はこの直前に京都所司代から老中に転任しており、後任の松平忠周への申し送りを約束している。この史料では、まず第一条で、①境内八一町のうち三六町は公儀支配（ただし年貢は妙法院が収納）であること、②三六町が公儀支配となったのは、常胤法親王が門主であった当時（慶長・元和期頃）、支配困難を理由に京都所司代板倉勝重に依頼したためであること、③「只今此方御支配町」すな

わち門跡支配である残りの四五町はそれ以後に成立したものであること、が述べられている。先の史料2において、妙法院の門前境内の町々が町代支配、門跡支配の二種類からなっていることを裏付けるとともに、その成立の時期と経緯が記されていることが注目される。特に、公儀支配の三六町は成立時期が一七世紀初頭に遡る古い町々であると述べていることは、前節で見た境内の成立過程とも一致している。ただし、成立期の古い三六町が公儀支配となった理由は、具体的には記されていない。

次に第二条では、公儀支配の三六町を門跡支配とし、境内八一町全てを一円支配することを願い出ている。その理由としては、①南隣の智積院が大火の際に門跡支配の町々の者共が詰めて事なきを得たため、大仏殿・三十三間堂のためにも、公儀支配の三六町からも同様に詰めさせたい、②公儀支配の町々では、門主に対して町人どもの「不礼の仕形」が数多くあること、などを挙げている。しかし、妙法院のこの申し入れは結果的に実現せず、妙法院の門前境内の町々は、町代支配、門跡支配の二種類が近世を通して存続したのである。

2 町々と妙法院の関係

町々と妙法院の関係については、さまざまな関係が存在した。ここではその一つの事例として火消の問題を取り上げ、出入関係について検討してみたい。『妙法院日次記』享保七(一七二二)年二月二九日条には、坊官の今宮《(今小路)》内卿と菅《(菅谷)》大輔の連名で発給された「大仏御境内」宛の「覚」(五ヵ条)、「口上にて申し渡す覚」(六ヵ条)が記載されている。これは同年に京都で実施された消防改革に伴って出されたもので〔丸山 二〇〇八〕、前者には「御境内え書付遣わされ候趣」、後者には「右の趣、今日御勘定所え御境内年寄残らず召し寄せ、菅谷大輔・今小路宮内卿・山田隼人・山下監物・三谷弥左衛門等列座にて申し渡し候なり」とあり、それぞれ書面と口頭で境内の町々に伝えられたものであることがわかる。ただし、この史料で「御境内」とあるのは、門跡支配の町々のことを示しており、公儀支配の町々は含まれていないことに注意する必要がある。

「覚」の内容は、①火事の際には、当町の年寄・組頭のうちの一人と人夫一五人が御殿（妙法院）に詰め、妙法院の役人の差図を受けること、②当町（当番町）には妙法院から笠・羽織一六が渡され、年寄がそれを預かること、③境内で出火の際には、当町の者は御殿に詰め、非番の町々からは人夫三人ずつが火事場に駆けつけること、④御所（内裏）近辺の出火、大火の際には、当町だけでなく非番の町々からも人夫三人ずつが御殿に詰め、妙法院の役人の差図を受けること、などが記載されている。また「口上にて申し渡す覚」の内容は、笠・羽織の扱いなどの具体的な指示が中心になっている。これらの史料から、門跡支配の町々が妙法院に対して負っている火消役の詳細な内容が明らかとなるのである。

このように門跡支配の町々は、妙法院に対する諸役の一つとして、火消役を負担していることがわかる。一方、同じ大仏廻に位置しながら、公儀支配の町々はこのような火消役の負担をしていない。先に見た史料4は、妙法院がこうした状態に不満を持ち、両者ともに負担することを願ったことを示しているが、結果的にそれは実現しなかったのである。

3　妙法院関係者の居住

妙法院は単なる寺院ではなく、親王の御所としての性格も併せ持っていた。このため妙法院の組織は両者が融合したものであり、構成員も法体と俗体が併存していた。門主を頂点とし、院家、常勤家来、家来分、出入輩、御立入などからなる複雑で多様な構成員によって、管理運営が行われていたのである〔村山 一九八九、田中 二〇〇七〕。それではこれらの構成員は、どこに居住していたのだろうか。ここではその一部ではあるが、妙法院関係者の居住の実態について見てみよう。

表1　妙法院御門跡御家来帯刀人数の覚

	居住町名	人数	町の所属
1	大仏本町通七町目	7	大仏境内
2	大仏石塔町	5	大仏境内
3	三十三間堂築地西	4	大仏境内
4	大仏上馬町	4	大仏境内
5	大仏西門町	3（1）	大仏境内
9	大仏本瓦町	2	大仏境内
6	大仏下塗師屋町	2	大仏境内
7	大仏中塗師屋町	2	大仏境内
8	大仏新瓦町	2	大仏境内
10	大仏上池田町	1（1）	大仏境内
11	大仏下歩（馬ヵ）町	1（1）	大仏境内
12	大仏上新町	1（1）	大仏境内
13	大仏本町通十町目	1	大仏組
14	大仏上棟梁町	1（1）	大仏境内
15	大仏下池田町	1	大仏境内
16	大仏本町通新六町目	1	大仏境内
17	大仏下新町	1	大仏境内
18	大仏西高瀬川筋二丁目	1	その他
		40（5）	

注）人数の（　）内は借屋を示す.

享保六（一七二一）年一二月一五日、妙法院は武家伝奏の中院大納言通躬に「妙法院御門跡御家頼ならびに御境内御知行所帯刀人数御改帳」という帳面を提出しており、その写が『妙法院日次記』同日条に記載されている。この史料は、幕府の帯刀人調査に回答したもので、(1)「妙法院御門跡御家来帯刀人数の覚」、(2)「御門跡御用の節ばかり帯刀人数の覚」、(3)「御門主御領知に他所の家頼にて帯刀住居致し候人数の覚」という三項目があり、それぞれ該当者全員の名前とその居住町（地）が記載されている。このうち(3)を除く(1)と(2)について、その内容を検討する。

(1)は、坊官の菅谷大輔を筆頭に、全三七名が記載されている。これらは「御家来」とあるように、妙法院の運営実務の中枢を担う常勤家来と家来分の人々である。ここで注目されるのは、三七名の居住町で、全部で一八町が記載されている。三七名中三名は二町に住居を有しているので、のべ四〇名の居住町が明らかとなる。

表1は、居住者の多い町から順にまとめたものである。大仏本町通七町目七名、大仏石塔町五名、三十三間堂築地西四名、大仏上馬町四名の上位四町で二〇名と、半数が集中していることがわかる。次に一八町の町の種類は、門跡支配＝洛外町続き町の大仏境内が一六町（三八名）、町代支配＝大仏組が一町（一名）、その他（鴨川右岸の七条新地）が一町（一名）となっている。のべ四〇名中二名を除く大部分が、妙法院・方広寺大仏殿・蓮華王院に隣接する門跡支配＝洛外町続き町の大仏境内に居住していることがわかる。さらにこの史料には借屋の場合はその旨が記載されている

ので、家持・借屋の別が明らかとなる。のべ四〇名中、家持三五名、借屋五名である。上記の諸点を総合すると、坊官など妙法院の運営実務の中枢を担う常勤家来と家来分の大多数は、寺院に隣接する大仏境内の町々に家持として居住していることがわかる。

次に(2)は、「御門跡御用の節ばかり帯刀」とあり、(1)よりも格下の人々である。ここでは妙法院の所領別に人名が書き上げられている。表2は、その記載順に居住地と人数をまとめたものである。「大仏本町七町目」に植野伊兵衛以下二八名、そして「大仏柳原庄の内」など京都近郊に所在する妙法院の所領の村々に三、四名ずつ居住していることがわかる。ここに記載された人々は、「大仏本町七町目」の二八名を除けば、いずれも妙法院の所領の村々に居住し、管理運営を担当していたと考えられる。

この史料で注目されるのは、「大仏本町七町目」の居住者が二八名もおり、この中の三名には「新六町目に居住候えども、古来より七町目役勤め来たり候」という注記があることである。本町七町目と新六町目は、ともに本町通り(伏見街道)に面する両側町で、新六町目は本町七町目の二町北側に位置している。また両町とも、大仏境内に所属している。この注記によると、現在は近接する新六丁目に居住しているが、古来から「七町目役」を務めているというのである。「七町目役」の内容は不明であるが、同町の住人は妙法院に対し決まった役を務めていたことがわかる。さらに同町は、(1)の居住者が最も多いことにも注目する必要がある。また先に見た図4には、同町が「めうほういん殿丁」と記載されていることも、同町と妙法院の間に特別な関係があることを示唆していると考えられる。

妙法院は方広寺大仏殿や蓮華王院(三十三間堂)を配下に収める巨大

表2　御門跡御用の節ばかり帯刀人数の覚

	居住町名・村名	人数	町の所属
1	大仏本町七町目	28	大仏境内
2	大仏柳原庄之内	4	――
3	城州葛野郡東塩小路村	3	――
4	城州乙訓郡寺戸村	4	――
5	城州葛野郡牛箇瀬村	3	――
6	城州葛野郡朝原村	3	――
7	城州愛宕郡大原上野村	3	――
8	城州愛宕郡清閑寺村	3	――
9	城州愛宕郡鹿ヶ谷村	4	――
		55	

注）本史料には追記分9名が記載されているが，その分は省略した．

寺院であり、その日常の管理運営のために、多くの人手と食糧などの物資が必要とされていた。先に述べた妙法院の組織の構成員以外にも、妙法院の周辺地域にはさまざまな役割を担う人々が居住し、出入関係を形成していたのである。そしてこうした諸関係が、この地域の社会構造を規定する大きな要因となっていると考えられよう。

一般に近世の町は、商工業を営み町屋敷を所有する町人によって構成される町中によって運営される地縁的・職業的身分共同体であり、武士や賤民など町人身分以外の者の排除を指向している。しかし、この地域の町々においては、妙法院という領主の存在は大きく、その支配下で関係者の居住・出入関係などによって、基本的な町の性格や運営のあり方などを規定していると考えられる。こうした諸関係を丁寧に解明することによって、この地域の社会構造の特質が明らかとなるだろう。

おわりに

本章では、東山西麓南部に位置する妙法院と妙法院領を取り上げ、主として一七世紀から一八世紀初頭までの時期について、検討を行った。最後に一八世紀以降の見通しと課題について述べ、本章の結びとしたい。

一八世紀初頭以降、妙法院領のうち柳原村の一部である鴨川右岸地域が、新地として開発されることになる。鴨川を挟んで大仏廻のちょうど西側に位置し、東は鴨川、西は高瀬川のすぐ西側を平行する御土居、北は五条橋通り、南は七条通りを境とする地域である。図1は、この地域が新地開発される直前の状況を示している。南から北への順に、「畑」の文字・「穢多村」の文字と集落・藪が記載されている。これらの場所は、開発後は七条新地・六条新地・北七条新地・五条橋下という四ヵ所の新地となる。

このうち七条新地と北七条新地が、妙法院領である。妙法院によって開発され、七条新地には九町、北七条新地には五町が町立てされる。これらの町々は、大仏廻から空間的に離れてはいても、「大仏境内」として扱われることになる。その開発過程と新地の構造については別稿〔杉森 二〇一八b〕で論じたが、この場所は①開発直後からの遊所化、②高瀬川舟運の河岸地、という二つの特徴を有していた。前者は遊廓社会、後者は物資輸送を担う労働力の存在があり、ともに周縁社会との密接な関連が想定され、この地域の社会構造を規定する大きな要素であると考えられる。こうした要素が、大仏廻など鴨川対岸の旧来の地域にどのような影響を与えたのかは、検討すべき重要な課題となろう。

さらに妙法院領には、近世末から明治期にかけて、大仏廻の一角に「大仏前」という地区が存在したことが注目される〔杉森 一九九四、小林 二〇〇二〕。この「大仏前」は、近代の京都で顕在化する貧民窟の一つである。時期は未詳であるが近世後期に当初は木賃宿地区として形成され、近代に至り京都を代表する貧民窟として問題視されるようになる。近世後期にはすでに存在していると推定されるものの、その形成過程や実態は未詳である。

このように妙法院領には、鴨川右岸に七条新地と北七条新地、大仏廻の一角に「大仏前」が形成されるのである。これは単に妙法院領の問題に止まらず、京都という巨大都市が抱える周縁社会が、この地域に析出したものと捉えることができる。両者の関係を含め、こうした周縁社会の構造の検討は、今後の課題である。

(1) 本地域の形成過程について論じた研究として、〔平凡社編 一九七九、朝尾 一九九六〕などがある。

(2) 本章では『妙法院日次記』からの引用は、全て〔妙法院史研究会 一九八四―刊行継続中〕による。本史料は日次記であるため、引用箇所は巻・頁ではなく日付で示す。

(3) 四代将軍・徳川家綱が寛文印知で妙法院に発給した、寛文五(一六六五)年九月二一日付の領知判物には、「都合千六百三拾三石五斗の事、元和元年七月廿七日・同三年九月七日、両先判の旨に任せ、全く御知行あるべし」とあり、豊臣家滅亡直後の時点で、妙法院の所領が確定していたことがわかる〔国立史料館編 一九八〇、二二三号文書〕。

(4) 「山城国各村領主別石高表」〔京都市編 一九七九〕によると、享保一四(一七二九)年の柳原村の石高は二四一・七七石、うち妙法院領が二二四・九石となっている。よって大仏廻の石高は、一一一・九石ということになる。

(5) 「山城国各村領主別石高表」によると、妙法院領以外は、知恩院領二二・八石、仏光寺領四・〇七石となっている。

(6) 依拠している史料は、下京が文政二(一八一九)年「下古京八組之分町代内分場所古町枝町幷新ン町軒役分割」〔京都市歴史資料館所蔵写真版『占出山町文書』〕、洛外町続き町が正徳四(一七一四)年「洛外町続町数小名幷家数改帳」〔京都市歴史資料館所蔵写真版『荻野家文書』〕である。

(7) 「近世京都町名一覧」には「大仏方広寺境内」と記載されているが、史料上は「大仏境内」と表記されることが多いので、本章では「大仏境内」を用いる。

(8) 町数が一町異なっているのは、大仏組の「(五条橋東)弐丁目」という町が、「洛中地子の事」では「同通《(五条)》弐町目西組」「同東組」と二町に分けて記載されているためである。

(9) 六曲一双、紙本著色で、国宝に指定されている。

(10) 東京大学史料編纂所本など諸本が存在する。本史料は大田南畝『半日閑話』巻一〔日本随筆大成編輯部編 一九七五〕に引用されているため、これを典拠とする研究が存在する〔平凡社編 一九七九〕。しかし、本史料は写本の系統が定かではなく、扱いには慎重な検討を必要とする。

(11) この他に大仏を冠した町として、大仏慈芳院門前町が存在する。しかし、この町は慈芳院領であり、かつ記載位置も離れているため、例外として除外した。

(12) 「京都便覧」〔京都市編 一九七六〕の「雑色」の項による。

参考文献

朝尾直弘「「洛中洛外町続」の成立――京都町触の前提としての」京都町触研究会編『京都町触の研究』岩波書店、一九九六年
河内将芳『秀吉の大仏造立』法藏館、二〇〇八年
京都市編『京都の歴史10 年表・事典』学芸書林、一九七六年
黒田日出男『洛中洛外図・舟木本を読む』KADOKAWA、二〇一五年
小林丈広「「大仏前」考」『キリスト教社会問題研究』五一号、二〇〇二年
杉森哲也「近世都市京都と「身分的周縁」――「宝暦四年西陣箴屋仲間一件」を素材として」塚田孝・吉田伸之・脇田修編『身分的周縁』部落問題研究所出版部、一九九四年

杉森哲也「国際日本文化研究センター所蔵「洛中洛外繪圖」」『東京大学史料編纂所附属画像史料解析センター通信』八〇号、二〇一八年a
杉森哲也「近世京都・妙法院領の新地開発とその地域構造」『部落問題研究』二二五輯、二〇一八年b
田中潤「門跡に出入りの人びと」高埜利彦編『身分的周縁と近世社会8　朝廷をとりまく人びと』吉川弘文館、二〇〇七年
藤井譲治編『織豊期主要人物居所集成』思文閣出版、二〇一一年
平凡社編『京都市の地名』（日本歴史地名大系27）平凡社、一九七九年
丸山俊明「江戸時代の京都の寺社火消――江戸時代の京都の消防の研究（その6）」『日本建築学会計画系論文集』六二六号、二〇〇八年
村山修一「近世における妙法院門跡の御家頼」平松令三先生古稀記念会編『日本の宗教と文化――平松令三先生古稀記念論集』同朋舎出版、一九八九年
村山修一『皇族寺院変革史――天台宗妙法院門跡の歴史』塙書房、二〇〇〇年
村山修一『京都大仏御殿盛衰記』法藏館、二〇〇三年
今村家文書研究会編『今村家文書史料集　上』思文閣出版、二〇一五年
岩生成一監修『京都御役所向大概覚書』清文堂出版、一九七三年
大塚隆編集『慶長昭和京都地図集成――一六一一（慶長一六）年―一九四〇（昭和一五）年』柏書房、一九九四年
京都市編『史料京都の歴史3　政治・行政』平凡社、一九七九年
京都市編『史料京都の歴史4　市街・生業』平凡社、一九八一年
京都町触研究会編『京都町触集成　別巻1』岩波書店、一九九五年
国立史料館編『寛文朱印留　下』（史料館叢書2）東京大学出版会、一九八〇年
日本随筆大成編輯部編『日本随筆大成　第1期8』吉川弘文館、一九七五年
野間光辰編『新修京都叢書1』臨川書店、一九六七年
妙法院史研究会校訂『妙法院日次記』八木書店、一九八四年―刊行継続中

執筆者一覧（掲載順）

杉森哲也（編者）　放送大学
三枝暁子　東京大学
三宅正浩　京都大学
小倉　宗　関西大学
村　和明　東京大学
岸　泰子　京都府立大学
牧　知宏　住友史料館
西坂　靖　専修大学
渡辺祥子　甲南女子大学（非常勤）
岩本葉子　日本学術振興会 RPD
吉田ゆり子　東京外国語大学
西山　剛　京都文化博物館
芹口真結子　千葉県文書館
高木博志　京都大学
海原　亮　住友史料館

シリーズ三都　京都巻

2019年7月31日　初　版

［検印廃止］

編　者　杉森哲也《すぎもりてつや》

発行所　一般財団法人　東京大学出版会

代表者　吉見俊哉

153-0041 東京都目黒区駒場 4-5-29
http://www.utp.or.jp/
電話 03-6407-1069　Fax 03-6407-1991
振替 00160-6-59964

印刷所　株式会社三陽社
製本所　牧製本印刷株式会社

ISBN 978-4-13-025182-2　Printed in Japan